Nuovo 표준
이탈리아어
문법 품사론1

Nuovo 표준 이탈리아어 문법 품사론 1

Nuova Grammatica Italiana

김미애 지음

L'alfabeto
L'articolo
Il nome
L'aggettivo

Il pronome
L'avverbio
La preposizione

한울
아카데미

머리말

　코비드19가 시작된 2019년에 이탈리아어는 프랑스어를 제치고 세계에서 네 번째로 많이 학습되는 언어로 발표되어 이탈리아인들에게 과거 로마 시대의 영광을 되찾은 듯한 놀라움을 선사했다. 이탈리아어는 음악과 종교뿐만 아니라 패션, 미술, 영화, 디자인, 건축, 요리 분야에 이르기까지 다양한 분야에서 전 세계의 전문인들이 연구하는 예술의 언어로 간주된다. 그래서 이탈리아어를 학습하면 그만큼 정신세계가 풍요로워질 수 있다. 전 세계 7000개 언어 중 네 번째로 많이 학습될 정도로 세계인의 사랑을 받는 이탈리아어가 우리나라에서도 시대의 흐름에 맞추어 좀 더 많이 학습되길 바라는 마음으로 코로나19가 창궐하던 시기에 『Nuovo 표준 이탈리아어 문법: 품사론 1, 2』 집필에 착수했다. 『표준 이탈리아어 문법: 품사론 1, 2』는 초판, 개정증보판, 제1개정판, 제2개정판과 『Nuovo 표준 이탈리아어 문법: 품사론 1, 2』에 이르기까지 출판된 지 30년이 다 되어가도록 독자들의 꾸준한 사랑을 받아왔다. 종이 서적이 디지털 서적으로 바뀌는 이 시대에 신간 출판이 가능했던 것은 필자의 의도를 인정해 주고 우리나라의 기초학문에 기여하고자 하는 한울엠플러스(주)의 출판문화에 대한 소신 있는 철학 덕분이라 생각한다.

　필자는 "로마는 하루아침에 이루어지지 않았다"라는 문장을 좋아한다. 『Nuovo 표준 이탈리아어 문법』 또한 하루아침에 이루어진 책이 아니라, 전공자이자 교육자로서 이탈리아어에 대한 끊임없는 관심과 연구, 경험을 바탕으로 오랜 시간에 걸쳐 수정하고 보완하여 현재에 이르렀다.

이탈리아 장인이 한 땀 한 땀 바느질하여 명품을 만들어내듯 장인정신을 기반으로 문장 하나하나에 심혈을 기울여 어느 하나 간과할 수 없는 주옥같은 예문들로 책을 완성했다. 시대 상황이 반영된 유익한 예문들을 싣기 위해 지우고 고쳐 쓰기를 몇 번이나 거듭하면서 다시 원점으로 돌아가 마치 실을 꿰매었다 풀었다 하듯 필자 스스로가 장인임을 느낄 정도로 혼신의 힘을 쏟았다. 오랫동안 컴퓨터 작업에 시달려 몸 곳곳에 이상이 생겼지만, 책이 완성되고 나니 대장정을 끝낸 느낌이다.

우리는 팬데믹을 겪으면서 "세계는 하나"라는 말을 피부 깊숙이 체험했다. 코로나19는 컴퓨터와 통신기술의 발달로 정보화된 우리의 삶과 사회 전반에 커다란 변화의 물결을 일으켰다. 지식을 종이 위의 활자로 받아들이던 시대가 끝나고, 이제는 클릭 한 번으로 챗GPT 같은 인공지능이 인간이 할 일을 대신해 주며, 각종 통신매체와 소셜 미디어를 통해 지구촌 곳곳의 사람들과도 쉽게 의사소통을 할 수 있는 시대를 맞이했다. 사상 초유의 원격수업이 열리면서 학습 방법에도 커다란 변화가 일어났다. 이탈리아어를 배우러 직접 이탈리아나 학원에 가지 않고도 화상강의나 유튜브에 올라온 동영상 등 여러 매체를 통해 충분히 학습하는 것이 가능해졌다. 학습자의 자기 주도적 학습이 가능해진 만큼 학습자 중심으로 도움을 주는 책이 더욱 중요해졌다. 이 책은 이탈리아어 문법에 관한 모든 궁금한 점들을 힘들이지 않고 한 번에 신속하고 명확하게 해소해 줄 수 있는 인공지능과 같은 역할을 할 것이라고 확신한다. 문법은 언어 학습에서 매우 중요한 요소 중 하나로, 언어가 무수히 많은 다양한 문장을 산출할 수 있도록 해주는 기본 뼈대라고 할 수 있다. 문법을 안다는 것은 언어를 이루는 형식이나 양식을 알고, 단어를 적절하게 구성하여 의사소통하는 방법을 안다는 것을 뜻한다. 특히 이탈리아어는 신라틴어에 해당하는 로망스어군 가운데서도 라틴어의 어려운 문법이 가장 많이 남아 있는 언어로서, 문법을 모르고서는 글을 쓰거나 말을 할 수가 없다. 문법을 충분히 숙지하고 있으면 내가 전달하고자 하는 의미를 더 잘 전달할 수 있고, 이탈리아인들이 말로 전달하는 섬세한 느낌까지 파악해 서로를 더욱 잘 이해하며 올바른 의사소통의 길로 나갈 수 있다. 이 책은 말을 하기 위해 기본 뼈대가 되는 문법 규칙뿐만 아니라 일상생활에서 무의식적으로 사용되는 말에 어떠한 문법 규칙이 통용되는지까지 소상히 밝혔다.

오늘날의 이탈리아어는 사투리(il dialetto)에서 지역 이탈리아어(il regionalismo), 표준 이탈리아어(l'italiano standard)와 신표준 이탈리아어(l'italiano neostandard)에 이르기까지 다양한 종류로 구성된다. 표준 이탈리아어는 특정 지역에서만 국한해 사용하는 것이 아니라 초지역적으로 사용할 수 있는 중립적인 언어로서 문법 규칙을 준수하며, 사전이나 문법책에 체계적으로 명시되어 있고 문어체나 구어체에서 모든 용도로 사용할 수 있는 규범적 언어이다. 반면에 신표준 이탈리아어는 사용이 복잡한 표준 이탈리아어가 단순화된 형태로, 문법의 테두리에서 벗어나 이탈리아 전역에서 실제로 사용되는, 문체 면에서 개방된 형태를 띤 다양성 있는 언어이다. 이 책은 이탈리아어의 올바른 사용을 위해 학교 교육에 사용되는 승인된 규범인 표준 이탈리아어를 근간으로 기술했다. 이뿐 아니라 독자들의 이해를 돕기 위해 이탈리아인들이 실생활에서 사용하는 신표준 이탈리아어도 자세히 다루었다. 문법적으로 논란이 있는 사안은 세계에서 가장 권위 있는 이탈리아어 연구 기관인 아카데미아 델라 크루스카(L'Academia della Crusca)의 의견과 이탈리아 대백과 사전 『트레카니(Treccani)』에서 인정하는 표준 문법에 따라 기술했다. 이 책은 형식 면에서는 『표준 이탈리아어 문법: 품사론 1, 2』와 크게 달라진 점은 없다. "시대가 변해도 본질은 변하지 않는다"라는 말처럼 언어의 체계와 구조를 이해하는 것이 더 중요하기 때문이다. 내용 면에서는 일상생활과 직결되는 구어체적 예문을 좀 더 많이 싣고자 했다. 또한 문어체와 구어체에서 사용되는 문법을 구별해 기술했으며, 격식적인 상황과 비격식적인 상황에서 쓸 수 있는 문법을 자세히 설명했다. 또한 참고, 예외, 주의 항목을 마련해 특히 유념해야 할 사항과 논쟁이 되는 문법 요소도 다루었다.

말의 근간이 되는 언어의 규칙인 문법은 시공을 초월해 꼭 알아야 하는 필수 요소로서, 우리가 반드시 학습해야 하는 것이다. 30년 넘게 대학 강단에서 학생들에게 가르쳐온 이탈리아어 문법 강의 노트를 전격 공개한 것인 만큼, 이 책이 이탈리아어 학습에 아주 유용한 길잡이가 되리라 확신한다. 소셜 미디어 발달로 세계인과의 거리가 좁혀들면서 소통을 하기 위한 언어 학습의 중요성은 더욱 커졌다. 이탈리아어 문법에 관심을 갖고 체계적으로 심도 있게 공부하고자 하는 분들과 이탈리아어 공인 인증시험을 준비하고 있는 모든 분들에게 이 책이 많은 도움을 줄 수 있기를 바란다.

이 책이 새로운 모습으로 거듭날 수 있도록 별색으로 작업해 준 한울엠플러스(주) 편집부 최진희 팀장의 노고에도 깊이 감사드린다. 책의 진가를 알아보고 『Nuovo 표준 이탈리아어 문법: 품사론 1, 2』 출판을 흔쾌히 허락해 주신 존경하는 김종수 대표님과 경영기획실 윤순현 부장님께도 진심으로 감사드린다. 끝으로 이 책이 나올 수 있도록 많은 격려를 아끼지 않았던 모든 분들과 가족들에게도 감사의 말을 전한다.

2023년 8월

김미애

차례
L'indice

5장
대명사
Il pronome

Nuovo 표준 이탈리아어 문법: 품사론 **2**

1장

알파벳

L'alfabeto

이탈리아어 알파벳은 영어의 알파벳 26자에서 5자(j, k, w, x, y)가 빠진 21자로 5개의 모음(a, e, i, o, u)과 16개의 자음으로 이루어져 있다. 빠진 5자는 외래어를 표기하는데 사용된다.

이탈리아어는 몇 가지 특별한 경우(전치사, 관사, 어미 탈락 등)를 제외하고 항상 모음으로 끝나며, 자음으로 끝나는 단어는 외래어이다. 알파벳을 읽을 때는 끝에서 두 번째 음절에 강세를 넣어서 읽는다.

이탈리아어 자모표(L'alfabeto italiano): 21자

문자		발음 기호	명칭		문자		발음 기호	명칭	
A	a	[a]	a	아	N	n	[ɛnne]	enne	엔네
B	b	[bi]	bi	비	O	o	[o]	o	오
C	c	[ʧi]	ci	취	P	p	[pi]	pi	삐
D	d	[di]	di	디	Q	q	[ku]	qu	꾸
E	e	[e]	e	에	R	r	[ɛrre]	erre	에레
F	f	[ɛffe]	effe	엣페	S	s	[ɛsse]	esse	에쎄
G	g	[ʤi]	gi	쥐	T	t	[ti]	ti	띠
H	h	[àkka]	acca	악까	U	u	[u]	u	우
I	i	[i]	i	이	V	v	[vu]	vu	부
L	l	[ɛlle]	elle	엘레	Z	z	[ʣɛ̀:ta]	zeta	제따
M	m	[ɛmme]	emme	엠메					

21자에 해당하는 이탈리아 알파벳 이외에도 어떤 고어나 특수한 소리 혹은 외래어(lettere straniere) 등을 표기하기 위해 다음의 5자가 추가로 사용되기도 한다.

문자		발음 기호	명칭	
J	j	[ì lunga]	i lunga	이 룽가
K	k	[kàppa]	cappa	깝빠
W	w	[dòppja vu]	doppia vu	도삐아 부
X	x	[iks]	ics	익스
Y	y	[ìpsilon]	ipsilon	입실론

✎ 참고

알파벳 문자를 말할 때는 여성으로 간주하여 여성 정관사를 사용한다. 문자(lettera)라는 단어는 생략하고 여성 정관사 la만을 사용하기도 한다. [예: la lettera f 혹은 la f]

다음의 문자들은 두 가지 이상의 음가를 가진다.

V	vu, vi	이탈리아적인 명칭은 vu이다. 예) TV(띠부)
W	doppia vu, doppia vi	이탈리아적인 명칭은 doppia vu이다. 그러나 WWW.는 부부부로 읽는다.
Y	ipsilon / i greca	주로 ipsilon이 사용된다.

1 ◗ 모음 Le vocali

1 모음 Le vocali

• 이탈리아어 모음의 종류: 다섯 가지(a, e, i, o, u)

이탈리아어 모음은 5개이지만 일곱 가지로 발음된다. 모음은 개음(suono aperto)과 폐음(suono chiuso)으로 구성된다. 개음은 개음 부호(ˋ)를 사용하고, 폐음은 폐음 부호(ˊ)를 사용하여 나타낸다. a는 언제나 개음이고 i, u는 언제나 폐음으로, 한 가지 음만 갖는다. 그러나 e, o는 개음(è, ò)과 폐음(é, ó)이라는 두 가지 음을 갖는다. 폐음은 입을 작게 열고 입 앞쪽에서 나는 소리인 반면에, 개음은 입을 좀 더 크게 벌려 폐음보다 아래쪽에서 나는 소리이다.

문자	소리		발음	예(esempi)					
a	개음		[a]	alto	높은	amore	사랑	arte	예술
e	개음	è	[ɛ]	bène	잘	adèsso	지금	caffè	커피
	폐음	é	[e]	séra	저녁	mése	월	perché	왜
i	폐음		[i]	vita	인생	vino	포도주	libro	책
o	개음	ò	[ɔ]	stòria	역사	òpera	작품	però	그러나
	폐음	ó	[o]	óra	시간	persóna	사람	sóle	태양
u	폐음		[u]	uva	포도	uno	하나	luna	달

✎ 참고

1. 개음과 폐음의 표시는 사전에만 표기되어 있고, 일반적으로는 표기하지 않는다[예: bene]. 그러나 단어의 마지막 모음 e와 o에 강세가 있을 경우에는 반드시 표기를 해야 한다. e가 개음으로 끝나면 개음 표시(caffè)를 하고, 폐음으로 끝나면 폐음 표시(perché)를 한다. 그러나 모음 o는 강세가 폐음(ó)으로 끝나는 경우가 없고, 개음으로 끝나게 된다(però). [☞ 33쪽 악센트의 종류와 표기 참조]

2. 개음(suono aperto)인가 폐음(suono chiuso)인가에 따라서 의미가 달라지는 경우가 있다. 그러나 모든 이탈리아인들이 개음과 폐음을 정확히 구분해서 발음하는 것은 아니며, 지역마다 차이가 있다.

단어	è [ɛ], ò [ɔ] - 개음		é [e], ó [o] - 폐음	
pesca	pèsca	복숭아	pésca	낚시
legge	lègge	읽다(3인칭)	légge	법률
scopo	scòpo	목적	scópo	쓰다(1인칭)

2 이중 모음 I dittonghi

이중 모음은 한 번의 호흡으로 두 개의 모음(강＋약, 약＋강, 약＋약)이 결합하여 단일 소리를 내는 경우로, 두 모음을 분리해서 쓰지 않는다.

(1) 하강 이중 모음 Dittonghi discendenti

강모음(a, e, o) 한 개 ＋ 약모음(i, u) 한 개: 두 모음이 만나서 단일 소리를 낼 때 강세는 강모음에 위치한다. 첫 번째 강모음에서 두 번째 약모음으로 소리가 옮겨가면서 내려가는 형태이다.

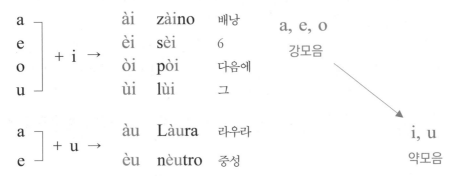

a		ài	zàino	배낭
e	＋ i →	èi	sèi	6
o		òi	pòi	다음에
u		ùi	lùi	그

a, e, o
강모음

| a | | àu | Làura | 라우라 |
| e | ＋ u → | èu | nèutro | 중성 |

i, u
약모음

(2) 상승 이중 모음 Dittonghi ascendenti

약모음(i, u) 한 개 ＋ 강모음(a, e, o) 한 개: 두 모음이 만나서 단일 소리를 낼 때 강세는 강모음에 위치한다. 첫 번째 약모음에서 두 번째 강모음으로 소리가 옮겨가면서 올라가는 형태이다.

i ＋	a	→	ià	piàno	천천히
	e		iè	cièlo	하늘
	o		iò	fiòre	꽃
	u		iù	fiùme	강

a, e, o
강모음

u＋	a	→	uà	guàsto	고장
	e		uè	quèllo	저것
	o		uò	cuòco	요리사
	i		uì	guìda	안내자

i, u
약모음

> ✎ 참고
>
> 1. 이중 모음 **iu**(약＋약) 형태는 강세가 주로 **u** 위에 위치한다. **ui**는 강세가 자유롭게 위치한다.
>   fiùme 강   giùsto 정당한   ciùffo 앞머리   piùma 깃털   più 더
>
> 2. 이탈리아어에서 **ou** 형태로 이루어진 이중 모음은 없다. 합성어인 경우 모음이 분리된다.

3 삼중 모음 | trittonghi

두 개의 약모음(i, u)과 한 개의 강모음(a, e, o)으로 3개의 모음이 이루어진 단음절이다.

uai, uei, uoi, iuo, iei, iai, ioi

uài: guài   재난/곤경   iuò: aiuòla   화원
uèi: quèi   (지시사) 저   ièi: mièi   나의
uòi: tuòi, suòi   너의, 그의/그녀의   iài: scambiài   (나는) 교환했다

4 모음의 분리 Lo iato

두 개의 모음이 연결되어 있다고 해서 반드시 이중 모음이 되는 것은 아니다. 연결된 두 개의 모음이 따로 발음되고 다른 음절을 형성하는 것을 모음의 분리(lo iato)라고 한다.

(1) 강모음 + 강모음인 경우: a, e, o

ae, ao, ea, eo, oa, oe, ee, oo

ae: maestro (ma-è-stro)   스승   ao: Paolo (Pà-o-lo)   파올로
ea: beato (be-à-to)   복받은   eo: leone (le-ò-ne)   사자
oa: soave (so-à-ve)   감미로운   oe: eroe (e-rò-e)   영웅
ee: idee (i-dè-e)   생각들   oo: zoo (zò-o)   동물원

(2) 강모음에 있어야 할 강세가 약모음에 있는 경우: ì, ù

ìa, ìo, ìe, ìi, ùa, ùe, ùo, aù, aì

ìa: spia (spì-a) 스파이   ìo: mio (mì-o)   나의
ìe: zie (zì-e)   고모/이모/숙모들   ìi : zii (zì-i)   삼촌들
ùa: tua (tù-a)   너의   ùe: due (dù-e)   둘(2)
uo: tuo (tù-o)   너의   aù: paura (pa-ù-ra)   두려움

(3) 접두사(ri, bi, tri, anti) + 모음인 경우

ri: riaprire (ri-a-prì-re)   다시 열다   bi: biennale (bi-en-nà-le)   격년의
tri: triangolo (tri-àn-go-lo) 삼각형   anti: antiacido (an-ti-à-ci-do)   제산제

2 자음 Le consonanti

이탈리아어 알파벳 가운데 자음은 16개다. 이탈리아어는 몇몇 특별한 경우를 제외하고 항상 모음으로 끝나며, 자음으로 끝나는 외래어인 경우에 자음 뒤에 [ə]를 붙여 반드시 자음 발음을 해준다. [예: bar 바러]

1 한 가지 음가를 지닌 자음: b, d, f, l, m, n, p, r, t, v

단어를 읽을 때는 반드시 강세를 넣어서 읽는다. 주로 끝에서 두 번째 음절의 모음에 강세가 간다.

b [b] 우리말 '냄비'의 'ㅂ'과 같다. bb로 자음이 중복될 경우 음절이 둘로 나뉘기 때문에 하나는 앞 음절의 받침처럼 발음된다. ba[배], be[베], bi[비], bo[보], bu[부]
    banàna[바나나] 바나나   bene 잘   birra 맥주   borsa 가방   busta 봉투

v [v] 영어의 'wave'의 'v'와 같은 소리이다. 우리말의 'ㅂ'에 가깝다. f처럼 윗니를 아랫입술에 자연스럽게 인접시켜 떨리듯 발음한다. va[봐], ve[붸], vi[뷔], vo[보], vu[부]
    Valentìno[발렌띠노] 발렌티노   Verona 베로나   volume 볼륨   vulcano 화산

f [f] 영어의 'father'의 'f'와 같이 아랫입술과 윗니 사이에서 내는 소리이다. 우리말에는 이러 한 순치음이 없지만 'ㅍ'에 가깝다고 할 수 있다. fa[파], fe[페], fi[피], fo[포], fu[푸]
    fàme[파메] 배고픔   festa 축제   fila 열/줄   forte 강한   fumo 연기

p [p] 우리말 '빠르다'의 'ㅃ'처럼 소리가 난다. pa[빠], pe[뻬], pi[삐], po[뽀], pu[뿌]
    pàsta[빠스따] 파스타   penna 펜   Pisa 피사   porta 문   puro 순수한

l [l] 우리말 '칼'의 받침 'ㄹ'과 같다. 혀끝을 윗니 뒤에 대어 나는 소리이다.
    làtte[라떼] 우유   letto 침대   libro 책   lotto 복권   luna 달   molto[몰또]

r [r] 혀를 굴려서 내는 소리로 우리말의 '라디오, 노래, 보리' 등의 'ㄹ'에 가깝다.
    ràdio[라디오] 선물   regalo 선물   ristorante 레스토랑   Roma 로마   morto[모르또]

d [d] 우리말의 'ㄷ'과 비슷하다. 혀끝을 윗니 뒤에 대어 나는 소리이다.
    dàta[다따] 날짜   dentista 치과 의사   digitale 디지털   donna 여자   duro 굳은

m [m] 우리말의 '많이', '감' 등의 'ㅁ'과 같다. 코로 나는 비음이다.
    màmma[맘마] 엄마   melone 멜론   mille 천   moda 패션   multa 벌금

n [n] 우리말의 '나무', '간다' 등의 'ㄴ'과 같다. 코로 나는 비음이다.

naturàle[나뚜랄레] 자연스러운 nero 검은 nipote 조카 notte 밤 numero 번호

t [t] 한글의 '띠', '떨다'의 'ㄸ'처럼 소리가 난다. 혀끝을 윗니 뒤에 대어 나는 소리이다.

tàvola[따볼라] 식탁 treno 기차 tipo 유형 tonno 참치 tutto 전부

2 자음의 발음이 특수한 경우

(1) 두 가지 음가를 지닌 자음

ⓐ c + a, o, u → [k]

c는 모음 a, o, u 및 h를 포함한 모든 자음 앞에서 [k]로 발음되고, 성대 진동이 없는 무성음이다. 우리말로 옮기면 'ㅋ'보다 'ㄲ'에 가깝다.

c [k]	a	cane[까네]	개	carota	당근	camera 방	carta 카드
	o	conto[꼰또]	계산	concerto	음악회	colore 색상	corso 코스
	u	cucina[꾸취나]	부엌	sicuro	확실한	cultura 문화	cura 치료
	자음	crema[끄레마]	크림	bicicletta	자전거	classe 학급	clima 기후

c + e, i → [ʧ]

c는 모음 e, i 앞에서는 [ʧ]로 발음되며, 무성음이다. 영어의 'church', 'rich' 등의 'ch' 음가와 같다. 우리말로 옮기면 '췌'나 '취'에 가깝다.

c [ʧ]	e	cena[췌나]	저녁 식사	certo 확실한	centro 시내	cellulare 휴대폰
	i	cinema[취네마] 영화관	cibo 음식	città 도시	Cina 중국

> ☹ 주의
>
> c가 모음 e, i 앞에 와서 ce[ʧe], ci[ʧi]가 되지만, h가 ce와 ci 사이에 삽입되어 che, chi가 되면 께[ke], 끼[ki]로 발음된다. 그러나 cce, cci는 [ttʃe], [ttʃi]로 센 발음이다.
>
> h: forchetta [포르께따] 포크   chiesa [끼에자] 교회
>   Michele [미껠레] 미카엘   chilo [낄로] 킬로
>   accento [앗췐또] 악센트   Gucci [굿취] 구찌

ⓑ **g + a, o, u → [g]**

g는 모음 a, o, u 및 h를 포함한 모든 자음 앞에서 [g]로 발음되고, 우리말의 'ㄱ'과 같다.

g [g]	a	gatto[갓또]	고양이	gamba	다리	gara	시합
	o	gomma[곰마]	지우개	gonna	치마	gondola	곤돌라
	u	gusto[구스또]	취향	gufo	부엉이	ragù	라구소스
	자음	gruppo[그룹뽀]	그룹	gloria	영광	grande	큰

g + e, i → [dʒ]

g는 모음 e, i 앞에서 [dʒ]로 발음되고, 목청 떨림이 있는 유성음이다. 영어의 'judge', 'gelatine'의 ge[dʒe] 음가와 같다. 우리말로는 '줴'나 '쥐'에 가깝다.

g [dʒ]	e	gelato[줼라또]	아이스크림	gente	사람들	generale	일반적인
	i	giro[쥐로]	회전	girasole	해바라기	gita	소풍

> **☹ 주의**
>
> g 다음에 e, i가 와서 ge[dʒe], gi[dʒi]가 되지만, h가 ge와 gi 사이에 삽입되어 ghe, ghi가 되면 게[ge], 기[gi]로 발음된다. 그러나 gge, ggi는 [ddʒe], [ddʒi]로 센 발음이 된다.
>
> h: funghi[푼기] 버섯들   spaghetti 스파게티   oggi[옷쥐] 오늘   legge[렛줴] 법률

ⓒ **sc + a, o, u → [sk]**

sc가 모음 a, o, u 및 h를 포함한 모든 자음 앞에서는 [sk] 발음이 된다.

sc [sk]	a, o, u	scala[스깔라]	계단	sconto	할인	scuola	학교
	자음	scritto[스크릿또]	적힌	scrivere	쓰다	scremato	탈지한

sc + e, i → [ʃ]

영어의 'sure', 'shy'를 발음할 때 나는 [ʃ]와 같다. 우리말의 '쉐'나 '쉬'와 비슷하다.

sc [ʃ]	e	pesce[뻬쉐]	생선	scena	장면	scendere	내려가다
	i	sci[쉬]	스키	scimmia	원숭이	piscina	수영장

> **☹ 주의**
>
> sc 다음에 e, i가 와서 [ʃ]가 되지만, 그 사이에 h가 삽입되면 [sk] 발음이 된다.
>
> h: schizzo[스킷쪼] 스케치   tedeschi 독일인들   schermo 스크린   scherzo 농담

두 가지 음가를 지닌 자음(c, g, sc)의 발음 도식

	a, o, u			e, i	
c [k] [ʧ]	[k]			[ʧ]	
	ca[까]	co[꼬]	cu[꾸]	ce[췌]	ci[취]
	cane 개	conto 계산	cultura 문화	centro 시내	cinema 영화관
	che 무엇, 무슨	chi 누가, 누구를		← h	
				che[께]	chi[끼]
g [g] [ʤ]	[g]			[ʤ]	
	ga[가]	go[고]	gu[구]	ge[줴]	gi[쥐]
	gamba 다리	gola 목구멍	gusto 맛	gente 사람들	giro 회전
	spaghetti 스파게티	ghianda 도토리		← h	
				ghe[게]	ghi[기]
sc [sk] [ʃ]	[sk]			[ʃ]	
	sca[스까]	sco[스꼬]	scu[스꾸]	sce[쉐]	sci[쉬]
	scala 계단	sconto 할인	scuola 학교	scena 장면	sci 스키
	schizzo 스케치	scherzo 농담		← h	
				schi[스끼]	sche[스께]

☞ sc는 gn, gl처럼 2자 1음자에 속하지만, 편의상 두 가지 음가를 지닌 자음에 포함시켰다.

☞ ca, co, cu, ga, go, gu, sca, sco, scu에는 h가 들어가지 않는다. 따라서 이탈리아어에서 cha, cho, chu, gha, gho, ghu, scha, scho, schu 형태는 없다.

ⓓ s[s]: 무성음(sorda)

s [s]

i) s가 무성자음 f, t, q, p, c 앞에 위치하는 경우

    sfida 도전   stella 별   squadra 팀   sposo 신랑   sconto 할인

ii) s가 자음 바로 뒤에 올 경우

    corso 과정   borsa 가방   forse 아마도   persona 사람

iii) s가 단어의 첫머리에 오고 바로 뒤에 모음이 오는 경우

    sale 소금   senso 의미   sito 사이트   sole 태양   sud 남쪽

iv) s가 두 개일 경우, 우리나라의 ㅆ 발음처럼 세게 발음한다.

    basso 낮은   rosso 붉은색의   passione 열정   espresso 에스프레소

s[z]: 유성음(sonora)

s
[z]

- i) s가 두 모음 사이에 있을 때

  musica 음악   mese 달   esame 시험   quasi 거의   pesante 무거운

- ii) s가 유성 자음 b, d, g, l, m, n, r, v 앞에 있을 경우

  sbaglio 실수   sdegno 무시   sguardo 시선   svizzera 스위스
  sradicare 뿌리째 뽑다 slancio 돌진   smorto 창백한   snello   날씬한

ⓔ z [ts]: 무성음(sorda)

z
[ts]

- i) z 뒤에 -ia, -ie, -io이 올 경우

  Venezia 베네치아   grazie 감사합니다   lezione 수업   stazione 역

- ii) 자음 l, n, r 다음에 z가 올 경우: 주로 -anza, -enza

  calza 양말   marzo 3월   vacanza 휴가   scienza 과학 Firenze 피렌체

- iii) z가 두 개일 경우: -zz

  pazzo 미친   piazza 광장   pizza 피자   pezzo 조각   palazzo 궁전

z [dz]: 유성음(sonora) [사전에 ʐ, ʒ 혹은 /dz/로 표시된 경우]

z
[dz]

- i) z가 단어 첫머리에 올 경우: z 다음의 음절에 자음 c, f, p, t가 오는 경우는 제외

  zaino 배낭   zero 제로   zona 지역   zebra 얼룩말

- ii) -azzare, -ezzare, -izzare로 끝나는 동사 형태

  ammazzare 죽이다   battezzare 세례 주다   organizzare 조직하다

(2) 자음 h와 q의 발음

ⓐ h

이탈리아어에서 h는 묵음으로 소리가 없다. 그러나 구개음 ce[췌], ci[취], ge[줴], gi[쥐]에 h를 삽입하여 che[께], chi[끼], ghe[게], ghi[기] 등의 후두음으로 사용된다.

ho [오] I-have	hai [아이] You-have	hotel [오텔] 호텔
eh [에-] 감탄사	ah [아-] 감탄사	boh [보-] 감탄사

ⓑ q [kw]

q는 단독으로 단어의 첫머리나 중간에 올 수 없는 반자음으로, 항상 qu 형태로 사용된다. qu 다음에 다른 모음이 오면 이중 모음으로 한꺼번에 마치 오리 소리처럼 발음을 해야 한다.

quattro [꽈트로] 4	quadro [꽈드로] 그림	quello [꿸로] 저것
questo [꿰스또] 이것	qui [뀌] 여기에	quota [꿔오따] 몫

(3) 두 자음이 모여서 한 음을 내는 경우(2자 1음) | digrammi

ⓐ gl [ʎ]

우리말의 '흘려'의 'ㄹㄹ'이 이에 해당한다. gl 다음에 모음 i가 올 때 [ʎ]으로 발음된다.

famiglia [파밀뤼아] 가족	bottiglia [보띨뤼아] 병	aglio [알뤼오] 마늘
figlio [필뤼오] 아들	migliore [밀뤼오레] 더 나은	moglie [몰뤼에] 아내

gl 다음에 i가 아닌 다른 모음(a, e, o, u)이 올 경우에는 [g] 발음이 된다.

gladiatore [글라디아또레] 검투사	inglese [잉글레제] 영국인
gloria [글로리아] 영광	glutine [글루띠네] 글루텐

> **✎ 참고**
>
> gl 다음에 i가 와도 [ʎ(뤼)]가 되지 않고 [g] 발음이 되어 [글리]가 되는 단어들도 있다. 이런 경우 사전에서는 l 아래에 .을 찍어 l̦로 표시한다. gl로 단어가 시작되거나 an 다음에 오는 경우이다.
>
> | angl̦icismo [앙글리취즈모] 영어식 단어 | gl̦icerina [글리췌리나] 글리세린 |
> |---|---|
> | gl̦icogeno [글리꼬줴노] 글리코겐 | negl̦iente [네글리엔떼] 태만한 |

ⓑ gn [ɲ]

우리말의 '녀석'의 'ㄴ'과 같은 소리로 비음이다. gna[냐] gne[녜] gni[뉘] gno[뇨] gnu[뉴]

lavagna 칠판	Agnese 아녜스	ogni 모든	signore 아저씨	ognuno 각자
[라바냐]	[아녜세]	[오뉘]	[시뇨레]	[오뉴노]

1. 알파벳 an 다음에 음가 [k], [g]에 해당하는 소리가 오면 [ŋ]으로 발음된다.

ancora	아직	anche	또한
angolo	모퉁이	anguilla	뱀장어
anguria	수박	bianco	하얀

2. 이중 자음(le lettere doppie): 15개의 자음이 겹자음이 될 수 있다.

i) 동일 겹자음의 발음
- 겹자음을 강하게 발음하는 경우: 겹자음 앞의 모음은 짧게, 겹자음은 세게 발음한다.

  <bb> dubbio [dù-bio] 의심   <cc> bocca [bóc-ca] 입
  <pp> doppio [dóp-pio] 두 배   <tt> tutto [tùt-to] 모든 것

- 겹자음을 길게 발음하는 경우: 겹자음 앞의 모음은 짧게, 자음은 길게 발음한다.

  <ff> fatto [fàt-to] 사실   <ll> bello [bèl-lo] 멋진
  <mm> comma [còm·ma] 쉼표   <nn> nonno [nòn-no] 할아버지
  <rr> torre [tór·re] 탑   <ss> cassa [càs-sa] 계산대

ii) 이중 자음의 강세
모음 + 이중 자음 + 모음일 경우 강세는 이중 자음 앞에 있는 모음에 위치하게 된다.

màmma	엄마	bàbbo	아빠
nònna	할머니	frèddo	추운

iii) 자음 중복에 따라 의미가 다른 경우
우리말은 모음의 길이에 따라 의미가 달라지지만, 이탈리아어는 반대로 자음의 길이에 따라 의미가 달라진다. 겹자음은 자음 앞의 모음을 짧게 발음하면서 겹자음을 길게 혹은 강하게 소리 낸다. 반면에 홑자음은 자음 앞의 모음을 길게 발음하면서 자음을 짧게 소리 낸다.

cappello	모자	capello	머리카락	[a를 길게 발음]
coppia	쌍, 커플	copia	복사본	[o를 길게 발음]
pappa	이유식	papa	교황	[a를 길게 발음]
carro	수레	caro	비싼	[a를 길게 발음]
palla	공, 총알	pala	삽, 가래	[a를 길게 발음]
sette	7	sete	갈증	[e를 길게 발음]
nonno	할아버지	nono	9번째	[o를 길게 발음]
penna	펜	pena	근심	[e를 길게 발음]
tonno	참치	tono	어조	[o를 길게 발음]
comma	쉼표	coma	혼수상태	[o를 길게 발음]

iv) 다음과 같은 접두사 다음에는 항상 이중 자음을 쓴다.

a-	basso	낮은	→	abbassare	낮추다
	comodo	편안한	→	accomodare	편안하게 하다
	fretta	서두름	→	affrettare	서두르게 하다
	giusto	정확한	→	aggiustare	수리하다
	lungo	긴	→	allungare	늘리다
	mucchio	더미	→	ammucchiare	쌓아 올리다
	noia	지겨움	→	annoiare	지겹게 하다
	pronto	준비된	→	approntare	직면하다
	vicino	가까운	→	avvicinarsi	다가가다
ra-	brivido	한기	→	rabbrividire	한기를 느끼게 하다
	doppio	두 배	→	raddoppiare	배가하다
	freddo	차가운	→	raffreddare	차게 하다
	gruppo	무리	→	raggruppare	그러모으다
in-	legale	합법적인	→	illegale	비합법적인
	regolare	규칙적인	→	irregolare	비규칙적인
	maturo	성숙한	→	immaturo	미숙한
	negabile	부인할 수 있는	→	innegabile	부인할 수 없는
con-	nazionale	국가의	→	connazionale	같은 나라의
	lato	측면	→	collaterale	양립한
su-, so-	dividere	나누다	→	suddividere	세분화하다
	portare	지탱하다	→	sopportare	지탱하다, 참다
contra-	contravveleno	해독제		contrattempo	불상사
sì, così-	siffatto	그와 같은		cosiddetto	소위, 이른바
da-	davvero	정말로		dabbene	선량한
fra-	frattempo	그러는 동안		frapporre	삽입하다
sopra-	soprattutto	특히		sopracciglio	눈썹
sovra-	sovrannaturale	초자연적인		sovraccarico	과적
e-	ebbene	그러면		eppure	그러나
o-	oppure	혹은		ovvero	혹은
ne-	neppure	~조차도		nemmeno	~조차도
se-	sebbene	비록 ~일지라도		seppure	비록 ~일지라도

3 음절 나누기 La divisione delle parole in sillabe

행을 바꾸어 쓸 때 한 단어를 부득이하게 분철해야 할 경우나 단어를 정확히 발음하기 위해서는 음절 분리에 대한 적절한 이해가 필요하다.

(1) 단어 첫머리에 오는 자음은 뒤따르는 모음과 하나의 음절을 이룬다.

po-po-lo 국민   ca-ne 개   si-cu-ro 확실한

(2) 모음과 모음 사이에 오는 자음은 그 다음의 모음과 음절을 이룬다.

o-do-re 냄새   o-ro 황금   i-so-la 섬

(3) 단어 첫머리의 모음 뒤에 자음이 두 개 올 경우 그 자음은 각기 분리된다.

an-co-ra 아직도   ar-te 예술   im-por-tan-te 중요한

(4) 동일한 자음이 중복될 때는 서로 분리된다.

ros-so 빨간색의   paz-zo 미친   cap-pel-lo 모자

(5) 두세 개 연이은 자음은 그 다음의 모음과 음절을 이룬다.

li-bro 책   ba-gno 욕실   stra-da 길

(6) 두 모음 사이에 두 자음이 있는 경우

i) r, l, m, n + 자음인 경우: r, l, m, n은 뒤의 자음과 분리된다.

cor-po 몸   col-po 구타   cam-po 영역   can-to 성악

ii) 자음 + r, l, m, n인 경우: r, l, m, n은 앞의 자음과 결합한다.

pa-dre 아버지   ci-clo 사이클   sem-pli-ce 단순한

(7) c와 q는 서로 분리된다.

ac-qua 물   piac-que 좋아했다   nac-que 태어났다

(8) 이중 모음과 삼중 모음은 서로 분리되지 않는다.

cie-lo 하늘   fio-re 꽃   suoi 그의   miei 나의

4 악센트의 위치 La posizione dell'accento

이탈리아어에서는 두 가지 악센트 유형이 있는데, 소리를 들어서 알 수 있는 강세 악센트(l'accento tonico)와 눈으로 볼 수 있는 그래픽 악센트(l'accento grafico)이다. 이탈리아어의 모든 단어는 강세 악센트를 지니고 있다. 비록 모든 단어에 그래픽 악센트로 표시되지 않더라도 단어마다 강세 악센트가 있기 때문에, 이탈리아어를 음악적이라고 한다. 이탈리아어 단어를 올바르게 발음하려면 강세 악센트가 어디 있는지 알아야 한다. 단어의 끝모음에 강세가 있을 때만 그래픽 악센트를 표시하기 때문에 단어에 강세 표시가 없는 경우에는 어디에 강세가 있는지 알 수 없으므로, 사전이나 인터넷을 통해 찾아봐야 한다.

(1) 끝모음에 강세가 있는 경우 Parole tronche: 반드시 그래픽 표기를 해야 한다.

마지막 음절의 모음 a, i, u에 강세가 있을 경우에 위에서 아래로 향한 개음 악센트(`)를 표시한다. 그러나 모음 e와 o에 강세가 있을 경우에는 폐음이면 폐음 부호(´), 개음이면 개음 부호(`)를 표시한다.

città	도시	università	대학교	verità	진실
mercoledì	수요일	così	이렇게	lunedì	월요일
tiramisù	티라미수	più	더욱	giù	아래에
caffè	커피	cioè	즉	perché	왜
però	그러나	può ~	~할 수 있다	ciò	그것

(2) 끝에서 두 번째 음절의 모음에 강세가 있을 경우 Parole piane

이탈리아어의 거의 대부분의 단어가 끝에서 두 번째 음절의 모음에 강세가 있다.

ge-là-to	아이스크림	a-mó-re	사랑	bam-bì-no	남자아이
Mi-là-no	밀라노	Fi-rèn-ze	피렌체	Bo-ló-gna	볼로냐
Ma-rì-a	마리아	Te-rè-sa	테레사	Al-bèr-to	알베르토
Co-rè-a	한국	I-tà-lia	이탈리아	Bra-sì-le	브라질

(3) 끝에서 세 번째 음절의 모음에 강세가 있는 경우 Parole sdrucciole

끝에서 세 번째 음절의 모음에 강세가 위치하는 경우로, 사전이나 인터넷을 통해 확인해야 한다.

mù-si-ca	음악	tà-vo-la	식탁	lèt-te-ra	편지
cà-me-ra	방	àn-ge-lo	천사	màc-chi-na	자동차
Nà-po-li	나폴리	Mò-ni-ca	모니카	Dà-vi-de	다비드
Cà-na-da	캐나다	Mò-na-co	뮌헨	A-mè-ri-ca	아메리카

1. 단어의 어미가 다음과 같은 경우에 강세가 주로 끝에서 세 번째 모음에 위치한다.

-imo	ùltimo	마지막의	òttimo	최고의
-abile	variàbile	변화 가능한	realizzàbile	실현 가능한
-ibile	possìbile	가능한	impossìbile	불가능한
-ile	ùtile	유용한	fàcile	쉬운
-évole	piacévole	유쾌한	incantévole	매혹적인
-ico	econòmico	경제적인	accadèmico	학문적인
-gine	orìgine	기원	indàgine	조사연구

2. 그리스 접미사에 해당하는 것들은 강세가 끝에서 세 번째 모음에 위치한다.

-grafo	biògrafo	전기 작가	scenògrafo	무대감독
-logo	archeòlogo	고고학자	teòlogo	신학자
-sofo	filòsofo	철학자	teòsofo	신지학자
-tesi	ipòtesi	가정, 가상	antìtesi	반명제
-nomo	astrònomo	천문학자	gastrònomo	미식가

3. 직설법 미래를 제외한 모든 법의 3인칭 복수 동사 형태들은 강세가 끝에서 세 번째 모음에 위치한다.

	직설법 현재	직설법 반과거	조건법 현재	명령법/접속법
말하다	pàr-la-no	parlàvano	parlerèbbero	pàrlino
쓰다	scrì-vo-no	scrivèvano	scriverèbbero	scrìvano
자다	dòr-mo-no	dormìvano	dormirèbbero	dòrmano
끝내다	fi-nì-sco-no	finìvano	finirèbbero	finìscano

(4) 끝에서 네 번째 음절의 모음에 강세가 있는 경우 Parole bisdrucciole

끝에서 네 번째 음절의 모음에 강세가 있는 경우는 주로 동사 활용으로 단어가 길 때이다.

loro (they)	te-lè-fo-na-no	전화하다	[telefonare 직설법 현재]
loro (they)	à-bi-ta-no	살다	[abitare 직설법 현재]
tu (you)	Màn-da-me-lo!	내게 그것을 보내줘!	[mandare 명령법]

(5) 끝에서 다섯 번째 음절의 모음에 강세가 있는 경우 Parole trisdrucciole

끝에서 다섯 번째 음절의 모음에 강세가 있는 경우는 주로 명령법에서 2인칭 단수 동사가 복합 대명사(간접 목적어 약형 대명사 + 직접 목적어 약형 대명사가 결합된 형태)와 함께 사용될 때이다.

| tu (you) | Òr-di-na-me-lo! | 나에게 그것을 주문해 줘! | [ordinare 명령법] |
| tu (you) | Co-mù-ni-ca-me-lo! | 내게 그것을 연락해 줘. | [comunicare 명령법] |

5 악센트의 종류와 표기

(1) 폐음 부호 L'accento acuto (´) [양음 부호]

폐음 부호(´)는 위로 향한 기호로(상강세) 모음 e, o 위에 é, ó로 사용할 수 있다. 사전에는 단어들의 개음과 폐음 구분이 표시되어 있지만, 일반적으로 글자에는 표시하지 않는다. 폐음을 나타내는 폐음 부호인 동시에 강세가 떨어지는 마지막 모음(é, ó)일 때만 폐음 부호 악센트를 표기한다.

perché 왜   benché 비록 ~이지만   finché ~할 때까지   affinché ~하도록

(2) 개음 부호 L'accento grave (`) [억음 부호]

개음 부호(`)는 아래로 향한 기호로(하강세) 모든 모음들(a, i, u, e, o) 위에 à, ì, ù, è, ò로 사용한다. 개음을 나타내는 개음 부호인 동시에 강세가 떨어지는 마지막 모음이 개음(à, è, ò)일 때 이 부호를 사용한다. 그런데 오늘날 i와 u도 악센트를 표시할 때 폐음이지만, 폐음 부호(´)를 쓰지 않고 개음 부호 악센트(`)를 사용한다(ì, ù).

città 도시   caffè 커피   mercoledì 수요일   però 그러나

più 더욱   giù 아래에   così 이렇게   menù 메뉴

(3) 곡절 부호 L'accento circonflesso (^)

-io로 끝난 명사 중 i 위에 강세가 없으면 그 복수가 ii가 아니라 i가 되는데, 다른 형태의 명사에서 나온 복수 형태와 동일해 혼동될 우려가 있을 경우에는 곡절 부호를 사용한다. 다른 형태의 명사와 구별하기 위해서 i를 중복하여 ii로 나타내거나 아니면 곡절 부호(^)를 한다. 그러나 오늘날에는 ii나 곡절 부호(^) 대신 단어에 악센트(`)를 표시해 복수형을 구분하는 경우가 더 많다.

┌ il princìpio 원칙   i princìpi 원칙들   principii, principî
└ il prìncipe 군주   i prìncipi 군주들

┌ il demònio 악마   i demòni 악마들   demonii, demonî
└ il dèmone 악령   i dèmoni 악령들

┌ l'arbìtrio 횡포   gli arbìtri 횡포들   arbitrii, arbitrî
└ l'àrbitro 심판관   gli àrbitri 심판관들

• 고어나 시어에서 단어를 축약할 때 곡절 부호(^)를 사용하기도 한다.

togliere   =   torrê 제거하다

cogliere   =   corrê 수집하다

(4) 철자가 같은 이의어 구별 표시

이탈리아어의 모든 단어는 각기 강세가 있지만, 문자상에 항상 악센트 기호로 강세를 표시하지는 않는다. 마지막 모음에 강세가 위치할 경우(città, università, caffè, così, mercoledì, però)와 악센트를 표기하지 않으면 다른 동일한 형태의 단어와 혼동이 생길 수 있는 단어(동일 철자 이의어)에만 악센트를 표기한다.

è	[영어의 is]	e	[접속사 and]
dà	[영어의 gives]	da	[전치사 from]
tè	[명사, 차(tea)]	te	[직접 목적 대명사, 너를(you)]
là	[부사, 거기에(there)]	la	[여성 단수 정관사 the]
lì	[부사, 거기에(there)]	li	[직접 목적 대명사 them]
dì	[명사, 일(day)]	di	[전치사 of]
sì	[부사, 예(yes)]	si	[재귀 대명사, 자기 자신]
né	[접속사, ~도 아닌]	ne	[접어, 그중에, 그것에 대해서]
sé	[재귀 대명사 self]	se	[접속사 if]
ché	[접속사 because]	che	[접속사 that, 의문사 what]

- 강세 위치에 따라 서로 다른 의미를 갖는 동일 철자 이의어가 있다.

ancòra	[다시 한번]	àncora	[닻]
subìto	[subire의 과거 분사]	sùbito	[즉시]
compìto	[compire의 과거 분사]	còmpito	[숙제]
princìpi	[원리들]	prìncipi	[군주들]
ambìto	[ambire의 과거 분사]	àmbito	[분야]
seguìto	[suguire의 과거 분사]	sèguito	[추종자]
leggère	[leggero의 여성 복수]	lèggere	[동사, 읽다]
cantò	[cantare의 원과거]	cànto	[명사, 노래]
portò	[portare의 원과거]	pòrto	[명사, 운송]
morì	[morire의 원과거]	mòri	[명사, moro의 복수]
circuìto	[circuire의 과거 분사]	circùito	[명사, 주위·회선]
capitàno	[명사, 대장·선장]	càpitano	[capitare의 3인칭 복수]
capitò	[capitare의 원과거]	capìto	[capire의 과거 분사]
tendìne	[tendina(커튼) 복수]	tèndine	[명사, 힘줄·건]
metà	[절반]	mèta	[목적지]

6 어미 절단 Il troncamento

어미 절단(il troncamento)이란 마지막 모음자 혹은 마지막의 한 음절 전부가 탈락되는 현상을 말한다. 특히 이탈리아 고어의 문어체 형식에서 자주 일어났지만 오늘날에는 몇몇 단어와 관용구에서만 사용된다. 어미 절단(il troncamento)은 모음 생략 현상(l'elisione)과는 달리 몇몇 경우를 제외하고는 생략 부호(')를 표시하지 않는다.

(1) l, m, n, r 다음에 e, o로 끝나는 경우 마지막 모음 e나 o가 탈락될 수 있다.

-le, lo, me, mo, ne, no, re, ro로 끝나는 형태이다.

l		Ho mal(e) di testa.	나는 머리가 아프다.
m	e	Buongiorno, signor(e) Rossi!	안녕하세요, 로씨 씨!
n	o	Il professor(e) Bianchi è molto bravo.	비앙키 교수님은 매우 훌륭하다.
r		Dottor(e) Kim!	김 선생님! (의사, 학사)

son(o), buon(o), amor(e), fior(e), ben(e), qual(e), uom(o)

> ✎ 참고
>
> **어미 탈락(il troncamento)이 의무적인 경우**
>
> 1. -re로 끝나는 호칭 명사들은 성이나 이름과 함께 사용될 때 e가 어미 탈락 된다.
>
> | il signor Rossi | 로씨 씨 | l'ingegner Rossi | 로씨 기사 |
> |---|---|---|---|
> | il professor Rossi | 로씨 교수 | il dottor Rossi | 로씨 의사 |
>
> 2. 다음의 단어도 어미 탈락이 일어난다: frate + 자음 이름, suora + 이름
>
> Fra Francesco 프란체스코 수사   Suor Maria 마리아 수녀
>
> 3. 숙어처럼 되어버린 형태들(Locuzioni fisse): bene + 과거 분사
>
> | ben cotto 잘 익힌 | mal di testa 두통 | fin qui 여기까지 |
> |---|---|---|
> | ben fatto 잘 만들어진 | amor proprio 자기애 | fin lì 거기까지 |

(2) 동사 원형이나 동사구의 마지막 모음 e를 생략할 수 있다.

amor(e)	사랑하다	aver(e) sonno	졸리다
poter(e) dire	말할 수 있다	aver(e) fatto	~했다

(3) 어떤 동사의 직설법 3인칭 단수의 어미 e는 생략될 수 있다.

vuol(e) 원하다   vien(e) 오다

(4) 어미 절단에 생략 부호 표시(')를 하는 경우

어미 절단은 모음 생략과 달리 생략 부호 표시(')를 하지 않고 절단된 상태로 둔다. quale는 (1)의 설명처럼 -le로 끝나는 형태로 essere 3인칭 단수형 동사 è, era 앞에서 어미 탈락 되어 qual 형태가 된다. 모음 생략 qual'è 형태가 아닌 점에 유의해야 한다.

Qual è il tuo nome?	Dov'è Maria?	Com'è la camera?
[어미 절단 현상]	[모음 생략 현상]	[모음 생략 현상]
너의 이름이 뭐니?	마리아가 어디 있어요?	방이 어떻습니까?

예외적으로 생략 부호(')를 표시하여 어미 절단을 나타내는 불규칙적인 경우(l'apocope)

ⓐ
un po'	= un poco	약간	un po' di pane	약간의 빵
be'	= bene	좋아, 그러면	Be', che vuoi?	그래서, 뭘 원해?
mo'	= modo	방법	a mo' di esempio	예시로
ca'	= casa	가문	Ca' Foscari	포스카리 가문

ⓑ 2인칭 단음절 명령형: **dare, fare, stare, dire, andare** 동사

da' = dai	fa' = fai	sta' = stai	di' = dici	va' = vai
(dare 동사)	(fare 동사)	(stare 동사)	(dire 동사)	(andare 동사)

to' = togli [방언]		te' = tieni [방언]		ve' = vedi [방언]
(togliere 동사)		(tenere 동사)		(vedere 동사)

Da' una mano!	도와줘 !
Fa' presto, siamo in ritardo.	빨리해, 우리 늦었어.
Sta' attento, quando guidi!	운전할 때 조심해.
Di' la verità!	진실을 말해 !
Va' a casa subito!	당장 집에 가 !

ⓒ 시어나 문학적 용도로만 사용되는 형태: -i로 끝나는 단어들이다.

ne' = nei	co' = coi	be' = bei, begli	de' = dei
전치사 관사	전치사 관사	아름다운	전치사 관사

7 모음 생략 L'elisione

모음 생략(L'elisione)이란 모음으로 시작되는 단어 앞에서 두 모음 간의 충돌을 피하기 위해 앞에 있는 모음의 어미가 생략되는 경우를 말한다. 모음 생략은 모음 생략 부호(')를 사용하여 나타내며, 다음과 같은 경우에 일반적으로 모음이 생략된다.

(1) 정관사 lo, la, 부정 관사 una는 모음 생략이 의무적이다.

lo amico	→ l'amico	그 남자 친구
la amica	→ l'amica	그 여자 친구
una amica	→ un'amica	한 여자 친구

(2) 정관사 lo, la와 결합된 전치사 관사(전치사 + 정관사의 결합)는 모음 생략이 의무적이다.

all'Università	대학에서	all'aeroporto	공항에서	all'estero	해외에
dall'Università	대학에서부터	dall'ufficio	사무실에서부터	dell'amico	친구의
dell'insegnante	선생님의	sull'albero	나무 위에서	nell'aula	강의실에서

(3) 전치사 di는 모음 앞에서 생략되는 경우가 많은데, 특히 모음 i 앞에서 생략된다.

di Italia → d'Italia	이탈리아의	di inverno → d'inverno	겨울에
di oro → d'oro	금으로 된	di accordo → d'accordo	동의해

(4) 지시 형용사(questo, questa, quello, quella)와 몇 가지 형용사(buona, bello, santo)는 일반적으로 모음이 생략된다. 일부 형용사들(tutto, povero, grande, mezza)은 특정한 표현에서 모음이 생략된다.

questo anno	→ quest'anno	올해
quello anno	→ quell'anno	그해
questa amica	→ quest'amica	이 여자 친구
quella amica	→ quell'amica	그 여자 친구
buona idea	→ buon'idea	좋은 생각
bello amore	→ bell'amore	아름다운 사랑
tutto altro	→ tutt'altro	완전히 다른
Santo Antonio	→ Sant'Antonio	성 안토니오
povero uomo	→ pover'uomo	가엾은 남자
grande uomo	→ grand'uomo	위대한 남자

(5) 직접 목적격 약형 대명사 3인칭 단수형 lo, la와 재귀 대명사 si는 모음 동사 앞에서 생략할 수 있지만 오늘날에는 생략하지 않고 그대로 사용한다. 그러나 lo, la는 avere 동사 앞에서는 모음을 생략한다.

Io lo ho visto.	→	Io l'ho visto.	나는 그를 보았다.
Io la ho vista.	→	Io l'ho vista.	나는 그녀를 보았다.
Si accomodi!	→	S'accomodi!	편히 앉으세요!

(6) 전치사 da는 특정 부사구에서만 생략되고, 모음 앞에서 생략되지 않는다.

d'ora in poi 지금 이후로   d'altronde 게다가   d'altra parte 한편
da amico   친구로서   da oggi   오늘부터   da Assisi   아씨시로부터

(7) 접속사 anche는 주격 대명사 앞에서 모음이 생략될 수 있다.

anch'io 나도 역시   anch'essi 그들도 역시

(8) ci와 ne는 essere 동사 3인칭 형태(è, era, erano) 모음 앞에서 생략된다.

C'è un libro. 책이 한 권 있다.   [ci è]
Ce n'è uno. 그 가운데 한 개 있다. [ne è]

8 호음 철자 La lettera eufonica

대부분의 이탈리아어 음절은 '자음 + 모음 혹은 모음 + 자음'으로 이루어져 있다. 두 개의 동일한 모음이 연속적으로 이어질 때는 불쾌한 소리가 나는데, 아름다운 소리의 생성을 위해서 호음(음을 좋게 만드는) 철자인 d를 사용한다. 현대 이탈리아어에서는 고어에서 자음과 자음을 잇는 호음 철자인 r과 i는 더 이상 사용되지 않는다.

(1) 호음 철자 d 사용(특히 구어체에서 발음을 부드럽게 연결시키기 위해 사용된다.)

접속사(e), 전치사(a) + 모음인 경우에 모음이 중복되므로 e와 a 뒤에 d가 첨부된다. 현대 이탈리아어에선 동일한 모음이 연속될 경우에만 호음 철자 d를 넣어 사용하도록 권장하고 있다.

Carlo e Elena	→	Carlo ed Elena	카를로와 엘레나
e ecco perché	→	ed ecco perché	이유가 바로 여기에 있다
a Anna	→	ad Anna	안나에게
a Assisi	→	ad Assisi	아씨시 도시에서
a alta voce	→	ad alta voce	큰소리로

(2) 전치사 a와 접속사 e 다음에 다른 모음이 올 때도 호음 철자 d를 사용하는 경우

호음 철자 d를 넣어 표현이 굳어진 일부 형태들은 다른 모음이라도 d를 사용한다.

ad esempio   예를 들어   ad ogni modo 어쨌든

fino ad oggi 오늘날까지   tu ed io   너와 나

(3) 같은 모음이라도 d를 피하는 경우

전치사 a와 접속사 e 다음에 ad, ed로 시작되는 단어가 올 경우 발음상 d 사용을 피한다.

fino a adesso [fino ad adesso X] 지금까지

case e edifici [case ed edifici X] 집과 건물들

9 억양 L'intonazione

(1) 결론식 억양 Intonazione conclusiva

Carlo è partito stamattina.

카를로가 오늘 아침에 떠났다.

[강세가 들어가는 모음(i)에서 음조를 내린다.]

(2) 의문식 억양 Intonazione interrogativa

Carlo è partito stamattina?

카를로가 오늘 아침에 떠났어요?

[강세가 들어가는 모음(i)에서 음조를 올린다.]

(3) 휴지부식 억양 Intonazione sospensiva

Me l'avevano detto che / non volevi venire.

네가 오고 싶어 하지 않는다고 그들이 나에게 말했었다.

Me l'avevano detto / che non volevi venire.

네가 오고 싶어 하지 않는다고 그들이 나에게 말했었다.

10 대문자를 사용하는 경우 Le maiuscole

(1) 문장 처음과 마침표(.) 다음에 대문자를 사용한다.

Oggi non ho lezione. 오늘 나는 수업이 없다.
Domani sei libero? 내일 한가하니?

(2) 직접 화법에서 콜론(:) 다음에 사용한다.

Marco mi dice: "Torno presto".
마르코가 내게 말한다. "빨리 돌아올 거야."

(3) 고유 명사를 사용할 때(사람의 이름이나 성, 별명 등)

Luigi   루이지   Maria   마리아
Giorigio Armani 조르지오 아르마니 i signori Bianchi 비앙키 부부

(4) 지명(대륙, 국가, 지방, 도시, 거리, 광장, 호수, 강)

l'Europa   유럽   l'Africa   아프리카
l'Italia   이탈리아   la Corea   한국
la Toscana   토스카나 지방   l'Umbria   움브리아 지방
Roma   로마   Torino   토리노
il Garda   가르다호(호수)   il Como   코모호(호수)
il Tevere   테베레강   il Po   포강
Monte Bianco [=monte Bianco]   몽블랑
Corso Cavour [=corso Cavour]   카부르로
Via Mazzini [=via Mazzini]   마치니가
Piazza Garibaldi [=piazza Garibaldi] 가리발디 광장

(5) 책 이름, 신문 명칭, 예술 작품의 명칭, 영화 제목

la Divina Commedia   단테의 『신곡』
il Corriere della Sera   신문 «코리에레 델라 세라»
l'Ultima Cena   작품 〈최후의 만찬〉
il Cinema Paradiso   영화 〈취네마 파라디소(시네마 천국)〉
la Pietà   미켈란젤로의 〈모자상〉

(6) 축제 이름

il Capodanno 새해   l'Epifania 주현절

il Carnevale 사육제   la Pasqua 부활절

il Natale 성탄절   il Ferragosto 성모승천대축일

(7) 역사적 기간, 세기 등

il Rinascimento 르네상스   il Neorealismo 신사실주의

la Rivoluzione francese 프랑스 혁명   il Risorgimento 이탈리아 국가통일운동

il Medioevo 중세   il Novecento 20세기

(8) 신, 성인, 심벌, 성물, 종교적인 인물 등에 관계되는 단어들

l'Onnipotente 전지전능하신 신   Dio 신

la Croce 십자가   Giove 제우스

la Madonna 성모마리아   il Signore 주님

il Credo 사도신경   la Bibbia 성서

(9) 공적인 직무에 대한 존중을 나타내거나 특별한 존경심을 표현할 때

Dottore 박사님, 의사님   Papa 교황

Professore 교수님, 선생님   Presidente 대통령, 회장

Avvocato 변호사님   Segretario 서기관

Signorina 아가씨   Signora 여사

(10) 경의를 나타내기 위한 존칭 대명사나 형용사

ArrivederLa! 당신을 다음에 뵐게요!

la Sua lettera 당신의 편지

Lei è italiano? 당신은 이탈리아인인가요?

(11) 단어에 특별한 중요성을 두어 격을 높이고자 하는 경우(문체적)

la Vita 삶   l'Uomo 인간

la Libertà 자유   un vero Amore 진정한 사랑

(12) 유일한 천체에 관련된 명사들

la Terra 지구   l'Universo 우주

il Sole 태양   la Luna 달

(13) 단순히 방향이 아닌 특정 지리적 영역을 가리키는 명사들

l'Est　　동　　　　l'Europa dell'Est　　동유럽
l'Ovest　서　　　　l'Europa dell'Ovest　서유럽
il Sud　　남　　　　la Corea del Sud　　남한
il Nord　북　　　　la Corea del Nord　　북한

(14) 이탈리아아어에서 국민이나 지역 주민들을 가리키는 명사들은 주로 소문자를 사용하지만, 대문자로 나타낼 수도 있다. 그러나 고대 민족은 대문자를 사용한다.

i Fiorentini (i fiorentini)　　　피렌체 사람들
i Milanesi (i milanesi)　　　　밀라노 사람들
i Romani (i romani)　　　　　로마 사람들
i Coreani (i coreani)　　　　　한국인들
gli Italiani (gli italiani)　　　　이탈리아인들
i Greci (i greci)　　　　　　그리스인들
i Romani (gli antichi romani)　고대 로마인들
i Greci (gli antichi greci)　　고대 그리스인들

(15) 머리글자(약자), 법인, 협회, 정당, 스포츠 팀, 회사 이름, 기념관, 공공건물, 기관 등

EU　　　　　　　　유럽연합　　　NATO　　　　　북대서양조약기구
la FIAT [=Fiat]　　피아트 자동차 회사　il Torino　　　토리노 축구 팀
l'Università　　　　대학　　　　　il Parlamento　국회
il Governo　　　　정부　　　　　il Senato　　　상원
la Croce Rossa　　적십자　　　　il Liceo artistico　예술고
il Museo archeologico　고고 박물관　la Stazione centrale　중앙역

> ✎ 참고
>
> 1. 소문자인가 대문자인가 따라서 의미 차이가 있는 경우
>
> Borsa (주식) → borsa (가방)　　Camera (하원) → camera (방)
> Paese (국가) → paese (마을)　　Stato (국가, 정부) → stato (상태)
>
> 2. 월명이나 요일명은 소문자로 나타낸다. 그러나 월명은 대문자를 사용할 수도 있다.
>
> lunedì　　　월요일　　　martedì　　　화요일
> marzo (Marzo) 3월　　　aprile (Aprile) 4월

11 구두점의 표시 La punteggiatura

(1) La virgola: 쉼표(반점)/콤마(Comma) ,

ⓐ 접속사가 생략된 등위절에서 두 문장을 분리하기 위해
Mario legge, Anna colora un disegno.
마리오는 독서하고, 안나는 그림을 색칠한다.

ⓑ 문장에 단어나 구를 나열할 때 사용하며, 마지막에 쉼표 없이 **e**를 사용한다.
Ho bisogno di pane, burro, olio e frutta.
나는 빵, 버터, 기름과 과일이 필요하다.

ⓒ 문장에서 부르는 말(호격)을 구별하기 위해
Paolo, hai fame?   파올로, 배고프니?
Signora, Lei è italiana? 아주머니, 이탈리아인이세요?

ⓓ 문장 중간에 동격이나 관계사절 혹은 단어, 구, 수식어 등을 삽입할 경우
Mio fratello Gianni, il più grande, fa l'avvocato.
장남인 나의 형 잔니는 변호사이다.

ⓔ 설명 접속사 infatti, in effetti 다음에
Oggi piove, infatti, non c'è nessuno per strada.
오늘 비가 와서, 사실 거리에 사람이 아무도 없다.

ⓕ 반의 접속사 ma, però, invece, anzi 다음에
Sono molto stanco, ma devo lavorare.
나는 무척 피곤하지만, 일을 해야만 한다.

ⓖ 종속 접속사가 이끄는 종속절을 주절과 분리시키기 위해
Quando sono triste, ascolto la musica.
내가 슬플 때, 음악을 듣는다.

ⓗ 날짜를 표기할 경우, 지역명 다음에 쉼표(콤마)를 사용한다.
Roma, 14 aprile, 2023 2023년 4월 14일 로마에서

ⓘ 부사(sì, no, bene)나 감탄사 다음에 사용된다.

Sì, sono pronto.   응, 준비됐어.

No, non sono pronto.   아뇨, 준비 안 됐어요.

Oh, Ciao, Marco!   오, 마르코, 안녕!

(2) Il punto (punto fermo): 마침표(온점) .

ⓐ 문장의 종결을 나타낼 때 사용하며, 마침표(.) 다음은 항상 대문자로 시작한다.

Ho lavorato molto, sono stanco e affamato.

나는 일을 많이 해서 피곤하고 배고프다.

ⓑ 약어(l'abbreviazione)를 나타내는 데도 쓰인다.

Prof. (professore)	남교수	Prof.essa (professoressa)	여교수
Sig. (signore)	~ 씨, ~ 군	Sig.rina (signorina)	아가씨
Sig.ra (signora)	여사, 부인	Dott. (dottore)	의사, 박사
ecc. (eccetera)	기타 등등	art. (articolo)	~ 조항
pag. (pagina)	페이지	pagg. (pagine)	페이지들
cap. (capitolo)	책의 ~장	cfr. (confronta)	비교하시오

ⓒ 약자(sigla)를 표기하는 데도 사용된다.

DOC (D.O.C)   Denominazione di Origine Controllata

원산지 통제 명칭

DPCM (D.P.C.M)   Decreto del Presidente del Consiglio dei ministri

총리령 (코로나 시기 제한 조치)

(3) Il punto esclamativo: 느낌표(감탄 부호) !

감탄, 놀라움, 기도, 호격, 협박, 분노, 참을 수 없음을 표현하거나 명령을 할 때 사용한다.

놀라움, 믿을 수 없음 등을 나타내기 위해서 의문 부호(?)와 함께 혼합점(!?)을 사용한다.

Che bello!   너무 멋져!   Sbrigati!   서둘러!

Ahi! Che dolore!   아야! 아이고 아파!   Ciao, Anna!   안녕, 안나!

Hai mentito. Possibile!? 네가 거짓말을 하다니. 어쩜 그럴 수가!?

(4) Il punto interrogativo: 물음표(의문 부호) ?

질문할 때 사용한다. 놀람, 기쁨, 경악 등을 나타내기도 한다.

Che lavoro fa? 무슨 일을 하십니까?   Cosa? 뭐라고?

(5) Il punto e virgola: 쌍반점(세미콜론) ;

의미적으로 서로 밀접한 연관관계가 있는 두 절을 하나의 문장으로 연결할 때 사용한다.

Bevo sempre molta acqua; sento che mi fa bene.

항상 물을 많이 마시는데 나한테 좋다고 느낀다.

(6) I due punti: 쌍점(콜론) :

ⓐ 직접 화법을 유도하기 위해

Carlo dice: « Non mi piace ».   카를로가 "내 마음에 들지 않아"라고 말한다.

ⓑ 앞 문장의 해당 사항에 대한 열거를 시작하기 위해

Anna legge di tutto: racconti, romanzi, saggi e anche fumetti.

안나는 단편, 소설, 평전 그리고 만화책까지 모든 것을 다 읽는다.

ⓒ 앞 문장에 대한 구체적인 설명, 정의, 간결한 요약, 예들을 나열할 때

Lui sognava una sola cosa: viaggiare per il mondo.

그는 단 한 가지를 꿈꿨는데, 세계를 여행하는 것이었다.

ⓓ 때때로 등위 접속사나 종속 접속사를 대신해서

Sono stanco morto: vado a letto. [=perciò vado a letto]

나는 피곤해 죽을 것 같다, 그래서 잠자리에 든다. ('그래서', '때문에'와 같은 뜻이다.)

(7) Le virgolette: 인용 부호(따옴표) « » " " ' '

ⓐ 어떤 말, 어떤 표현, 어떤 문장, 어떤 제목 등을 강조하거나 인용을 표시할 때

Questo libro si intitola "I Promessi Sposi".

이 책의 제목은 '약혼자들'이다.

Il ritorno al paese è anche « il ritorno alla casa ».

마을로의 귀향은 또한 '집으로의 귀향'이다.

ⓑ 직접 화법을 유도하여 닫을 때: 마침표는 인용 부호 밖에 표기한다.

Luigi disse: "Verrò presto".   루이지가 "빨리 갈게"라고 말했다.

Luigi disse: «Verrò presto».   루이지가 "빨리 갈게"라고 말했다.

ⓒ 외래어나 어떤 단어를 강조하기 위해서

Il mio amico Marco è un "influencer": ha 10.000 followers su Instagram!

내 친구 마르코는 인플루언서인데 인스타그램에 팔로워가 만 명이야!

(8) I puntini di sospensione: 말줄임표(생략어) ...

문장 처음, 중간, 끝부분에 위치할 수 있으며, 3개의 점으로 표시한다.

ⓐ 문장에서 예들이 계속 이어진다는 것을 나타낸다.

Ho bisogno di una sciarpa, un cappello, una borsa...

난 스카프, 모자, 가방 등이 필요하다.

ⓑ 뭔가를 암시하거나 감춘 채로 놔두고자 할 때, 또는 불확실함, 당황스러움, 놀라움으로 인해 말을 머뭇거리거나 중단할 경우에 사용한다.

Non vorrei dire, ma Antonio...   내가 말하고 싶지는 않지만, 안토니오가 ······.

Io... ecco... vorrei dire due parole. 내가, 그러니까, 두 마디만 하고 싶어.

ⓒ 인용문의 일정 부분을 생략할 때 둥근 괄호나 대괄호를 사용하여 나타낸다.

"[...] mi ritrovai per una selva oscura".

어두운 숲속에서 헤매고 있었다. [단테의 『신곡』 중]

(9) Il trattino: 붙임표(하이픈) –

ⓐ 단어와 단어를 연결하거나 합성어를 만들 때 단어 간에 공백을 두지 않고 사용한다.

il fine-settimana 주말   **l'aereo Roma-Milano** 로마-밀라노 항공

ⓑ 여백이 모자라 줄을 바꾸어 쓸 때 음절이 나뉘는 곳에 하이픈 표시를 한다.

pa-ne 빵   **li-bro** 책   **pen-na** 펜

(10) la lineetta, le lineette: 줄표(대시) —, — — [단어 간에 공백을 두어 표기한다.]

ⓐ 긴 하이픈(trattino lungo)인 대시(lineetta)는 대화문에서 직접 화법을 가리키며, 띄어 쓴다.

La donna chiese: — Che succede? [la lineetta singola]

여자가 물었다. "무슨 일이야?"

— Come stai? — chiese l'uomo. [le lineette doppie]

남자가 물었다. "어떻게 지내?"

ⓑ 중간에 문장이나 보충 설명을 삽입하기 위해 두 개의 대시(le lineette)를 연결해 사용한다.

Riccardo — mi dicono tutti — è una persona onesta.

리카르도는 – 모두가 나에게 말하길 – 정직한 사람이라고 한다.

☞ 대화를 분리할 때는 단어 간에 공백을 두는 대시(linetta)를 사용해야 하지만, 이 책에서는 시각적으로 더 깔끔해 보이도록 문법과 무관하게 단어의 간격을 띄우지 않고 하이픈(-)을 사용했음을 밝힌다.

(11) La dieresi: 분음 부호 ¨

시에서 이중 모음을 두 모음으로 분리해서 읽혀야 할 때

"l'azzurra visïon (visi-on) di San Marino" (G. Pascoli).

산마리노의 푸른 전망(파스콜리)

(12) L'asterisco: 별표 *

ⓐ 페이지 하단에 주석, 혹은 기억이 잘 나지 않거나 밝히지 않고자 하는 고유 명사를 대신해서 사용한다. 이런 경우에 주로 별표를 3개 사용하여 (* * *) 나타낸다.

Lì abitava il conte di * * *. 그곳에 모 백작이 살고 있었다.

ⓑ 언어학에서 비문법적이거나 잘못된 어휘 형태를 표현할 때 사용한다.

* la vecchia amici (la vecchia amica를 잘못 표현) 오래된 여자 친구

(13) Le parentesi tonde: 둥근 괄호 ( )

어떤 추가적인 정보를 제공하거나 개인적인 의견을 삽입하고자 할 때 사용한다.

Carlo, (lo spero tanto) presto tornerà a casa guarito.

카를로, (내가 무척 바라는데) 빨리 나아서 집에 돌아올 것이다.

(14) Le parentesi quadre: 대괄호 [ ]

작가가 원문에 대한 이해를 돕기 위해 추가로 명확한 설명이나 논평을 할 때 사용한다. 또한 괄호 안 문장에 괄호가 또 필요할 경우 대괄호를 사용한다.

(La città di Sant'Ambrogio [Milano] era avvolta nella nebbia).

암브로시오 성인의 도시(밀라노)는 안개에 싸여 있었다.

(15) La sbarretta (La barra obliqua): 슬래시(빗금) /

글을 쓸 때 일반적으로 두 가지 가능성 사이의 대안을 나타내는 데 사용되며, 숫자로 날짜를 쓰거나 법령을 나타낼 때도 사용된다.

I treni per Pavia / Milano subiranno dei ritardi.

파비아/밀라노행 열차가 지연됩니다.

Si cercano parlanti inglese e/o francese.

영어와/나 프랑스어에 능통한 사람을 구합니다.

Matteo è nato il 02/05/1985.

마테오는 1985년 5월 2일에 태어났다.

(16) La graffa: 중괄호 { }

두 개 혹은 세 개의 행을 모으기 위해서 사용된다.

축약어(abbreviazioni): 사전을 찾아볼 때 알아둬야 할 용어

표제어	단어	의미
abbr.	abbreviazione	축약어
agg.	aggettivo	형용사
art.	articolo	관사
art.deter.	articolo determinativo	정관사
art.indeter.	articolo indeterminativo	부정 관사
aus.	ausiliare	보조사
avv.	avverbio	부사
compar.	comparativo	비교급
cond.	condizionale	조건법
cong.	congiunzione	접속사
	congiuntivo	접속법
ecc.	eccetera	기타 등등
f.	femminile	여성
fam.	familiare	친한 사이
imp.	imperativo	명령법
imperf.	imperfetto	반과거
impers.	impersonale	비인칭
locuz.	locuzione	구
m.	maschile	남성
p.ps.	participio passato	과거 분사
p.pr.	participio presente	현재 분사
pass.	passato	과거
pl.	plurale	복수
prep.	preposizione	전치사
pres.	presente	현재
pron.	pronome	대명사
prov.	proverbio	속담
qlco.	qualcosa	무엇인가(사물)
qlcu.	qualcuno	누군가(사람)
s.f.	sostantivo femminile	여성 명사
s.m.	sostantivo maschile	남성 명사
sing.	singolare	단수
v.intr.	verbo intransitivo	자동사
v.intr.pron.	verbo intransitivo pronominale	대명 자동사
v.rifl.	verbo riflessivo	재귀 동사
v.rifl.rec.	verbo riflessivo reciproco	상호 재귀 동사
v.tr.	verbo transitivo	타동사

☞ 이 책에서는 독자들의 이해를 돕기 위해 과거 분사 약어를 영문 약어(p.p)로 표기했음을 밝힌다.

2장

관사

L'articolo

관사란 마치 머리에 쓰는 관과 같은 것으로 항상 명사 앞에 붙어 사용되며, 명사의 성과 수를 명확히 구분해 주는 역할을 한다. 즉, 관사는 절대 단독으로 사용될 수 없으며 항상 명사 앞에 놓여 명사에 대한 좀 더 정확한 정보를 제공한다. 영어와는 달리 이탈리아어에서는 몇 가지 특별한 경우를 제외하고는 모든 명사 앞에서는 반드시 관사를 붙여야 한다. 명사 앞에 관사를 사용하지 않으면 명확성이 결여되어 부정확하고 모호한 표현이 되어버리는 경우가 많다. 따라서 관사의 중요한 특징은 명사의 부정확하고 모호한 것을 정확하고 분명한 것으로 변화시켜 그 명사에 생명을 불어넣어 주는 역할을 하는 것이다.

- 관사는 **명사** 외 다른 품사 앞에 쓰여 뒤의 단어를 명사로 만드는 역할을 한다.

Tra il dire **e** il fare **c'è di mezzo** il mare. [동사 → 명사]

말하는 것과 행동하는 것 사이에는 엄청난 차이가 있다.

Non so il perché. [부사 → 명사]

나는 이유를 모르겠다.

Non mi piace il "se". [접속사 → 명사]

나는 '만약'이라는 것을 좋아하지 않는다.

- 관사는 **형태적인** 측면에서 명사의 성과 수의 형태를 결정짓는 역할을 한다.

il nipote	남자 조카	la nipote	여자 조카	[명사의 성]
il dentista	남자 치과 의사	la dentista	여자 치과 의사	[명사의 성]
la città	도시	le città	도시들	[명사의 수]
il re	왕	i re	왕들	[명사의 수]

- 관사는 **남성**인가 여성인가의 형태적인 측면에서 명사의 의미를 변화시킨다.

남성 정관사		여성 정관사	
il fine	목적	la fine	끝
il capitale	자본	la capitale	수도
il radio	라듐	la radio	라디오
il fonte	전선[군사]	la fronte	이마

부정 관사와 정관사의 용법

정관사와를 사용하느냐, 부정 관사를 사용하느냐에 따라 의미가 달라진다. 부정 관사는 아직 '알려지지 않은 부정확하고 새로운 것'을 나타내는 반면, 정관사는 '이미 알고 있는 정해진 것'을 가리킨다. 즉, 화자나 청자가 알고 있는 명사를 지칭할 때는 일반적으로 정관사를 사용하고, 새로운 대상을 지칭할 때는 부정 관사를 사용한다.

Ho chiamato un medico. 나는 한 의사를 불렀다.

[정해지지 않은 의사로서 아무 의사나 다 해당한다.]

Ho chiamato il medico. 나는 그 의사를 불렀다.

[화자나 청자에게 이미 알려진 특정한 의사이다.]

• 부정 관사는 문장에서 처음 언급하는 명사 앞에서 사용되며, 정관사는 앞에서 한 번 언급한 명사를 가리킬 때 사용된다.

Il nonno ha comprato una casa in collina, vicino a Torino. La casa è molto grande, immersa nel verde...

할아버지가 토리노 근처 언덕에 있는 집 한 채를 사셨다. 그 집은 녹지로 둘러싸인 아주 큰 집이다.

[처음에 una casa를 쓴 이유는 청자나 화자가 아직 어떤 집인지 모르는 상태이기 때문에 부정 관사로 표현했고, 두 번째 문장에서 la casa를 쓴 이유는 이미 앞에서 집을 한 번 언급했기 때문에 정관사를 사용해 표현한 것이다.]

Ieri per strada ho incontrato un ragazzo. Il ragazzo ad un certo punto si è rivolto a me e mi ha salutato.

어제 길에서 한 소년을 만났다. 그 소년이 어느 순간 돌아서서 나를 보고 인사를 했다.

• 정관사는 명사의 종류나 종족을 대표하고 부정 관사는 그것의 구성 일원을 가리킨다.

L'elefante è un animale molto longevo.

코끼리는 아주 장수하는 동물이다.

[코끼리라는 동물 전체를 대표한다.]

Ieri, allo zoo, ho visto un elefante appena nato.

어제 동물원에서 갓 태어난 코끼리를 한 마리 보았다.

[코끼리라는 전체 동물 가운데 하나의 개체를 가리킨다.]

Il libro è per me una gran compagnia.

책은 나에게 있어서 큰 벗이다.

[책이라는 사물 전체를 대표한다.]

Stamattina ho comprato un libro.

오늘 아침 책 한 권을 샀다.

[책이라는 전체 사물 가운데 하나의 개체를 가리킨다.]

그러나 때로는 부정 관사도 정관사처럼 명사의 종류(classe)를 대표하기도 한다.

Un giovane manca sempre d'esperienza.

[=Il giovane, ogni giovane]

젊은이는 항상 경험이 부족하다.

2 관사의 종류

1 정관사 L'articolo determinativo

(1) 정관사의 형태 [☞ 71쪽 부정 관사 형태 참조]

정관사	남성		여성
단수	il	lo, l'	la, l'
복수	i	gli	le

명사 어미	남성	여성	남·여
단수	-o	-a	-e
복수	-i	-e	-i

ⓐ il → i

보통 남성 단수 명사 앞에 il을 붙이며, 그 복수는 i가 된다.

il libro → i libri 책   il ragazzo → i ragazzi 소년
il fiore → i fiori 꽃   il signore → i signori 아저씨, 신사

ⓑ lo → gli

s + 자음, z, x, y, gn, ps, pn으로 시작하는 남성 단수 명사 앞에 lo를 붙이고, 그 복수는 gli가 된다. s + 모음일 경우에는 정관사 il을 사용한다. [예: il suono, il sole]

lo spagnolo → gli spagnoli 스페인인   lo sport → gli sport 스포츠
lo studente → gli studenti 남학생   lo yogurt → gli yogurt 요구르트
lo zaino → gli zaini 배낭   lo zio → gli zii 삼촌
lo psicologo → gli psicologi 심리학자   lo gnocco → gli gnocchi 뇨키

ⓒ l' → gli [lo가 모음 앞에서 생략된 형태로 랴, 레, 리, 로, 루로 발음된다.]

모음(a, e, i, o, u)으로 시작하는 남성 단수 명사 앞에 l'를 사용하며 그 복수는 gli이다.

l'amico → gli amici 남자 친구   l'elefante → gli elefanti 수코끼리
l'italiano → gli italiani 이탈리아 남자   l'ombrello → gli ombrelli 우산
l'ospedale → gli ospedali 병원   l'uccello → gli uccelli 새

> ✎ 참고
>
> 1. 단수 l'는 본래 lo가 모음 앞에서 생략된 형태이기 때문에 그 복수는 gli이다. 복수 gli는 고어에서는 같은 모음 i로 시작되는 복수 남성 명사 앞에서 모음자를 생략(gl')했지만 오늘날에는 모음자 생략을 하지 않는다.
>   l'italiano (lo italiano) → gli italiani [gl'italiani ✕]
>
> 2. h로 시작되는 단어는 이탈리아어에서 묵음이기 때문에 l'를 사용한다.
>   l'hotel, l'hamburger

ⓓ la → le

보통 여성 단수 명사 앞에 la를 사용하며, 그 복수는 le이다.

la ragazza → le ragazze 소녀   la stella → le stelle 별
la lezione → le lezioni 수업   la classe → le classi 학급

ⓔ l' → le [la가 모음 앞에서 생략된 형태로 라, 레, 리, 로, 루로 발음된다]

모음(a, e, i, o, u)으로 시작하는 여성 단수 명사 앞에 l'를 사용하며, 그 복수는 le이다.

l'aula → le aule 강의실   l'isola → le isole 섬
l'ora → le ore 시간   l'uva → le uve 포도

> ✎ 참고
>
> 복수 le는 고어에서 같은 모음 e로 시작되는 복수 여성 명사 앞에서 모음자를 생략(l')했지만, 오늘날
> 에는 모음 생략을 하지 않는다.
>
> l'erba → le erbe 풀(식물) [l'erbe ✕]

(2) 정관사가 사용되는 경우

ⓐ 화자나 청자가 이미 알고 있는 명사를 가리킬 경우

Hai visto il cane? 그 개 봤어?   [화자나 청자가 어떤 개인지 안다.]
Hai visto un cane? 개 한 마리 봤어?   [청자가 이름도 특징도 모르는 개]

ⓑ 앞에 나온 명사를 뒤에서 반복할 때

C'è un libro sul tavolo. Di chi è il libro?
테이블 위에 책이 한 권 있다. 누구의 것이지?

Marco ha comprato una macchina. La macchina è molto bella.
마르코가 자동차를 한 대 샀다. 자동차가 아주 예쁘다.

ⓒ 청자나 화자에게 아직 알려지지 않았지만 문장에서 특정화 전치사 di(~의), 관계사(che,
dove...) 등의 수식어구로 명사의 의미가 한정될 때

Io sono il padre di Giorgio.
나는 조르조의 아버지이다. [특정화 전치사 di]

Lavoro nell'ufficio di mio padre.
나는 아버지 사무실에서 근무한다. [특정화 전치사 di]

Questo è il libro che mi ha regalato Anna.
이것은 안나가 내게 선물한 책이다. [관계사 che]

ⓓ 명사의 종족이나 종류, 유형을 대표하거나 전체를 나타낼 때(명사의 종류 대표)

Il cane è il migliore amico dell'uomo. [=Ogni cane]
개는 인간의 가장 좋은 친구이다.

Il libro è per me una gran compagnia. [=Ogni libro]
책은 나에게 있어 큰 벗이다.

I ragazzi devono praticare qualche sport. [=Tutti i ragazzi]
소년들은 운동경기 몇 가지를 해야 한다.

ⓔ 정관사가 지시 형용사나 지시 대명사 역할로 사용된다.

Penso di finire entro la settimana. [=questa settimana]
나는 이번 주 안으로 끝낼 생각이다.

Dammi il libro! [=quel libro]
내게 그 책을 줘!

Tra i due vini scelgo il rosso. [=quello rosso]
나는 두 포도주 가운데 붉은 것을 선택한다.

ⓕ 정관사는 개별적 의미가 있는 부정 형용사 ogni(마다)의 역할을 한다. [☞ 65쪽 참고란 1 참조]

Vado in piscina il martedì e il sabato. [=ogni martedì, ogni sabato]
나는 매주 화요일과 토요일에 수영장에 간다. [정관사가 없을 경우: 다가오는 토요일]

La domenica mattina vado in chiesa. [=Ogni domenica mattina]
일요일 아침마다 나는 교회에 간다. [정관사가 없을 경우: 다가오는 일요일 아침]

Costa due euro il chilo. [=al chilo, ogni chilo]
그것은 킬로그램당(1kg에) 값이 2유로 나간다.

Io pago per il garage 3 euro l'ora. [=all'ora, ogni ora]
나는 주차비로 시간당 3유로를 지불한다.

ⓖ 정관사는 특정한 시간 부사 의미를 나타내며, 전치사의 역할이 포함되어 있다.

Che cosa farai il fine-settimana?	주말에 무엇을 할 거니?
Sono andato a Roma il mese scorso.	지난달에 나는 로마에 갔다.
Andrò in Italia l'estate prossima.	내년 여름에 이탈리아에 갈 것이다.
Ci vediamo la settimana prossima!	우리 다음 주에 보자!
I primi giorni mi sentivo un po' solo.	처음 며칠 동안 나는 조금 외로웠다
Parto per Milano il 6 settembre.	나는 9월 6일에 밀라노로 떠난다.

1. 시간을 나타낼 때는 1시(l'ora una)를 제외하고 여성정관사 복수형 le (ore)를 사용한다.

    Che ora è adesso?   지금 몇 시죠?

    -È l'una.   1시에요. [ora가 생략됨]

    -Sono le due.   2시에요. [ore가 생략됨]

2. 날짜를 나타낼 때는 il giorno의 명사를 생략하여 il을 사용한다. 모음 앞에서는 l'를 사용한다. 날짜를 말할 때 요일이 날짜 앞에 오면 정관사 il을 생략한다. '~일에'를 나타낼 때도 전치사 없이 정관사만을 사용한다.

    Oggi è il 25 aprile.   오늘은 4월 25일이다.

    Oggi è lunedì 25 aprile.   오늘은 4월 25일 월요일이다.

    Parto per Roma l'8 agosto.   나는 8월 8일에 로마로 떠난다.

3. 연도(l'anno)를 나타낼 때는 남성 정관사 il을 사용한다.

    il 2025   2025년   nel 2025   2025년에

    dal 2025   2025년부터   per il 2025   2025년에 있어서

4. 하루의 때를 나타낼 때도 정관사를 사용한다. 습관의 개념이다.

    la mattina   아침에(아침마다)   il pomeriggio   오후에(오후마다)

    la sera   저녁에(저녁마다)   la notte   밤에(밤마다)

ⓗ 추상 명사(i nomi astratti) 앞에 정관사가 사용된다. (영어와 다른 점에 주의)

    Il tempo vola.   시간이 쏜살같다.

    La vita è bella.   인생은 아름다워.

    L'amore non ha età.   사랑에는 나이가 없다.

    L'amicizia non esiste.   우정은 존재하지 않는다.

    La pazienza ha un limite.   인내에는 한계가 있다.

    La salute viene prima di tutto.   건강이 최우선이다.

ⓘ 세상에서 유일한 것(사물, 자연현상)을 나타낼 때 정관사가 사용된다. [유일한 천체]

    il Sole   태양   la Luna   달

    la Terra   지구   l'Universo   우주

    il cielo   하늘   il mondo   세상

    la neve   눈   la pioggia   비

ⓙ 물질 명사 앞에서 정관사가 사용된다.

Mi passi il sale, per favore?
미안하지만, 소금 좀 건네줄래?

Non metti lo zucchero nel caffè?
커피 속에 설탕 안 넣니?

Il petrolio è indispensabile per l'economia moderna.
석유는 현대 경제에서 없어서는 안 될 필수불가결 한 것이다.

L'oro e l'argento sono metali nobili.
금과 은은 귀금속이다.

ⓚ 습관이나 경험에 의해 알고 있는 것을 말할 때 정관사를 사용한다.

Prendo l'autobus per andare al lavoro.
직장에 가기 위해서 버스를 탄다.

Mi faccio la doccia tutti i giorni.
나는 날마다 샤워를 한다.

Mi metto il cappotto e gli stivali.
나는 외투를 입고 부츠를 신는다.

ⓛ 신체 부위에 관계된 명사 앞에 **정관사를 사용한다.**

Mi lavo le mani.   나는 손을 씻는다.
Mi fa male la testa.   머리가 아프다.
Mi fanno male le gambe. 다리가 아프다.
Lei ha gli occhi azzurri. 그녀는 푸른 눈이다.
Lei ha i capelli lunghi. 그녀는 머리가 길다.

ⓜ 악기명 앞에 정관사를 사용한다.

il clarinetto 클라리넷   il flauto   플루트   la chitarra 기타
l'organo   오르간   il pianoforte 피아노   il cello   첼로

So suonare il pianoforte e il violino.
나는 피아노와 바이올린을 연주할 줄 안다.

Matteo suona bene la chitarra elettronica.
마테오는 전자 기타를 잘 친다.

ⓝ 대륙, 국가, 지방, 큰 섬, 대양, 산(맥), 호수 등의 지명 앞에는 정관사가 붙는다.

- 대륙(il continente)

  L'Europa entra in guerra.　　　　　　유럽이 전쟁에 들어간다.

  Ho girato per l'Europa.　　　　　　　나는 유럽 지역을 돌아다녔다.

  Ho viaggiato nell'Europa del Nord.　나는 북유럽을 여행했다.

- 국가(la nazione)

  L'Italia è una penisola lunga.　　　이탈리아는 기다란 반도이다.

  Angela viene dall'Italia.　　　　　　안젤라는 이탈리아 출신이다.

  Lui parte per la Francia.　　　　　　그는 프랑스로 떠난다.

- 지방(la regione)

  la Toscana　　　토스카나 지방　　il Piemonte　피에몬테 지방

- 큰 섬(l'isola)

  la Sicilia　　　시칠리아섬　　la Sardegna　사르데냐섬

- 대양(l'oceano)

  il Pacifico　　　태평양　　l'Atlantico　대서양

- 해양(il mare)

  il Mar Rosso　　홍해　　l'Adriatico　아드리아해

- 산, 산맥[복수 정관사 사용]

  il Monte Bianco　몽블랑　　le Alpi　알프스산맥

- 강(il fiume)

  il Tevere　　테베레강　　l'Arno　아르노강

- 호수(il lago)

  il Garda　　가르다호　　il Como　코모호

⚡ 예외

1. 전치사 in + 대륙, 국가, 지방 이름인 경우 정관사가 생략된다.

   in Europa 유럽에서　　　　in Africa　아프리카에서

   in Italia　이탈리아에서　　in Lombardia　롬바르디아 지방에서

2. in + 대륙, 국가, 지방 이름 앞에 수식어가 붙으면 정관사가 사용된다.

   nell'Europa del secolo XIX　19세기 유럽에서

   nell'Italia moderna　　　　　현대 이탈리아에서

   nella fredda Lombardia　　　추운 롬바르디아 지방에서

3. 작은 섬 앞에서는 정관사를 사용하지 않는다.

   Capri　카프리섬　　　　Ischia　이스키아섬

ⓞ 도시 이름 앞에는 관사를 붙이지 않으며, 여성형(la città)으로 간주한다. 그러나 그 도시를 대표하는 축구팀이나 도시에 수식어가 붙는 경우에 정관사를 사용한다. 도시를 대표하는 축구팀 앞에는 몇몇 도시를 제외하고 주로 남성 정관사를 사용한다.

Roma	로마 도시	la Roma	로마 축구팀
Napoli	나폴리 도시	il Napoli	나폴리 축구팀
Torino	토리노 도시	il Torino	토리노 축구팀
la bella Napoli	아름다운 나폴리 도시	la bella Torino	아름다운 토리노 도시

ⓟ 사람 이름 앞에 일반적으로 정관사를 사용하지 않지만, 앞에 형용사가 붙거나 특정화 전치사 di(~의), 관계사 등으로 수식을 받을 경우에 정관사를 사용할 수 있다.

Ho incontrato la simpatica Carla. [형용사]
나는 호감 가는 그 카를라를 만났다.

Non sei più la Marina di un tempo! [특정화 di]
넌 이제 그 옛날(과거)의 마리나가 아니구나.

Chi è il Fabio che ti telefona sempre? [관계사 che]
네게 항상 전화한다는 그 파비오가 누구야?

ⓠ 직함, 관직, 칭호, 신분 + 고유 명사일 경우 정관사를 사용한다.

Scusi, Lei è il signor Bianchi?	실례지만, 당신이 비앙키 씨인가요?
Il professor Rossi è bravissimo.	로씨 교수님은 아주 훌륭하시다.
Io sono il dottor Ferri.	저는 페리 의사입니다.
È arrivata la signora Rivelli.	리벨리 부인이 도착했어요.

ⓡ 부부나 가족을 나타내는 고유 명사일 경우 정관사 복수형을 사용한다.

Ho visto i signori Rossi al concerto.	나는 음악회에서 로씨 부부를 보았다.
I (signori) Mangano sono di Roma.	망가노 (부부) 가족은 로마 출신이다.

ⓢ 작가의 특정한 작품이나 전체 작품을 나타낼 경우 고유 명사 앞에 정관사를 사용한다.

In questi ultimi giorni ho riletto tutto il Petrarca.
최근에 나는 페트라르카 작품을 다시 모두 다 읽었다.

Stasera al Teatro Nazionale di Milano fanno l'Aida.
오늘 저녁 밀라노 국립극장에서 〈아이다〉를 공연한다.

ⓣ 남성의 성 앞에 정관사를 사용하지 않으나 고인이 된 과거의 유명한 역사적 인물, 작가의 성 앞에는 **정관사를 사용하기도 한다**. 이름 앞에는 정관사를 사용하지 않는다.

l'Alighieri (il Dante X)　　　알리기에리(단테의 성)

il Boccaccio (il Giovanni X)　　보카치오(조반니의 성)

il Petrarca (il Francesco X)　　페트라르카(프란체스코의 성)

il Bonaparte (il Napoleone X)　보나파르트(나폴레옹의 성)

ⓤ 별명을 나타내는 경우 정관사를 사용한다.

Carolina la Pazza　　　또라이 카롤리나

Giovanni il Terribile　　끔찍이 조반니

Paolo il Lungo　　　　키다리 파올로

Carlo lo Smilzo　　　　홀쭉이 카를로

ⓥ 역사적 사건, 문화적 흐름 앞에서 정관사를 사용한다.

Il Risorgimento　　　　이탈리아 국가통일 운동

La Rivoluzione Francese　프랑스혁명

Il Rinascimento　　　　르네상스

Il Neorealismo　　　　네오리얼리즘

ⓦ 서수, 소유격(소유 형용사, 소유 대명사), 최상급 앞에서 정관사를 사용한다.

Lei è in Italia per la prima volta?　당신은 이탈리아에 처음 오신 건가요?

La mia camera è molto rumorosa.　내 방은 아주 시끄럽다.

È il più bravo ragazzo di tutti.　그는 전체 중에 제일 훌륭한 소년이다.

ⓧ 국어명(단수형)이나 국민 전체(복수형)를 나타낼 때 정관사를 사용한다.

Lui parla bene l'italiano.　　그는 이탈리아어를 잘 말한다.

Io non conosco il francese.　나는 프랑스어를 모른다.

Marco capisce bene il tedesco.　마르코는 독일어를 잘 알아듣는다.

Dove ha imparato il coreano?　한국어를 어디서 배우셨나요?

Lei studia molto l'inglese.　　그녀는 영어를 열심히 공부한다.

Gli italiani bevono molto vino.　이탈리아인들은 포도주를 많이 마신다.

I tedeschi sono puntuali.　　독일인들은 시간을 잘 지킨다.

Come sono gli inglesi?　　영국인들은 어떻습니까?

1. 언어를 나타낼 때는 정관사를 사용해야 하지만 parlare, insegnare, studiare 동사 다음에는 정관사를 생략할 수도 있다.

Parlo l'italiano. (italiano)	나는 이탈리아 말을 한다.
Studio l'italiano. (italiano)	나는 이탈리아어를 공부한다.
Insegno l'italiano. (italiano)	나는 이탈리아어를 가르친다.

2. 전치사 in + 언어, di + 언어인 경우 정관사를 사용하지 않는다.

Parliamo in italiano!	이탈리아어로 말합시다!
Come si dice in coreano?	한국어로 어떻게 말하니까?
Ragazzi, avete il libro d'italiano?	여러분, 이탈리아어 책을 가지고 있어요?
Frequento un corso di francese.	나는 한 프랑스어 과정을 다닌다.
Oggi non ho lezione d'italiano.	오늘 나는 이탈리아어 수업이 없다.

ⓨ 정관사 + 형용사 형태로 명사를 만들 경우 [☞ 143쪽 (1) 형용사 참조]

i vecchi	노인들	i giovani	젊은이들
gli anziani	연장자들	i poveri	가난한 이들
i ricchi	부자들	i minorenni	미성년자들
gli invitati	초청객	i malati	환자들
gli interessati	관계자들	il vecchio	낡은 것
il nuovo	새것	il bello	멋진 것

ⓩ 계절의 이름은 정관사를 사용한다.

Preferisco la primavera.	나는 봄을 선호한다.
L'autunno si avvicina.	가을이 다가온다.
Mi piace l'estate.	나는 여름을 좋아한다.
È arrivato l'inverno.	겨울이 왔다.

전치사 in, di + 계절명은 정관사가 생략된다. di primavera, d'autunno은 잘 사용하지 않는다.

in primavera / di primavera	봄에	in estate / d'estate	여름에
in autunno / d'autunno	가을에	in inverno / d'inverno	겨울에

(3) 관사가 생략되는 경우 Omissione dell'articolo: "articolo zero"

ⓐ 명사가 동사와 합성된 동사 관용구일 경우 정관사를 생략한다.

avere sonno / fame / sete	졸리다 / 배고프다 / 목마르다
avere caldo / freddo / ragione	덥다 / 춥다 / 옳다
cambiare idea / lavoro / posto / casa	생각 / 직장 / 자리 / 집을 바꾸다
cercare / trovare lavoro	직장을 찾다 / 구하다
dare importanza / coraggio / fastidio a	~에 중요성 / 용기 / 성가심을 주다
fare silenzio / rumore / attenzione	조용히 하다 / 시끄럽게 하다 / 조심하다
fare amicizia / pace / fatica	교제하다 / 화해하다 / 힘들다
sentire caldo / freddo	추위 / 더위를 느끼다
perdere tempo / peso	시간을 잃다 / 몸무게가 빠지다
prendere appunti / nota	필기 / 메모를 하다

부사구와 결합된 동사 관용구도 정관사를 사용하지 않는다. 지시사가 한정 역할을 하기 때문이다.

andare di fretta	서둘러 가다	arrivare di corsa	뛰어 도착하다
tenere in braccio	품에 안다	portare in mano	손에 들고 가다
stare in piedi	서 있다	andare a piedi	걸어가다
fare in fretta	빨리 하다	arrivare in cima	정상에 도달하다

ⓑ 문어체에서 같은 종류의 명사를 열거하거나 대화를 신속하게 할 경우 관사를 생략한다.

In città ci sono negozi, bar, ristoranti, teatri e cinema.
도시에는 상점, 바, 레스토랑, 극장, 영화관이 있다.

Abbiamo mangiato pasta, risotto, insalata e dolce.
우리는 파스타, 리소토, 샐러드, 케이크를 먹었다.

Al supermercato ho comprato mele, pere, pasta e olio.
슈퍼마켓에서 사과, 배, 파스타와 오일을 샀다.

ⓒ 지시 형용사 앞에는 정관사를 사용하지 않는다.

Vivo bene in questa città. [nella questa città ×]
나는 이 도시에서 잘 살고 있다.

Da quanto tempo lavora in quell'ufficio? [nel quell'ufficio ×]
그 사무실에서 근무한 지 얼마나 됩니까?

ⓓ 직업을 말할 때 essere + 직업명일 경우 정관사가 생략되거나 부정 관사(일원)가 사용된다.

Mio padre è medico.	나의 아버지는 의사이다.
Mia madre è casalinga.	나의 어머니는 가정주부이시다.
Io sono studente universitario.	나는 대학생이다.
Lei è insegnante d'inglese.	그녀는 영어 교사이다.

⚡ 예외

fare 동사를 사용하여 직업을 나타낼 경우에는 반드시 정관사를 사용한다.

Lui è medico.   Lui fa il medico.   그는 직업이 의사이다.

ⓔ 영어의 주격 보어, 목적격 보어로 사용될 경우 일반적으로 정관사가 생략된다.

Luigi è stato nominato direttore commerciale. [주격 보어]
루이지는 영업(상업) 이사로 임명되었다.

Mario è stato eletto rappresentante di classe. [주격 보어]
마리오가 학급 대표로 선출되었다.

Noi abbiamo eletto Mario presidente. [목적격 보어]
우리는 마리오를 회장으로 선출했다.

Gli studenti chiamano Marta professoressa. [목적격 보어]
학생들은 마르타를 선생님(교수님)이라고 부른다.

ⓕ da + 명사 형태의 술어(동사) 보어인 경우에 정관사가 생략된다.

Lui vive da re.	그는 왕처럼 산다.
Lui si comporta da gentiluomo.	그는 신사처럼 행동한다.
Ti parlo da amico.	친구로서 네게 말한다.
Lei mi fa da madre.	그녀는 나에게 엄마처럼 해준다.

ⓖ 명사에 대한 동격어로 사용될 경우에 관사가 생략된다. 특정화 보어 di(~의) 수식을 받아 명사가 한정되는 경우 정관사를 사용할 수도 있고 생략할 수도 있다.

Benigni, famoso attore e regista italiano, porta gli occhiali neri.
이탈리아의 유명한 배우이자 영화감독인 베니뉘는 검은 안경을 끼고 다닌다.

Rita, amica di mia sorella, è andata a vivere da sola.
내 여동생 친구인 리타는 독립 생활하러 갔다. [=l'amica di mia sorella]

Giovanni, figlio di Antonio, ha vinto la gara.
안토니오의 아들, 조반니가 시합에서 이겼다. [=il figlio di Antonio]

ⓗ 사람의 성명이나 이름을 나타내는 고유 명사 앞에는 정관사를 사용하지 않는다.

Hai visto Carla Bianchi?	카를라 비앙키를 보았니?
Ho telefonato a Marta.	나는 마르타에게 전화했다.
Aspetto Riccardo.	나는 리카르도를 기다린다.

⚡ 예외

북부 지방에서는 구어체에서 친한 사람끼리 이름 앞에 정관사를 사용하기도 한다. 주로 여성 이름 앞에 사용하지만 남성 이름 앞에 붙이는 경우도 있다. 지역 언어이기 때문에 표준 문법은 아니다.
la Carla, la Marta, la Veronica, la Stefania, il Riccardo

ⓘ 유명한 역사적 인물이나 작가의 성 앞에 정관사가 사용되기도 하나 19세기 이후 유명한 남성 작가들의 성 앞에는 정관사가 생략된다.

| l'Alighieri 알리기에리(단테) | il Boccaccio 보카치오 |
| Leopardi 레오파르디 | Pirandello 피란델로 |

⚡ 예외

1. 유명한 여성 작가들의 성에는 정관사가 사용된다.
    la Morante 엘사 모란테 작가   la Delleda 그라치아 델레다(노벨문학상 수상 작가)
2. 예술가의 태어난 장소를 본떠 이름을 붙인 경우 정관사가 사용된다.
    il Perugino 페루지노   il Caravaggio 카라바조

ⓙ 가족, 친지 등을 나타내는 단수 명사일 경우 정관사가 생략된다. [☞ 161쪽 ⓐ소유격 참조]

| mio padre 나의 아버지 | mia madre 나의 어머니 |
| tuo figlio 너의 아들 | tua figlia 너의 딸 |

⚡ 예외

1. loro(그들의)는 가족 단수라고 하더라도 반드시 정관사를 사용한다.
    il loro padre 그들의 아버지   la loro madre 그들의 어머니
2. 가족, 친지를 나타내는 단수 명사 앞에 수식어가 붙는 경우 정관사를 사용한다.
    il mio vecchio padre 연로하신 나의 아버지
    la mia cara moglie 나의 사랑하는 아내

ⓚ 호격(부르는 말)으로 사용된 경우 정관사를 생략한다.

Figlio mio!	내 아들아!
Amici miei!	내 친구들아!
Fratelli e sorelle!	형제자매 여러분!
Signor Bianchi!	비앙키 씨!
Signora Bianchi!	비앙키 여사님!
Dottor Ferri!	페리 선생님/박사님!
Professor Rossi!	로씨 선생님/교수님!
Gentile Direttore	친애하는 원장님께[편지 서두]
Mio caro amico!	사랑하는 내 친구야!
Cari studenti!	친애하는 학생 여러분!
Ciao, ragazzi!	안녕, 얘들아!
Bambini, silenzio!	얘들아, 조용히!

ⓛ Dio, Nostro Signore와 칭호 don, san, mastro, frate, suora와 함께 사용되는 경우와 특정 종교의 최고지도자에 대한 경칭을 나타내는 명사의 소유격 앞에서 정관사가 생략된다.

Come vuole Dio	신의 뜻대로	a Nostro Signore	우리 주님께
Don Camillo	돈 카밀로	San Francesco	성 프란체스코
Santo Stefano	성 스테파노	Santa Maria	성 마리아
Suor Teresa	테레사 수녀님	Fra Cristoforo	크리스토포로 수사님
Sua Santità	성하[교황의 경칭]	Sua Eminenza	전하[추기경의 경칭]

ⓜ 월명과 요일명 앞에는 정관사가 생략된다.

Domencia ho un appuntameto.	일요일에 나는 약속이 하나 있다.
Vai a scuola mercoledì?	이번 수요일에 학교에 가니?
Ci vediamo lunedì mattina!	월요일 아침에 보자!
Che farai sabato prossimo?	다음 토요일 뭐 할 거야?
Cosa hai fatto sabato scorso?	지난 토요일 뭐 했어?
Febbraio ha 28 giorni.	2월은 28일이다.
Lavoro qui da gennaio a marzo.	난 여기서 1월부터 3월까지 일한다.
A luglio andrò in Italia.	나는 7월에 이탈리아에 갈 것이다.
Sono nato in febbraio.	나는 2월에 태어났다.
Che tempo fa in Italia in gennaio?	1월에 이탈리아 날씨는 어때요?

1. 요일 앞에 정관사가 있거나 전치사 di가 있을 경우 '마다(ogni)'의 의미를 지닌다.

   Io vado in montagna domenica. [=questa domenica]

   나는 이번 주 일요일에 산에 간다.

   Io vado in montagna la domenica. [=ogni domenica]

   나는 매주 일요일마다 산에 간다.

   Io vado in montagna di domenica. [=la domenica]

   나는 일요일이면 산에 간다.

2. 특정한 요일을 가리킬 경우에 정관사를 사용한다.

   Il lunedì di Pasqua di solito si festeggia con la grigliata.

   부활절 월요일에는 주로 바비큐 파티를 한다. [=A Pasquetta]

3. 월명이 수식을 받을 경우 특정한 달이 되기 때문에 정관사를 사용한다.

febbraio	→	il febbraio 2023	2023년 2월
in febbraio	→	nel febbraio scorso	지난 2월에
in febbraio	→	nel febbraio (del) 2023	2023년 2월에
in febbraio	→	nel febbraio dell'anno scorso	작년 2월에
in febbraio	→	nel febbraio dell'anno prossimo	내년 2월에

ⓝ 도시 이름 앞에는 **정관사를 생략한다.** [☞ 58쪽 ◎ 참조]

Conosci bene Roma?	로마를 잘 아니?
Ho visitato Firenze.	나는 피렌체를 방문했다.
Io abito a Milano.	나는 밀라노에 산다.
Lui viene da Londra.	그는 런던 출신이다.
Da qui si vede Assisi.	여기에서 아씨시 도시가 보인다.
Parto per Parigi.	나는 파리로 떠난다.

⑭ 예외

도시 이름(여성 명사) 앞에 수식어가 붙을 경우 정관사를 사용한다.

la bella Roma	아름다운 로마
La Siena mediavale	중세의 시에나
la Milano di un tempo	과거의 밀라노
la Firenze del Rinascimento	르네상스의 피렌체

ⓞ in + 대륙/국가 이름, di(특정화 보어, ~의) + 대륙/국가 이름일 경우 정관사가 생략된다.

Abbiamo fatto un giro in Europa.

우리는 유럽을 한 바퀴 돌았다.

Perché siete in Italia?

너희들은 왜 이탈리아에 있는 거니?

Mio zio vive in America.

나의 삼촌은 미국에 사신다.

La capitale d'Italia è Roma.

이탈리아의 수도는 로마이다.

La regina d'Inghilterra è molto famosa.

영국의 여왕은 매우 유명하다.

Il monte Bianco è il monte più alto d'Europa.

몬테 비앙코가 유럽에서 가장 높은 산이다. [=유럽의]

Roma è la più grande città d'Italia.

로마는 이탈리아에서 가장 큰 도시이다. [=이탈리아의]

ⓗ 예외

1. 대륙, 국가 이름에 수식어가 붙는 경우

    Abbiamo viaggiato nell'Europa dell'Est. [=nell'Est Europa]

    우리는 동유럽을 여행했다.

    Viviamo a Udine, nell'Italia del Nord. [=nel Nord Italia]

    우리는 북부 이탈리아에 있는 우디네에서 삽니다.

    Sono stato in varie città dell'Italia centrale. [=del Centro Italia]

    나는 중부 이탈리아의 여러 도시에 갔다 왔다.

2. 국가 자체를 비교(più ~ di)하거나, 국가 자체를 가리키는 경우 관사가 사용된다.

    L'Italia è più piccola della Francia.   이탈리아가 프랑스보다 더 작다.

    Parigi è la capitale della Francia.   파리는 프랑스 국가의 수도이다.

    L'isola di Malta si trova a sud dell'Italia.   몰타섬은 이탈리아의 남쪽에 있다.

    Qual è la capitale della Cina?   중국의 수도 이름은 무엇입니까?

3. 복수 국가(gli Stati Uniti, i Paesi Bassi, le Filippine)는 항상 정관사가 사용된다.

    Mario parte per gli Stati Uniti.   마리오는 미국으로 떠난다.

    Paul viene dagli Stati Uniti.   폴은 미국 출신이다.

    Io vado negli Stati Uniti.   나는 미국에 간다.

ⓟ 장소 보어로 사용되는 casa, scuola, chiesa, ufficio, giardino 등과 같은 명사는 숙어처럼 사용되는 특정한 표현에서 정관사가 생략된다.

Esco di casa alle 8.	나는 8시에 집에서 나온다.
Torno a casa tardi.	나는 집에 늦게 돌아온다.
Domani vai a scuola?	내일 학교에 가니?
Paola esce da scuola alle 5.	파올라는 학교에서 5시에 나온다.
La domenica vado in chiesa.	매주 일요일 나는 교회에 간다.
Il direttore non è in ufficio.	원장님은 사무실에 안 계신다.
Loro sono in giardino.	그들은 정원에 있다.

ⓠ 거리 이름(via, corso)과 광장 이름(piazza) 앞에서 정관사가 생략된다.

Scusi, signora, Lei sa dove è via Verona?
실례지만 아주머니, 베로나가(街)가 어디에 있는지 아세요?

L'Hotel Italia è in corso Roma.
이탈리아 호텔은 로마로(路)에 있다.

Dove abita? Abito in via Mazzini.
어디에 사십니까? 마치니가(街)에 삽니다.

Piazza San Silvestro è a circa 300 metri da Piazza Barberini.
산실베스트로 광장은 바르베리니 광장에서부터 300미터 거리에 있다.

Scusi, che autobus devo prendere per andare in Piazza Garibaldi?
실례지만, 제가 가리발디 광장에 가려면 무슨 버스를 타야 됩니까?

Mi scusi, per piazza del Popolo, a quale fermata devo scendere?
실례지만, 포폴로 광장에 가려면 제가 어느 정류소에서 내려야 합니까?

ⓡ 어떤 대상을 특정하게 제한하지 않고 부정확한 수량 상태로 두고자 할 때 관사를 생략한다. 의문문 형태에서 관사 없이 복수 명사를 사용해서 나타내는 관용적 표현 형태들도 많다.

Chiara dà agli studenti lezioni private d'inglese.
키아라는 학생들에게 영어 과외를 한다.

Silvia racconta spesso storie interessanti.
실비아는 자주 재미있는 이야기를 해준다.

Ci sono libri e giornali?   책이나 신문 있어요?

Ha figli?   Hai fratelli / amici?
자녀가 있으세요?   형제/친구가 있니?

ⓢ 부정문에서 어떤 대상을 특정하게 제한하지 않을 때 **관사가 생략된다.**

Non c'è problema.	문제가 없어요.
Oggi non c'è lezione.	오늘 수업이 없다.
Oggi non c'è scuola.	오늘 휴교이다.
Non c'è tempo.	시간이 없다
Non ci sono uomini perfetti.	완벽한 인간은 없다.
Non ho parole.	말이 안 나온다/할 말이 없다.
Non ho amici.	나는 친구가 없다.

ⓣ 표제(책의 제목, 신문의 타이틀), 책의 장(章)이나 단원에서 **정관사가 생략된다.**

Grammatica Italiana	이탈리아어 문법	Divina Commedia	신곡
Capitolo V	제5장	Canto secondo	제2곡
Volume II	제2권	Unità 5	제5과

ⓤ 간판, 표지판, 게시판, 안내문, 상업적 광고, 설명서 등에서 **정관사가 생략된다.**

Ufficio Informazione	안내소	Deposito bagagli	수하물 보관소
Senso Unico	일방통행	Divieto di Sosta	주차 금지
Libreria	서점	Gelateria	아이스크림 가게
Entrata	입구	Uscita	출구
Avviso	알림	Ferie	휴가
Partenze	출발	Arrivi	도착

ⓥ 일부 속담에서 속담 자체의 의미에 일반적인 의미를 부여하기 위해 **정관사가 생략된다.**

Buon vino fa buon sangue.	좋은 포도주는 좋은 피를 만든다.
Cane che abbaia non morde.	짖는 개는 물지 않는다. (빈 수레가 요란하다.)
Paese che vai, usanza che trovi.	로마에 가면 로마법(지역마다 다른 풍습)을 따라야 한다.

ⓦ 대구(對句)로 이루어진 명사형 문장에서 **관사가 생략된다.**

pane e formaggio	빵과 치즈	pane e marmellata	빵과 잼
marito e moglie	남편과 아내	giorno e notte	낮과 밤

ⓧ **di + 물질(재료) 명사**일 경우 관사가 생략된다.

una giacca di pelle	가죽 재킷	un cappotto di lana	모직 코트
un orologio d'oro	금시계	un anello d'argento	은반지

ⓨ 대부분의 방법이나 방식 혹은 수단을 나타내는 부사구에서 정관사가 생략된다.

con calma	침착하게	con pazienza	참을성 있게
con attenzione	주의해서	con cura	조심스럽게
con passione	열정적으로	con calma	침착하게
senza dubbio	의심 없이	senza motivo	동기 없이
senza soldi	돈 없이	senza zucchero	설탕 없이
a piedi	걸어서	a mano	손으로
a macchina	기계로	a voce	구두로
in macchina	자동차로	in treno	기차로
in aereo	비행기로	in autobus	버스로
per posta	우편으로	per telefono	전화로
per email	메일로	per scherzo	농담으로

ⓩ 전치사 da(용도) + 명사인 경우 [☞ 401쪽 ⓡ 참조]

camera da letto	침실	sala da pranzo	주방
occhiali da sole	선글라스	occhiali da vista	도수 안경
scarpe da uomo	남성화	scarpe da donna	여성화
scarpe da montagna	등산화	scarpe da ginnastica	운동화
spazzolino da denti	칫솔	biglietto da visita	명함
tuta da ginnastica	체육복	abito da cerimonia	예복
bicchiere da birra	맥주컵	cane da compagnia	반려견
orologio da polso	손목시계	calendario da tavolo	탁상달력

(4) 정관사의 위치

ⓐ 정관사는 명사 바로 앞에 위치한다.

il libro 그 책   la penna 그 펜   lo studente 그 학생

ⓑ 형용사가 명사 앞에 올 경우 정관사는 일반적으로 형용사 앞에 위치한다. 이런 경우 관사는 뒤에
오는 형용사의 형태에 맞추어야 한다.

l'altro ragazzo	다른 소년	l'altra ragazza	다른 소녀
gli altri ragazzi	다른 소년들	le altre ragazze	다른 소녀들
lo stesso corso	똑같은 과정	gli stessi errori	똑같은 실수들
la stessa età	동갑	le stesse idee	똑같은 생각들

ⓒ 명사 앞에 형용사들이 위치할 경우 순서는 다음과 같다.

il mio cappotto nero [정관사 + 소유 형용사 + 명사 + 색상 형용사]

나의 검정 외투

la mia cara moglie [정관사 + 소유 형용사 + 품질 형용사 + 명사]

나의 사랑하는 아내

i miei due cugini americani [정관사 + 소유 형용사 + 수 형용사 + 명사 + 국적 형용사]

나의 두 미국 사촌들

le mie due piccole sorelline [정관사 + 소유 형용사 + 수 형용사 + 품질 형용사 + 명사]

나의 어린 두 여동생들

ⓓ 부정 형용사 tutto와 정관사가 함께 사용될 경우에 예외적으로 **tutto** 다음에 정관사가 온다.

[tutto / tutta / tutti / tutte + 정관사 + 명사]

tutto il giorno	하루 종일	tutti i giorni	날마다
tutto l'anno	일 년 내내	tutti gli anni	해마다
tutta la notte	밤새도록	tutte le notti	밤마다
tutta l'estate	여름 내내	tutte le estati	여름마다

> ✎ 참고
>
> **tutto / tutta / tutti / tutte + 정관사 + 소유격 + (형용사) + 명사**
>
> Ti amerò per tutta la mia vita.
>
> 내 평생토록 너를 사랑할 것이다.
>
> Non dimenticherò mai tutti i miei cari amici.
>
> 나의 사랑하는 친구들을 절대로 잊지 않을 것이다.

ⓔ 감탄문에서는 형용사 다음에 관사가 위치한다.

Furbo l'amico! = (È) furbo l'amico.

정말 영악한 친구야!

Che buona la pizza! = Che buona (è) la pizza!

피자 맛있다!

Belli i tuoi pantaloni! = (Sono) belli i tuoi pantaloni!

네 바지 정말 멋있어!

Simpatiche le tue amiche! = (Sono) simpatiche le tue amiche!

네 여자 친구들 정말 호감 간다!

2 부정 관사 L'articolo indeterminativo

(1) 부정 관사의 형태 [☞ 52쪽 정관사 형태 참조]

부정 관사	남성	여성
단수	un, uno	una, un'

명사 어미	남성	여성	남·여
단수	-o	-a	-e

부정 관사의 복수는 부분 관사를 사용한다. [☞ 78쪽 (1) 부분 관사 참조]

ⓐ un: 모음이나 자음으로 시작하는 모든 남성 단수 명사 앞에 붙인다. un은 모음 앞에서 모음 생략 (un')이 되지 않는 것에 유의해야 한다. uno가 어미 탈락되어 un이 된 형태이기 때문이다.

un bambino	남자아이	un ragazzo	소년
un libro	책	un tavolo	탁자
un signore	아저씨	un giornale	신문
un fiore	꽃	un latte	우유
un amico	남자 친구	un albero	나무
un elefante	수코끼리	un errore	오류
un italiano	이탈리아 남자	un inglese	영국 남자
un ospedale	병원	un ombrello	우산
un uccello	새	un ufficio	사무실

ⓑ uno: s + 자음, z, x, y, gn, ps, pn으로 시작하는 남성 단수 명사 앞에 붙인다.

uno sbaglio	실수	uno svizzero	스위스 남자
uno sconto	할인	uno specchio	거울
uno stile	양식	uno spagnolo	스페인 남자
uno studente	남학생	uno svedese	스웨덴 남자
uno scialle	숄	uno stadio	경기장
uno scaffale	책장	uno scherzo	농담
uno zaino	배낭	uno zoo	동물원
uno zio	삼촌	uno zingaro	집시
uno zoppo	절름발이	uno zenzero	생강
uno yogurt	요구르트	uno yacht	요트
uno xilofono	실로폰	uno gnocco	뇨키
uno pscicologo	심리학자	uno pseudonimo	필명, 가명

ⓒ una: 보통 여성 명사 앞에 붙인다. s + 자음 형태의 여성 단수명사 앞에는 여성 정관사 una를
그대로 사용한다.

una casa	집	una camera	방
una ragazza	소녀	una bambina	여자아이
una stella	별	una scuola	학교
una stagione	계절	una stazione	역
una chiave	열쇠	una frase	문장
una classe	학급	una lezione	수업

ⓓ un': 모음(a, e, i, o, u)으로 시작하는 여성 명사 앞에서 un'이 연음이 되어 우나, 우네, 우니,
우노, 우누로 발음된다.

un'amica	여자 친구	un'arancia	오렌지
un'aula	강의실	un'allieva	여제자, 여학생
un'erba	풀 한 포기	un'escursione	소풍, 짧은 여행
un'isola	섬	un'idea	생각
un'opera	작품	un'ora	시간
un'unghia	손톱	un'uscita	출구

✎ 참고

1. 명사 앞에 형용사가 올 경우 부정 관사는 형용사 앞에 위치한다. 이때 부정 관사는 명사가 아니라 부정
관사 바로 다음에 따라오는 형용사의 형태에 맞추어야 한다.

uno strano caso	한 이상한 경우	un'antica città	한 옛날 도시
un caso strano	한 이상한 경우	una città antica	한 고대 도시
un altro caso	한 다른 경우	un'altra cosa	또 다른 것

2. 남성 부정 관사 un은 본래 uno 형태가 모음과 자음 단어 앞에서 어미 탈락(o) 되어 un이 된 형태이
다. 따라서 모음 단어 앞에서 모음이 생략된 형태인 un'이 되지 않는다. 반면에 여성 부정 관사 una
는 모음 단어 앞에서 모음 생략 현상이 일어나서 un' 형태가 된다.

un amico	남자 친구	un'amica	여자 친구
un insegnante	남자 교사	un'insegnante	여자 교사

3. 반자음(-ia, -ie, -j)으로 시작되는 명사 앞에서는 남성 관사 lo / uno, 여성 관사 la / una를 사용한다.

lo/uno iato	모음 분리	la/una iena	하이에나
lo/uno jugoslavo	유고슬라비아 남자	la/una jugoslava	유고슬라비아 여자

(2) 부정 관사의 역할

ⓐ 부정이란 말 뜻 그대로 정해지지 않은 부정확하고 일반적인 것을 가리킨다.

Scusi, c'è una banca qui vicino?
실례하지만, 이 근처에 은행이 한 곳 있습니까?

Scusa, hai una penna?
미안하지만, 펜 하나 있니?

Ho conosciuto un ragazzo italiano al mare.
나는 바다에서 한 이탈리아 소년을 알게 됐다.

ⓑ 부정 관사도 때때로 정관사처럼 명사의 종류나 종족을 대표하는 데 사용된다.

Un uomo non deve agire così. [=L'uomo, ogni uomo]
인간은 그렇게 행동해선 안 된다.

Un giovane deve avere coraggio. [=Il giovane, ogni giovane]
젊은이는 용기를 가져야 한다.

Un atleta deve allenarsi costantemente. [=L'atleta, ogni atleta]
육상 선수는 꾸준히 훈련해야 한다.

ⓒ 구어체에서 부정 관사는 '엄청난, 너무나 큰, 너무나 멋진, 너무나 형편없는, 너무나 이상한' 등
의 감탄적 뉘앙스나 최상급 의미로 사용된다. 감탄문이나 생략 문장 형태로 많이 쓰인다.

Ho sonno. → **Ho un sonno!** [=Ho molto sonno.]
졸립다.   너무 졸려!

Ho fame. → **Ho una fame!** [=Ho molta fame.]
배고프다.   엄청 배고파!

Ho sete. → **Ho una sete...** [=Ho molta sete.]
갈증 난다.   엄청 갈증 난다.

Ho paura. → **Ho una paura...** [=Ho una paura grandissima.]
무섭다.   너무너무 무섭다.

ⓓ 고유 명사 앞에 부정 관사가 오면 '~와 같은 사람'이라는 비유적인 의미나 작품을 의미한다.

Mauro si crede di essere un Picasso. [=un grande pittore]
마우로는 자신이 피카소나 된다고 믿고 있다.

In questa galleria c'è un Raffaele.
이 화랑에 라파엘로 작품이 한 점 있다.

ⓔ 부정 관사가 기수 앞에 위치하여 '대략', '얼추', '약' 등의 근사치를 나타낸다.

La stazione dista un tre chilometri. [=circa]

역이 대략 3킬로미터 떨어져 있다.

Ci sono un dieci pagine da ripassare. [=circa]

검토해야 할 페이지가 10쪽 정도 있다.

Starò fuori un dieci minuti. [=circa]

나는 10분가량 밖에 나가 있을 것이다.

Starò via un tre o quattro giorni. [=circa]

나는 한 사나흘 정도 떠나가 있을 것이다.

3 전치사 관사 Le preposizioni articolate

(1) 전치사 관사의 형태

단순 전치사 ＼ 정관사	정관사(단수)					정관사(복수)		
	il	**lo**	**l'**	**la**	**l'**	**i**	**gli**	**le**
a[=at, to]	al	allo	all'	alla	all'	ai	agli	alle
da[=from]	dal	dallo	dall'	dalla	dall'	dai	dagli	dalle
di[=of]	del	dello	dell'	della	dell'	dei	degli	delle
in[=in]	nel	nello	nell'	nella	nell'	nei	negli	nelle
su[=on]	sul	sullo	sull'	sulla	sull'	sui	sugli	sulle
con[=with]	con il col	con lo (collo)	con l' (coll')	con la (colla)	con l' (coll')	con i coi	con gli (cogli)	con le (colle)
per[=for]	per il pel	per lo (pello)	per l' (pell)	per la (pella)	per l' (pell')	per i pei	per gli (pegli)	per le (pelle)
fra / tra	fra il	fra lo	fra l'	fra la	fra l'	fra i	fra gli	fra le

ⓐ 현대 이탈리아어에서 사용되는 전치사 관사 형태

전치사 관사란 말 그대로 단순 전치사와 정관사가 결합된 형태를 말한다. 본래 정확한 의미는 '관사가 붙은 전치사(le preposizioni articolate)'인데, 통상 전치사 관사라는 용어로 사용되기 때문에 용어를 그대로 따른다. 오늘날 현대 이탈리아어에서는 단순 전치사들 가운데서 a, da, di, in, su만이 정관사가 결합된 전치사 관사 형태로 사용되고 con, per, fra / tra는 정관사와 각각 분리하여 사용되고 있다. con은 전치사 관사 형태가 있긴 하지만 col, coi 형태만이 발음의 편리상 구어체에서 아직 사용되고 있고, 나머지 형태들은 거의 사용되지 않는다.

ⓑ **di와 in의 전치사 관사 형태**

전치사 di와 in은 정관사와 결합될 때 de-와 ne-로 바뀐다.

di → del, dello, dell', della, dei, degli, delle

in → nel, nello, nell', nella, nei, negli, nelle

ⓒ **전치사(a, da, di, in, su) + 정관사(lo, la, l', le)인 경우**

정관사 자음 l이 중복되어 ll 형태가 된다.

allo, alla, all', alle   dallo, dalla, dall', dalle

dello, della, dell', delle   nello, nella, nell', nelle

sullo, sulla, sull', sulle

ⓓ **con, per의 전치사 관사 형태**

단순 전치사 con, per는 전치사 관사 형태가 존재하긴 하지만(col, collo, colla, coll' coi, cogli, colle, pel, pello, pella, pei, pegli, pelle), 오늘날에는 전치사와 정관사를 각각 분리하여 사용한다. 전치사 관사 col, coi 형태만이 발음하기가 편리해서 아직까지 구어체에서 간혹 사용되고 있고, 나머지 형태들은 이제 더 이상 사용되지 않는다. 단지 pel, pei만이 가끔 고급 문어체나 시어에서 발견된다.

Via col vento.   [=con il vento]

바람과 함께 사라지다.   [영화 제목]

Sto coi miei amici   [=con i miei amici]

나의 친구들과 함께 있다.

ⓔ **단순 전치사 fra와 tra는 전치사 관사 형태가 없다.**

tra와 fra는 항상 전치사와 정관사를 분리하여 사용한다. fra와 tra의 사용은 뒤에 나오는 단어의 음성학적 소리에 의해서 결정되기 때문에 의미상의 차이는 하나도 없다. 비슷한 소리의 알파벳은 소리가 좋지 않게 들리므로 가급적 사용을 피하는 것이 바람직하다.

Fra Firenze e Roma	→	Tra Firenze e Roma
피렌체와 로마 사이에		피렌체와 로마 사이에
A fra poco	→	A tra poco
잠시 후에 봅시다.		잠시 후에 봅시다.
tra tre giorni	→	fra tre giorni
3일 후에		3일 후에
tra Trieste e Udine	→	fra Trieste e Udine
트리에스테와 우디네 사이에		트리에스테와 우디네 사이에

(2) 전치사 관사의 사용

Stasera vado al concerto con Paolo. [a + il]　　오늘 저녁 파올로와 음악회에 간다.

Mangiamo sempre alla mensa. [a + la]　　우리는 항상 구내식당에서 먹는다.

Oggi non vado all'Università. [a + l']　　오늘 나는 대학에 안 간다.

Telefono ai miei genitori. [a + i]　　나는 부모님께 전화한다.

Ci vediamo alle tre. [a + le]　　3시에 보자!

Dove vai? -Vado dal medico. [da + il]　　어디 가니? 병원에 간다.

A che ora esci dall'ufficio? [da + l']　　사무실에서 몇 시에 나오니?

Io vengo dalla Corea. [da + la]　　나는 한국 출신이다.

Paul viene dagli Stati Uniti. [da + gli]　　폴은 미국 출신이다.

Quando torni dalle vacanze? [da + le]　　언제 휴가에서 돌아오니?

Questo è il libro del professore. [di + il]　　이것은 교수님의 책이다.

Chi è il professore della mia classe? [di + la]　　저의 학급 선생님은 누구신가요?

Dove è la porta dell'aula? [di + l']　　강의실 문이 어디에 있죠?

Prendo il treno delle tre. [di + le]　　나는 3시 기차를 탄다.

Nel tempo libero che cosa fa? [in + il]　　자유 시간에 무엇을 하십니까?

Che cosa c'è nella borsa? [in + la]　　가방 속에 무엇이 있습니까?

I calciatori sono nello stadio. [in + lo]　　축구 선수들이 경기장에 있습니다.

Nei giorni festivi è chiuso. [in + i]　　휴일에는 닫혀 있습니다.

Che cosa c'è sul tavolo? [su + il]　　테이블 위에 무엇이 있습니까?

Sulla sedia c'è una borsa. [su + la]　　의자 위에 가방이 하나 있습니다.

Gli uccelli sono sull'albero. [su+l']　　새들이 나무 위에 있습니다.

Sullo schermo c'è una pubblicità. [su + lo]　　화면에 한 광고가 있다.

(3) 단순 전치사의 사용

Andiamo con la macchina di Luca!　　루까의 자동차로 가자!

Fra gli studenti c'è un ragazzo russo.　　학생들 중에는 러시아 소년이 있다.

L'italiano è utile per il mio lavoro.　　이탈리아어는 내 일에 도움이 된다.

Questo è per la mia ragazza.　　이것은 내 여자 친구를 위한 것이다.

4 부분 관사 L'articolo partitivo

(1) 부분 관사의 형태

전치사 di + 정관사로 이루어진다. 부분 관사는 전치사 di와 결합된 전치사 관사 형태와 동일하나 그 역할은 다르다. 전치사 관사는 여러 의미의 전치사적 기능을 하지만 부분 관사는 명사 앞에서 정해지 않은 불특정한 양이나 수를 나타낸다. 영어의 **some**에 해당한다.

전치사 \ 정관사	단수(양)				복수(수)		
	il	lo	l'	la	i	gli	le
di	del	dello	dell'	della	dei	degli	delle
	셀 수 없는 명사 앞에 사용 약간의[=un po' di]				셀 수 있는 명사 앞에 사용 몇 개/명의[=alcuni / alcune]		

(2) 부분 관사의 의미

부분 관사는 명사 앞에서 부정확한 양과 불특정한 개수를 나타낸다. 부분 관사의 단수형은 셀 수 없는 명사 앞에서 '어느 정도 양의, 조금의, 약간의(un po' di)'라는 양의 의미를 지닌다. 반면에 부분 관사 복수형은 셀 수 있는 명사 앞에서 정해진 개수가 아닌 '몇 개의, 몇 명의, 몇몇의(alcuni, alcune, qualche)'라는 수의 의미를 지니며, 생략 가능하다.

ⓐ 부분 관사 단수형은 부정확한 양을 나타내며 **un po' di** (약간의, 조금의) 의미이다.

del sale	소금 약간	della carne	고기 약간
del pane	빵 약간	della farina	밀가루 약간
del formaggio	치즈 약간	della pancetta	베이컨 약간
dello zucchero	설탕 약간	della frutta	과일 약간
dell'olio	기름 약간	dell'acqua	물 약간

C'è ancora del pane?   [=un po' di pane]   아직 빵 좀 있어?

Vuoi dello zucchero?   [=un po' di zucchero]   설탕 좀 줄까?

Vorrei del formaggio.   [=un po' di formaggio]   치즈 좀 주세요.

Mi dai dell'acqua?   [=un po' d'acqua]   내게 물 좀 줄래?

Mangia della frutta!   [=un po' di frutta]   과일 좀 먹어!

> 🖉 참고
>
> 부분 관사는 추상 명사 앞에서도 사용할 수 있지만 좋은 표현은 아니므로 부정 형용사구 un po' di로 바꾸어 쓰는 것이 낫다.
>
> Ho della sete. → Ho un po' di sete. 목이 좀 마르다.

ⓑ 부분 관사 복수는 셀 수 있는 명사의 부정확한 수를 나타내며 부정 관사의 복수로 **사용된다.** '하나의, 한 개의' 의미를 지닌 부정 관사의 정확한 복수 형태가 존재하지 않아 '여러 개의, 여러 명의(some)' 의미를 지닌 부분 관사를 그 복수로 사용하고 있다. 이탈리아어에서 부분 관사의 사용은 의무적이지 않으며 생략 가능하다. 화자의 문체적 선택으로서 부정확한 수량을 강조하지 않을 경우에는 부분 관사를 생략해서 쓰는 경향이 있다.

	남성		여성	
부정 관사	un	uno	una	un'
부분 관사	dei, degli	degli	delle	

un pomodoro	→	(dei) pomodori	토마토들
un ragazzo	→	(dei) ragazzi	소년들
un amico	→	(degli) amici	친구들
uno studente	→	(degli) studenti	남학생들
una mela	→	(delle) mele	사과들
una ragazza	→	(delle) ragazze	소녀들
un'arnacia	→	(delle) arance	오렌지들

Che cosa è? -È un libro.   → Che cosa sono? -Sono (dei) libri.
무엇입니까? 책입니다.   무엇입니까? 책들입니다. [di + i]

Che cosa è? -È una penna. → Che cosa sono? -Sono (delle) penne.
무엇입니까? 펜입니다.   무엇들입니까? 펜들입니다. [di + le]

ⓒ 부분 관사 복수형은 '몇 개의, 몇몇의, 몇 명의' 의미를 지닌 부정 형용사 alcuni, alcune + 복수 명사 혹은 qualche + 단수 명사로 바꾸어 사용할 수 있다.

Compro un libro.   → Compro dei libri.   [=alcuni libri]
나는 책 하나를 산다.   나는 책 몇 개를 산다.   [=qualche libro]

Compro una penna. → Compro delle penne.   [=alcune mele]
나는 펜 한 개를 산다.   나는 펜 몇 개를 산다.   [=qualche mela]

> ✎ 참고
>
> 부분 관사와 전치사 관사는 형태가 같지만 역할이 다르다. 부분 관사는 명사 앞에서 '약간의, 몇 개의' 의미로 사용되고, 전치사 관사는 '~의, ~에 대해서' 등 전치사 기능을 하며 앞에 명사가 또 있다.
>
> C'è del latte fresco in frigo. 냉장고에 신선한 우유가 좀 있다. [=un po' di, 부분 관사]
> Mi piace il gusto del latte.   난 우유의 맛이 좋다. [전치사 관사]

ⓓ 부분 관사가 문장 맨 앞에 사용되거나 전치사 다음에 올 경우 다른 형태로 바꾸어 쓰거나 생략
하는 것이 바람직하다. 부분 관사 형태 자체가 전치사적인 모습을 하고 있어 모양이 좋지 않기
때문이다. 전치사 di, da 다음에는 부분 관사를 사용하지 않는다.

Degli studenti non vogliono studiare. [→ Alcuni studenti]
몇 명의 학생들이 공부하기를 원치 않는다. [문장 처음에 오는 경우]

Vado al cinema con (degli) amici. [→ con alcuni amici]
나는 몇 명의 친구들과 함께 영화관에 간다. [전치사 뒤에 오는 경우]

ⓔ 총체적 의미를 나타내는 음식 명사의 불특정한 양은 부분 관사 복수형으로 사용하며 un po'
di로 바꾸어 쓸 수 있다. 개수를 나타내는 alcuni, alcune는 쓸 수 없다.

Vuoi dei tortellini?   [=un po' di tortellini]   만두 좀 줄까?
Vuoi degli spaghetti?   [=un po' di spaghetti]   스파게티 좀 줄까?
Vuoi delle lasagne?   [=un po' di lasagne]   라자냐 좀 줄까?

ⓕ 신체 부위를 나타내는 명사 앞에 부분 관사를 사용하기도 한다. 신체 부위는 부정확한 수가 아니
기 때문에 논리에 어긋나기는 하지만 자주 사용된다.

Viola ha degli occhi bellissimi.   비올라는 아주 아름다운 눈을 가지고 있다.
Lei ha dei bei capelli lunghi.   그녀는 아름다운 긴 머리를 지니고 있다.
Silvia ha delle belle gambe.   실비아는 아름다운 다리를 지녔다.

ⓖ 부분 관사 단수형은 부정확한 양을 나타내고 부분 관사 복수형은 부정확한 수를 나타내기 때문
에 다음과 같은 표현에서는 의미의 차이가 있다.

del vino   약간의 포도주   dei vini   포도주 몇 병
della birra 약간의 맥주   delle birre 맥주 몇 병

Vorrei del vino. [=un po' di vino]   포도주를 조금 원한다.
Vorrei dei vini. [=alcuni vini, qualche vino] 포도주 몇 병을 원한다.

📎 참고

부분 관사를 생략할 수 있는 경우

1. 부분 관사가 동사 뒤에서 주어로 사용될 때 생략할 수 있다.
   Sono rimasti solo (dei) gelati al limone. 레몬 아이스크림만 남았다.
2. 부분 관사가 동사의 직접 목적어로 사용될 때 생략할 수 있다.
   Lui guarda (dei) documentari tutto il giorno. 그는 하루 종일 다큐멘터리만 본다.

ⓗ di와 함께 쓰이는 수량의 표현들: di 다음에는 정관사가 붙지 않는다.

un po' di	약간의	un po' di pepe
un bicchiere di	한 컵의	un bicchiere d'acqua
una bottiglia di	한 병의	una bottiglia di vino
una lattina di	한 캔의	una lattina di birra
una scatola di	한 상자의	una scatola di cioccolatini
un pacco di	한 꾸러미의	un pacco di spaghetti
un pacchetto di	한 갑의	un pacchetto di sigarette
una fetta di	한 조각의	una fetta di pizza
una fettina di	작은 한 조각의	una fettina di dolce
un pezzo di	한 점의	un pezzo di pane
un pezzetto di	작은 한 점의	un pezzetto di carne
un sacco di	한 자루의	un sacco di soldi
un sacchetto di	한 봉지의	un sacchetto di farina
una tazza di	한 잔의	una tazza di tè
una tazzina di	작은 한 잔의	una tazzina di caffè
un cucchiaio di	한 술의	un cucchiaio di minestra
un cucchiaino di	작은 한 스푼의	un cucchiaino di sale
un piatto di	한 접시의	un piatto di spaghetti
un piattone di	큰 한 접시의	un piattone di pasta
un pizzico di	한 꼬집의	un pizzico di sale
un litro di	일 리터의	un litro di latte
un chilo di	일 킬로그램의	un chilo di patate
un paio di	한 켤레의	un paio di scarpe
un mazzo di	한 다발의	un mazzo di fiori
una busta di	한 봉투의	una busta di biscotti
una dozzina di	한 다스의	una dozzina di uova
un barattolo di	한 통/병의	un barattolo di miele
un grappolo di	한 송이의	un grappolo di uva
un cestino di	한 바구니의	un cestino di fragole
una zolletta di	(작은) 한 덩어리의	una zolletta di zucchero
una manciata di	한 움큼의	una manciata di ciliegie
un pugno di	한 주먹의	un pugno di riso
una forchetta di	한 포크의	una forchetta di carne
un cespo di	한 포기의	un cespo d'insalata
un boccone di	한 입의	un boccone di pane
una boccata di	호흡 한 번의	una boccata d'aria
un gruppo di	한 그룹의	un gruppo di amici
un secchio di	한 동이의	un secchio d'acqua
un mucchio di	한 더미의	un mucchio di libri
una montagna di	태산의	una montagna di debiti
una marea di	물밀듯한, 엄청난	una marea di gente

3장

명사
Il nome

명사란 사람, 동물, 사물, 개념, 자연현상이나 요인을 가리키는 말로서 이 세상에 존재하는 모든 것의 이름을 나타낸다. 명사는 주어, 보어, 목적어, 수식어(전명구), 동격 역할을 한다.

Il bambino gioca.   [주어]
어린아이가 논다.

Tommaso è un bambino.   [주격보어]
토마소는 남자아이다.

Tu sembri un attore.   [주격보어]
너는 영화배우처럼 보인다.

Guardo il bambino.   [목적어]
나는 어린아이를 쳐다본다.

Tutti lo considerano un vero amico. [목적격 보어]
모두가 그를 진정한 친구로 간주한다.

Carlo, il mio bambino, gioca.   [주어의 동격]
나의 아이, 카를로가 논다.

Gioco con il bambino.   [수식어: 전치사 + 명사]
나는 아이와 함께 논다.

명사를 그것이 가리키는 의미에 따라서 분류해 보면 크게 다섯 가지로 구분할 수 있는데, 고유 명사, 보통 명사, 집합 명사, 구상(구체) 명사, 추상 명사로 나눌 수 있다. 모든 명사는 의미적으로 여러 분류에 속할 수 있다. 즉, 보통 명사이면서 구상 명사가 될 수 있고, 또 고유 명사이면서 구상 명사가 될 수도 있다. 따라서 이와 같은 명사의 분류는 그 경계가 분명하지 않고 서로 공통적인 요소를 지니며 그 경계를 넘나든다.

1 구상(구체) 명사 I nomi concreti

구체적인 형태를 지니고 있어 오관을 통해 감지할 수 있거나 혹은 비록 오관으로 감지하지는 못하더라도 실재한다고 믿을 수 있는 생물이나 사물, 현상 등을 가리킨다.

donna 여자아이	treno 기차	pioggia 비	neve 눈(snow)
sedia 의자	testa 머리	animale 동물	giornale 신문
aria 공기	pizza 피자	umore 소음	profumo 향기

2 추상 명사 I nomi astratti

실제로 몸체를 가지고 있지 않기 때문에 오관을 통해 감지할 수 없어서 단지 머릿속으로만 그릴 수 있는 본질을 가리킨다. 이러한 추상 명사는 대개 단수형을 사용한다.

amore 사랑	speranza 희망	bellezza 아름다움	odio 증오
delusione 실망	verità 진실	gioia 기쁨	felicità 행복

✎ 참고

추상 명사가 구상 명사로, 구상 명사가 추상 명사로 쓰이기도 한다.

Quella ragazza è una bellezza. 그 소녀는 미인이다.　[추상 명사 → 구상 명사]

Lui è una celebrità nel campo della medicina.　[추상 명사 → 구상 명사]
그는 의학 분야에서 저명인사이다.

Giuliano ha una bella testa. 줄리아노는 머리가 좋다.　[구상 명사 → 추상 명사]

Elenora ha un buon naso. 엘레노라는 직감이 뛰어나다. [구상 명사 → 추상 명사]

3 보통 명사 | nomi comuni

일정한 형태가 있고 구분이 확실하여 셀 수 있는 명사로 단수와 복수의 구분이 가능하다. 동일한 종류의 사람, 동물, 사물 등을 대표하여 총칭하는 말이다.

사람	ragazzo	소년	zio	삼촌
	bambino	남자아이	dottore	의사
동물	cavallo	말	lupo	늑대
	leone	사자	cane	개
사물	sedia	의자	fiume	강
	fiore	꽃	albero	나무

4 고유 명사 | nomi propri

특정한 사물, 장소, 인물을 구분하기 위해 고유하게 붙인 이름이다. 인명, 지명과 같이 세상에 하나밖에 없는 고유 명사의 첫 글자는 항상 대문자로 시작한다.

사람	Carla	카를라	Paolo	파올로
	Carla Bianchi	카를라 비앙키	Paolo Rossi	파올로 로씨
국가	Francia	프랑스	Italia	이탈리아
	Corea	한국	Giappone	일본
도시	Roma	로마	Londra	런던
	Milano	밀라노	Parigi	파리

✎ 참고

1. 고유 명사는 단 하나의 유일한 대상을 지칭하는 명사를 가리키기 때문에 특별한 경우를 제외하고는 복수형을 만들 수 없으며, 이들의 첫 글자는 대문자로 쓴다. 사람의 고유 명사는 이탈리아어에서 이름이 먼저 나오고 그다음에 성이 나오며, 여성은 결혼 후 남편의 성을 따른다.

   Carlo Bianchi 카를로 비앙키   Paola Bianchi 파올라 비앙키 여사
   [이름]   [성]   [이름]   [성]   기혼인 경우

2. 이탈리아 성(cognome)은 복수 형태가 많고, 색깔을 연상시키는 성(Rossi, Bianchi, Neri)도 많고 변형 형태(Verdi, Rossini, Rossetti, Bianco, Russo)도 있다. 이탈리아에서 가장 흔한 성은 우리나라 김 씨에 해당하는 Rossi이다.

   Armani 아르마니   Gucci 구치   Pavarotti 파바로티   Verdi 베르디

5 집합 명사 I nomi collettivi

인간, 동물, 사물 등의 여러 개체가 모인 집합체를 나타낸다. 이 집합 명사(군집 명사)들은 비록 형태는 단수이지만 복수의 의미를 나타낸다.

사람	la gente	사람들	la polizia	경찰
	il popolo	국민/민족	la folla	군중
	l'esercito	군대	la comitiva	단체 관광객
	la squadra	팀	il pubblico	대중/관중
동물	il gregge	양 떼	lo sciame	벌 떼
	lo stormo	새 떼	la mandria	소 무리
사물	la flotta	함대	la mobilia	가구류
	il fogliame	나뭇잎	il vasellame	도자기류
	la pineta	솔밭	l'arcipelago	군도

✎ 참고

1. 집합 명사인 경우 형용사나 동사는 집합 명사의 문법적인 성에 일치시킨다.

   Una gran folla aspetta l'attrice. 많은 군중이 여배우를 기다린다.

   C'è molta gente sulla strada.   길에 많은 사람들이 있다.

2. una folla di, una parte di, un gruppo di + 복수 명사인 경우에는 하나의 집합체를 단위로 생각하여 단수형 동사를 사용할 수도 있고, 복수 명사에 일치시켜 복수형 동사를 사용할 수도 있다.

   Una parte degli abitanti ha lasciato il paese.   주민들 일부가 마을을 떠났다.

   [una parte – 단수 동사]

   Una parte degli abitanti hanno lasciato il paese.   일부 주민들이 마을을 떠났다.

   [abitanti – 복수 동사]

   Un gruppo di carabinieri ha bloccato la strada.   특수경찰단이 길을 차단했다.

   [un gruppo – 단수 동사]

   Un gruppo di carabinieri hanno bloccato la strada.   한 무리의 특수경찰이 길을 차단했다.

   [carabinieri – 복수 동사]

2 명사의 성 Il genere dei nomi

이탈리아어에는 남성(maschile)과 여성(femminile) 두 가지 형태의 성이 있다. 이탈리아어의 모든 명사는 여성이나 남성의 문법적인 성을 지닌다. 인간이나 동물의 남과 여, 수컷과 암컷 같은 성의 구별을 갖는 생물뿐만 아니라 '책'이나 '연필' 등과 같이 사물을 나타내는 구상 명사나 추상적인 관념을 나타내는 명사도 문법상의 약속으로서 반드시 남성이나 여성이 정해져 있다. 문법적인 성이란 문법의 목적에 맞도록 정해진 공식적인 성이다. 사람과 동물의 생물 명사는 그들이 본래 타고난 자연적인 성에 근거해 문법적인 성이 된다. 즉, 남성으로 타고난 생물은 남성 명사가 되고, 여성으로 타고난 생물은 여성 명사가 된다.

남성[자연 성]		여성[자연 성]	
padre	아버지	madre	어머니
figlio	아들	figlia	딸
attore	남자 배우	attrice	여자 배우
gatto	수고양이	gatta	암고양이
leone	수사자	leonessa	암사자

✎ 참고

1. 모든 생물 명사가 다 자연적인 성과 문법적인 성이 일치하는 것은 아니다. 실제 남성이 여성 명사 형태가 되고, 여성이 남성 명사 형태가 되는 경우도 있다. 이런 경우 형용사의 어미와 과거 분사는 명사의 자연적인 성이 아니라 문법적인 성과 일치시켜야 한다. 오늘날 남성 명사인 il soprano, il mezzosoprano는 여성 형태로 고쳐서 la soprano, la mezzosoprano로도 사용되는데, 이 경우에도 형용사는 문법적인 성(여성)에 일치시켜야 한다.

Franco è una guida turistica.	프랑코는 여행 가이드이다.	[남성이지만 여성 명사 형태]
Carla è un famoso soprano.	카를라는 유명한 소프라노이다.	[여성이지만 남성 명사 형태]
La guardia è scrupolosa.	감시(경비)원이 철저하다.	[남성인 경우-여성 형용사 어미]
La spia è molto attenta.	스파이가 아주 조심스럽다.	[남성인 경우-여성 형용사 어미]

반면에 사물 명사는 언어학적 관습이나 사용에 의해서 정해진 성이기 때문에 일일이 암기하는 수밖에 없다. 문장에서 관사의 사용을 통해 명사의 성을 유추해 낼 수 있지만 명사 단독으로 사용되었을 때는 사전을 찾아봐야만 정확한 성을 알 수 있다. 그러나 두 가지 요소, 명사의 굴절 어미(desinanza)와 의미(significato)가 명사의 성을 구별하는 데 도움을 줄 수 있다. 즉 명사의 어미가 어떤 형태인가에 따라서 남성인지 여성인지를 구별할 수 있고, 또 명사의 의미가 무엇인가에 따라서 성을 구분할 수 있다.

1 명사의 굴절 어미(desinanza)를 통한 성의 구별

남성(maschile)	여성(femminile)

① -o로 끝나는 형태는 남성이다.

  il libro   책
  il ragazzo   소년

  🕒 예외   -o로 끝나지만 여성 명사인 경우

i) 주로 단어가 길어서 축약된 명사들이다.
  la moto (cicletta)   오토바이
  l'auto (mobile)   자동차
  la foto (grafia)   사진
ii) 축약 명사가 아니지만 여성인 경우
  la mano   손
  la biro   볼펜

② -e로 끝나는 명사는 남성일 경우가 많다.
  il signore   신사   il fiore   꽃

  ✏️ 참고   남성 명사의 어미는 주로 다음과 같다.

-ore	il dottore	il fiore
-ale	il giornale	il canale
-ile	il campanile	il fucile
-iere	il cameriere	il bicchiere
-one	il sapone	il peperone
	il limone	il melone

③ 주로 자음으로 끝나는 것(외래어)

il film	il tram
lo sport	l'autobus
il computer	il tennis
il bar	il weekend
lo shampoo	lo smartphone
lo chef	il kiwi
lo champagne	l'internet

  🕒 예외

  la reception   la star
  una chat [=una chiacchierata]
  un'e-mail [=una posta elettronica]

---

① -a로 끝나는 형태는 여성이다.

  la penna   펜
  la ragazza   소녀

  🕒 예외   a로 끝나지만 남성 명사인 경우

i) 그리스어에서 유래한 단어로 -(e)ma, -mma로
   끝나는 단어들은 남성 명사이다.
  il problema   il sistema
  il diploma   il tema
  il dramma   il programma
ii) -a로 끝나지만 남성 명사인 고유 명사도 더러 있다.
  Luca   Andrea   Nicola
iii) -ista, -ta로 끝나는 명사들
        il pianista   il pilota

② -e로 끝나는 명사는 여성도 있다.
  la lezione   수업   la classe   학급

  ✏️ 참고   여성 명사의 어미는 주로 다음과 같다.

-ione	la stazione	la lezione
	la stagione	la nazione
-ice	l'attrice	la pittrice
	la radice	la lavatrice
-ie	la superficie	la serie
	la moglie	

③ -tà, tù로 끝나는 명사는 여성이다.
  la città   도시
  l'università   대학
  la gioventù   청춘
  la virtù   미덕

  🕒 예외   -ù로 끝나는 외래어들은 남성
  il menù   메뉴   il bambù   대나무

④ -i로 끝나는 단수 명사는 여성이다.

  la crisi   위기   la tesi   논문
  l'analisi   분석   l'oasi   오아시스

  🕒 예외
  il brindisi / il safari

2 의미를 통한 명사의 성 구별

남성(maschile)	여성(femminile)

남성(maschile)

① 나무의 이름은 남성 명사

    il pero   배나무   il melo 사과나무

    l'arancio 오렌지 나무

    l'olivo   올리브 나무

  ⚡예외   여성 나무 명사

    la palma 종려나무   la quercia 오크

② 산, 강, 호수, 대양의 이름

    il Piemonte 피에몬테(알프스의 기슭)

    il Tevere   테베레강

    il Garda   가르다 호수

    il Pacifico 태평양

    l'Oceano   대서양

  ⚡예외

    le Alpi 알프스산맥   la Senna 센강

③ 달, 요일을 나타내는 명사들

    gennaio 1월   febbraio 2월

    il lunedì   월요일마다

    il sabato   토요일마다

  ⚡예외

    la domenica   일요일마다

④ 금속, 광물, 화학 요소의 명칭 명사

    il ferro 철   l'ossigeno 산소

    l'oro 금   l'idrogeno 수소

⑤ 방위를 나타내는 명사들

    l'Est 동   l'Ovest 서

    il Sud 남   il Nord 북

    il Meridione   남부

    il Settentrione   북부

⑥ 도시 이름을 스포츠 팀으로 한 경우

    il Torino   토리노 팀

    il Bologna   볼로냐 팀

  ⚡예외

    la Roma 로마 팀

여성(femminile)

① 과일의 이름은 여성 명사

    la pera 배   la mela 사과

    l'arancia 오렌지   l'oliva 올리브

  ⚡예외   남성 과일 명사

    il pompelmo 자몽   il kiwi 키위

    il limone   레몬   il fico 무화과

② 섬, 대륙의 이름

    la Sicilia   시칠리아섬

    la Sardegna   사르데냐섬

    l'Europa 유럽   l'Asia   아시아

    l'Africa 아프리카   l'America 아메리카

③ 국가, 지방, 도시의 이름

    la Corea   한국   l'Italia 이탈리아

    la Toscana 토스카나   Milano 밀라노

  ⚡예외

    il Venezuela   베네수엘라

    il Canada   캐나다

    il Giappone   일본

④ 과학, 학문은 여성 명사

    la scienza   과학

    la matematica 수학

⑤ 추상 명사는 거의 여성 명사이다.

    la pace   평화   la pazienza 인내

    la libertà 자유   la verità   진실

    la bontà   선   la bellezza 미

⑥ 도시명의 형용사를 스포츠 팀으로 한 경우

    la Fiorentina 피렌체 팀

    la Triestina   트리에스테 팀

    la Perugina   페루자 팀

3 여성형 만들기(명사의 성전환) La formazione del femminile

사물은 언어학적 관습에 의해 남성 아니면 여성으로 항상 문법적인 성이 고정되어 있다. 그러나 사람과 동물의 생물 명사는 그들이 남성인가 여성인가에 따라서 두 가지 성을 지닐 수 있다. 생물 명사의 기본 형태는 남성이며, 여성을 나타낼 경우에는 남성의 성을 여성의 성으로 전환해야 한다. 남성 명사를 여성 명사로 전환하는 방법에 따라서 어미가 변하는 이동성 명사, 독립적인 형태를 갖고 있는 독립 명사, 명사 형태가 동일한 양성 동형 명사, 명사에 남성과 여성이라는 단어를 붙여야 하는 혼성 명사로 구분할 수 있다.

1 이동 명사 I nomi mobili

남성 명사의 어미를 변화시키거나 접미사를 통해서 여성 명사로 바꾸는 경우

(1) -o로 끝나는 남성 명사는 -a로 바꾸어 여성 명사로 만든다.

남성	→	여성	남성	→	여성
il ragazzo 소년		la ragazza 소녀	il figlio 아들		la figlia 딸
il bambino 남자아이		la bambina 여자아이	lo zio 삼촌		la zia 숙모/고모/이모
l'amico 남자 친구		l'amica 여자 친구	il nonno 할아버지		la nonna 할머니
l'impiegato 남자 사무원		l'impiegata 여자 사무원	il cugino 남자 사촌		la cugina 여자 사촌
il commesso 남자 점원		la commessa 여자 점원	il gatto 수고양이		la gatta 암고양이
il cuoco 남자 요리사		la cuoca 여자 요리사	il cavallo 수말		la cavalla 암말
il maestro 남자 초등교사		la maestra 여자 초등교사	il lupo 수늑대		la lupa 암늑대
il compagno 남자 동반자		la compagna 여자 동반자	il cervo 수사슴		la cerva 암사슴
l'allievo 남자 제자/학생		l'allieva 여자 제자/학생	l'orso 수곰		l'orsa 암곰

(2) -e로 끝나는 남성 명사는 어미를 -a로 바꾸거나 접미사 -essa를 붙여 여성 명사로 만든다.

어미를 고치는 경우(e → a)			접미사를 붙이는 경우(e → essa)		
남성	→	여성	남성	→	여성
il signore 신사		la signora 부인/숙녀	lo studente 남학생		la studentessa 여학생
il padrone 남자 주인		la padrona 여자 주인	il campione 남자 챔피언		la campionessa 여자 챔피언
il cameriere 남자 종업원		la cameriera 여자 종업원	il professore 남자 교수		la professoressa 여자 교수
l'infermiere 남자 간호사		l'infermiera 여자 간호사	il principe 왕자		la principessa 공주
il ragioniere 남자 회계사		la ragioniera 여자 회계사	il conte 백작		la contessa 백작 부인
il cassiere 남자 계산원		la cassiera 여자 계산원	l'elefante 수코끼리		l'elefantessa 암코끼리
il parrucchiere 남자 미용사		la parrucchiera 여자 미용사	il leone 수사자		la leonessa 암사자

(3) -a로 끝나는 남성 명사는 보통 접미사 -essa를 붙여서 여성 명사로 만든다.

il poeta   시인　　　　　　→　　　la poetessa   여류 시인

il duca   공작　　　　　　→　　　la duchessa   공작부인

il profeta   남자 예언자　　→　　　la profetessa   여자 예언자

(4) -tore로 끝나는 남성 명사

ⓐ -tore로 끝나는 명사는 일반적으로 -trice로 바꾼다.

lo scrittore	남자 작가	→	la scrittrice	여류 작가
il pittore	남자 화가	→	la pittrice	여류 화가
l'attore	남자 배우	→	l'attrice	여자 배우
il nuotatore	남자 수영 선수	→	la nuotatrice	여자 수영 선수
il giocatore	남자 선수	→	la giocatrice	여자 선수
il traduttore	남자 번역가	→	la traduttrice	여자 번역가
il vincitore	남자 승리자	→	la vincitrice	여자 승리자

> ⚡ 예외
>
> il dottore 남자 의사 → la dottoressa 여자 의사

ⓑ -tore로 끝나는 남성 명사를 간혹 -tora로 바꾸는 경우도 있다.

il pastore	남자 목자/목동	→	la pastora	여자 목자/목동
il tintore	남자 염색공	→	la tintora	여자 염색공
l'impostore	남자 사기꾼	→	l'impostora	여자 사기꾼

✎ 참고

-tore로 끝나는 일부 명사들은 여성 형태를 -trice나 -tora 형태를 모두 취할 수 있다.

[남성]	[여성]	[여성]	
il traditore	la traditrice	la traditora	배신자
il benefattore	la benefattrice	la benefattora	자선가

(5) -sore로 끝나는 명사

ⓐ -sore로 끝나는 명사는 일반적으로 -ditrice로 바꾼다.

il possessore	남자 소유자	→	la posseditrice	여자 소유자
il difensore	남자 방어자	→	la difenditrice	여자 방어자

ⓑ -sore로 끝나는 일부 명사가 간혹 -sora가 되는 경우도 있다.

il precedessore	남자 선임자	→	la procedessora	여자 선임자
l'incisore	남자 판화가	→	l'incisora	여자 판화가

⚡ 예외

il professore 남자 교수 → la professoressa 여자 교수

(6) 불규칙인 경우

남성	→	여성	→	남성	→	여성
il re 왕		la regina 여왕, 왕비		l'eroe 영웅		l'eroina 여걸
il gallo 수탉		la gallina 암탉		il dio 남신		la dea 여신
il cane 수캐		la cagna 암캐		lo stregone 남자 마법사		la strega 여자 마법사

2 독립 명사 I nomi indipendenti

남성과 여성 형태가 처음부터 독립된 형태인 경우

남성	↔	여성	→	남성	↔	여성
l'uomo 남자		la donna 여자		il maschio 남성		la femmina 여성
il padre 아버지		la madre 어머니		il papà 아빠		la mamma 엄마
il fratello 형제		la sorella 자매		il marito 남편		la moglie 아내
il genero 사위		la nuora 며느리		il celibe 독신남		la nubile 독신녀
il frate 수도사		la suora 수녀		il padrino 대부		la madrina 대모
il montone 숫양		la pecora 암냥		il bue 황소		la vacca 암소
il fuco 수벌		l'ape 꿀벌/암벌		il porco 수퇘지		la scrofa 암퇘지

3 양성 동형 명사 I nomi di genere comune

남성과 여성 형태가 동일하여 관사를 통해 남성인지 여성인지를 알 수 있는 경우

(1) e로 끝나는 약간의 명사들

남성	여성	→	남성	여성
il nipote 남자 조카, 손자	la nipote 여자 조카, 손녀		il parente 남자 친척	la parente 여자 친척
il giovane 젊은 남자	la giovane 젊은 여자		il preside 남자 교장/학장	la preside 여자 교장/학장
il cliente 남자 고객	la cliente 여자 고객		un interprete 남자 통역사	un'interprete 여자 통역사

(2) 현재 분사(-ante, -ente)로 끝나는 명사들

남성	여성	→	남성	여성
il cantante 남자 가수	la cantante 여자 가수		il presidente 남자 의장/회장	la presidente 여자 의장/회장
un insegnante 남자 교사	un'insegnante 여자 교사		il conoscente 남자 지인	la conoscente 여자 지인
un amante 남자 애인	un'amante 여자 애인		un assistente 남자 보조원	un'assistente 여자 보조원

(3) -e로 끝난 국민이나 도시민을 가리키는 명사들

남성	여성	→	남성	여성
il francese 프랑스 남자	la francese 프랑스 여자		il cinese 중국 남자	la cinese 중국 여자
il giapponese 일본 남자	la giapponese 일본 여자		un inglese 영국 남자	un'inglese 영국 여자
il milanese 밀라노 남자	la milanese 밀라노 여자		il bolognese 볼로냐 남자	la bolognese 볼로냐 여자

(4) -ista, -cida로 끝나는 명사들

남성	여성	→	남성	여성
il giornalista 남자 기자	la giornalista 여자 기자		il pianista 남자 피아니스트	la pianista 여자 피아니스트
il dentista 남자 치과 의사	la dentista 여자 치과 의사		l'artista 남자 예술가	l'artista 여자 예술가
il farmacista 남자 약사	la farmacista 여자 약사		lo specialista 남자 전문가	la specialista 여자 전문가
il turista 남자 관광객	la turista 여자 관광객		un suicida 남자 자살자	una suicida 여자 자살자
un patricida 남자 부친 살해자	una patricida 여자 부친 살해자		un matricida 남자 모친 살해자	una matricida 여자 모친 살해자
un omicida 남자 살인자	un'omicida 여자 살인자		un fratricida 남자 형제 살해자	una fratricida 여자 형제 살해자

(5) 그리스어에서 나온 명사들로, 대부분 -a로 끝난다.

남성	여성	→	남성	여성
il collega 남자 직장 동료	la collega 여자 직장 동료		il pediatra 소아과 남자 의사	la pediatra 소아과 여자 의사
un atleta 남자 육상 선수	un'atleta 여자 육상 선수		un ipocrita 남자 위선자	un'ipocrita 여자 위선자

4 혼성 명사 I nomi di genere promiscuo

명사 형태가 하나밖에 없어서 maschio나 femmina를 붙여야 하는 경우

		남성	여성
la volpe	여우	la volpe maschio	la volpe femmina
la giraffa	기린	la giraffa maschio	la giraffa femmina
la balena	고래	la balena maschio	la balena femmina
la zebra	얼룩말	la zebra maschio	la zebra femmina
la foca	물개	la foca maschio	la foca femmina
la tigre	호랑이	la tigre maschio	la tigre femmina
la scimmia	원숭이	la scimmia maschio	la scimmia femmina
l'acquila	독수리	l'acquila maschio	l'acquila femmina
la lepre	산토끼	la lepre maschio	la lepre femmina
la rondine	제비	la rondine maschio	la rondine femmina
il leopardo	표범	il leopardo maschio	il leopardo femmina
il corvo	까마귀	il corvo maschio	il corvo femmina
il falco	매	il falco maschio	il falco femmina
il delfino	돌고래	il delfino maschio	il delfino femmina
il serpente	뱀	il serpente maschio	il serpente femmina
lo scorpione	전갈	lo scorpione maschio	lo scorpione femmina

✎ 참고

앞에서 설명한 혼성 명사를 다음과 같은 형태로도 나타낼 수 있다.

la volpe maschio   →   il maschio della volpe   수여우
la volpe femmina   →   la femmina della volpe   암여우

5 직업/신분을 나타내는 명사

직업, 신분을 나타내는 명사들은 남성을 여성 형태로 바꾸어 사용하는 경우도 있지만, 일반적으로 발음이 부자연스러워 경멸적이고 빈정거리는 느낌을 준다. 따라서 오늘날 직업이나 직무 등을 나타내는 명사에 있어서는 여성이라 하더라도 남성 명사를 그대로 사용하는 것이 바람직한 경우가 많다. 주로 공직이나 전문직에 관련된 명사들이 그러하다.

(1) 여성이라 하더라도 남성 명사 형태를 그대로 사용하면 전문적인 특성을 나타낸다.

Il medico Cristina Fini	의사 크리스티나 피니
L'architetto Silvia Corti	건축가 실비아 코르티
L'avvocato Elisa Angeli	변호사 엘리자 안젤리
Il giudice Anna Corona	판사 안나 코로나
Il ministro Lucia Azzolina	장관 루치아 아졸리나
Il deputato Livia Turco	하원 리비아 투르코

> ⚡ 예외
>
> la professoressa(여자 교수), la dottoressa(여자 의사) 등은 전문직이라도 여성 형태로 사용된다.

(2) 남성 명사를 여성으로 고칠 경우, 일반적으로 여성을 비하하거나 빈정거림을 내포한다. 이러한 명사들은 성을 전환하지 않고 남성 명사를 그대로 사용하는 것이 바람직하다.

남성	→	여성		남성	→	여성
il medico 남자 의사		la medichessa 여자 의사		l'avvocato 남자 변호사		l'avvocatessa 여자 변호사
il deputato 남자 하원		la deputatessa 여자 하원		il giudice 남자 판사		la giudicessa 여자 판사
il ministro 남자 장관		la ministra 여자 장관		l'architetto 남자 건축가		l'architetta 여자 건축가

> ✏️ 참고
>
> 여성 명사 la ministra(여자 장관), l'architetta(여자 건축가)는 발음이 우습게 들리기 때문에 거의 사용하지 않고 남성 명사인 il ministro, l'architetto의 사용을 선호한다. la minestra(수프), la tetta(젖꼭지)라는 발음을 연상시키기 때문이다.

(3) 여성의 직업이 다양해지면서 명사 형태도 다양하게 변화되고 있다.

남녀 평등상의 이유로 크게 논란이 되었던 부분이다. 과거에 남성에게 국한되었던 직업명이 여성의 사회참여 확대로 언어적 변화를 겪게 되었다. 오늘날 여성에게도 개방된 전문성이나 직무를 나타내기 위해 남성 명사에 여성(donna) 호칭을 붙여 여성임을 나타내는 경우, 남녀평등을 위해 남성 명사 형태를 그대로 사용하는 경우, 남성 명사의 어미를 여성형으로 전환하여 신조어를 사용하는 경우가 모두 인정된다.

남성	→	여성
un poliziotto 한 남자 경찰		una donna poliziotto 한 여자 경찰
un vigile 한 남자 교통순경		una donna vigile 한 여자 교통순경
un soldato 한 남자 군인		una donna soldato 한 여자 군인
il vigile 남자 교통순경		la vigile 여자 교통순경
il presidente 대통령, 회장, 의장		la presidente 대통령, 회장, 의장
il poliziotto 남자 경찰		la poliziotta 여자 경찰
il soldato 남자 군인		la soldata 여자 군인
il sindaco 남자 시장		la sindaca 여자 시장

✎ 참고

사람 이름의 고유 명사

1. 남성 이름 -o 형태를 여성형 -a로 고쳐서 여성 이름으로 만드는 경우

Carlo	→	Carla	Roberto	→	Roberta
Mario	→	Maria	Francesco	→	Francesca

2. 남성 이름 -e 형태를 여성형 -a로 고쳐서 여성 이름을 만드는 경우

Michele	→	Michela	Daniele	→	Daniela
Simone	→	Simona	Emanuele	→	Emanuela

3. '작다'라는 의미의 접미사 형태를 붙여서 여성 이름으로 만드는 경우

Andrea	→	Andreina	Giuseppe	→	Giuseppina
Cesare	→	Cesarina	Nicola	→	Nicoletta

4 명사의 단수형과 복수형 Il singolare e plurale del nome

셀 수 있는 명사(가산 명사)에는 단수형과 복수형이 있다. 하나의 생물이나 사물을 가리킬 경우에 단수형 이고, 여러 가지 생물이나 사물을 가리킬 경우에는 복수형이다. 이탈리아어의 특징 중 하나가 명사의 복수 형태가 다른 유럽 언어(영어, 스페인어, 프랑스어)와는 달리 구성이 아주 복잡하다는 것이다. 단수의 어미를 전환해 복수형을 만드는 방법은 여러 가지 유형이 있다.

1 명사의 복수형 형태

(1) 제1변화 La prima classe

-**a**로 끝나는 명사의 복수형은 다음과 같이 변화된다.

단수(singolare)	복수(plurale)	
	남성	여성
-a	-i	-e
-ista	-isti	-iste
-ca, -ga	-chi, -ghi	-che, -ghe
자음+ cia, gia		-ce, -ge
모음+ cia, gia		-cie, -gie

ⓐ -**a**로 끝나는 경우: -**ma**, -**mma** 형태는 남성 명사이다.

남성(a → i)		→	여성(a→ e)	
il poeta 시인	i poeti 시인들		la casa 집	le case 집들
il papa 교황	i papi 교황들		la ragazza 소녀	le ragazze 소녀들
il sistema 체계	i sistemi 체계들		la porta 문	le porte 문들
il problema 문제	i problemi 문제들		la stella 별	le stelle 별들
il programma 프로그램	i programmi 프로그램들		la penna 펜	le penne 펜들

ⓑ **-sta로 끝나는 경우: 주로 직업명을 나타낸다.**

남성(ista → isti)		→	여성(ista → iste)	
l'artista 남자 예술가	gli artisti 남자 예술가들		l'artista 여자 예술가	le artiste 여자 예술가들
il pianista 남자 피아니스트	i pianisti 남자 피아니스트들		la pianista 여자 피아니스트	le pianiste 여자 피아니스트들
il dentista 남자 치과 의사	i dentisti 남자 치과 의사들		la dentista 여자 치과 의사	le dentiste 여자 치과 의사들
il giornalista 남자 기자	i giornalisti 남자 기자들		la giornalista 여자 기자	le giornaliste 여자 기자들

ⓒ **-ca, ga로 끝나는 경우: 남성과 여성 형태 둘 다 있다.**

남성(ca, ga → chi, ghi)		→	여성(ca, ga → che, ghe)	
il monarca 군주국가	i monarchi 군주국가들		la banca 은행	le banche 은행들
il patriarca 가부장/족장	i patriarchi 가부장/족장들		l'amica 여자 친구	le amiche 여자 친구들
il collega 남자 직장 동료	i colleghi 남자 직장 동료들		la collega 여자 직장 동료	le colleghe 여자 직장 동료들

ⓓ **-cia, -gia로 끝나는 경우: 여성 형태만 있다.**

자음 + cia, gia → ce, ge		→	모음 + cia, gia → cie, gie	
la guancia 뺨	le guance 뺨들		la camicia 와이셔츠	le camicie 와이셔츠들
L'arancia 오렌지	le arance 오렌지들		la farmacia 약국	le farmacie 약국들
la spiaggia 해변	le spiagge 해변들		la valigia 여행 가방	le valigie 여행 가방들
la pioggia 비	le piogge 계속되는(여러 차례의) 비들		la bugia 거짓말	le bugie 거짓말들

> ✎ **참고**
>
> 구어체에서 발음을 길게 하면 입모양이 아름답지 않기 때문에 위와 같은 문법을 무시하고 발음을 짧게 하는 경우가 많다.
>
> la valigia – le valige 여행 가방   la ciliegia – le ciliege 체리

(2) 제2변화 La seconda classe

-o로 끝나는 명사의 복수형은 다음과 같다.

단수(singolare)	복수(plurale)	
	남성	여성
-o	-i	변화하지 않음(축약 형태)
자음 + co, go 모음 + co, go	-chi, -ghi -ci, -gi	
-ìo [i에 강세가 있는 경우] -io [i에 강세가 없는 경우]	-ii -i	

ⓐ -o

남성(o → i)			→	여성(o → o) [축약어]		
il ragazzo	i ragazzi	소년		la foto	le foto	사진
il libro	i libri	책		l'auto	le auto	자동차
il bambino	i bambini	남자아이		la radio	le radio	라디오
il letto	i letti	침대		la moto	le moto	오토바이

ⓑ -co, -go: 남성 형태만 존재한다.

[자음 + co, go → chi, ghi]			→	[모음 + co, go → ci, gi]		
il bosco	i boschi	숲속		l'amico	gli amici	남자 친구
il parco	i parchi	공원		il medico	i medici	의사
il banco	i banchi	책상		il nemico	i nemici	적
il fungo	i funghi	버섯		il biologo	i biologi	생물학자
l'albergo	gli alberghi	호텔		il teologo	i teologi	신학자

> **⚡ 예외**
>
> il cuoco →i cuochi 요리사   il lago →i laghi 호수   il gioco→i giochi 게임

> **☹ 주의**
>
> 1. -logo로 끝나는 사람 명사(~학자)는 그 복수형이 주로 -logi가 된다.
>   il sociologo → i sociologi 사회학자   lo psicologo → gli psicologi 심리학자
>   lo zoologo → gli zoologi 동물학자 l'archeologo → gli archeologi 고고학자
>
> 2. -logo로 끝나는 것 중 사물 명사는 그 복수형이 주로 -loghi가 된다.
>   il prologo → i prologhi 서곡   il dialogo → i dialoghi 대화
>   il monologo → i monologhi 독백   il catalogo → i cataloghi 카탈로그

ⓒ **-io**: 남성 형태만 존재한다.

ìo → i [i 위에 강세가 있을 때]		→	io → i [i 위에 강세가 없을 때]	
lo zìo 삼촌	gli zii 삼촌들		l'armàdio 장롱	gli armadi 장롱들
il pendìo 경사	i pendii 경사들		il fòglio 종이	i fogli 종이들
il mormorìo 속삭임, 중얼거림	i mormorii 중얼거림들		il fìglio 아들	i figli 아들들
il ronzìo 윙윙거리는 소리	i ronzii 윙윙거리는 소리들		l'esercìzio 연습문제	gli esercizi 연습문제들
il leggìo 독서대, 보면대	i leggii 독서대들, 보면대들		lo spècchio 거울	gli specchi 거울들
il rumorìo 낮게 웅웅거리는 소리	i rumorii 낮게 웅웅거리는 소리들		l'orològio 시계	gli orologi 시계들

✏️ **참고**

-io로 끝나는 명사의 복수형이 -e로 끝나는 명사의 복수형과 형태가 동일하여 혼란이 있을 경우에
악센트 표시를 하여 복수를 구별한다. [☞ 33쪽 (3) 곡절 부호 참조]
prìncipe → prìncipi 왕자, 군주　　　**princìpio → princìpi** 원칙

(3) 제3변화 La terza classe

-e로 끝나는 경우는 남성 명사도 있고 여성 명사도 있다. -e로 끝나는 단어 중 -ore로 끝나거나
-iere로 끝나면 남성 명사이고, -ione나 -trice로 끝나면 주로 여성 명사이다.

단수(singolare)	복수(plurale)	
	남성	여성
-e	-i	-i

남성(e → i)		→	여성(e → i)	
il fiore 꽃	i fiori 꽃들		la lezione 수업	le lezioni 수업들
il cameriere 종업원	i camerieri 종업원들		la stazione 역	le stazioni 역들
il padre 아버지	i padri 아버지들		la madre 어머니	le madri 어머니들
l'attore 배우	gli attori 배우들		l'attrice 여배우	le attrici 여배우들
il bicchiere 컵	i bicchieri 컵들		la lavatrice 세탁기	le lavatrici 세탁기들

(4) 불규칙 복수형 I plurali irregolari

ⓐ -o로 끝나는 남성 명사 중에서 복수형이 여성 형태 -a가 되는 것
(주로 신체에 관계된 명사들로서 il …o → le …a 형태가 된다.)

il ciglio	→	le ciglia	속눈썹
l'osso	→	le ossa	(사람의) 뼈
il sopracciglio	→	le sopracciglia	눈썹
il membro	→	le membra	사지
il labbro	→	le labbra	입술
il budello	→	le budella	내장
il dito	→	le dita	손가락
il braccio	→	le braccia	팔
il ginocchio	→	le ginocchia	무릎
il riso	→	le risa	웃음
l'uovo	→	le uova	달걀
il centinaio	→	le centinaia	약 100
il migliaio	→	le migliaia	약 1000
il miglio	→	le miglia	마일(mile)
il paio	→	le paia	한 쌍/벌/켤레/짝

ⓑ 불규칙 변화

il tempio	→	i templi	사원
il bue	→	i buoi	황소
il dio	→	gli dei	신
l'uomo	→	gli uomini	인간, 남자
la mano	→	le mani	손
l'eco	→	gli echi	메아리
la moglie	→	le mogli	아내
la superficie	→	le superfici	표면, 면적
l'ala	→	le ali	날개
l'arma	→	le armi	군대

2 단수와 복수가 동일한 불변 명사 I nomi invariabili

(1) -a로 끝나는 약간의 남성 명사들[외국 동물이 많다.]

il gorilla	→ i gorilla	고릴라
il cobra	→ i cobra	코브라
il lama	→ i lama	라마
il panda	→ i panda	판다

(2) 단어가 길어서 짧게 줄인 형태의 명사들[-o로 끝나는 여성 형태가 많다.]

la radio	→ le radio	라디오
[la radiotrasmettitrice]	→ [e radiotrasmettitrici]	
la moto	→ le moto	오토바이
[la motocicletta]	→ [le motociclette]	
la foto	→ le foto	사진
[la fotografia]	→ [le fotografie]	
l'auto	→ le auto	자동차
[l'automobile]	→ [le automobili]	
la metro	→ le metro	지하철
[la metropolitana]	→ [le metropolitane]	
il frigo	→ i frigo	냉장고
[il frigorifero]	→ [i frigoriferi]	
il cinema	→ i cinema	영화관[남성]
[il cinematografo]	→ [i cinematografi]	
la bici	→ le bici	자전거
[la bicicletta]	→ [le biciclette]	

(3) -i로 끝나는 명사들[대부분 여성 명사이다.]

la tesi	→ le tesi	논문
la crisi	→ le crisi	위기
l'analisi	→ le analisi	분석
la diagnosi	→ le diagnosi	진단
la sintesi	→ le sintesi	종합, 통합
la diocesi	→ le diocesi	교구
il brindisi	→ i brindisi	축배[남성]

(4) 끝모음에 악센트가 붙어 있는 명사들

la città	→	le città	도시
l'Università	→	le Università	대학교
il papà	→	i papà	아빠
il caffè	→	i caffè	커피
il mercoledì	→	i mercoledì	수요일
il menù	→	i menù	메뉴(판)

(5) 외래어

il film	→	i film	영화
lo sport	→	gli sport	스포츠
il computer	→	i computer	컴퓨터
l'autobus	→	gli autobus	버스
il tram	→	i tram	전차
l'hobby	→	gli hobby	취미
il goal	→	i goal	골/득점
l'euro	→	gli euro	유로
il video	→	i video	비디오

(6) 단음절로 된 명사들

il re	→	i re	왕
la gru	→	le gru	두루미(학), 기중기
il tè	→	i tè	차
lo sci	→	gli sci	스키

(7) -ie로 끝나는 여성 명사들

la specie	→	le specie	종류
la serie	→	le serie	시리즈
la barbarie	→	le barbarie	야만, 만행

> ⚡ 예외
>
> | | | | |
> |---|---|---|---|
> | la moglie | → | le mogli | 아내 |
> | la superficie | → | le superfici | 표면 |

3 단수나 복수 형태 중 한 가지가 부족한 결여 명사 | nomi difettivi

어떤 명사 형태는 항상 단수형으로만 사용되고, 또 어떤 명사 형태는 항상 복수로만 사용되어 단수나 혹은 복수 중 어느 한 형태가 부족한 것을 결여 명사라고 한다.

(1) 항상 단수로만 사용되는 명사

ⓐ 추상 명사, 학문, 문화적 흐름을 나타내는 대부분의 명사

il coraggio	용기	la pazienza	인내
la bellezza	아름다움	il valore	가치
la matematica	수학	la fisica	물리학
il Rinascimento	르네상스	il Decadentismo	퇴폐주의

> ✎ **참고**
>
> 추상 명사가 보통 명사로 사용될 경우 구상 명사 의미를 지닌다.
> **In spiaggia ho visto tre** bellezze **che prendevano il sole.**
> 나는 해변에서 일광욕을 하고 있던 세 미인들을 보았다.
> **Assaggia queste** dolcezze! [=dolci]
> 이 달달한 것들 맛 좀 봐!
> **Ho portato in banca i miei** valori. [=gioielli]
> 은행으로 나의 귀중품을 옮겼다.

ⓑ 약간의 집합 명사들

la gente	사람들	la roba	물건들
il fogliame	나뭇잎들	la prole	후예들

ⓒ 금속 물질과 화학 요소를 나타내는 약간의 명사들

l'oro	금	l'argento	은
il ferro	철	il bronzo	청동
l'ottone	놋	l'alluminio	알루미늄
l'ossigeno	산소	l'ozono	질소
il carbonio	탄소	l'idrogeno	수소

ⓓ 질병을 나타내는 명사들

il tifo	발진티푸스	la peste	페스트
il colera	콜레라	la malaria	말라리아
il morbillo	홍역	il vaiolo	천연두, 두창
la rosolia	풍진	la varicella	수두

ⓔ 육체적 감각이나 심리적 감정, 신체에 관계되는 명사들

la fame	기아	la sete	갈증
il sonno	잠	la stanchezza	피곤
la rabbia	분노	il nervosismo	신경과민
il sangue	피	il fiele	담즙

ⓕ 자연에서 유일무이한 것을 나타내는 명사

l'equatore	적도	l'universo	우주
il cosmo	우주, 천체	l'occidente	서양

ⓖ 음식물과 관계되는 명사들(셀 수 없는 물질 명사)

il grano	밀	l'orzo	보리
l'avena	귀리	il riso	쌀
il mais	옥수수	la farina	밀가루
il burro	버터	il pepe	후추
l'acqua	물	il miele	꿀
il latte	우유	lo zucchero	설탕

ⓗ 의미는 복수지만 항상 단수 형태로 사용되는 명사

la roba	물건들	C'è troppa roba in questa casa.
		이 집에 너무 많은 물건들이 있다.
la gente	사람들	C'è molta gente qui.
		이곳에 많은 사람들이 있다.
l'uva	포도	L'uva è buona quando è matura.
		포도는 익었을 때 맛이 있다.
il resto	나머지	Può tenere il resto!
		거스름돈은 가지셔도 돼요.

> 📎 참고
>
> il ceppo, la gente, il resto, il grano 등은 단복수 사용에 따라서 의미가 달라진다.
>
> | il ceppo [=tronco] | 그루터기 | i ceppi [=vincoli] | 속박 |
> | la gente [=uomini] | 사람들 | le genti [=popolo] | 국민 |
> | il resto [=rimanenza] | 거스름돈, 나머지 | i resti [=avanzi, macerie] | 유물, 유해, 잔해 |
> | il grano | 밀, 곡물 | i grani | 낟알, 알갱이 |

(2) 항상 복수 형태로만 사용되는 명사들

ⓐ 쌍으로 이루어진 명사

gli occhiali	안경	le forbici	가위
le narici	콧구멍	i fauci	구강
le mutande	팬티	i calzoni	바지
i pantaloni	바지	i calzoncini	반바지
le bretelle	멜빵	le tenaglie	집게
le cesoie	전지가위	le mutandine	삼각팬티
i jeans	청바지	le manette	수갑

> 📎 참고
>
> 간혹 광고에서 l'occhiale, il pantalone, il calzone 등 단수형으로 사용될 때가 있는데, 광고
> 효과를 얻기 위해 다른 것과 구별되는 어떤 특별한 유형임을 강조하는 의미이다. 실제적으로 의류 명사들
> 은 '한 벌(singolo paio)'을 지칭하거나 '단일 모델(singolo modello)'을 언급할 때 단수가 사용
> 되기도 한다.
>
> Ho solo un pantalone.   나는 바지가 단 한 개이다.
> Quell'occhiale ti sta bene.   저 안경이 네게 잘 어울려.

ⓑ 사물의 총체나 복수 행위를 나타내는 명사들

le busse	구타, 강타	le dimissioni	해임, 사퇴
le masserizie	가재도구	le spezie	양념, 향료
gli spiccioli	잔돈	i dintorni	주위, 교외
i viveri	식량, 양식	le stoviglie	식기류
le vicinanze	부근, 근방	le gramaglie	상복
le viscere	장기, 내장	le vettovaglie	곱창

ⓒ 라틴어에서 나온 명사들

le ferie	휴가	le nozze	결혼식, 혼례
gli annali	연대기	i Penati	페나테스, 성조신
le tenebre	어둠/암흑	gli sponsali	결혼식
le esequie	장례식	i posteri	후손
i mani	조상의 영혼	le calende	초하루
le intemperie	악천후	le interiora	내장

4 단수나 복수 형태가 여러 가지인 과변 명사 I nomi sovrabbondanti

(1) 단수 형태가 -iero와 -iere 두 가지인 명사

단수(2가지)		복수(1가지)
일반 형태	문학적 형태(고어)	
il destriero 전투용 말	il destriere	i destrieri 전투용 말들
il forestiero 외국인/이방인	il forestiere	i forestieri 외국인들/이방인들

(2) 단수 형태가 두 개이지만, 복수 형태가 거의 한 가지로 사용되는 명사

단수(2가지)	복수(1가지)	단수(2가지)	복수(1가지)
l'arma 무기	le armi	il gregge 양/염소 떼	le greggi
l'arme 무기[고어]		la greggia 양/염소 떼[고어]	

> ✎ 참고
>
> il presepio와 il presepe 명사의 복수형도 한 가지가 된다.
> il presèpio 구유[성탄절] → i presepi   il presèpe 구유[종교적] → i presepi

(3) 단수 형태가 한 개이지만, 복수 형태가 두 가지인 명사

-o로 끝나는 몇몇 남성 단수 명사는 두 가지 형태의 복수형을 갖는데, 그 복수형에 따라 의미가 달라진다. 남성 복수는 비유적인 의미를, 여성 복수는 단수형 자체의 의미를 지닌다.

ⓐ **il ciglio** 속눈썹

i cigli	길섶	**Lasciano le macchine** sui cigli **delle strade.**
		그들은 길 가장자리에 자동차를 둔다.
le ciglia	속눈썹	**Lei ha** le ciglia lunghe.
		그녀는 속눈썹이 길다.

ⓑ **il membro** 구성원

i membri	구성원	**Quelli sono** i nostri membri.
		저들이 우리 구성원들이다.
le membra	사지	Le mie membra **sono glaciali.**
		나의 사지가 얼음장 같다.

ⓒ **il grido** 고함, 외침, 큰 소리

i gridi	울음소리	**Si udivano** i gridi **degli animali.**
	[동물]	동물들의 울음소리가 들리고 있었다.
le grida	함성	Le grida **della folla si alzavano dalla piazza.**
	[사람]	군중의 함성이 광장에서부터 일어나고 있었다.

ⓓ **l'urlo** 비명, 절규, 울부짖음

gli urli	포효, 노호	**Ho sentito** gli urli **dell'animale ferito.**
	[동물]	나는 부상당한 동물이 울부짖는 소리를 들었다.
le urla	비명, 절규	Le urla **della donna coprivano gli altri rumori.**
	[사람]	여자의 절규가 다른 시끄러운 소리를 압도하고 있었다.

ⓔ **l'osso** 뼈

gli ossi	동물의 뼈	**Il cane nasconde** gli ossi **nella cuccia.**
	[혹은 낱개 뼈]	개가 개집에 뼈를 숨긴다.
le ossa	사람의 뼈	**Dopo l'influenza mi fanno male** le ossa.
	[혹은 전체 뼈]	독감 후 내 뼈가 아프다.

ⓕ il lenzuolo 침대 시트

    i lenzuoli   시트 낱장   I lenzuoli stesi ondeggiano nel vento.
                                     널린 시트들이 바람에 펄럭인다.

    le lenzuola   침대보   Devo cambiare le lenzuola.
                                     난 침대보를 갈아야만 한다.

✎ 참고

복수형의 형태에 따라서 의미가 달라지는 기타 명사

단수		남성 형태 복수		여성 형태 복수	
il braccio	팔	i bracci	팔모양장대, 긴 것	le braccia	양팔(인체)
il labbro	입술	i labbri	가장자리	le labbra	입술(인체)
il budello	창자	i budelli	관, 지하갱도	le budella	내장
il cervello	머리	i cervelli	지능, 머리	le cervella	뇌
il calcagno	뒤꿈치	i calcagni	뒤축	le calcagna	뒤꿈치
il corno	호른, 뿔	i corni	호른	le corna	동물의 양 뿔
il dito	손가락	i diti	개별 손가락 복수	le dita	손가락들
il muro	벽, 성	i muri	집의 벽	le mura	성벽, 요새
il fondamento	기초	i fondamenti	기초, 원칙	le fondamenta	건물 토대

(4) 단수와 복수가 각각 두 가지인 명사

  ⎡ l'orecchio 귀[개인] → gli orecchi (신체) 사람들의 귀들
  ⎣ l'orecchia 귀[잘 사용 안 함] → le orecchie (개인) 양 귀[일반적 사용]
  ⎡ il frutto 열매, 과일(낱개), 결실 → i frutti 열매들, 과일들, 결실들
  ⎣ la frutta 과일[총체적-음식 종류] → le frutta/e [오늘날 복수형은 사용 안 함]

Sull'albero c'è solo un frutto.   나무에 열매가 한 개만 있다.
Dopo cena mangio sempre un frutto.   저녁 식후에 항상 과일 한 개를 먹는다.
Questo è il frutto del mio lavoro.   이것은 내 일의 결실이다.
L'albero è pieno di frutti.   나무에 열매(과일)들이 가득하다.
Quali sono i frutti di mare?   해산물은 어떤 것입니까?
Mangiamo un po' di frutta?   우리 과일 좀 먹을까?
Ho comprato della frutta fresca.   신선한 과일을 약간 샀다.
Io mangio molta frutta.   나는 많은 과일을 먹는다.

5 변형 명사 | nomi alterati

변형 명사는 기본이 되는 명사 어근에 접미사를 붙여서 형태가 가볍게 변화된 명사이다. 단어가 지니는 본래의 기본 의미를 변화시키지 않고, 적절한 접미사를 통해 화자의 평가나 명사의 성질이 반영된 형태이다. 따라서 접미사 자체의 의미보다 화자의 의도에 달려 있기 때문에 변형 명사의 의미를 명확하게 구분하기란 쉽지 않다. 일반적으로 축소사는 작은 것을 나타내고, 애정사는 앙증맞고 귀여운 것을 나타낸다. 확대사는 큰 것을 나타내거나 크고 모양이 볼품없는 것을 나타내며, 경멸사(악화사)는 질이 좋지 않은 것을 나타낸다.

1 변형 명사의 형태

명사	변형 접미사 성·수 변화	예문			
축소사 (작은 것을 나타냄)	-ino/a	ragazzo	→ ragazzino	cucchiaio	→ cucchiaino
		ragazza	→ ragazzina	tazza	→ tazzina
	-(i)cino/a	bastone	→ bastoncino	balcone	→ balconcino
		poltrona	→ poltroncina	lezione	→ lezioncina
	-olino/a	topo	→ topolino	testa	→ testolina
	-etto/a	pezzo	→ pezzetto	zaino	→ zainetto
		paco	→ pachetto	borsa	→ borsetta
	-ello/a	vino	→ vinello	albero	→ alberello
		storia	→ storiella	rondine	→ rondinella
	-(i)cello/a	vento	→ venticello	fiume	→ fiumicello
		nave	→ navicella	informazione	→ informazioncella
	-(i)cciolo/a	porto	→ porticciolo	festa	→ festicciola
애정사 (호감과 애정을 나타내는 축소형)	-uccio/a	gatto	→ gattuccio	bocca	→ boccuccia
	-uzzo/a	labbro	→ labbruzzo	pietra	→ pietruzza
	-otto/a	giovane	→ giovanotto	giovane	→ giovanotta
	-acchiotto/a	orso	→ orsacchiotto	lupa	→ lupacchiotta
	-olo/a	figlio	→ figliolo	montagna	→ montagnuola
확대사	-one/a	ragazzo	→ ragazzone	piatto	→ piattone
		ragazza	ragazzona	bambina	→ bambinona
	-accione/a	uomo	→ omaccione	birba	→ birbacciona
	-acchione/a	frate	→ fratacchione	furbo	→ furbacchione
경멸사 (축소형이지만 부정의 의미를 나타냄)	-accio/a	tempo	→ tempaccio	parola	→ parolaccia
	-astro/a	medico	→ medicastro	sorella	→ sorellastra
	-ucolo/a	attore	→ attorucolo	donna	→ donnucola
	-azzo/a	amore	→ amorazzo	pupo	→ pupazzo
	-onzolo/a	medico	→ mediconzolo	prete	→ pretonzolo
	-uncolo/a	uomo	→ omuncolo	ladra	→ ladruncola
	-uzzo/a	via	→ viuzza	idea	→ ideuzza
	-ciattolo/a	fiume	→ fiumiciattolo	febbre	→ febbreciattola

2 변형 명사의 특징

(1) 가장 기본이 되는 변형 접미사는 축소사(-ino), 애정사(-etto, uccio), 확대사(-one), 악화사(-accio)이다. 변형된 명사는 기본 명사의 성과 동일하다.

ragazz-o	소년	cas-a	집
ragazz-ino	어린 소년	cas-ina	작은 집
ragazz-etto	명랑 소년	cas-etta	예쁜 작은 집
ragazz-one	건장한 소년	cas-ona	커다란 집
ragazz-accio	불량소년	cas-accia	허름한 집

gatt-o	고양이	scarp-a	신발
gatt-ino	고양이 새끼	scap-ina	작은 신발
gatt-uccio	예쁜 고양이	scarp-etta	작고 예쁜 신발
gatt-one	큰 고양이	scarp-ona	큰 신발
gatt-accio	도둑고양이	scarp-accia	낡은 신발

un paese	마을	→	un paes-ino	작은 마을[남성-남성]
un bicchiere	컵	→	un bicchier-ino	작은 컵[남성-남성]
un signore	신사	→	un signor-ino	꼬마 신사[남성-남성]

(2) 확대사 -one는 여성 명사로 바꿀 경우 -ona와 -one가 되는 경우가 있다. 여성 명사라도 -one를 붙이면 남성 명사가 되는 경우가 많다. 단순히 큰 것을 나타내는 경우와 크고 보기 흉한 것을 나타내는 경우가 있다.

un ombrello	우산	→	un ombrellone	파라솔	[남성 → 남성]
un piatto	접시	→	un piattone	큰 접시	[남성 → 남성]
una bambina	여자아이	→	una bambinona	덩치 큰 여아	[여성 → 여성]
una ragazza	소녀	→	una ragazzona	덩치 큰 소녀	[여성 → 여성]
una giacca	재킷	→	un giaccone	큰 점퍼	[여성 → 남성]
una porta	문	→	un portone	대문, 정문	[여성 → 남성]
una scatola	상자	→	uno scatolone	큰 상자	[여성 → 남성]

(3) 악화사 -accio는 성질이 아주 나쁜 것을 나타낸다. 여성은 -accia가 된다.

lavoro	→	lavor-accio	힘든 일	una parola	→ una parol-accia	욕설
tempo	→	temp-accio	나쁜 날씨	una carta	→ una cart-accia	휴지

(4) 시간, 달, 연도를 가리키는 명사에 **-etto**를 붙이면 대략(=circa)의 의미이다.

un anno	→	un ann**etto**	대략 1년	[=circa un anno]
un mese	→	un mes**etto**	한 달 정도	[=circa un mese]
un'ora	→	un'or**etta**	대략 1시간 정도	[=circa un'ora]
mezz'ora	→	mezz'or**etta**	30분 정도	[=circa mezz'ora]

(5) 추상 명사는 변형되지 않지만, 악습이나 감정을 나타내는 소수의 명사가 변형 명사로 사용되고 있다.

vizio	악습	→	vizi**etto**	작은 버릇	vizi**accio**	나쁜 버릇
amore	사랑	→	amor**etto**	작은 사랑	amor**accio**	나쁜 사랑
capriccio	변덕	→	capricc**etto**	작은 변덕	capricci**accio**	나쁜 변덕

(6) 고유 명사도 축소형이나 애정 접미사를 통해서 변형이 가능하다.

Piero	피에로	→	Pier**ino**	피에리노
Sandro	산드로	→	Sandr**ino**	산드리노
Grazia	그라치아	→	Grazi**ella**	그라치엘라
Anna	안나	→	Ann**etta**	안넷타

> ✎ **참고**
>
> 접미사를 통해 변형된 이름을 애칭으로 사용하기도 한다.
>
> Giuseppe 주제페 - Giuseppino - Pino 피노
> Marta 마르타 - Martina - Tina 티나

(7) 경멸 접미사 **-aglia**는 집합 명사로 바꾸기도 한다.

soldato	군인	→	soldat**aglia**	무질서한 군대
ragazzo	소년	→	ragazz**aglia**	불량 패거리
gente	사람들	→	gent**aglia**	천민
bosco	숲	→	bosc**aglia**	밀림

(8) 접미사가 두 개인 복합 접미사로 구성된 변형 명사도 있다.

fiore	꽃	→	fior-ell-ino	작은 꽃	[축소사 + 축소사]
casa	집	→	cas-ett-ina	작은 집	[축소사 + 축소사]
libro	책	→	libr-ett-accio	조악한 소책자	[축소사 + 악화사]

6 합성 명사 I nomi composti

1 명사 + 명사: 두 번째 명사만 변화

(1) 같은 성끼리 결합된 합성 명사의 복수형은 두 번째 명사의 어미만 변화한다.

il pescecane	[pesce + cane]	→	i pescecani	상어
il cavolfiore	[cavolo + fiore]	→	i cavolfiori	꽃양배추
l'arcobaleno	[arco + baleno]	→	gli arcobaleni	무지개
la cartamoneta	[carta + moneta]	→	le cartamonete	지폐

(2) 다른 성끼리 결합된 합성 명사의 복수형은 첫 번째 명사의 어미만 변화한다.

il pescespada	[pesce + spada]	→	i pescispada	황새치

✎ 참고

capo와 결합된 합성 명사는 복수형이 여러 가지 형태로 변화한다.

1. 두 번째 명사의 어미만을 복수로 만드는 것: 두 단어가 합쳐져 한 의미가 된 것

il capolavoro	→	i capolavori	걸작
il capoluogo	→	i capoluoghi	도청소재지
il capogiro	→	i capogiri	현기증

2. 첫 번째 명사 어미만을 복수형으로 바꾸는 것: capo가 우두머리 의미일 때

il capoclasse	→	i capiclasse	반장
il capofamiglia	→	i capifamiglia	가장, 호주, 가족 대표
il capostazione	→	i capistazione	역장
il caposezione	→	i capisezione	부서장
il capoufficio	→	i capiufficio	소장, 실장
il capogruppo	→	i capigruppo	그룹단장
il capofabbrica	→	i capifabbrica	공장장
il capotavola	→	i capitavola	귀빈석
il capolinea	→	i capilinea	종점

3. 합성 명사가 여성일 경우에 복수는 변화하지 않는다.

la capoclasse	→	le capoclasse	여자 반장
la capofamiglia	→	le capofamiglia	여자 가장
la capogruppo	→	le capogruppo	여자 그룹단장

2 **명사 + 형용사: 두 단어 모두 복수로 변화**

la cartastraccia	[carta + straccia]	→	le cartestracce	휴지, 폐지
la terracotta	[terra + cotta]	→	le terrecotte	테라코타 제품
la cassaforte	[cassa + forte]	→	le casseforti	금고
la piazzaforte	[piazza + forte]	→	le piazzeforti	성채, 요새
il camposanto	[campo + santo]	→	i campisanti	교회 묘지

⚡ **예외**

il palcoscenico [palco + scenico] → i palcoscenici 무대

3 **형용사 + 명사: 명사의 어미만 복수로 변화**

il francobollo	[franco + bollo]	→	i francobolli	우표
l'altoparlante	[alto + parlante]	→	gli altoparlanti	확성기
il gentiluomo	[gentile + uomo]	→	i gentiluomini	신사
il lungomare	[lungo + mare]	→	i lungomari	해안도로
il nerofumo	[nero + fumo]	→	i nerofumi	검댕
l'altopiano	[alto + piano]		gli altopiani	고원, 고지
il mezzogiorno	[mezzo + giorno]	→	i mezzogiorni	남부

⚡ **예외**

la mezzaluna	[mezza + luna]	→	le mezzelune	반달
il mezzosangue	[mezzo + sangue]	→	i mezzosangue	잡종 [무변]
il purosangue	[puro + sangue]	→	i purosangue	순종 [무변]

4 **형용사 + 형용사: 두 번째 형용사의 어미만 복수로 변화**

il sordomuto	[sordo + muto]	→	i sordomuti	농아
il chiaroscuro	[chiaro + scuro]	→	i chiaroscuri	명암법
il pianoforte	[piano + forte]	→	i pianoforti	피아노

5 **부사 + 형용사: 형용사 어미만 변화**

il sempreverde [sempre + verde] → i sempreverdi 상록수

6 전치사 + 명사: 접두사가 붙어서 명사가 된 형태

(1) 합성 명사가 결합된 명사의 성과 동일한 경우, 합성 명사는 복수 형태로 변화한다.

il dopopranzo	[dopo + pranzo]	→	i dopopranzi	점심 이후 시간
il sottopassaggio	[sotto + passaggio]	→	i sottopassaggi	지하도
il sottufficiale	[sotto + ufficiale]	→	i sottufficiali	부사관
il soprannome	[sopra + nome]	→	i soprannomi	별명
la soprattassa	[sopra + tassa]	→	le soprattasse	부가세

⚡ **예외**

il senzatetto [senza + tetto] → i senzatetto 노숙자/이재민

(2) 합성 명사가 결합된 명사의 성과 다를 경우 합성 명사는 복수가 변화하지 않는다.

il doposcuola	[dopo + scuola]	→	i doposcuola	방과 후 학교/수업
il dopobarba	[dopo + barba]	→	i dopobarba	애프터셰이브
il sottoscala	[sotto + scala]	→	i sottoscala	계단 밑 창고
il retroscena	[retro + scena]	→	i retroscena	무대 뒤 활동/음모

7 동사 + 명사(불변 명사들이 많다)

(1) 동사 + 남성 단수 명사: 한 단어와 같기 때문에 명사만 복수형으로 변화한다.

il grattacielo	[grattare + cielo]	→	i grattacieli	마천루
il portafoglio	[portare + foglio]	→	i portafogli	지갑
il segnalibro	[segnalare + libro]	→	i segnalibri	책갈피
il battibecco	[battere + becco]	→	i battibecchi	언쟁, 말다툼
l'asciugamano	[asciugare + mano]	→	gli asciugamani	수건, 타월

(2) 동사 + 여성 단수 명사: 이와 같은 합성 명사는 복수 형태가 변화하지 않는다.

l'aspirapolvere	[aspirare + polvere]	→	gli aspirapolvere	진공청소기
il posacenere	[posare + cenere]	→	i posacenere	재떨이
il salvagente	[salvare + gente]	→	i salvagente	구명 튜브, 재킷
il cavalcavia	[cavalcare + via]	→	i cavalcavia	육교

(3) 동사 + 복수(남성/여성) 명사: 이와 같은 합성 명사는 복수 형태가 변화하지 않는다.

il cavatappi	[cavare + tappi]	→	i cavatappi	와인 따개
il portaocchiali	[portare + occhiali]	→	i portaocchiali	안경집
lo stuzzicadenti	[stuzzicare + denti]	→	gli stuzzicadenti	이쑤시개
l'asciugacapelli	[asciugare + capelli]	→	gli asciugacapelli	헤어드라이기
il fermacapelli	[fermare + capelli]	→	i fermacapelli	머리핀
il portamonete	[portare + monete]	→	i portamonete	동전 지갑
il caricabatterie	[caricare+batterie]	→	i caricabatterie	충전기

8 동사 + 동사: 합성 명사는 복수형이 변화하지 않는다.

l'andirivieni	[andare + rivenire]	→	gli andirivieni	왔다 갔다 함, 미로
il saliscendi	[salire + scendere]	→	i saliscendi	오르내림, 걸쇠, 빗장
il fuggifuggi	[fuggire + fuggire]	→	i fuggifuggi	허겁지겁 도망침, 우르르 몰림
il dormiveglia	[dormire + vegliare]	→	i dormiveglia	비몽사몽, 깜박 졺

9 동사 + 부사, 부사+동사, 형용사+동사: 복수형이 변화하지 않는다.

il posapiano	[posare + piano]	→	i posapiano	느림보, 굼뜬 사람
il benestare	[bene + stare]	→	i benestare	평온한 생활
il belvedere	[bello + vedere]	→	i belvedere	전망대
il viavai	[via + vai]	→	i viavai	오고 감/왕래

10 명사구 Locuzioni sostantivali

여러 단어가 모여 합성된 명사구의 복수형은 첫 번째 단어가 명사이면 그 첫 번째 명사만 복수로 변화한다.

il cane poliziotto	→	i cani poliziotto	경찰견
il treno merci	→	i treni merci	화물 열차
il biglietto da visita	→	i biglietti da visita	명함
la busta paga	→	le buste paga	급여 명세서
la parola chiave	→	le parole chiave	핵심 단어
la camera da letto	→	le camere da letto	침실
il ferro da stiro	→	i ferri da stiro	다리미
la giacca a vento	→	le giacche a vento	바람막이 재킷

7 접미사를 통해서 만들어진 명사

1 동사에서 유래된 명사

(1) 행위를 가리키는 접미사 suffissi

ⓐ **-zione**

operare	작동하다	→	operazione	작동
spiegare	설명하다	→	spiegazione	설명
prenotare	예약하다	→	prenotazione	예약
punire	벌하다	→	punizione	처벌

ⓑ **-sione**(-zione의 변형)

decidere	결심하다	→	decisione	결심
dividere	나누다	→	divisione	나눔
accendere	점화하다	→	accensione	점화

ⓒ **-aggio**

lavare	세척하다	→	lavaggio	세척
assaggiare	시식하다	→	assaggio	시식
passare	지나가다	→	passaggio	통행
atterrare	착륙하다	→	atterraggio	착륙

ⓓ **-ura**: 주로 과거 분사 형태에서 명사로 된다.

leggere	읽다	→	letto	읽은	→	lettura	읽기, 강독
aprire	열다	→	aperto	열린	→	apertura	열기, 개점
chiudere	닫다	→	chiuso	닫힌	→	chiusura	닫기, 폐점

ⓔ **-anza, -enza**

abbondare	풍부하다	→	abbondante	풍부한	→	abbondanza	풍부
conoscere	알다	→	conoscente	아는 사람	→	conoscenza	면식
dipendere	종속되다	→	dipendente	종속된	→	dipendenza	종속
partire	출발하다	→	partente	출발하는	→	partenza	출발

ⓕ -mento

cambiare	변하다	→	cambiamento	변경, 변화
insegnare	가르치다	→	insegnamento	가르침
sentire	느끼다	→	sentimento	느낌

ⓖ -ata, -uta, ita: 과거 분사 형태(ato, uto, ito)를 통해서 명사로 변하는 경우

camminare	걷다(camminato)	→	camminata	걷기
telefonare	전화하다(telefonato)	→	telefonata	전화하기
passeggiare	산책하다(passeggiato)	→	passeggiata	산책
cadere	넘어지다(caduto)	→	caduta	넘어짐
bere	마시다(bevuto)	→	bevuta	마시기
dormire	잠자다(dormito)	→	dormita	잠자기
salire	오르다(salito)	→	salita	오르기

ⓗ 접미사 없이 명사가 되는 경우(주로 1인칭 동사 형태와 같다.)

lavorare	일하다	→	lavoro	일
aiutare	돕다	→	aiuto	도움
studiare	공부하다	→	studio	공부
cantare	노래하다	→	canto	노래

(2) 행위자를 가리키는 명사

ⓐ -tore / trice: 특별한 활동을 하는 사람을 나타낸다. -tore는 남성, -trice는 여성이다.

giocare	경기하다	→	giocatore	giocatrice	경기자
salvare	구조하다	→	salvatore	salvatrice	구조자
lavorare	일하다	→	lavoratore	lavoratrice	근로자
viaggiare	여행하다	→	viaggiatore	viaggiatrice	여행자
donare	기부하다	→	donatore	donatrice	기부자

ⓑ -tore / trice: 기계나 기구를 나타낸다.

amplicare	확성하다	→	amplicatore	확성기
congelare	얼리다	→	congelatore	냉동고
calcolare	계산하다	→	calcolatrice	계산기
lavare	세탁하다	→	lavatrice	세탁기
asciugare	말리다	→	asciugatrice	건조기

ⓒ **-sore**: 기본형이 과거 분사에서 나온 경우가 많다.

invadere	침입하다	→	invaso	→	invasore 침입자
opprimere	억압하다	→	oppresso	→	oppressore 억압자
difendere	방어하다	→	difeso	→	difensore 방어자

ⓓ **-ante, -ente**: 행위자나 행위를 하게 하는 것을 나타낸다. [현재 분사 형태]

cantare	노래하다	→	cantante	성악가, 가수
passare	지나가다	→	passante	행인
insegnare	가르치다	→	insegnante	교사
partecipare	참가하다	→	partecipante	참가자
assistere	보좌하다	→	assistente	조수/보조원
credere	믿다	→	credente	믿는 자/신자
partorire	분만하다	→	partoriente	산모
calmare	진정하다	→	calmante	진정제
colorare	염색하다	→	colorante	염료
detergere	깨끗이 하다	→	detergente	세제
assorbire	흡수하다	→	assorbente	흡수제/생리대

ⓔ **-one**: '크다'라는 의미와 경멸의 의미가 들어간다.

mangiare	먹다	→	mangione	먹보
chiacchierare	수다 떨다	→	chiacchierone	수다쟁이
brontolare	불평하다	→	brontolone	투덜이
spendacciare	낭비하다	→	spendaccione	낭비꾼
dormire	자다	→	dormiglione	잠꾸러기

ⓕ **-toio, -soio**: 동사의 행위를 이행하는 기계명이나 장소를 나타낸다.

lavare	씻다	→	lavatoio	세면대
annaffiare	물주다	→	annaffiatoio	조리개
radere	면도하다	→	rasoio	면도기

ⓖ **-torio**: 장소라는 의미가 있다.

lavorare	일하다	→	lavoratorio	실습실, 작업실
dormire	자다	→	dormitorio	기숙사
consultare	상담하다	→	consultorio	상담소

2 형용사에서 유래된 명사

(1) -ezza: 형용사를 추상 명사로 만드는 접미사이다.

alto	높은	→	altezza	높이
bello	아름다운	→	bellezza	아름다움
gentile	친절한	→	gentilezza	친절
triste	슬픈	→	tristezza	슬픔

(2) -ia: 형용사를 추상 명사로 만드는 접미사이다.

allegro	명랑한	→	allegria	명랑
cortese	공손한	→	cortesia	공손
geloso	질투하는	→	gelosia	질투
insonne	불면의	→	insonnia	불면증

(3) -izia: 형용사를 추상 명사로 만드는 접미사이다.

amico	친한	→	amicizia	우정
giusto	정의로운	→	giustizia	정의
pigro	게으른	→	pigrizia	나태
avaro	인색한	→	avarizia	인색

(4) -ità, -età, -tà: 형용사를 추상 명사로 만드는 접미사이다.

capace	능력 있는	→	capacità	능력
felice	행복한	→	felicità	행복
fedele	충실한	→	fedeltà	충실
nobile	고귀한	→	nobiltà	고귀함

(5) -itudine

alto	높은	→	altitudine	고도
grato	고마운	→	gratitudine	고마움
solo	고독한	→	solitudine	고독
beato	축복받은	→	beatitudine	축복

(6) -aggine

studipo	어리석은	→	stupidaggine	어리석음
sfacciato	뻔뻔스러운	→	sfacciataggine	뻔뻔함

(7) -eria

fantastico 공상적인 → fantasticheria 공상

(8) -ume: 집합적 의미를 가지며, 주로 경멸적인 의미가 있는 형용사와 결합한다.

sudicio 더러운 → sudiciume 오물

vecchio 낡은 → vecchiume 고물

(9) -anza, -enza: 주로 형용사 -ante, -ente 형태에 붙는 접미사이다.

arrogante 건방진 → arroganza 건방

elegante 우아한 → eleganza 우아

paziente 인내하는 → pazienza 인내

urgente 긴급한 → urgenza 긴급

(10) -ismo, -esimo: 움직임, 정신 상태, 주의를 나타내는 접미사이다.

sociale 사회적인 → socialismo 사회주의

fatale 숙명적인 → fatalismo 숙명론

confuciano 유교의 → confucianesimo 유교

3 명사에서 유래된 명사

(1) 행위자를 나타내는 명사

ⓐ -aio: 수공 일을 하는 사람이나 특정한 용도가 있는 장소를 가리키는 접미사

giornale 신문 → giornalaio 신문 판매원

fiore 꽃 → fioraio 꽃 판매원, 꽃가게

pollo 닭 → pollaio 양계장, 닭장

vespa 벌 → vespaio 벌집

ⓑ -ario

proprietà 자산 → proprietario 소유자

banca 은행 → bancario 은행원

milione 백만 → milionario 백만장자

biblioteca 도서관 → bibliotecario 사서

ⓒ -aiolo: 수공일을 나타내는 접미사

pizza	피자	→	pizzaiolo	피자공
pollo	닭	→	pollaiolo	닭 판매업자
vigna	포도밭	→	vignaiolo	포도밭 재배자
barca	배	→	barcaiolo	뱃사공

ⓓ -iere: 수공일을 나타내는 접미사

ferrovia	철도	→	ferroviere	철도원
giardino	정원	→	giardiniere	정원사

ⓕ -ista: 학문의 조류나 직업을 나타내는 접미사이다.

Marx	마르크스	→	maxista	마르크스주의자
giornale	신문	→	giornalista	기자
piano	피아노	→	pianista	피아니스트

(2) 행위 활동이 전개되는 장소를 나타내는 접미사

ⓐ -eria: 가계나 작업실을 나타내는 접미사

libro	책	→	libreria	서점
pizza	피자	→	pizzeria	피자 가게
gelato	아이스크림	→	gelateria	아이스크림 가게
pelliccia	모피	→	pellicceria	모피 가게

ⓑ -ile: 목적이나 용도를 나타내는 접미사

cane	개	→	canile	개집, 개 보호소
campana	종	→	campanile	종탑

ⓒ -aio: 물건의 보관 장소를 가리키는 접미사

bagaglio	짐	→	bagagliaio	트렁크
grano	밀	→	granaio	곡물 창고

ⓓ -ato: 위엄, 경력, 공공장소 등을 나타낸다.

commisario	경관	→	commisariato	경찰청
console	영사	→	consolato	영사관

(3) 기계, 용구, 기구 등을 가리키는 접미사

ⓐ -ale

| braccio | 팔 | → | bracciale | 팔찌 |
| schiena | 등 | → | schienale | 등받이 |

ⓑ -ario

| lampada | 조명 | → | lampadario | 샹들리에 |
| vocabolo | 어휘 | → | vocabolario | 어휘집, 사전 |

ⓒ -iere

| candela | 초 | → | candeliere | 촛대 |
| bilancia | 저울 | → | bilanciere | 역기, 바벨 |

ⓓ -iera: 특수한 기능에 사용되는 용기나 기구들을 가리키는 접미사

zuppa	스프	→	zuppiera	스프 그릇
zucchero	설탕	→	zucchiera	설탕통
tè	차	→	teiera	찻주전자
pepe	후추	→	pepiera	후추 통

(4) 양을 표현하거나 집합적인 의미를 나타내는 접미사

ⓐ -ata: 추상적인 동작, 시간적인 개념, 물건에 들어 있는 내용물의 양을 나타낸다.

occhio	눈	→	occhiata	눈길, 일견
coltello	칼	→	coltellata	칼질
mattina	아침	→	mattinata	아침 시간
sera	저녁	→	serata	저녁 시간
cucchiaio	숟가락	→	cucchiaiata	스푼 분량
mano	손	→	manata	한 줌/한 움큼

ⓑ -eto, -eta: 식물이 서식하는 장소를 가리키는 집합 접미사

frutto	열매	→	frutteto	과수원
canna	갈대	→	canneto	갈대밭
pino	소나무	→	pineta	솔밭, 소나무 숲

ⓒ -aglia: 무질서·경멸적인 개념을 나타내는 집합 접미사

gente	사람	→	gentaglia	오합지졸
plebe	천민	→	plebaglia	천민집단
sterpo	가시	→	sterpaglia	가시덤불
nuvola	구름	→	nuvolaglia	구름층, 구름덩어리
bosco	숲	→	boscaglia	밀림/관목 덤불
muro	벽	→	muraglia	성벽/성채/장벽

ⓓ -ame: 전체 집합적 의미를 나타낸다.

bestia	짐승	→	bestiame	가축 무리
foglia	잎	→	fogliame	나뭇잎(나뭇잎과 줄기 총칭)
scatola	상자/통	→	scatolame	통조림류

(5) 질병을 나타내는 접미사

ⓐ -ite: 급성적인 것

polmone	폐	→	polmonite	폐렴
bronco	기관지	→	bronchite	기관지염
tonsilla	편도	→	tonsillite	편도염

ⓑ -osi: 만성적인 것

| tubercolo | 결핵 | → | tubercolosi | 결핵 |
| arto | 관절 | → | artrosi | 관절증 |

✎ 참고

변형 명사가 아닌 명사들(Nomi falsi alterati)
변형 접미사와 동일한 어미 형태를 지니지만 변형된 명사가 아니라 완전히 자율적인 단어로서 자체적으로 의미를 지닌 명사들이다.

fumo	연기	fumetto	만화	tacco	굽	tacchino	칠면조
occhio	눈	occhiello	단춧구멍	lampo	번개	lampone	산딸기
monte	산	montone	숫양	burro	버터	burrone	협곡
foca	물개	focaccia	포카치아				

4장

형용사
L'aggettivo

형용사란 명사나 대명사를 꾸며주는 말로서 명사 또는 대명사의 생김새나 모양, 성질, 색깔, 수량 등을 나타내는 역할을 한다. 형용사는 수식하는 명사나 대명사의 성과 수에 따라서 어미가 변화한다. 형용사의 어미는 주어가 남성 + 남성은 남성 복수, 여성 + 여성은 여성 복수, 남성 + 여성이면 남성 복수로 어미를 일치시킨다. 여성이 1,000만 명 있다 하더라도 그 속에 남성이 한 명이라도 있으면 그 대표는 남성 복수가 되며, 형용사는 주어에 맞춰 남성 복수 형태를 취한다.

형용사의 역할

• 한정적 용법(funzione attributiva)

형용사가 명사 바로 앞이나 뒤에서 명사를 직접 수식하는 경우를 말한다.

un	famoso	pittore		유명한 화가	[명사 앞에서 직접 수식−한정적 용법]
	형용사	명사			
una	lezione	interessante		재미있는 수업	[명사 뒤에서 직접 수식−한정적 용법]
	명사	형용사			

• 서술적 용법(funzione predicativa)

essere 동사 + 형용사(보어)

형용사가 essere 동사 다음에 주격 보어로 사용되는 경우이다. essere 동사는 '~이다'라는 의미이기 때문에 essere 동사의 의미를 보충해 주는 주격 보어가 필요한데, 이 보어는 명사가 될 수도 있고 형용사가 될 수도 있다. 이때 essere 동사 다음에 형용사가 주격 보어로 오면 서술적 용법으로 사용되는 것이다.

Il pittore	è	famoso.	그 화가는 유명하다.	[서술적 용법]
주어	동사	형용사[주격 보어]		
La lezione	è	interessante.	그 수업은 재미있다.	[서술적 용법]
주어	동사	형용사[주격 보어]		

연계(연결) 동사(i verbi copulativi: 영어의 불완전 자동사에 해당) + 형용사(보어)

essere 동사 외에도 형용사를 주격 보어로 취하는 동사들이 있는데 이러한 동사들을 연계(연결) 동사라고 한다. 연계(연결) 동사 sembrare(~처럼 보이다), diventare(~이 되다) 다음에 형용사가 주격 보어로 올 때 서술적 용법으로 사용된다. 이때 형용사는 essere 동사의 경우와 마찬가지로 주어의 성과 수에 따라 형용사의 어미를 일치시켜야 한다.

Marco	sembra	felice.	마르코는 행복해 보인다.	[간접 수식−서술적 용법]
주어	연계 동사	형용사[주격 보어]		
Anna	è diventata	famosa.	안나는 유명하게 되었다.	[간접 수식−서술적 용법]
주어	연계 동사	형용사[주격 보어]		

• 부사적 용법(funzione avverbiale)

형용사가 동사 뒤에서 동사를 수식하는 부사 역할로 사용되는 경우이다.

Marco corre veloce. [=velocemente]

마르코는 빨리 달린다.

Parlate chiaro! [=chiaramente]

너희들 분명히 말해.

형용사의 종류

품질(성질) 형용사(Gli aggettivi qualificativi)

사람, 동물, 사물, 장소, 상황, 행위 등 명사의 성질이나 특징을 잘 나타내 줄 수 있는 형용사로서 원급, 비교급, 최상급 형태가 될 수 있다.

원급		비교급		최상급	
bello	예쁜	più bello	더 예쁜	bellissimo	아주 예쁜
buono	좋은	migliore	더 좋은	buonissimo, ottimo	아주 좋은

• 윤리적 평가	buono	좋은	cattivo	나쁜	nobile	고귀한
• 신체적 감각	dolce	달콤한	amaro	쓴	caldo	더운
• 감정 상태	felice	행복한	triste	슬픈	malinconico	우울한
• 신체적 상태	stanco	피곤한	riposato	푹 쉰	esausto	과로한
• 신체적 특징	biondo	금발의	magro	마른	alto	키가 큰
• 규모	lungo	긴	stretto	좁은	basso	낮은
• 재료	ligneo	나무의	marmoreo	대리석의	bronzeo	청동의
• 형태	ovale	타원형의	quadrato	사각의	rotondo	둥근
• 때/시간	serale	저녁의	notturno	밤의	invernale	겨울의
• 장소	marino	바다의	alpino	알프스산맥의	mediterraneo	지중해의
• 색상	rosso	빨간색의	verde	초록색의	giallo	노란색의
• 국적	coreano	한국인의	italiano	이탈리아인의	americano	미국인의

한정/지정 형용사(Gli aggettivi determinativi o indicativi)

다른 명사와 구별 짓게 해주는 형용사로서 소유의 개념, 위치, 수량 등을 명확하게 해준다.

• 소유 형용사	mio	나의	tuo	너의	nostro	우리의
• 지시 형용사	questo	이	quello	저	codesto	그
• 부정 형용사	nessuno	아무런	molto	많은	poco	적은
• 수 형용사	due	두(2)	tre	세(3)	primo	첫째
• 의문 형용사	che	무슨	quale	어떤	quanto	얼마나 많은
• 감탄 형용사	che	무슨	quale	어떤	quanto	얼마나 많은

1 품질(성질) 형용사 L'aggettivo qualificativo

1 품질(성질) 형용사의 형태

품질 형용사는 명사의 성질과 상태를 나타내며, 수식하는 명사의 성과 수에 따라 어미가 변한다. 품질 형용사는 일반적으로 두 가지 종류로 구분할 수 있는데, (3)과 (4)처럼 특별한 경우도 있다.

(1) 1종 형용사(prima classe): 기본형이 -o인 형용사

형용사의 원급이 -o로 끝나는 형용사는 다음과 같이 어미가 **4가지** 형태로 변화한다.

-o	남성	여성
단수	liber-o	liber-a
복수	liber-i	liber-e

Il posto è liber-o.　자리가 비었다.　　La sedia è liber-a.　　의자가 비었다.
I posti sono liber-i.　자리들이 비었다.　Le sedie sono liber-e.　의자들이 비었다.

ⓐ **nero**: 검정색의 (-o로 끝나는 색상 형용사도 4가지 형태로 변화한다.)

Di che colore è il gatto?　　　　　-È nero.
고양이가 무슨 색깔입니까?　　　　　검정색입니다.

Di che colore è la macchina?　　　-È nera.
자동차가 무슨 색깔입니까?　　　　　검정색입니다.

Di che colore sono i gatti?　　　　-Sono neri.
고양이들이 무슨 색깔입니까?　　　　검정색입니다.

Di che colore sono le macchine?　-Sono nere.
자동차들이 무슨 색깔입니까?　　　　검정색입니다.

ⓑ **americano**: 미국인의 (-o로 끝나는 국적 형용사도 4가지 형태로 변화한다.)

Di che nazionalità è Fred?　　　　　-Lui è americano.
프레드는 어느 나라 사람입니까?　　　 그는 미국인입니다.

Di che nazionalità è Marylin?　　　 -Lei è americana.
마릴린은 어느 나라 사람입니까?　　　 그녀는 미국인입니다.

Di che nazionalità sono Paul e Sam?　-Loro sono americani.
폴과 셈은 어느 나라 사람입니까?　　　그들은 미국인입니다.

Di che nazionalità sono Ann e Betty?　-Loro sono americane.
앤과 베티는 어느 나라 사람입니까?　　그녀들은 미국인입니다.

ⓒ 일상생활에 많이 사용되는 1종 형용사들

alto	Gli italiani non sono alti.	이탈리아인들은 키가 크지 않다.
allegro	Giulia è sempre allegra.	줄리아는 항상 명랑하다.
arrabbiato	Sei arrabbiato?	화났니?
bello	La vita è bella.	인생은 아름다워.
buono	Come è la pizza? -È buona.	피자 어때? 맛있어.
bravo	Lui è molto bravo.	그는 매우 훌륭하다.
caldo	L'acqua è calda.	물이 따뜻하다.
carino	Come è Laura? -È carina.	그녀는 어때? 귀여워.
caro	Questo vestito è caro.	이 옷은 비싸다.
contento	Stefania, sei contenta?	스테파니아, 기쁘니/만족하니?
fortunato	Noi siamo fortunati.	우리는 운이 좋다.
freddo	Il latte è freddo.	우유가 차갑다.
libero	Oggi sono libero.	오늘 나는 한가하다.
lontano	La scuola non è lontana?	학교가 멀지 않아요?
vicino	Dove è il museo? -È vicino.	박물관이 어디야? 가까워.
noioso	Come è il libro? -È noioso.	책이 어때? 지겨워.
occupato	Lui è sempre occupato.	그는 항상 바쁘다.
piccolo	Lei è piccola.	그녀는 어리다/작다.
povero	Loro sono poveri.	그들은 가난하다.
pronto	Ragazzi, siete pronti?	얘들아, 준비됐니?
preoccupato	Sono preoccupato.	나는 걱정이 된다.
ricco	Francesco è ricco.	프란체스코는 부자이다.
sposato	Non sono ancora sposato.	나는 아직 결혼을 안 했다.
stanco	Sono un po' stanco.	나는 약간 피곤하다.
strano	È molto strano.	아주 이상하다.
solo	Anna, tu non sei sola.	안나, 넌 혼자가 아니야.
sicuro	Teresa, sei sicura?	테레사, 확신하니?
silenzioso	La camera è silenziosa.	방이 조용하다.
timido	Lei è timida.	그녀는 수줍어한다/소심하다.
vecchio	Io sono vecchio.	나는 늙었다.
vero	Non è vero.	사실이 아니다.

(2) 2종 형용사(seconda classe): 기본형이 -e인 형용사

형용사의 원급이 -e로 끝나는 형용사는 2가지 형태로 변화한다.

-e	남성, 여성
단수	gentil-e
복수	gentil-i

Il professore è gentil-e.
선생님은 친절하다.

I professori sono gentil-i.
선생님들은 친절하다.

La segretaria è gentil-e.
여비서는 친절하다.

Le segretarie sono gentil-i.
여비서들은 친절하다.

ⓐ verde: 초록색의(-e로 끝나는 색상 형용사도 2가지 형태로 변화한다.)

Il cappello è verde. 모자는 초록색이다.

La giacca è verde. 재킷은 초록색이다.

I cappelli sono verdi. 모자들은 초록색이다.

Le giacche sono verdi. 재킷들은 초록색이다.

ⓑ inglese: 영국인의(-e로 끝나는 국적 형용사도 2가지 형태로 변화한다.)

Tony è inglese. 토니는 영국인이다.

Kate è inglese. 케이트는 영국인이다.

Paul e David sono inglesi. 폴과 데이비드는 영국인이다.

Betty e Sally sono inglesi. 베티와 셀리는 영국인이다.

ⓒ 일상생활에 많이 사용되는 2종 형용사들

triste	Noi siamo tristi.	우리는 슬프다.
felice	Io sono felice per te.	나는 너 때문에 행복하다.
grande	Io sono già grande.	나는 이제 다 컸다/성인이다.
pesante	Questa borsa è pesante.	이 가방은 무겁다.
forte	Io sono forte.	나는 강하다/힘이 세다.
giovane	Tu sei ancora giovane.	너는 아직 젊어.
debole	Lei è debole.	그녀는 나약하다/힘이 없다.
facile	L'italiano non è facile.	이탈리아어는 쉽지 않다.
difficile	L'esame è molto difficile.	시험이 아주 어렵다.
interessante	L'italiano è interessante.	이탈리아어는 재미있다.

intelligente	Lui è intelligente.	그는 지적이다/영리하다.
importante	È molto importante.	아주 중요해요.
elegante	Oggi sei molto elegante!	오늘 너 아주 우아하다!
vivace	Il bambino è molto vivace.	아이가 매우 활달하다.
veloce	Questa macchina è veloce.	이 자동차는 빠르다.
utile	È utile per il mio lavoro.	나의 일에 유용하다.
inutile	Questo libro è inutile.	이 책은 쓸모없다.
divertente	Questo film è divertente.	이 영화는 재미있다.
puntuale	I tedeschi sono puntuali.	독일인들은 시간을 잘 지킨다.
presente	Anche lui è presente.	그도 역시 출석했다.
dolce	Questo vino è dolce.	이 포도주는 달다.
grave	La situazione è grave.	상황이 심각하다.
terribile	Il tempo fuori è terribile.	바깥 날씨가 끔찍하다.
semplice	La domanda è semplice.	질문은 간단하다.
sufficiente	È sufficiente per tutti?	모두에게 충분합니까?
arrogante	Lui è molto arrogante.	그는 매우 거만하다.
affascinante	Lui è molto affascinante.	그는 매우 매력적이다.
comune	In Corea è molto comune.	한국에서는 아주 흔해요.
possibile	È possibile?	가능합니까?
incredibile	È incredibile!	믿기가 어렵다!
impossibile	È impossibile.	불가능하다.

(3) -ista로 끝나는 형용사: 남성과 여성의 단수 형태가 동일하며, 단어 수가 적다.

-ista	남성	여성
단수	ego-ista	
복수	ego-isti	ego-iste

Lui è un uomo ego-ista.	그는 이기적인 남자이다.
Lei è una donna ego-ista.	그녀는 이기적인 여자이다.
Loro sono degli uomini ego-isti.	그들은 이기적인 남자들이다.
Loro sono delle donne ego-iste.	그녀들은 이기적인 여자들이다.

(4) 형태가 변화하지 않는 형용사 Gli aggettivi invariabili

ⓐ 형용사로 사용되는 부사 관용구

una **persona** dappoco	[da + poco]	보잘것없는 사람
una **donna** ammodo	[a + modo]	기품 있는 여자
gli **uomini** perbene	[per + bene]	올바른 남자들
le **donne** dabbene	[da + bene]	교양 있는 여자들

ⓑ 명사에서 유래한 **색상 형용사**와 외래어에서 비롯된 **색상 형용사**

rosa 장미색   viola 보라색   lilla 라일락색   beige 베이지색   blu 푸른색

il **vestito** viola	보라색 옷	i **vestiti** viola	보라색 옷들
il **rossetto** rosa	분홍 립스틱	i **rossetti** rosa	분홍색 립스틱들
i **pantaloni** beige	베이지색 바지	i **cappeli** blu	푸른색 모자들

> ✎ **참고**
>
> 명사에서 유래한 색상 형용사 marrone(밤색)와 arancione(오렌지색)는 오늘날 -e로 끝나는 2종 형용사로 간주한다.
>
> | il **cappotto** marrone | 밤색 코트 | la **camicia** arancione | 오렌지색 셔츠 |
> |---|---|---|---|
> | i **cappotti** marroni | 밤색 코트들 | le **camicie** arancioni | 오렌지색 셔츠들 |

ⓒ 색깔의 명도를 나타내기 위해서 두 개의 형용사가 함께 사용되는 경우

rosso scuro	어두운 빨간색	rosso scarlatto	진홍색
verde pallido	옅은 녹색	verde pisello	연두색
giallo limone	담황색	marrone chiaro	연한 갈색
bianco ghiaccio	차가운 흰색	grigio perla	진주 빛 회색

ⓓ 형용사 역할을 하는 동사 원형 **avvenire**

negli **anni** avvenire 장래에	le **generazioni** avvenire 차세대

ⓔ **anti-**와 명사가 함께 합성된 몇몇 형용사들

fari antinebbia	(자동차의) 안개등	**sistemi** antifurto	절도 방지 시스템
leggi antimafia	마피아 방지법들	**crema** anticellulite	셀루라이트 크림

ⓕ **pari** 형용사와 이 단어에서 파생된 단어들 dispari, impari

un **numero** pari 한 짝수	un **numero** dispari 한 홀수

(5) 복수 형태가 특수한 형용사들

ⓐ **-co**로 끝나는 형용사의 어미변화: 강세 위치에 따라 남성 복수 형태가 달라진다.

-co	남성	여성
단수	-co	-ca
복수	-chi (끝에서 두 번째 음절 강세)	-che
	-ci　(끝에서 세 번째 음절 강세)	

i) 끝에서 두 번째 음절에 강세가 있을 때 남성 복수는 co → chi, 여성은 ca → che

남성 단수		남성 복수	여성 단수		여성 복수	
antìco	→	antichi	antìca	→	antiche	고대의
biànco	→	bianchi	biànca	→	bianche	하얀
stànco	→	stanchi	stànca	→	stanche	피곤한
frèsco	→	freschi	frèsca	→	fresche	신선한

ii) 끝에서 세 번째 음절에 강세가 있을 때 남성 복수는 co → ci, 여성은 ca → che

남성 단수		남성 복수	여성 단수		여성 복수	
pràtico	→	pratici	pràtica	→	pratiche	실용적인
polìtico	→	politici	polìtica	→	politiche	정치적인
econòmico	→	economici	econòmica	→	economiche	경제적인
magnìfico	→	magnifici	magnìfica	→	magnifiche	장관의
simpàtico	→	simpatici	simpàtica	→	simpatiche	호감 가는
fantàstico	→	fantastici	fantàstica	→	fantastiche	환상적인

ⓑ **-go**로 끝나는 형용사의 어미변화

-go	남성	여성
단수	-go	-ga
복수	-ghi	-ghe

남성 단수		남성 복수	여성 단수		여성 복수	
largo	→	larghi	larga	→	larghe	넓은
lungo	→	lunghi	lunga	→	lunghe	긴
analogo	→	analoghi	analoga	→	analoghe	유사한
vago	→	vaghi	vaga	→	vaghe	막연한

ⓒ -io로 끝나는 형용사의 어미변화

	남성	여성
단수	-io	-ia
복수	-i (i 위에 강세가 없을 때)	-ie
	-ìi (i 위에 강세가 있을 때)	

남성 단수		남성 복수		여성 단수		여성 복수	
vàrio	→	vari		varia	→	varie	다양한
pìo	→	pìi		pia	→	pie	경건한

ⓓ 두 개의 형용사가 합쳐진 복합 형용사의 복수형은 두 번째 형용사만 성과 수가 변한다.

uomo italo-americano　이탈리아계 미국 남자
uomini italo-americani　이탈리아계 미국 남자들
donna italo-americana　이탈리아계 미국 여자
donne italo-americane　이탈리아계 미국 여자들

(6) bello, grande, santo, buono

이와 같은 형용사들은 뒤에 오는 명사에 따라 형태가 달라진다.

ⓐ bello의 형태

i) bello가 명사 앞에서 수식할 때는 정관사 형태처럼 변화한다. [추상적이고 주관적 의미]

	s + 자음, z	남성 자음 앞	남성 모음 앞	여성 자음 앞	여성 모음 앞
	lo → gli	il → i	l' → gli	la → le	l' → le
단수	bello specchio	bel tavolo	bell'anello	bella donna	bell'amica
복수	begli specchi	bei tavoli	begli anelli	belle donne	belle amiche

ii) bello가 명사 뒤에서 수식할 때는 1종 형용사 형태처럼 변화한다. [구체적이고 객관적 의미]

lo specchio	거울		la donna	여자	
il tavolo	탁자	bello 예쁜			bella 예쁜
l'anello	반지		l'amica	친구	
gli specchi	거울들		le donne	여자들	
i tavoli	탁자들	belli 예쁜			belle 예쁜
gli anelli	반지들		le amiche	친구들	

iii) bello가 essere 동사 뒤에 주격 보어로 **사용될 경우**도 1종 형용사 형태**처럼** 변화한다.

Lui è bell-o.　　　그는 잘생겼다.　　Lei è bell-a.　　　그녀는 예쁘다.

Loro sono bell-i. 그들은 잘생겼다.　　Loro sono bell-e. 그녀들은 예쁘다.

> ✎ **참고**
>
> bello는 기본적인 '아름다운'이라는 미적인 의미 이외에도 여러 가지 다양한 의미로 사용된다.
>
> Abbiamo passato una bella giornata. [=piacevole, divertente] 재미있는 하루
>
> Abbiamo fatto un bel viaggio. [=piacevole, divertente] 즐거운 여행
>
> Ho fatto una bella dormita. [=lunga] 장시간 푹 잤다.
>
> Hai fatto un bel lavoro! [=ben fatto, risultato bello] 잘된 일, 결과가 좋은 일
>
> Hai avuto una bella idea. [=geniale, interessante, intelligente] 기막힌 생각
>
> Ha delle belle maniere. [=gentili, cortesi] 친절한, 좋은 매너
>
> Hanno trovato dei bei posti sul treno. [=comodi] 편하고 좋은 자리
>
> Che bella sorpresa! [=grande] 굉장한 놀라움
>
> Hai veramente un bel corraggio! [=grande] 대단한 용기

ⓑ **buono의 형태**

i) buono가 명사 앞에서 수식할 경우 부정 관사 형태**처럼** 변한다(단수인 경우).

부정 관사 uno처럼 buono도 모음과 자음으로 시작되는 남성 단수 명사 앞에서 o가 어미 탈락해 buon 형태가 된다. s + 자음, z, x, gn, ps, pn으로 시작되는 남성 단수 명사 앞에서는 buono 형태가 유지된다.

	남성 s + 자음, z 앞	남성 모음과 자음 앞	여성 자음 앞	여성 모음 앞
	uno	**un**	**una**	**un'**
단수	buono studio (buon studio)	buon amico buon libro	buona pizza	buon'idea (buona idea)
복수	buoni studi	buoni amici buoni libri	buone pizze	buone idee

ii) buono: essere 동사 뒤 주격 보어로 **사용될 경우**에 1종 형용사**처럼** 변화한다.

Questo vino è buon-o.　　　이 포도주는 맛이 좋다.

Questi vini sono buon-i.　　이 포도주들은 맛이 좋다.

Questa pizza è buon-a.　　　이 피자는 맛이 좋다.

Queste pizze sono buon-e. 이 피자들은 맛이 좋다.

iii) 오늘날 buono 단수는 s + 자음, z, x, gn, ps, pn 앞에서도 어미가 탈락되어 buon으로
사용되는 경우가 빈번하며, 여성 buon'은 모음 앞에서도 생략되지 않고 사용되는 경우가 많다.

Buono studio → Buon studio!   공부 열심히 해!

Buon'idea → Buona idea!   좋은 생각이구나!

📝 **참고**

1. buono 역시 bello처럼 여러 가지 의미로 사용될 수 있다.

Lui è un buon medico.   [=bravo, esperto, capace] 노련한, 능력 있는, 실력 있는

Lui è un uomo buono.   [=cordiale, mite, paziente] (성품) 착한, 좋은, 반듯한

Lui è un buon figlio.   [=docile, pacifico, mansueto] 말 잘 듣는, 얌전한

Ho letto un buon libro.   [=istruttivo] 교육적인

È una buona notizia.   [=soddisfacente] 흡족한, 마음에 드는, 좋은

È una buona occasione.   [=vantaggioso, utile] 유익한, 유리한, 좋은

Non è a buon mercato.   [=economico, di buon prezzo] 저렴한, 값싼

Questa pizza è davvero buona.   [=gustosa] 맛이 좋은

2. Buon / Buona을 사용한 간단한 인사말

Buongiorno!	Buonasera!	Buonanotte!
아침/오후 인사	저녁 인사	잘 자!/잘 자요!
Buon Natale!	Buon Anno!	Buona Pasqua!
메리 크리스마스!	새해 복 많이 받으세요!	부활절 잘 보내세요!
Buona mattinata!	Buona giornata!	Buona serata!
즐거운 아침 시간 보내세요!	즐거운 하루 보내세요!	즐거운 저녁 시간 보내세요!
Buon pomeriggio!	Buon venerdì!	Buon fine-settimana!
오후 인사	즐거운 금요일 보내세요!	즐거운 주말 보내세요!
Buon appetito!	Buon divertimento!	Buon compleanno!
맛있게 드세요!	재미있게 놀아!	생일 축하해요!
Buon viaggio!	Buon riposo!	Buon lavoro!
여행 잘하세요!	편히 쉬세요!	수고하세요!
Buon pranzo!	Buon studio!	Buon anniversario!
점심 식사 잘해!	공부 열심히 해!	기념일 축하해!
Buona fortuna!	Buon'idea!	Buona lezione!
행운이 있기를!	좋은 생각이야!	수업 잘 들어! 강의 잘 해!
Buone vacanze!	Buone cose!	Buone feste!
휴가 잘 보내!	만사가 잘되길!	휴일 잘 보내!

ⓒ grande의 형태

i) grande는 어떤 표현상의 효과를 얻기 위해 특히 부정 관사와 함께 사용될 때 자음으로 시작되는 단수 명사들 앞에서 어미 절단(gran)이 일어날 수 있다. 몇몇 관용적 표현을 제외하고 모음으로 시작하는 남성과 여성 명사 앞에서 모음 생략(grand')을 안 한다.

	남성 s + 자음, z	남성 자음 앞	여성 자음 앞	남성/여성 모음 앞
단수	grande spazio zaino	gran successo (혹은 grande)	gran passione (혹은 grande)	grande amico grande amica
복수	grandi spazi zaini	grandi successi	grandi passioni	grandi amici grandi amiche

ii) grande가 essere의 주격 보어나 명사 뒤에 사용되면 1종 형용사 형태처럼 변화한다.

Lui è grand-e.　　　Lei è grand-e.　　　그/그녀는 크다.

Loro sono grand-i.　　Loro sono grand-i.　　그들/그녀들은 크다.

> ✎ 참고
>
> grande도 여러 가지 의미를 나타낸다.
> i) (용적이) 대단히 큰, 광대한
> 　　Lui ha una casa molto grande.　　그는 아주 큰 집을 갖고 있다.
> ii) (수량적인 면에서) 대단한, 큰, 엄청난
> 　　Lui ha avuto un grande successo.　　그는 대성공을 거두었다.
> iii) (학문, 위엄, 미덕, 권력) 위대한, 대단한
> 　　Lui è un grande artista.　　그는 위대한 예술가이다.

ⓓ santo의 형태: santo는 남성 자음 단수 명사 앞에서 어미 절단(san)이 일어나고, 모음으로 시작하는 남성과 여성 단수 명사 앞에서는 모음 생략(sant') 된다. s + 자음, z, x, y, ps, pn로 시작되는 남성 명사 앞에서는 santo가 유지된다.

	s + 자음, z uno	남성 자음 앞 un	여성 자음 앞 una	남성/여성 모음 앞 un'
단수	Santo Stefano	San Francesco	Santa Lucia	Sant'Antonio Sant'Agnese
복수	Santi Stefano e Paolo	Santi Pietro e Paolo	Sante Teresa e Maria	Santi Angeli

2 품질(성질) 형용사 성과 수의 일치 Concordanza dell'aggettivo qualifictivo

(1) 품질 형용사는 한정적 용법이든 서술적 용법이든 모든 경우 다 수식하는 명사의 성과 수에 일치시킨다.

Una bella ragazza   아름다운 소녀   [한정적 용법]

Questa ragazza è bella.   이 소녀는 아름답다.   [서술적 용법]

(2) 품질 형용사가 서술적 용법으로 사용되는 경우는 다음과 같다.

Il cappello e il cappotto sono nuovi. [남성 단수 + 남성 단수 = 남성 복수]
모자와 외투는 새것이다.

La borsa e la giacca sono nuove.   [여성 단수 + 여성 단수 = 여성 복수]
가방과 재킷은 새것이다.

La giacca e il cappotto sono nuovi.   [여성 단수 + 남성 단수 = 남성 복수]
재킷과 외투는 새것들이다.

(3) 품질 형용사가 여러 명사를 직접 수식할 경우, 일반적으로 성과 수는 다음과 같이 일치시킨다.

ⓐ 남성 단수 + 남성 단수 = 남성 복수

il cappello e il cappotto nuovi 새 모자와 코트

ⓑ 여성 단수 + 여성 단수 = 여성 복수

la borsa e la sciarpa nuove   새 가방과 스카프

ⓒ 남성 단수 + 여성 단수 = 남성 복수

il cappello e la borsa nuovi   새 모자와 가방

ⓓ 여성 단수 + 남성 단수 = 남성 복수

la borsa e il cappello nuovi   새 가방과 모자

(4) 형용사가 복수 명사를 수식하는 한정적 용법으로 사용되는 경우 일반적으로 가까이 있는 명사의 성과 수를 따른다.

Ho comprato scarpe e guanti neri.   나는 검정색 신발과 장갑을 샀다.
                      남성 복수   남성 복수

Ho comprato guanti e scarpe nere.   나는 검정색 장갑과 신발을 샀다.
                      여성 복수   여성 복수

성별이 다른 두 개의 단수 명사라고 하더라도 가까이 있는 명사와 일치시키기도 한다.

il dottore e la dottoressa scrupolosi   매우 신중한 남자 의사와 여자 의사
il dottore e la dottoressa scrupolosa   매우 신중한 남자 의사와 여자 의사

(5) 한 개의 형용사가 선택 접속사 o(혹은)로 연결된 명사들을 모두 다 수식할 경우에는 주로 마지막 형용사의 성과 수에 일치시킨다.

Vuoi un cappello o una cravatta nuova? [혹은 nuovi]
새 모자를 원하니, 아니면 넥타이를 원하니?

(6) 집합 명사 + di + 복수 명사일 경우: 형용사는 가까이에 있는 명사에 일치시킨다.

un gruppo rumoroso di ragazzi   시끄러운 무리의 소년들
un gruppo di rumorosi ragazzi   시끄러운 소년들의 무리
[=un gruppo di ragazzi rumorosi]   시끄러운 소년들의 무리

3 품질(성질) 형용사의 위치 Il posto dell'aggettivo qualificativo

이탈리아어에서 형용사의 위치는 자유로운데 품질 형용사는 주로 명사 뒤에 위치한다. 형용사가 반드시 명사 뒤에 위치해야 하는 경우는 다음과 같다.

(1) 색상을 나타내는 형용사

il vino bianco / rosso   백/적포도주
il gatto nero / bianco   검은/흰 고양이
la penna nera / rossa   검정/빨간 펜
gli occhi azzurri / neri   푸른/검은 눈
i capelli biondi / rossi   금발/빨간 머리

(2) 국적을 나타내는 형용사

la lingua italiana   이탈리아 언어
la storia coreana   한국 역사
il signore inglese   영국 신사
la letteratura francese   프랑스 문학

(3) 형상을 나타내는 형용사

la tavola rotonda	둥근 식탁
le spalle curve	굽은 어깨
il tavolo quadrato	사각 테이블
le gambe storte	휜 다리(오다리)

(4) 종교를 나타내는 형용사

La chiesa cattolica	성당
La chiesa protestante	교회

(5) 재료를 나타내는 형용사

un terreno sabbioso	모래땅
una colonna marmorea	대리석 기둥

(6) 분류(카테고리)를 나타내는 형용사

la scuola materna	유치원
la scuola superiore	고등학교
il corso preparatorio	기초 과정

(7) 형용사가 부사와 함께 수식할 때

un vino troppo dolce	아주 달콤한 포도주
una frase molto lunga	아주 긴 문장

(8) 형용사를 명사 뒤에 두어 구체적 의미를 강조하고자 할 때

Tu sei un vero amico.	너는 진정한 친구야.
Tu sei un amico vero.	네가 진짜 친구야.

(9) 형용사에 접미사가 붙어 있을 때(변형 형용사)

una ragazza bellina	[bello]	아름다운 소녀
una strada piccolina	[piccolo]	아주 작은 길

(10) -ale, -ico, -istico, -ista, -ano, -oso 접미사로 끝나는 대부분의 형용사

un problema internazionale	국제적인 문제
la situazione economica	경제적 상황
l'anno scolastico	학년

(11) 현재 분사(-ante, -ente)나 과거 분사(-ato, -uto, -ito)에서 유래한 형용사

un libro interessante	[interessare]	재미있는 책
un lavoro importante	[importare]	중요한 일
un film divertente	[divertire]	흥미로운 영화
la frase seguente	[seguire]	다음 문장
il libro usato	[usare]	사용한 책
il vestito venduto	[vendere]	판매된 옷
la camera pulita	[pulire]	깨끗한 방

(12) 명사에서 유래한 관계 형용사(-are, -ivo, -ario, -ino 접미사)

la crema solare	[sole]	선크림
le vacanze estive	[estate]	여름방학
la carne bovina	[bue, buoi]	소고기
la stazione ferroviaria	[ferrovia]	기차역

(13) 형용사 뒤에 전치사가 따라올 경우

la persona adatta a quel posto	그 자리에 맞는 사람/적임자
la ragazza piena di energia	에너지가 충만한 소녀
un ragazzo ricco di fantasia	상상력이 풍부한 소년

(14) 두 개 이상의 형용사가 똑같은 비중으로 명사를 수식할 때

una ragazza bella e intelligente	아름답고 지적인 소녀
una penisola stretta e lunga	좁고 기다란 반도

(15) 부정 대명사 뒤에(이때 전치사 di를 매개로 한다.)

부정 대명사 + di + 형용사

qualcosa di fresco	시원한 무엇
qualcosa di nuovo	새로운 무엇
qualcosa di buono	맛있는 무엇
qualcosa di speciale	특별한 무엇
niente d'importante	중요한 것이라곤 아무것도
niente di grave	심각한 것이라곤 아무것도
niente di particolare	특별한 것이라곤 아무것도
niente di strano	이상한 것이라곤 아무것도

4 위치에 따라서 의미가 달라지는 형용사들

형용사 + 명사 (심리적 의미) [주관성]	묘사적인 의미를 지닌다. 형용사의 일반적인 성질을 나타내며, 하나의 단순한 장식 역할을 한다. 형용사 자체의 고유 의미는 상실되고 화자가 전달하는 심리적이고 주관적이며 추상적인 의미를 나타낸다. [묘사적 기능] la giovane cugina di Luisa 루이자의 젊은 사촌 [루이자 사촌의 젊은 모습을 강조 – 묘사적 의미]
명사 + 형용사 (고유의 의미) [객관성]	구체적이고 실제적인 의미를 지닌다. 제한적인 성격이 있으며, 명사에 그 형용사 고유의 성질과 특성을 부여한다. 구체적이고 실제적인 의미이다. [제한적 기능] la cugina giovane di Luisa 루이자의 젊은 사촌 [루이자의 사촌들 가운데서 나이가 젊은 사촌 – 제한적 의미]

una bella ragazza   소녀에 대한 일반적인 견해로서 어느 아름다운 소녀
una ragazza bella   외형적으로 아름다운 소녀

un povero uomo   정신적으로 가엾은/불쌍한 사람 [=un poveruomo]
un uomo povero   물질적으로 가난한 사람

un grand'uomo   모든 인물 중에서 위대한 사람 [uomo 앞에서 모음 생략됨]
un uomo grande   키가 크거나 건장한 사람

un gentil uomo   신분이 높은 고상한 남자 [=un gentiluomo]
un uomo gentile   사람에게 친절한 남자

un grosso imprenditore   큰/중요한 기업가 (importante, famoso)
un imprenditore grosso   체격이 큰/뚱뚱한 기업가 (molto robusto)

un buon insegnante   일에 있어서 좋은(유능한) 선생님 (esperto)
un insegnante buono   마음이 관대한/착한 선생님 (bontà d'animo)

un bravo ragazzo   정직하고 성실한 소년
un ragazzo bravo   유능하고 능숙한 소년

un alto funzionario   지위가 높은 공무원, 고위 공무원
un funzionario alto   신체적으로 키가 큰 공무원

una nuova automobile   기존 차와는 다른 새로운 자동차, 추가적인 자동차
un'automobile nuova   사용하지 않은 새 자동차, 최근에 생산된 자동차

un amaro caffè	불쾌한 감정에서 느껴지는 쓴 커피
un caffè amaro	설탕이 들어 있지 않아 맛이 쓴 커피
un vecchio amico	세월이 오래된 옛 친구(죽마고우)
un amico vecchio	나이가 많은 친구
una semplice domanda	많지가 않은 간단한(유일한) 질문
una domanda semplice	어렵지 않은 단순한(쉬운) 질문
il proprio nome	자기 이름
il nome proprio	고유 명사
certe notizie	어떤 소식들 [=alcune notizie]
notizie certe	확신할 소식들 [=notizie sicure]
diverse penne	여러 개의 펜들 [=parecchie penne]
penne diverse	종류가 다른 펜들 [=penne differenti]

5 품질 형용사의 명사화 Sostantivazione dell'aggettivo qualificativo

(1) 형용사 앞에 관사가 오면 명사가 될 수 있다. [☞ 60쪽 ⓥ 정관사 참조]

i ricchi	부자들	i poveri	가난한 이들
i giovani	젊은이들	gli sposati	기혼자들
i vecchi	노인들	gli anziani	시니어들
i vicini	이웃들	gli stranieri	외국인들
gli storici	역사가들	gli studiosi	학자들

✎ 참고

명사화한 형용사들이 이제는 사전에 독립된 명사로 나타나 있다. 현재 분사나 과거 분사 형태에 관사를 붙여서 명사로 사용되는 단어들도 많다.

il nuovo	새것	il vecchio	옛것, 노인	il giovane	젊은이
un morto	사망자	un ferito	부상자	un malato	환자
i presenti	참석자들	gli assenti	부재자들	i sani	건강한 이들
i nati	출생자들	i feriti	부상자들	i morti	사망자들
i critici	비판론자들	i cinini	냉소론자들	gli scettici	회의론자들
i contagiati	감염자들	i guariti	완치자들	i vaccinati	백신 접종자들

(2) 형용사가 남성 단수 명사로 사용된 경우 추상적인 의미를 지닌다.

il buono	좋은 점	il bello	멋진 점
il giusto	옳은 점	il brutto	나쁜 점
lo strano	이상한 점	l'importante	중요한 점
il difficile	어려운 점	l'incredibile	믿을 수 없는 점

Il buono di Luigi è che non è affatto permaloso.
루이지의 좋은 점은 그가 전혀 다혈질이 아니라는 점이다.

È molto silenzioso: questo è il bello di questo albergo.
아주 조용하다. 이것이 이 호텔의 멋진 점이다.

(3) 국적이나 지방 형용사 앞에 복수 정관사를 사용하면 국민이나 사람을 나타낸다.

gli italiani	이탈리아인들	gli inglesi	영국인들
i coreani	한국인들	i cinesi	중국인들
i romani	로마 사람들	i napoletani	나폴리 사람들
i milanesi	밀라노 사람들	i bolognesi	볼로냐 사람들

> ✎ **참고**
>
> 국적이나 지방 형용사 앞에 단수형 정관사를 사용할 때는 주로 사회적 특성을 나타낸다.
> L'italiano ama la buona cucina.
> 이탈리아인은 맛있는 요리를 좋아한다.
> Il milanese è un gran lavoratore.
> 밀라노 사람은 열심히 일하는 사람이다.

(4) 국적의 형용사 앞에 단수 관사를 사용할 경우 국어나 방언을 나타낼 수 있다.

l'italiano	이탈리아어	il coreano	한국어
l'inglese	영어	il cinese	중국어
il francese	프랑스어	il giapponese	일본어
il siciliano	시칠리아 방언	il napoletano	나폴리 방언

(5) 종교 형용사 앞에 복수 정관사를 사용하면 종교인을 나타낸다.

i cristiani	기독교인들	i mussulmani	회교도인들
i buddisti	불교 신자들	gli ebrei	유대인들

6 품질(성질) 형용사의 부사적 기능 L'aggettivo con valore avverbiale

(1) 품질(성질) 형용사는 **부사적 기능**을 할 수 있다. 주로 **남성 단수** 형태로 사용된다.

Carlo va a scuola felice. [=felicemente] 카를로는 즐겁게 학교에 간다.
Il tempo corre veloce. [=velocemente] 시간은 빨리 흐른다.
Abbiamo visto giusto. [=giustamente] 우리는 옳게 보았다.
Parlate chiaro! [=chiaramente] 분명하게 말하시오!

(2) 관사가 앞에 와서 명사가 된 형용사는 다양한 형태의 부사 관용구를 이룬다.

con le buone	친절하게	alla svelta	민첩하게
all'improvviso	갑자기	all'antica	구식/복고풍으로
all'aperto	야외에서	come al solito	평소대로

7 품질(성질) 형용사의 등급 I gradi dell'aggettivo qualificativo

품질 형용사는 명사의 성질을 나타내 줄 뿐만 아니라 그 성질의 정도까지 나타낼 수 있다.

원급		piccolo	작은
비교급	우등	più piccolo di / che	~보다 더 작은
	열등	meno piccolo di / che	~보다 덜 작은
	동등	tanto piccolo quanto	~만큼 작은
		così piccolo come	~처럼 작은
최상급	상대적	il più piccolo di / fra, tra	~ 중에서 제일 작은
		il ragazzo più piccolo che io abbia visto	
		내가 본 사람 중에서 제일 작은 소년	
	절대적	piccolissimo	아주 작은 [비교의 대상이 없다]

✎ 참고

형용사의 이러한 등급은 명사와 구별되는 특징이다. 명사인 casa(집)를 casissima, tavolo(테이블)를 tavolissimo라고 할 수 없기 때문이다. 그러나 문법적으로 틀렸다고 하더라도 광고, 신문, TV, 스포츠 등에서 의미의 중요성을 강조하기 위해 명사에 최상급을 나타내는 접미사를 붙여 사용하기도 한다.

Sono d'accordissimo. [accordo] 나는 전적으로 동의해.
Lui è in gambissima. [gamba] 그는 아주 유능하다.
Mi sento in formissima. [forma] 나의 컨디션이 너무 좋다.

(1) 형용사의 비교급 Il grado comparativo [☞ 372쪽 부사의 비교급 참조]

ⓐ 우등 비교(il comparativo di maggioranza): ~이 ~보다 더 낫다고 비교하는 것이다.

		di	명사, 대명사, 한 개의 부사
più	형용사	che	(위의 것을 제외한) 나머지

- **più~di**: 비교사 di 다음에 명사, 대명사, 부사 한 개가 올 경우

  Matteo è più alto di Franco.　　　　　　[고유 명사]
  마테오는 프랑코보다 키가 더 크다.

  Roma è più grande di Firenze.　　　　　[고유 명사]
  피렌체는 로마보다 더 크다.

  L'italiano è più facile dell'inglese.　　　[보통 명사]
  이탈리아어가 영어보다 더 쉽다.

  Tu sei più giovane di me.　　　　　　　[인칭 대명사]
  네가 나보다 더 젊다.

  Il vino rosso è più forte di quello bianco.　[지시 대명사]
  적포도주가 백포도주보다 더 독하다.

  La mia camera è più piccola della tua.　　[소유 대명사]
  나의 방이 네 것보다 더 작다.

  Oggi tu sembri più stanco di ieri.　　　　[부사 한 개]
  오늘 너는 어제보다 더 피곤해 보인다. [피곤한 정도 비교]

  Giulia è più bella di prima.　　　　　　[부사 한 개]
  줄리아가 전보다 더 예쁘다.

  Oggi fa più freddo di ieri.　　　　　　　[부사 한 개]
  오늘 어제보다 더 춥다. [Oggi는 단순 부사 역할]

- **più~che**: 명사, 대명사, 한 개의 부사 비교를 제외한 나머지 경우

  i) 같은 주어(명사, 대명사)를 두고 두 개의 형용사 성질을 비교할 때

  Alberto è più simpatico che bello.
  알베르토는 잘생겼다기보다 훈남이다.

  Questa torta è più bella che buona.
  이 케이크는 맛있다기보다 예쁘다.

ii) 두 개의 동사를 비교할 때[동사와 동사를 비교]

Per me, studiare è più faticoso che lavorare.

내게는 일하는 것보다 공부하는 것이 더 힘들다.

È più difficile parlare una lingua straniera che capirla.

외국어를 말하는 것이 그것을 알아듣는 것보다 더 어렵다.

Mi piace (di) più cucinare che mangiare.

내겐 먹는 것보다 요리하는 것이 더 좋다. [부사구 di più는 강조적]

iii) 두 개의 구[전치사 + 명사/대명사]를 비교할 때

Mi piace (di) più mangiare a casa che alla mensa.

나는 구내식당에서보다 집에서 먹는 것이 더 좋다. [부사구 di più는 강조적]

Questo libro è più utile per Lucia che per me.

이 책은 나한테보다 루치아한테 더 쓸모가 있다.

Paola è più brava in italiano che in matematica.

파올라는 수학보다 이탈리아어를 더 잘한다.

Io viaggio più volentieri con il treno che con l'aereo.

나는 비행기보다 기차로 더 즐겨 여행한다.

iv) 두 개의 부사를 서로 나란히 비교할 때[부사와 부사를 비교]

Lui lavora più velocemente che precisamente.   [두 방법 부사를 비교]

그는 정확하게라기보다 빠르게 일한다.

Fa più freddo dentro che fuori.   [두 장소 부사를 비교]

바깥보다 안이 더 춥다.

Luca mi piace più ora che prima.   [두 시간 부사를 비교]

내게는 루카가 전보다 지금이 더 마음에 든다.

Fa più freddo oggi che ieri.   [두 시간 부사 비교]

어제보다 오늘이 더 춥다. [Oggi fa più freddo di ieri.]   [어제와 오늘을 비교]

v) 명사의 수량을 비교할 때

Di solito bevo più tè che caffè.

나는 주로 커피보다 차를 더 마신다.

In questa classe ci sono più ragazze che ragazzi.

이 학급에 소년들보다 소녀들이 더 많다.

ⓑ 열등 비교(Il comparativo di minoranza): ~이 ~보다 더 못하다는 비교이다. 구어체에서 열등 비교를 나타내야 할 경우 우등 비교로 바꾸어서 표현하는 것을 선호한다.

열등 비교의 di, che 사용도 우등 비교 용법과 동일하다.

meno	형용사	di	명사, 대명사, 한 개의 부사
		che	(위의 것을 제외한) 나머지

• **meno~ di**: 전치사가 따라오지 않는 명사, 대명사를 비교할 경우

Franco è meno alto di Gianni.　　　　　　[명사]
프랑코는 잔니보다 키가 덜 크다.

Firenze è meno grande di Roma.　　　　　[명사]
피렌체는 로마보다 덜 크다.

L'italiano è meno difficile dell'inglese.　[명사]
이탈리아어가 영어보다 덜 어렵다.

Io sono meno giovane di te.　　　　　　　[대명사]
내가 너보다 덜 젊다.

La mia camera è meno piccola della tua.　[소유 대명사]
나의 방이 네 것보다 덜 작다.

• **meno~ che**: 명사와 대명사, 한 개의 부사 비교를 제외한 나머지 경우

A casa nostra mangiamo meno carne che pesce.　[명사의 수량 비교]
우리 집에서는 생선보다 고기를 더 적게 먹는다.

Prendere il treno è meno caro che andare in macchina.　[동사 비교]
기차를 타는 것이 자동차로 가는 것보다 덜 비싸다.

Paolo è meno interessato allo sport che allo studio.　[전치사구 비교]
파올로는 공부보다 스포츠에 관심이 덜하다.

Maria è meno timida ora che prima.　　　　[두 개의 부사 비교]
마리아는 지금이 이전보다 덜 수줍어한다.　　　[이전과 지금을 비교]

✎ 참고

più와 meno 앞에 정도 부사(un pò, molto)를 넣어서 비교의 정도를 강조할 수 있다.

Sono un po' più giovane di te.　　내가 너보다 조금 더 젊어.
Sei molto più giovane di me.　　네가 나보다 훨씬 더 젊어.
Sono un po' meno giovane di te. 내가 너보다 조금 덜 젊어.

ⓒ 우등/열등 형용사 비교절: ~이 ~보다 더/덜 낫다고 비교하는 것이다. [☞ 2권 256쪽 ⓐ 접속법 참조]

più 더	형용사	di	quanto	(주어) + 동사[직설법, 접속법]
meno 덜			quello che	

- **più/meno ~ di quanto** + (주어) + 동사 [직설법, 접속법]

  L'italiano è più/meno difficile di quello che tu credi.　[=creda]

  이탈리아어는 네가 믿는 것보다 더/덜 어렵다.　　[직설법-비격식적 표현]

  Il lavoro è più/meno facile di quello che credevo.　　[=credessi]

  일이 내가 믿던 것보다 더/덜 쉽다.　　[직설법-비격식적 표현]

  Il problema è più/meno complesso di quanto pensassi. [=pensavo]

  문제는 내가 생각하던 것보다 더/덜 복잡하다.　　[접속법-격식적 표현]

> ✎ 참고
>
> più ~ di quello che가 più ~ di quanto보다 구어체적인 표현이다. di 이하의 종속절에는
> 직설법이나 접속법이 올 수 있는데 접속법을 사용할 경우 고급 문제가 된다.
>
> L'italiano è più/meno difficile di quello che pensavo. [구어체-직설법]
> L'italiano è più/meno difficile di quanto (io) pensassi. [격식적-접속법]
> 이탈리아어는 내가 생각하던 것보다 더/덜 어렵다.

ⓓ 동등 비교: 두 개의 성질이 차이 없이 동등하다고 비교하는 경우

동등 비교는 così ~ come, tanto ~ quanto처럼 상관 부사 형태를 취하고 있지만 현대
이탈리아어에서 앞에 있는 così와 tanto는 주로 생략해서 사용된다.

(così)	형용사	come	~처럼 ~한
(tanto)		quanto	~만큼 ~한

- Angelo è (così) bravo come Bruno.　　[명사 비교]
  안젤로도 브루노처럼 훌륭하다.
- Angelo è (tanto) bravo quanto Bruno.　　[명사 비교]
  안젤로도 브루노만큼 훌륭하다.

- Io sono (così) stanco come te.　　[대명사 비교]
  나도 너처럼 피곤하다.
- Io sono (tanto) stanco quanto te.　　[대명사 비교]
  나도 너만큼 피곤하다.

1. tanto ~ quanto: 명사의 양을 비교할 경우 명사의 성과 수에 따라 변화한다.

   Compro tanti cappelli quante scarpe.   나는 신발만큼 모자를 산다.

2. 같은 주어를 두고 두 개의 형용사를 비교할 경우에 tanto ~ quanto를 사용한다.

   Lei è tanto brava quanto bella.   그녀는 예쁜 만큼이나 훌륭하다.

3. 두 개의 동사를 비교할 때도 così ~ come, tanto ~ quanto를 사용한다.

   Studiare è spesso così / tanto faticoso come / quanto lavorare.

   공부하는 것이 종종 일하는 것처럼/만큼 힘들다.

4. 동등 비교절: così ~ come, tanto ~ quanto를 사용한다.

   L'italiano non è così facile come sembra.   이탈리아어는 보기보다 쉽지 않다.

   Sei davvero tanto bravo quanto dici?   네가 진짜 말하는 것만큼 훌륭하니?

(3) 형용사의 최상급 Il grado superlativo

ⓐ 상대적 최상급(il superlativo relativo): '~ 중에서 가장 ~한'

비교 대상들 가운데서 최고(우등 최상급)와 최하(열등 최상급)를 나타낸다.

i) 명사가 없는 경우: 비교사[~ 가운데서]를 강조할 경우 tra/fra를 사용하고, 일반적으로 di를 쓴다.

정관사(il, la)	più	형용사	di [중에서]
	meno		tra/fra [가운데서]

Lui è il più alto dei suoi compagni.

그가 그의 동료들 중에서 키가 제일 크다.

Luisa è la meno bella delle mie amiche.

루이자가 내 여자 친구들 중에서 가장 예쁘지 않다.

Lo zio Sergio è il più ricco fra tutti i miei parenti.

세르지오 삼촌이 나의 모든 친척들 가운데서 가장 부자이다.

La Sicilia è la più grande tra le isole italiane.

시칠리아가 이탈리아 섬들 가운데서 제일 크다.

Marco è il meno giovane fra i miei colleghi.

마르코는 나의 직장 동료들 가운데서 가장 젊지 않다.

Lorenzo è il meno veloce tra i ragazzi della classe.

로렌초가 학급 소년들 가운데서 가장 빠르지 않다.

ii) 명사가 있는 경우

정관사 바로 다음에 명사를 쓰는 것이 일반적이다. [☞ 2권 접속법 256쪽 ⓑ 참조]

정관사	명사	**più** **meno**	형용사	**di/fra** + 명사, 대명사 **che** + (주어) + 접속법/직설법

Il calcio è lo sport più popolare d'Italia.
축구는 이탈리아에서/이탈리아의 가장 인기 있는 스포츠이다.

È stato il giorno più bello della mia vita.
내 인생에서 가장 멋진 날이었다.

Qual è il monte più alto del mondo?
세계에서 가장 높은 산은 무엇입니까?

Lorenzo è lo studente meno preparato della classe.
로렌초는 학급에서 가장 준비를 안 해오는 남학생이다.

Qual è il film più interessante che hai/abbia mai visto?
네가 여태껏 본 영화 중에서 제일 재미있는 것이 뭐야?   [접속법-고급 문체]

È il libro più interessante che abbia (mai) letto.
내가 (여태) 읽은 것 중에서 가장 재미있는 책이다.   [접속법-고급 문체]

È la ragazza più bella che io conosca.
내가 아는 소녀들 중에서 가장 아름다운 소녀이다.   [접속법-고급 문체]

iii) 때로는 명사가 형용사 뒤에 오거나 명사가 생략될 수도 있다.

정관사 **il, la**	**più** **meno**	형용사	명사	**di/fra** + 명사, 대명사 **che** + (주어) + 접속법/직설법 동사

È stato il più bel giorno della mia vita.
내 인생 중에 가장 멋진 날이었다.

Roma è la più grande città d'Italia.
로마는 이탈리아에서 가장 큰 도시이다.

Tu sei il più bravo ragazzo che conosco/conosca.   [직설법-비격식적]
너는 내가 알고 있는 소년 중에서 가장 훌륭한 소년이다.   [접속법-격식적]

Questo è il più bel film che io ho/abbia visto.   [직설법-비격식]
이것은 내가 본 영화 중에서 가장 멋진 영화이다.   [접속법-격식적]

Questa musica è la meno interessante tra quelle che conosciamo.
이 음악이 우리가 알고 있는 것들 가운데서 제일 재미없다.

1. 최상급에서 mai(여태껏)는 경험을 나타내는 것으로서 강조의 기능을 하며 생략 가능하다.

Questo è il più bel film che io abbia mai visto.

내가 여태 본 영화 중 가장 멋진 영화이다.

2. 상대적 최상급에서 고찰할 점

   i) '~ 중에서, ~ 사이에서'를 나타내는 비교 용어는 di 와 fra/tra이다. fra/tra는 '사이에서, 가운데서'라는 부분의 의미를 강조할 경우에 사용된다. tra와 fra는 발음상의 차이로 의미는 같다.

Marco è il più alto dei suoi compagni.   [=fra i suoi compagni]

마르코는 그의 동료들 중에서 키가 제일 크다.   [그의 동료들 사이에서/가운데서]

   ii) 비교문에서 일반 전체를 나타내는 di tutti(모든 사람들 가운데서)는 생략할 수 있다.

Lui è il più alto (di tutti).   그가 모두들 가운데서 키가 제일 크다.

   iii) 비교사 'di + 국가, 대륙'이 특정화 보어(~의)로 사용될 경우 주로 정관사가 생략된다. 그러나 지명을 특히 강조할 경우에는 사용할 수 있다. di 대신에 in을 쓰기도 한다.

Qual è il treno più veloce d'Italia? (→ in Italia)

이탈리아의/이탈리아에서 가장 빠른 기차는 어떤 것입니까?

Il Monte Bianco è il monte più alto d'Europa. (→ in Europa)

몬테 비앙코(몽블랑)는 유럽의/유럽에서 가장 높은 산이다.

   iv) uno dei più(una delle più) + 복수 형용사 + 복수 명사 + di : (one of the~)
'가장 ~한 것들 중의 하나'라는 의미를 지니며 상대적 최상급 표현으로 사용된다.

Firenze è una delle più belle città del mondo.

피렌체는 세계에서 가장 아름다운 도시들 중의 하나이다.

La Fontana Trevi è una delle più belle fontane di Roma.

트레비 분수는 로마의 가장 아름다운 분수들 중의 하나이다.

Petrarca è uno dei più grandi poeti italiani.

페트라르카는 가장 위대한 이탈리아 시인들 중 한 명이다.

3. piacere, preferire 동사를 사용하여 비교급을 나타내는 방법

Mi piace più la montagna del mare.	난 바다보다 산이 더 좋다.
Preferisco la montagna al mare.	나는 바다보다 산을 더 좋아한다.
Preferisco più camminare che correre.	난 뛰는 것보다 걷는 것을 더 선호한다.
Preferisco camminare più che corrrere.	난 뛰는 것보다는 걷는 것을 선호한다.

ⓑ 절대적 최상급(Il superlativo assoluto): 다른 대상과 비교를 하지 않고, 그 자체의 성질이 아주 높고 낮은 정도를 표현한다.

i) -o로 끝나는 1종 형용사: 마지막 모음 -o을 떼고 최상급 접미사 -issimo를 붙이며, 명사의 성과 수에 따라서 네 가지 형태로 변화한다.

bello	남성	여성
단수	bell-issimo	bell-issima
복수	bell-issimi	bell-issime

Mario è bellissimo.
마리오는 아주 잘생겼다.

→ Maria è bellissima.
마리아는 아주 예쁘다.

Mario e Paolo sono bellissimi. → Maria e Paola sono bellissime.
마리오와 파올로는 아주 잘생겼다.　　마리아와 파올라는 아주 예쁘다.

È un ragazzo bravissimo.
아주 유능한 소년이다.

→ È una ragazza bravissima.
아주 유능한 소녀이다.

Sono dei ragazzi bravissimi.
아주 유능한 소년들이다.

→ Sono delle ragazze bravissime.
아주 유능한 소녀들이다.

ii) -e로 끝나는 2종 형용사: 마지막 모음 -e를 떼고 최상급 접미사 -issimo를 붙이며, 명사의 성과 수에 따라서 1종 형용사와 마찬가지로 네 가지 형태로 변화한다.

gentile	남성	여성
단수	gentil-issimo	gentil-issima
복수	gentil-issimi	gentil-issime

Mario è gentile.
마리오는 친절하다.

→ Mario è gentilissimo.
마리오는 아주 친절하다.

Laura è gentile.
라우라는 친절하다.

→ Laura è gentilissima.
라우라는 아주 친절하다.

Mario e Paolo sono gentili. → Mario e Paolo sono gentilissimi.
마리오와 파올로는 친절하다.　　마리오와 파올로는 아주 친절하다.

Laura e Chiara sono gentili. → Laura e Chiara sono gentilissime.
라우라와 키아라는 친절하다.　　라우라와 키아라는 아주 친절하다.

iii) 원급 형용사 앞에는 molto, tanto, assai(격식적·지역적) 등 정도 부사를 사용한다.

주어	동사	부사(매우, 정말)	-o(형)	-e(형)
Mario	è	molto tanto assai	bello	gentile
Maria			bella	
Mario e Paolo	sono		belli	gentili
Maria e Paola			belle	

✎ 참고

1. 엄격히 말해서 절대적 최상급 molto bello보다 bellissimo의 어감이 좀 더 강한 느낌이다.

Mario è molto bello. < Mario è bellissimo.
Maria è molto bella. < Maria è bellissima.

Mario è molto gentile. < Mario è gentilissimo.
Maria è molto gentile. < Maria è gentilissima.

2. molto, tanto, assai 이외에도 estremamente, notevolmente, enormemente, incredibilmente, straordinariamente 같은 부사들도 형용사 앞에 사용할 수 있다.
L'esercizio è estremamente difficile.   연습문제가 극도로 어렵다.
Sono notevolmente sorpreso.   나는 상당히 놀랐다.

iv) 원급 형용사 앞에 강조 부사 및 부사 관용구를 사용하면 최상급이 될 수 있다.
proprio, veramente, davvero, completamente, del tutto

Grazie, sei proprio gentile!   고마워, 넌 정말 친절해!
Tu sei veramente bella!   넌 정말 예쁘다!
I tuoi amici sono davvero simpatici!   너의 친구들은 정말 호감이 가!
Tu sei completamente impazzita!   넌 완전히 미쳤군!
Lui è del tutto impazzito.   그는 완전히 미쳤다.

v) 형용사 tutto + 원급 형용사도 절대적 최상급 의미를 나타낼 수 있다. 이 경우 tutto가 '완전히, 전적으로, 매우'라는 의미를 지닌 형용사로 주어의 성에 어미를 맞춘다.

Il bambino è tutto sudato.   아이는 온통 땀에 젖었다.
Stefano è tutto bagnato.   스테파노는 홀딱 젖었다.
Sofia è tutta contenta.   소피아는 완전 만족스러워한다.
La valigia è tutta piena.   여행 가방이 꽉 찼다.

vi) 형용사 + 비유적인 의미의 형용사

　　구어체에서 같은 성격의 형용사를 두 번 사용하여 최상급 의미를 나타낸다.

stanco morto	초주검이 된	ricco sfondato	엄청난 부자의
bagnato fradicio	흠뻑 젖은	ubriaco fradicio	잔뜩 취한
innamorato cotto	열렬히 사랑하는	pieno zeppo	빽빽이/꽉 찬

　　Stasera non esco perché sono stanco morto. [=stanchissimo]
　　오늘 저녁 외출을 안 한다. 왜냐하면 피곤해 죽을 지경이다.

　　Rita ha sposato un uomo ricco sfondato. [=ricchissimo]
　　리타는 굉장한 갑부와 결혼했다.

　　Lei è tornata a casa bagnata fradicia. [=bagnatissima]
　　그녀는 흠뻑 젖어서 집으로 돌아왔다.

　　Lui è tornato a casa ubriaco fradicio. [=ubriachissimo]
　　그는 고주망태가 되어 집으로 돌아왔다.

　　Alberto è innamorato cotto di Paola. [=innamoratissimo]
　　알베르토는 파올라한테 홀딱 반했다.

　　La stanza è piena zeppa di gente. [=pienissima]
　　방은 사람들로 꽉 차 있다.

vii) 구어체에서 원급의 형용사를 두 번 반복하여 형용사를 강조한다. [어린이들이 사용]

　　Leonardo è alto alto.　　　　　　레오나르도는 키가 크다 커.
　　Questo esercizio è facile facile.　이 연습문제 쉽다 쉬워.
　　Francesca è magra magra.　　　프란체스카는 말랐다 말랐어.

viii) 정도 부사 molto를 두 번 사용하여 강조한다.

　　Sei stato molto molto gentile.　　너는 아주아주 친절했어.

ix) da morire(죽여줄 정도로)을 사용하여 형용사 의미를 강조한다.

　　Francesco è bello da morire.　　프란체스코는 외모가 죽여준다.

x) come + 명사(~처럼)을 사용하여 형용사 의미를 강조한다.

　　Lui è buono come il pane.　　　그는 빵처럼 사람이 좋다.
　　Sono sano come un pesce.　　　나는 물고기처럼 건강하다.
　　È nero come il carbone.　　　　석탄처럼 새까맣다.

xi) 접두사 arci-, sopra(sovra)-, stra-, extra-, super-, ultra-, iper- 등을 이용한다.
오늘날 일상 구어체에서 형용사 앞에 접두사 super-를 넣어서 사용하는 표현들이 많다.

contento	arcicontento	[Io sono arcicontento.]
만족한	아주 만족스러운	나는 대만족이다.
affollato	sovraffollato	[È un treno sovraffollato.]
혼잡한	너무 혼잡한	초만원 열차이다.
cotto	stracotto	[Questa pasta è stracotta.]
익힌	너무 익힌	이 파스타는 너무 익었다.
veloce	extraveloce	[È un servizio extraveloce.]
신속한	초고속	초신속 서비스이다.
fortunato	superfortunato	[È superfortunato.]
행운이 있는	대행운의	그는 억세게 운이 좋다.
moderno	ultramoderno	[È una macchina ultermoderna.]
현대의	최신의	최신식 기계이다.
sensibile	ipersensibile	[Emma è ipersensibile.]
민감한	아주 민감한	엠마는 아주 민감하다.

(4) 특수 형태의 형용사 비교급과 최상급 [☞ 377쪽 부사의 불규칙 비교급과 최상급 참조]

ⓐ 다음의 형용사들은 비교급과 최상급에서 규칙과 불규칙 두 가지 형태를 취한다.

원급	우등 비교급	상대적 최상급	절대적 최상급
buono 좋은	più buono migliore	il più buono il migliore	buonissimo ottimo
cattivo 나쁜	più cattivo peggiore	il più cattivo il peggiore	cattivissimo pessimo
grande 큰	più grande maggiore	il più grande il maggiore	grandissimo massimo
piccolo 작은	più piccolo minore	il più piccolo il minore	piccolissimo minimo
alto 키가 큰, 높은	più alto superiore	il più alto il superiore	altissimo supremo
basso 낮은	più basso inferiore	il più basso l'inferiore	bassissimo infimo

i) 비교급(우등, 열등)

Questo vino è più buono / migliore di quello rosso.

이 포도주가 저 적포도주보다 더 맛있다(맛)/낫다(성질).

Questo personaggio è più cattivo / peggiore dell'altro.

이 인물이 다른 인물보다 더 악하다(성격)/더 못하다.

La mia pronuncia è migliore / peggiore della tua.

나의 발음이 네 발음보다 더 낫다/나쁘다.

Anna ha un carattere migliore / peggiore di Sara.

안나는 사라보다 더 좋은/나쁜 성격을 지녔다.

Ho un fratello maggiore e una sorella minore.

내게는 형(오빠) 한 명과 여동생 한 명이 있다. [=più grande, più piccola]

ii) 상대적 최상급(비교의 대상을 나타내지 않을 수 있다.)

Renato è il miglior / peggior studente della classe.

레나토가 학급에서 최우수(최고)/최악의 학생이다.

Qual è il modo migliore per imparare bene l'italiano?

이탈리아어를 잘 배우는 데 있어서 최선의 방법은 무엇입니까?

Antonella è la mia migliore amica. (delle mie amiche)

안토넬라는 나의 베스트 프렌드이다. (내 여자 친구들 중에서)

Fabio è il mio fratello maggiore / minore.

파비오는 나의 큰형(큰오빠)/막냇동생이다.

iii) 절대적 최상급: 규칙 형태는 객관적이고, 불규칙 형태는 추상적이고 주관적이다.

Il vino toscano è buonissimo / ottimo.

토스카나 지방의 포도주가 아주 맛있다/최고이다.

Mi sembra un'ottima / pessima idea!

내게는 최고/최악의 아이디어처럼 여겨진다.

Oggi sono di ottimo / pessimo umore.

오늘 나는 최고/최악의 기분이다.

Questa stoffa è di ottima / pessima qualità.

이 직물은 최고급/최저 품질이다.

Lui sta ascoltando la radio con il volume massimo / minimo.

그는 볼륨을 최대/최저로 해서 라디오를 듣고 있다.

1. 라틴어에서 나온 superiore와 inferiore는 비교사 a(~보다)를 사용한다.

   I risultati sono stati superiori alle aspettative.

   결과가 기대 이상이었다. [=più alti delle aspettative]

   Il guadagno è stato inferiore al previsto.

   수입이 예상 이하였다. [=più basso del previsto]

2. 라틴어에서 나온 preferire 동사도 비교사 a(~보다)를 사용한다.

   Preferisco l'italiano all'inglese. 나는 영어보다 이탈리아어를 선호한다.

   Preferisco l'autunno alla primavera. 나는 봄보다 가을을 더 좋아한다.

3. migliore와 meglio 차이점

   migliore는 형용사 buono[좋은]의 비교급으로 형태가 변화한다. (migliore, migliori)

   meglio는 부사 bene[잘]의 비교급으로 형태가 변화하지 않는다. (meglio)

   Quella macchina è buona, ma questa è migliore. [di quella]

   그 자동차는 좋지만, 그러나 이것이 그것보다 더 낫다/좋다. [essere의 주격보어(형용사)]

   Quella macchina funziona bene, ma questa funziona meglio. [di quella]

   그 자동차가 잘 작동되지만, 이것이 더 잘 작동된다. [funzionare 동사를 수식하는 부사]

4. 비교급과 최상급 형태를 취할 수 없는 형용사

   i) 단어 자체에 이미 최상급의 의미를 내포하고 있는 형용사

meraviglioso (굉장한)	straordinario (비범한)	incredibile (믿을 수 없는)
splendido (눈부신)	enorme (막대한)	eccezionale (이례적인)
immenso (광대한)	infinito (무한한)	eterno (영원한)

   ii) 명사 뒤에 위치하는 형용사들

   · 명사에서 유래한 관계 형용사 una scuola statale 국립학교

   · 시간을 나타내는 형용사 una rivista settimanale 주간잡지

   · 재료를 나타내는 형용사 un elemento chimico 화학 요소

   · 형태를 나타내는 형용사 un oggetto rotondo 둥근 물체

   · 변형된 형용사 una ragazza bellina 아리따운 소녀

   · 국가, 도시 등을 나타내는 형용사[구어체에서 강조를 위해 비교급과 최상급이 사용되기도 한다.]

   un prodotto tipicamente italiano 전형적인 이탈리아 제품

   un'usanza tipicamente siciliana 시칠리아 전형적인 관습

   italianissimo, sicilianissimo 아주 이탈리아적인, 아주 시칠리아적인

2 소유 형용사 Gli aggettivi possessivi [☞ 284쪽 소유 대명사 참조]

1 소유 형용사의 형태

	단수(singolare)		복수(plurale)	
	남성	여성	남성	여성
io	il mio	la mia	i miei	le mie
tu	il tuo	la tua	i tuoi	le tue
lui / lei	il suo	la sua	i suoi	le sue
Lei	il Suo	la Sua	i Suoi	le Sue
noi	il nostro	la nostra	i nostri	le nostre
voi	il vostro	la vostra	i vostri	le vostre
loro	il loro	la loro	i loro	le loro

이탈리아어 소유격에는 소유 형용사와 소유 대명사가 있다. 소유 형용사(~의)는 형용사이기 때문에 수식하는 명사의 성과 수에 따라 어미를 일치시켜야 한다. 즉 소유 형용사는 소유자의 성과 수에 따라 변화하는 것이 아니라 소유되는 명사(피소유물)의 성과 수에 따라 어미가 변화한다.

il	mio	libro	나의 책	i	miei	libri	나의 책들
	tuo		너의 책		tuoi		너의 책들
	suo		그/그녀의 책		suoi		그/그녀의 책들
	Suo		당신의 책		Suoi		당신의 책들
	nostro		우리들의 책		nostri		우리들의 책들
	vostro		너희들의 책		vostri		너희들의 책들
	loro		그들의 책		loro		그들의 책들
la	mia	penna	나의 펜	le	mie	penne	나의 펜들
	tua		너의 펜		tue		너의 펜들
	sua		그/그녀의 펜		sue		그/그녀의 펜들
	Sua		당신의 펜		Sue		당신의 펜들
	nostra		우리들의 펜		nostre		우리들의 펜들
	vostra		너희들의 펜		vostre		너희들의 펜들
	loro		그들의 펜		loro		그들의 펜들

피소유물(명사) + di + 소유자(명사)

Questo è il libro di Paolo?
이것이 파올로의 책입니까?

Questa è la penna di Paolo?
이것이 파올로의 펜입니까?

Questi sono i libri di Paolo?
이것들이 파올로의 책들입니까?

Queste sono le penne di Paolo?
이것들이 파올로의 펜들입니까?

Questo è il libro di Paola?
이것이 파올라의 책입니까?

Questa è la penna di Paola?
이것이 파올라의 펜입니까?

Questi sono i libri di Paola?
이것들이 파올라의 책들입니까?

Queste sono le penne di Paola?
이것들이 파올라의 펜들입니까?

Come è il tuo lavoro?
너의 일은 어떠니?

Come è la tua camera?
너의 방은 어떠니?

Come sono i tuoi genitori?
너의 부모님은 어떤 분이시니?

Come sono le tue giornate?
너의 하루 일과들은 어떠니?

Qual è il Suo nome?
당신의 이름이 어떻게 되죠?

Quali sono i Suoi interessi?
당신의 관심사들은 어떤 것인가요?

Dove è il vostro bambino?
당신들의 남자아이는 어디 있어요?

Dove è la vostra bambina?
당신들의 여자아이는 어디 있어요?

Dove sono i vostri bambini?
당신들의 아이들은 어디 있어요?

정관사 + 소유 형용사 + 명사

-Sì, è il suo libro.
예, 그의 책입니다.

-Sì, è la sua penna.
예, 그의 펜입니다. [penna의 성에 일치]

-Sì, sono i suoi libri.
예, 그의 책들입니다.

-Sì, sono le sue penne.
예, 그의 펜들입니다.

-Sì, è il suo libro.
예, 그녀의 책입니다. [libro의 성에 일치]

-Sì, è la sua penna.
예, 그녀의 펜입니다.

-Sì, sono i suoi libri.
예, 그녀의 책들입니다.

-Sì, sono le sue penne.
예, 그녀의 펜들입니다.

-Il mio lavoro è interessante.
나의 일은 재미있어.

-La mia camera è piccola.
내 방은 작아.

-I miei genitori sono generosi.
나의 부모님은 관대하셔.

-Le mie giornate sono intense.
나의 하루 일과들은 빡빡해.

Qual è la Sua taglia?
당신의 옷 치수가 어떻게 되나요?

Quali sono le Sue passioni?
당신의 열정(관심사)은 어떤 것인가요?

-Il nostro bambino è a scuola.
우리들의 아이는 학교에 있어요.

-La nostra bambina è a scuola.
우리들의 여자아이는 학교에 있어요.

-I nostri bambini sono a casa.
우리들의 아이들은 집에 있어요.

Dove sono le vostre bambine?
당신들의 여자아이들은 어디 있어요?

-Le nostre bambine sono qui.
우리들의 여자아이들은 여기에 있어요.

Questo è l'indirizzo dei signori Rossi?
이것이 로씨 부부의 주소인가요?

-Sì, è il loro indirizzo.
예, 그들의 주소입니다.

Questa è la casa dei signori Rossi?
이것이 로씨 부부의 집인가요?

-Sì, è la loro casa.
예, 그들의 집입니다.

Questi sono i bambini dei signori Rossi?
이들이 로씨 부부의 남자아이들인가요?

-Sì, sono i loro bambini.
예, 그들의 남자아이들입니다.

Queste sono le bambine dei signori Rossi?
이들이 로씨 부부의 여자아이들인가요?

-Sì, sono le loro bambine.
예, 그들의 여자아이들입니다.

2 소유 형용사의 관사 사용 유무

(1) 소유 형용사 앞에 관사를 생략하는 경우

ⓐ 가족이나 친척 관계를 나타내는 단수 명사일 경우, 관사가 생략된다.

mio		padre	아버지	mia		madre	어머니
tuo		marito	남편	tua		moglie	아내
suo		figlio	아들	sua		figlia	딸
Suo		fratello	형제	Sua		sorella	자매
nostro		zio	삼촌	nostra		zia	숙모, 고모
vostro		nonno	할아버지	vostra		nonna	할머니
il	loro	cugino	남자 사촌	la	loro	cugina	여자 사촌

Mio padre è sempre occupato.   나의 아버지는 항상 바쁘시다.
Mia madre è casalinga.   나의 어머니는 가정주부이시다.
Quanti anni ha tuo fratello, Carlo?   카를로, 너의 형/남동생은 몇 살이니?
Come sta tua sorella, Aldo?   알도, 네 누나/여동생은 어떻게 지내?
Che lavoro fa Suo marito?   당신의 남편은 무슨 일을 하세요?
Come si chiama Sua figlia?   당신의 딸 이름은 무엇입니까?

> **☹주의**
>
> loro는 가족이나 혈연관계의 단수 명사라 하더라도 항상 관사를 사용한다.
> 왜냐하면 loro의 형태가 동일하여 정관사를 통해서만 성과 수를 확인할 수 있기 때문이다.
> il loro figlio 그들의 아들   la loro figlia 그들의 딸
> il loro padre 그들의 아버지   la loro madre 그들의 어머니

ⓑ 호격이나 감탄문일 경우 관사가 생략된다. 이때 강조를 위해서 소유 형용사는 명사 뒤에 위치한다. 소유격을 강조하지 않을 경우에 소유 형용사가 명사 앞(Oh mio Dio!)에 위치하기도 한다.

Figlio mio!	내 아들아!	Figliolo mio!	사랑스러운 아들내미야!
Figlia mia!	내 딸아!	Padre mio!	아버지시여!
Amico mio!	내 친구야!	Amore mio!	내 사랑아/여보!
Tesoro mio!	내 보배야/여보!	Mamma mia!	에구머니/어머나!
Caro mio!	자기야/여보! [남자]	Cara mia!	자기야/여보! [여자]
Signore mio!	저의 주님!	Dio mio!	나의 하느님!
Fratelli miei!	형제 여러분!	Amici miei!	내 친구들아!

> ✎ 참고
>
> 명사 amore, tesoro, caro는 사랑하거나 소중하다고 생각하는 사람들(자기야, 여보, 아가야, 내 강아지~)에게 소유격 mio를 생략하고 쓸 수 있는 말이다. (darling, honey)
>
> | Ciao, amore! | Ciao, tesoro! | Ciao, caro/a! |
> |---|---|---|
> | 안녕, 내 사랑 | 안녕, 내 보물 | 안녕, 사랑하는 사람아! |

ⓒ 전치사와 함께 쓰여 관용어구로 사용될 경우, 관사가 생략된다. 이때 소유 형용사는 명사 뒤에 위치한다.

a modo mio / tuo / suo	내/네/그(그녀) 나름대로(방식대로)
a casa mia / tua / sua	나/너/그(그녀)의 집으로(집에)
a causa mia / tua / sua	나/너/그(그녀) 때문에
di testa mia / tua / sua	내/네/그(그녀) 마음대로
da parte mia / tua / sua	내/네/그(그녀) 편에서
in camera mia / tua / sua	내/너/그(그녀) 방에서
per colpa mia / tua / sua	내/네/그(그녀) 탓으로

> ✎ 참고
>
> 관용어처럼 쓰이는 일부 표현들도 관사 없이 형용사가 명사 뒤에 위치한다.
>
> | Sono fatti/affari miei! | 내 일이야. 상관하지 마! |
> |---|---|
> | Non sono fatti/affari tuoi! | 네 일 아냐, 넌 상관 마! |
> | È colpa mia/tua! | 내/너 잘못이야. |
> | È tutto merito tuo. | 모든 것이 네 덕분이다. |
> | Senti, questa è casa mia! | 이봐, 이것은 내 집이야. |
> | Tu sei amico mio! | 넌 내 친구야! |

(2) 소유 형용사 앞에 관사를 사용하는 경우

ⓐ 가족이나 친척 관계를 나타내는 복수 명사인 경우 관사를 사용한다.

i	miei	**figli**	자식들	**le**	mie	**figlie**	딸들
	tuoi	**fratelli**	형제들		tue	**sorelle**	자매들
	suoi	**zii**	아저씨들, 삼촌네		sue	**zie**	아주머니들
	Suoi	**nonni**	할아버지들		Sue	**nonne**	할머니들
	nostri	**cugini**	(남자) 사촌들		nostre	**cugine**	여자 사촌들
	vostri	**nipoti**	(남자) 조카/손자들		vostre	**nipoti**	여자 조카/손녀들
	loro	**suoceri**	시부모/장인, 장모		loro	**suocere**	시어머니/장모들

I miei figli studiano all'Univerrsità.   나의 자식들은 대학에서 공부한다.
Le mie figlie sono tutte sposate.   나의 딸들은 모두 결혼했다.
Che cosa fanno i tuoi fratelli?   너의 형제들은 무엇을 하니?
Anna va a trovare le sue sorelle.   안나는 그녀의 자매들을 방문하러 간다.
I nostri nonni abitano in campagna.   우리 조부모님은 시골에 사신다.
Le nostre cugine sono in viaggio.   우리들의 여자 사촌들은 여행 중이다.

ⓑ 가족 단수 명사라고 할지라도 소유 형용사가 다른 수식어와 함께 사용될 경우 관사를 사용한다.

il mio caro padre   la mia seconda figlia
나의 사랑하는 아버지   나의 둘째 딸

il mio futuro / ex marito   la mia amata / adorata moglie
나의 미래의/전 남편   사랑하는/너무나 사랑하는 내 아내

il tuo simpatico cugino   la tua bella cugina
너의 호감 가는 남자 사촌   너의 예쁜 여자 사촌

ⓒ 가족 단수 명사라 하더라도 특정화 전치사 di(~의)의 수식을 받을 경우 관사를 사용한다.

Conosci il mio zio di Roma?   로마에 계신 나의 삼촌을 아니?
Questa è la mia zia di Torino.   이분이 나의 토리노 고모/이모이시다.

ⓓ 진짜 친척이 아니라 정서적인 관계를 가리키는 명사들은 관사를 사용한다.

il mio fidanzato   나의 약혼자   la mia fidanzata   나의 약혼녀
il mio ragazzo   나의 남자 친구   la mia ragazza   나의 여자 친구
il tuo compagno   너의 동반자   la tua compagna   너의 동반녀
il tuo partner   너의 파트너   la tua partner   너의 파트너

ⓔ 가족 단수 명사라 하더라도 애칭으로 사용된 경우 관사를 사용한다.

Il mio papà   나의 아빠   la mia mamma   나의 엄마

il mio figliolo   나의 아들내미   la mia figliola   나의 딸내미

il mio babbo   나의 아빠(토스카나 지방에서 사용하는 애칭)

> ✎ 참고
>
> 1. 가족 관계를 나타내는 애칭 명사들은 문법적으로 정관사를 사용해야 하지만 일상적인 대화에서 혹은 지역에 따라서 많은 사람들이 정관사를 사용하지 않고 말한다.
>
>   la mia mamma (→ mia mamma)   나의 엄마
>
>   il mio papà   (→ mio papà)   나의 아빠
>
> 2. 합성 명사도 소유 형용사 앞에 정관사를 붙인다.
>
>   il mio bisnonno   나의 증조부   la mia bisnonna   나의 증조모
>
> 3. patrigno, matrigna, figliastro, figliastra도 정관사를 사용한다.
>
>   il mio patrigno   나의 의붓아버지   la mia matrigna   나의 의붓어머니
>
>   il mio figliastro   나의 의붓아들   la mia figliastra   나의 의붓딸

ⓕ 가족 단수 명사라고 하더라도 변형 접미사가 붙었을 경우 관사를 사용한다.

il mio fratellino   la mia sorellina

나이 어린 남동생   나의 어린/사랑스러운 누이

il tuo nipotino   la tua nipotina

너의 귀여운 조카/손자   너의 귀여운 여자 조카/손녀

ⓖ 가족 단수 명사라고 하더라도 특별히 강조하기 위해 명사 뒤에 소유 형용사를 둘 때 관사를 사용한다.

il fratello mio [← mio fratello]   나의 형

il padre tuo   [← tuo padre]   너의 아버지

la madre mia [← mia madre]   나의 어머니

ⓗ 소유 형용사 loro와 proprio는 가족 단수·복수 명사를 가리지 않고 항상 관사를 사용한다.

il loro fratello   그들의 형제   il proprio fratello   자신의 형제

i loro fratelli   그들의 형제들   i propri fratelli   자신의 형제들

la loro sorella   그들의 누이   la propria sorella   자신의 누이

le loro sorelle   그들의 누이들   le proprie sorelle   자신의 누이들

3 소유 형용사의 위치 La posizione dell'aggettivo qualificativo

(1) 정(부정)관사 + 소유 형용사 + 명사: 소유 형용사 앞에 부정관사도 올 수 있다.

il mio amico 나의 남자 친구   la mia amica 나의 여자 친구

un mio amico 나의 한 남자 친구   una mia amica 나의 한 여자 친구

(2) 지시 형용사 + 소유 형용사 + 명사: 소유 형용사 앞에 지시 형용사도 올 수 있다.

questo mio amico 나의 이 친구   questa mia amica 나의 이 여자 친구

quel tuo amico 너의 그 친구   quella tua amica 너의 그 여자 친구

(3) 부정 형용사 + 소유 형용사 + 명사: 이런 경우에 부정 대명사로 바꾸어 쓰는 것이 낫다

alcuni miei amici [→ alcuni dei miei amici]   내 친구들 중 몇 명

molti miei ami [→ molti dei miei amici]   내 친구들 중 많은 이

qualche mio amico [qualche는 부정 대명사 형태가 없다]   나의 몇몇 친구

tutti i miei amici [tutti 다음에는 반드시 정관사가 따라온다]   나의 모든 친구들

(4) 관사(지시사) + 소유 형용사 + 수 형용사 + 명사 + 국적 형용사

I miei tre amici americani sono partiti per il mare.

나의 그 3명의 미국 친구들이 바다로 떠났다.

(5) 관사(지시사) + 소유 형용사 + (수 형용사) + 품질 형용사 + 명사

Franca e Luisa sono le mie due migliori amiche.

프랑카와 루이자는 나의 가장 친한 두 여자 친구들이다.

관사(지시사) + 소유 형용사 + (수 형용사) + 명사 + 품질 형용사

I suoi due fratelli maggiori vivono all'estero.

그의 두 형들은 해외에서 산다./그녀의 두 오빠들은 해외에 산다.

✎ 참고

1. 형용사가 여러 개 사용될 경우, 사용 순서는 다음과 같다.

소유 형용사 > 수 형용사 > 부정 형용사 > 품질 형용사 > 명사 > 형상 형용사 > 색상 형용사 > 국적 형용사

2. il mio amico와 il mio ragazzo의 차이

il mio amico 나의 남자 친구(동료)   il mio attuale ragazzo 나의 현재 남자 친구

(6) 소유 형용사가 명사 뒤에 위치하는 경우

ⓐ 감탄문에 사용되거나 호격으로 쓰일 때 [☞ 162쪽 ⓑ참조]

Figlio mio! 나의 아들아!   Madre mia! 나의 어머니!
Amici miei! 내 친구들아!   Amica mia! 내 친구야!

ⓑ 관용구로 사용될 때 [☞ 162쪽 ⓒ참조]

Lui fa sempre di testa sua.   그는 항상 자기 멋대로 한다.
Vieni a casa mia?   나의 집으로 오지?
È tutta colpa mia.   모두 내 탓이다.
Non sono fatti tuoi!   네 일 아냐! 넌 상관 마!

ⓒ 소유 형용사를 강조하고자 할 때 [☞ 164쪽 ⓖ참조]

Non toccare la roba mia!   내 물건에 손대지 마!
È arrivata la zia nostra!   우리 고모/이모/숙모가 도착하셨다!
Questo è il posto mio!   이것이 내 자리이다.

4 소유 형용사를 생략하는 경우 Omissione dell'aggettivo possessivo

(1) 문장에서 소유자를 분명하게 직관할 수 있는 경우 소유 형용사를 생략한다.

Paolo ha alzato la (sua) testa dai libri.
파올로는 책에서 머리를 들어올렸다.

Luigi dorme con la (sua) bocca aperta.
루이지는 입을 벌리고 잠잔다.

Mi fa male la (mia) testa.
내 머리가 아프다.

(2) 문장의 다른 요소로 인해 소유자를 확실히 알 수 있을 경우

Paolo mi ha restituito il libro.
그는 내게 책을 돌려주었다. [=il mio libro]

Oggi vado al cinema con il papà e con la mamma.
나는 오늘 아빠, 엄마와 함께 영화 보러 간다. [=il mio papà, la mia mamma]

(3) 소유가 신체 부위에 관계된 명사일 경우 소유격 대신 목적격이나 재귀 대명사를 사용한다.

   ⓐ 주어 + 약형 간접 목적격 대명사 혹은 재귀 대명사 + 타동사 + 신체 부위 명사

Il gatto mi lecca la faccia.   [=Il gatto lecca la faccia a me.]
고양이가 내 얼굴을 핥는다.   [고양이가 나에게 얼굴을 핥는다.]

Mia madre mi lava le mani.   [=Mia madre lava le mani a me.]
나의 어머니가 내 손을 씻겨준다.   [어머니가 나에게 손을 씻겨준다.]

Mia madre si lava le mani.   [=Mia madre lava le mani a sé.]
나의 어머니가 자신의 손을 씻는다.   [나의 어머니가 자신에게 손을 씻긴다]

   ⓑ 주어 + 약형 직접 목적격 대명사 + 타동사 + 전치사 + 신체 부위 명사

Lui mi prende per mano.   그는 내 손을 잡는다.

Ti guardo negli occhi.   나는 너의 눈을 바라본다.

Lui mi bacia sulla fronte.   그는 나의 이마에 키스를 한다.

Lei non mi guarda in faccia.   그녀는 내 얼굴을 쳐다보지 않는다.

> 📝 **참고**
>
> 간접 목적격 약형 대명사 + **자동사** + 신체 부위 명사(주어)
>
> Mi cola il naso.   내게 콧물이 흐른다.
> Mi gira la testa.   내 머리가 돈다/어지럽다.
> Mi brucia la gola.   내 목이 따갑다.
> Mi lacrimano gli occhi.   내 눈에 눈물이 난다.
> Mi tremano le mani.   내 손이 떨린다.

5   소유 형용사 proprio(자기 자신의), altrui(다른 사람의)

(1) proprio: 자기의, 자신의 (수식하는 명사에 따라 형태가 변한다.)

   ⓐ 주어와 소유자가 동일 인물이면 **3**인칭 단수 **suo**와 복수 **loro** 대신에 사용할 수 있다.

Lui ha fatto il suo / proprio dovere.
그는 그의/자신의 의무를 다했다.

Francesca guida la sua / propria macchina.
프란체스카는 그녀의/자신의 자동차를 운전한다.

I ragazzi hanno i loro / propri problemi.
소년들은 그들의/자신들의 문제를 가지고 있다.

ⓑ 특정한 주어가 없는 비인칭 형식(3인칭 단수 동사 형태)에서 **proprio**의 사용은 의무적이다.

Si deve fare il proprio dovere.

자신의 의무를 다해야 한다.

È difficile ammettere i propri difetti.

자신의 결점을 인정하기 어렵다.

Bisogna assumersi le proprie responsabilità.

자신의 책임을 져야 한다.

ⓒ 주어가 불특정한 부정 대명사나 부정 형용사일 경우 소유격 **suo**나 **loro**보다 **proprio**를 사용하는 것이 더 좋다. 특정한 소유자가 아니라 일반적인 소유자를 나타내기 때문이다.

Tutti possono esprimere il proprio pensiero. [=loro]

모두가 자기 생각을 표현할 수 있다.

Ciascuno è artefice del proprio destino. [=suo]

각자는 자신의 운명의 창조자이다.

Ognuno deve ascoltare la prorpia coscienza. [=sua]

모든 사람은 자신의 양심에 귀를 기울여야 한다.

In Italia, ogni città ha la propria tradizione culinaria. [=sua]

이탈리아에서는 모든 도시마다 고유한 요리 전통이 있다.

ⓓ **proprio**가 소유격과 함께(소유 형용사 뒤) 사용될 때 소유의 개념이 강조된다.

L'ho visto con i miei propri occhi.

나는 그것을 직접 내 눈으로 보았다.

Non riconosci la tua propria madre?

너는 바로 너의 어머니도 못 알아보니?

Maria l'ha preparato con le sue proprie mani.

마리아는 직접 그녀의 손으로 그것을 준비했다.

ⓔ **proprio**는 **suo**와 **loro**의 소유 개념이 불분명할 때 소유자를 분명히 하기 위해 쓰인다. 왜냐하면 **proprio**는 주어와 소유자가 동일한 경우에만 사용되기 때문이다.

Roberto parla con Carlo nel suo ufficio. [로베르토/카를로의]

로베르토는 카를로와 그의 사무실에서 이야기를 한다. [suo가 누구인지 불분명]

Roberto parla con Carlo nel proprio ufficio. [로베르토의]

로베르토는 카를로와 자기 사무실에서 이야기를 한다. [proprio는 주어와 동일]

ⓕ 비제한적인 명사구에 사용될 때에도 **proprio** 사용은 의무적이다.

La propria casa è sempre la migliore. 자기 집이 언제나 최고이다.
Come amare il proprio lavoro? 자기 일을 어떻게 사랑할 것인가?

✎ 참고

proprio가 부사로 사용될 경우에는 형태가 변하지 않는다. (동사, 형용사, 부사 수식)

1. 정말로, 진짜로[=veramente, davvero]
   Ora devo proprio andare. [=veramente] 지금 나 정말로 가야 해.
   Sono proprio stanco. [=davvero] 나는 정말 피곤하다.
   Mi piace proprio. [=veramente] 정말로 내 마음에 든다.
   Questo vestito ti sta proprio bene. 이 옷 네게 정말 잘 어울려.

2. 바로, 정확히[=addirittura, precisamente, esattamente] 강조적으로 사용
   È arrivato proprio adesso. 그는 바로 지금 도착했다.
   Proprio in quel momento è arrivato. 바로 그 순간에 그가 도착했다.
   Questo è proprio il libro che cercavo. 이것이 바로 내가 찾던 책이다.
   L'ho fatto proprio io. 바로 내가 그것을 했다.
   Parlavamo proprio di te. 우리는 바로 너에 대해 말하고 있었다.
   Anch'io abito proprio lì. 나도 바로 거기에 살아.
   Lui ha detto proprio così. 그가 바로 그렇게 말했다.
   È vero? -Sì, proprio così. 사실이야? 바로 그래.

3. (부정문에서) 조금도, 전혀[=affatto, per niente]
   Non ho proprio sonno. 나는 전혀 졸리지 않다.
   Non ho proprio voglia di uscire. 나는 전혀 나가고 싶지 않아.
   Non mi interessa proprio. 난 전혀 관심이 없어.

(2) altrui: 타인의, 남의, 다른 사람의, 다른 사람들의[문어체]

화자나 청자가 아닌 다른 사람들을 지칭하는 소유 형용사로서 '다른 사람의(di un altro, di un'altra)', '다른 사람들의(di altri, degli altri)'와 같은 부정확한 소유자나 소유자들을 가리킨다. 형태는 변화하지 않으며, 항상 명사 뒤에 위치한다.

Non desiderare la roba altrui. [=la roba d'altri]
남의 물건을 탐내지 말라.

Bisogna rispettare le opinioni altrui. [=le opinioni degli altri]
다른 사람들의 의견을 존중해야 한다.

Laura è molto curiosa dei fatti altrui. [=i fatti degli altri]
라우라는 다른 사람들의 일에 무척 호기심이 많다.

3 지시 형용사 Gli aggettivi dimostrativi [☞ 288쪽 지시 대명사 참조]

지시 형용사는 관계되는 명사 앞에서 한정하는 기능을 한다. 그래서 항상 명사 앞에 위치하며, 지시 형용사 앞에 관사가 사용되지 않는다. 그러나 부정 형용사 tutto는 지시 형용사 앞에 올 수 있다. 형용사의 순서는 지시 형용사 + 소유 형용사 + 수 형용사 + 품질(성질) 형용사 + 명사이다.

tutti	questi	miei	libri
부정 형용사 +	지시 형용사 +	소유 형용사 +	명사

나의 이 모든 책들

questi	miei	due	bei	fratelli
지시 형용사 +	소유 형용사 +	수 형용사 +	성질 형용사 +	명사

멋진 이 두 명의 내 남형제들

1 지시 형용사의 형태 [☞ 288쪽 지시 대명사 참조]

(1) questo: 이 ~

questo가 지시 형용사로 사용될 때 단수는 모음 앞에서 모음 생략(quest')을 할 수 있다. 몇 가지 특별한 경우를 제외하고 모음 생략은 선택적이며 발음하기 편한 대로 하면 된다.

	남성	여성
단수	questo quest'	questa quest'
복수	questi	queste

ⓐ 공간적으로 화자에게 가까운 사람이나 사물을 가리킨다.

Questo posto è libero.
이 자리는 비었다.

Questa sedia è libera.
이 의자는 비었다.

Questi posti sono liberi.
이 자리들은 비었다.

Queste sedie sono libere.
이 의자들은 비었다.

Quest'amico è italiano.
이 남자 친구는 이탈리아인이다.

Quest'amica è italiana.
이 여자 친구는 이탈리아인이다.

Questi amici sono italiani.
이 남자 친구들은 이탈리아인이다.

Queste amiche sono italiane.
이 여자 친구들은 이탈리아인이다.

ⓑ 시간적으로 가까운 것을 가리킨다.

questo mese	이번 달	quest'anno	올해
questa settimana	이번 주	quest'estate	이번 여름에
questa volta	이번에	questo fine-settimana	이번 주말
a quest'ora	이 시간에	in questo momento	이 순간에
a questo punto	이 시점에	in questi giorni	요즘

ⓒ 시간적으로 가까운 대화, 즉 방금 얘기했던 것을 가리킨다.

Questi discorsi mi annoiano.   이런 대화들은 나를 지루하게 한다.

Grazie per queste parole.   이 말들 고마워.

✎ 참고

1. 장소 부사 qui, qua를 명사 뒤에 사용해서 questo 의미를 강조할 수 있다.

Questo ragazzo qui è il mio amico Carlo.

여기 있는 이 소년은 나의 친구 카를로이다.

Quanto costa questa borsa qui?

여기 이 가방 얼마예요?

2. 여성형 questa는 다음 명사들 앞에서 sta가 되어 부사 합성어가 된다.

questa mattina	→	stamattina	오늘 아침
questa sera	→	stasera	오늘 저녁
questa notte	→	stanotte	오늘 밤

---

(2) quello: 저 ~

quello가 지시 형용사로 사용될 때 정관사 형태처럼 변화한다.

정관사 지시사	남성 단수			여성 단수		남성/여성 복수		
	il	**lo**	**l'**	**la**	**l'**	**i**	**gli**	**le**
quello	quel	quello	quell'	quella	quell'	quei	quegli	quelle

il libro	quel libro	→	i libri	quei libri
lo studente	quello studente	→	gli studenti	quegli studenti
l'albero	quell'albero	→	gli alberi	quegli alberi
la penna	quella penna	→	le penne	quelle penne
l'amica	quell'amica	→	le amiche	quelle amiche

ⓐ 공간적으로 화자와 청자에게 멀리 떨어져 있거나 혹은 청자에게 가까운 사람이나 사물을 가리킨다.

Conosci quel signore?　　　　　　저 아저씨 아니?

Come si chiama quella ragazza?　저 아가씨 이름이 뭐야?

Quanto costa quella borsa?　　　그 가방 얼마예요?

ⓑ 시간적으로 멀리 떨어져 있는 것을 가리킨다.

quel giorno	그날	quella mattina	그날 아침
quell'anno	그해	quella sera	그날 저녁
a quell'ora	그 시간에	in quel momento	그 순간
a quel punto	그 시점에	in quei giorni	그 당시

ⓒ 대화에서 멀게 느껴지는 것을 나타낸다.

Non voglio più vedere quella donna!

다시는 그런 여자를 보고 싶지 않아!

Che cosa significano quelle parole che hai detto?

네가 한 그 말들, 무슨 뜻이야?

✎ 참고

1. quello는 장소 부사 lì, là 등이 관련되는 명사 뒤에 와서 의미가 강조될 수 있다.

Di chi è questa penna?　　　　-Forse è di quel signore là.

이 펜이 누구의 것이지?　　　　아마 저기 저 아저씨 것일 게야.

Chi è quella ragazza lì?　　　저기 저 소녀 누구야?

Quel vestito là è proprio bella.　저쪽 저 옷 정말 예쁘다.

2. codesto(그 ~)는 화자에게는 멀고 청자에게는 가까운 사물이나 사람을 가리킨다. 토스카나 지방 지방 언어에만 해당되며 문학적·관료적인 언어로 사용된다. 오늘날에는 codesto를 사용해야 할 경우 일반적으로 quello로 바꾸어 사용하고 있다.

Chi è codesto ragazzo? [→ quel]

그 소년이 누구지?

In codesta occasione non ti sei comportato bene. [→ quella]

그 상황에서 너는 처신을 잘못했다.

Non dovevi farmi codeste cose. [→ quelle]

넌 내게 그런 짓은 하지 말아야 했다.

- stesso / medesimo: 똑같은 ~, 동일한 ~

두 요소가 완전히 동일함을 나타내는 형용사이다. 명사의 성과 수에 따라 변화하며, 지시 형용사 (questo)와는 달리 stesso 앞에 관사가 쓰인다. stesso와 medesimo는 동일한 의미와 역할로 일반적으로 stesso가 많이 사용되며 medesimo는 격식적이며 문어체적인 표현이다.

Frequentiamo lo stesso corso.	우리는 똑같은 과정을 다닌다.
Abbiamo la stessa età.	우리는 동갑이다.
Abbiamo gli stessi gusti.	우리는 같은 취향들을 가졌다.
Abbiamo le stesse idee.	우리는 같은 생각들을 가졌다.
Noi siamo nati nello stesso giorno.	우리는 같은 날에 태어났다.
Siamo nella stessa barca.	우리는 같은 배를 탔다.
Lui pensa sempre alle stesse cose.	그는 항상 똑같은 것들만 생각한다.

✎ 참고

1. 인칭 대명사 주격과 함께 사용되어 '자신이 직접(proprio)'이라는 의미를 나타낸다.

Io stesso ho assistito alla scena.	내가 직접 장면을 목격했다.
Guarda tu stesso!	네 자신이 직접 봐라!

2. 재귀 대명사와 함께 사용되어 '자기 자신'이라는 의미를 나타낸다.

Conosci te stesso.	너 자신을 알라.
Lei si fida solo di se stessa.	그녀는 자기 자신만 믿는다.

3. '정확히(esatamente), 바로(proprio)'라는 강조적인 의미이다.

Devi scrivergli oggi stesso.	넌 오늘 당장 그에게 써야 한다.
Volevo tornare a casa quella sera stessa.	나는 그날 저녁 당장 집으로 돌아가고 싶었다.

4. '직접적으로(personalmente), 몸소(in persona)'라는 의미를 나타낸다.

   Il professore stesso mi ha insegnato questa cosa.
   교수님께서 직접 나에게 이것을 가르쳐주셨다.

   L'ho fatto io, con le mie stesse mani.   내가 내 손으로 직접 이것을 했다.

5. '심지어 ~까지, ~조차도(perfino)'라는 의미를 나타낸다.

   Paolo stesso, non ha saputo che dire.
   심지어 파올로까지도 무슨 말을 해야 할지 몰랐다.

3 **지시 형용사로 사용되는 부정 형용사들**

(1) tale: 그와 같은, 그런 [문어체] [☞ 190쪽 부정 형용사, 304쪽 부정 대명사 참조]

문학적인 성격이 강하기 때문에 일상의 구어체에서는 questo, quello로 바꾸어 쓰는 것이 낫다. 성의 구분 없이 단수일 경우 tale이며 복수형은 tali이다.

È meglio non seguire tali consigli.　그런 충고들은 따르지 않는 것이 더 낫다.

Non dire tali stupidaggini!　　　　　그런 바보 같은 소리 하지 마!

(2) simile, siffatto(고어): 그러한, 이러한, 그런/이런 종류의

certo, tale와 마찬가지로 앞에서 언급한 사항을 부정적인 의미로 언급하기 위해 사용되는 형태이다. siffatto는 고어체로 오늘날 거의 사용되지 않는다.

Non ho mai visto una cosa simile.　　그런 종류의 것은 결코 보지 못했다.

Non avrai più un'occassione simile.　너는 더 이상 그런 기회는 갖지 못할 거야.

Non ascolto simili stupidaggini.　　　나는 그런 헛소리는 듣지 않는다.

(3) altro: 남아 있는, 남은, 나머지의 [☞ 182쪽 (4) 부정 형용사 참조]

부정 형용사 altro 앞에 정관사가 올 경우에 지시 형용사로 사용된다.

Due volte alla settimana vado a Roma, gli altri giorni sto qui.
일주일에 두 번 로마에 가고, 나머지 날들은 여기에 있다.

Non so dove mettere gli altri libri.
남은 책들은 어디에다 둘지 모르겠다.

Gli altri invitati ci sono rimasti fino a mezzanotte.
초대받은 나머지 손님들은 자정까지 그곳에 남아 있었다.

(4) suddetto, detto, predetto, anzidetto, su accennato, sopra detto, sotto -scritto, sunnominato, citato: 상술한, 상기의

거의 관료 언어에서 독점적으로 사용되며, 작품을 분류할 때도 사용된다.

Gli aggettivi suddetti sono tipici del linguaggio burocratico.
위에서 말한 형용사들은 관료 언어의 전형적인 것이다.

Gli autori citati sono tutti della seconda metà dell'Ottocento italiano.
인용한 작가들은 모두 이탈리아 1800년대 중후반의 작가들이다.

Il sottoscritto Mario Rossi chiede di partecipare al concorso.
아래 서명된 마리오 로씨는 대회 참가를 요청합니다.

4 부정 형용사 Gli aggettivi indefiniti [☞ 292쪽 부정 대명사 참조]

정확하지 않은 성질이나, 모호하고 부정확한 양과 수 개념을 나타내는 형용사이다.

1 항상 부정 형용사로만 사용되는 형태

단수		복수	
남성	여성	남성	여성
ogni		-	
qualche		-	
qualunque			
qualsiasi			
certo	certa	certi	certe
diverso	diversa	diversi	diverse
vario	varia	vari	varie

(1) ogni: 모든, 각각의, ~마다, 매

항상 단수 형태로만 사용되고 형태가 변화하지 않으며, 명사 앞에 위치한다.

ogni + 단수 명사	=	tutti	정관사	남성 복수 명사
		tutte		여성 복수 명사

ⓐ 항상 단수 명사와 함께 사용되며 '모든'의 의미로, **tutti**와 **tutte**와 같은 뜻이다.
사람이나 사물 그룹의 각 개체 또는 요소를 나타낸다.

Ogni uomo è mortale. [=Tutti gli uomini sono mortali.]
모든 인간은 죽게 마련이다.

Ogni studente deve dare l'esame. [=Tutti gli studenti hanno~]
모든 학생은 시험을 봐야 한다.

Ogni persona ha i propri problemi. [=Tutte le persone hanno~]
모든 사람들이 자신의 문제를 가지고 있다.

Ogni classe ha due insegnanti. [=Tutte le classi hanno~]
모든 학급에는 교사가 두 명씩 있다.

ⓑ 분배적인 의미(valore distributivo): '~마다' 의미로 ogni 다음에 단수 명사가 온다.

ogni giorno	=	tutti i giorni	매일
ogni mese	=	tutti i mesi	매달
ogni anno	=	tutti gli anni	매년
ogni volta	=	tutte le volte	매번
ogni mattina	=	tutte le mattine	매일 아침
ogni sera	=	tutte le sere	매일 저녁
ogni settimana	=	tutte le settimane	매주
ogni notte	=	tutte le notti	매일 밤
ogni lunedì	=	tutti i lunedì	월요일마다
ogni domenica	=	tutte le domeniche	일요일마다
ogni estate	=	tutte le estati	여름마다

Vado a scuola ogni giorno, tranne il sabato e la domenica.
나는 토요일과 일요일을 제외하고 날마다 학교에 간다. [=tutti i giorni]

Ci sono venti ore di lezione ogni settimana.
매주 스무 시간의 수업이 있습니다. [=tutte le settimane]

Vado in montagna ogni domenica.
나는 일요일마다 산에 간다. [=tutte le domeniche]

그러나 ogni 다음에 수 형용사가 오면 복수 명사가 올 수 있다.

Ogni quanto passa l'autobus 500? -Ogni dieci minuti.
얼마 만에 한 대씩 500번 버스가 지나갑니까?   10분마다.

Anna viene a trovarci una volta ogni due mesi.
안나는 2개월에 한 번 우리를 방문하러 온다.

Deve prendere due compresse ogni sei ore.
여섯 시간마다 두 알씩 드셔야 합니다.

✎ 참고

in ogni caso	어쨌든 [=comunque]
in ogni modo	무슨 일이 있어도, 어떻게든
ogni tanto	매번
ogni volta che	~할 때마다 [=whenever]

(2) qualche: 약간의, 어떤

항상 단수 명사와 함께 사용되며 형태가 변화하지 않는다.

qualche + 단수 명사	=	alcuni + 남성 복수 명사
		alcune + 여성 복수 명사

ⓐ '약간의, 몇몇의' 의미로 부정 형용사 **alcuni**와 **alcune**와 같은 뜻이다.

(per) qualche giorno = (per) alcuni giorni
며칠 동안　　　　　　　　　　며칠 동안

qualche mese fa = alcuni mesi fa
몇 달 전에　　　　　　　　　몇 달 전에

fra qualche anno = fra alcuni anni
몇 년 후에　　　　　　　　　몇 년 후에

da qualche ora = da alcune ore
몇 시간째/몇 시간 전부터　　　몇 시간째/몇 시간 전부터

qualche volta = alcune volte
때때로　　　　　　　　　　　때때로

Ho invitato qualche amico a casa. [=alcuni amici]
나는 몇 명의 친구들을 집에 초대했다.

Paolo si fermerà a Roma (per) qualche giorno. [=alcuni giorni]
파올로는 로마에 며칠간 머물 것이다.

Per le strade c'era solo qualche persona. [=alcune persone]
거리에는 단지 몇몇 사람만이 있었다.

Qualche volta andiamo a cena fuori. [=alcune volte]
때때로 우리는 저녁에 외식하러 간다.

ⓑ 추상 명사 앞에서 '어느 정도의, 얼마만큼의' 의미를 나타낸다.

Ho ancora qualche dubbio.
나는 아직 약간의 의심을 품고 있다.

Ci vuole qualche tempo per abituarsi.
적응하려면 어느 정도의 시간이 필요하다.

C'è ancora qualche speranza.
아직 약간의 희망은 있다.

Ho ancora qualche difficoltà a parlare.
난 말하는 데 아직 약간의 어려움이 있다.

ⓒ '어떤(certo), 어느(uno), 어떤 ~든지(qualsiasi)'의 의미를 나타낸다. **qualche** 앞에 부정 관사가 와서 강조적으로 사용되기도 한다.

È un'opera di un qualche valore.
어떤 가치가 있는 작품이다.

Ho avuto una qualche soddisfazione.
나는 어떤 만족감을 가졌다.

Non ci siamo già visti da qualche parte?
우리 어딘가에서 서로 이미 본 적 없어요?

In qualche modo cercherò di convincerlo.
어떤 방법으로든 그를 설득시키려고 노력해 볼 것이다.

(3) qualunque: 어떤, 어느, 아무

형태가 변하지 않으며 qualsiasi와 의미가 같아서 바꾸어 쓸 수 있다. 부정 관사와 함께 쓸 수 있으며, 명사 앞이나 뒤에 사용된다. 명사 뒤에 사용될 경우에는 '평범한, 보통의' 의미를 나타내며, 때로는 경멸적인 의미를 지닌다. 단수 명사와 함께 사용되지만 복수 명사 뒤에도 사용된다.

Farei qualunque cosa per lei.   [=qualsiasi]
그녀를 위해서라면 어떤 것이든지 하겠다.

Telefonami in qualunque momento.   [=qualsiasi]
아무 때나 내게 전화해.

Oggi non è un sabato qualunque.   [=qualsiasi]
오늘은 그냥 (평범한) 토요일이 아니다.

Passami un giornale qualunque!   [=qualsiasi]
내게 아무 신문이나 하나 건네줘. (손에 잡히는 대로)

(4) qualsiasi: 어떤, 어느, 아무

단수 명사와 함께 사용되며 qualunque와 동일한 의미로 서로 바꾸어 쓸 수 있다. 명사 뒤에 위치할 경우 복수 명사와도 사용되며 '특별한 가치가 없는, 평범한'이라는 의미를 나타낸다.

Mi puoi fare qualsiasi domanda. [=qualunque]
내게 아무 질문이나 해도 돼.

Telefonami a qualsiasi ora.   [=qualunque]
아무 시간이나 나한테 전화해.

Io non sono un uomo qualsiasi.   [=qualunque]
나는 그냥 아무 남자가 아니다.

Sono piatti di porcellana, non piatti qualsiasi. [=qualunque]
그것들은 단순한 접시가 아니라 도자기 접시이다.

(5) certo: 명사의 성과 수에 따라 변화하며, 의미가 다양하다

ⓐ **certo** 앞에 부정 관사(un, una)가 붙어서 알려지지 않은 사람을 가리킨다.

Ti ha cercato un certo signor Bianchi.　　[=un tale]

어떤 비앙키 씨라는 사람이 너를 찾았어.

Ti ha telefonato una certa signora Rossi.　[=una tale]

어떤 로씨라는 부인이 네게 전화를 했어.

ⓑ 복수로 명사 앞에서 '약간의(qualche), 몇몇의(alcuni / alcune)'의 의미를 지닌다.

Ho parlato con certi amici. [=alcuni amici, qualche amico]

나는 나의 몇몇 친구들과 말을 했다.

Certe volte non ti capisco. [=qualche volta, alcune volte]

어떤 때에는 난 너를 이해하지 못하겠다.

In certe occasioni non so come comportarmi. [=in alcuni casi]

어떤 경우들에는 내가 어떻게 처신해야 할지 모를 때가 있다.

명사 뒤에서는 품질(성질) 형용사로서 '확실한, 분명한, 명확한'의 의미를 지닌다.

⎡ Posso darti certe notizie.　　[=부정 형용사 alcune]

　 너에게 여러 소식들을 전해줄 수 있다.

⎣ Posso darti notizie certe.　　[=품질 형용사 sicure]

　　 너에게 확실한 소식들을 전해줄 수 있다.

ⓒ '어느 정도, 웬만큼, 상당한(alquanto)'의 의미로, 부정확한 양을 나타낸다.

Ci vuole un certo coraggio.　　　　어느 정도 용기가 필요하다.

Ho un certo appetito.　　　　　　내가 약간 식욕이 난다.

È una persona di una certa età.　어느 정도 연세가 있는 사람이다.

Ho una certa fame!　　　　　　　나 배가 좀 많이 고파!

Lui ha una certa esperienza.　　그는 어느 정도 경험이 있다.

ⓓ 대개 경멸적인 뜻의 '그 같은, 그러한(simile, tale)'의 의미를 지닌다.

È meglio non frequentare certa gente.

그런 사람들과 어울리지 않는 것이 더 낫다.

Non devi dire certe cose!

너는 그런 것들을 말해서는 안 돼!

(6) diverso, vario

ⓐ **diverso**와 **vario**가 명사 앞에 위치하면 '상당한(parecchio), 많은(numeroso)'과 동일한 의미를 지닌다.

> In vacanza ho conosciuto diverse persone. [=parecchie]
> 나는 바캉스에서 여러 사람들을 만났다.
>
> In vacanza ho conosciuto varie persone. [=parecchie]
> 나는 바캉스에서 여러 사람들을 만났다.

ⓑ **diverso**와 **vario**가 명사 뒤에 위치하면 **diverso**는 '성질이 다른', **vario**는 '각양각색'의 의미가 된다.

> In vacanza ho conosciuto persone diverse. [=differenti, più tipi]
> 나는 바캉스에서 내가 알던 사람과는 다른 부류의 사람들을 알았다.
>
> In vacanza ho conosciuto persone varie. [=di vari tipi, di più tipi]
> 나는 바캉스 때 여러 유형의/별의별 사람들을 알았다.

2   부정 형용사와 부정 대명사로 모두 사용할 수 있는 부정 형용사들

단수		복수	
남성	여성	남성	여성
ciascuno	ciascuna	-	-
nessuno	nessuna	-	-
alcuno	alcuna	alcuni	alcune
altro	altra	altri	altre
poco	poca	pochi	poche
parecchio	parecchia	parecchi	parecchie
tanto	tanta	tanti	tante
molto	molta	molti	molte
troppo	troppa	troppi	troppe
tutto	tutta	tutti	tutte
tale		tali	

(1) ciascuno: 각각의[☞ 298쪽 (1) 부정 대명사 참조]

부정 대명사, 형용사로 모두 사용 가능하며, 항상 단수 형태로 사용한다. 부정 형용사로 사용될 경우
부정 관사 형태(어미 탈락과 모음 생략)처럼 변화한다. 사람, 사물, 동물 모두 사용 가능하다.

Ciascun libro costa trenta euro.

각 책은 값이 30 유로이다.

Ciascuno studente ha sostenuto l'esame.

각 학생들이 시험을 치렀다.

Ciascuna copia deve essere firmata.

각 사본은 서명되어야 합니다.

(2) nessuno: 아무런 [☞ 298쪽 (2) 부정 대명사 참조]

부정 대명사, 형용사로 모두 사용 가능하며, 항상 단수 형태로 사용한다. 부정 형용사로 사용될 경우
부정 관사 형태(nessun, nessuno)처럼 변화하고 사람, 사물, 동물 모두 사용 가능하다.

ⓐ 부정(否定)의 의미가 담겨 있기 때문에 nessuno가 동사 앞에 사용되면 non이 필요 없다. 그
러나 동사 뒤에 사용될 경우에는 non을 사용한다. 이때 non은 이중 부정이 긍정이 아니라 부
정을 더욱 강조하는 역할을 한다.

Nessun uomo mi ama. / Non mi ama nessun uomo.

아무 남자도 나를 사랑하지 않는다/나를 아무 남자도 사랑하지 않는다.

Non c'è nessun pericolo / problema.

아무런 위험이/문제가 없다.

Non voglio nessuna ricompensa.

나는 아무런 보답을 원치 않는다.

Non siamo andati da nessuna parte.

우리는 아무 데도 가지 않았다.

Non ti posso aiutare in nessun modo.

어떤 방법으로든 너를 도울 수가 없다.

ⓑ 직접 의문문과 se로 시작하는 간접 의문문에서 nessuno는 긍정적인 의미로 '약간의, 어떤
(qualche)'의 뜻이다. 이때 nessuno가 동사 뒤에 위치하더라도 non을 사용하지 않는다.

C'è nessun inglese fra voi? [=qualche inglese]

여러분 중에 영국인 있습니까?

C'è nessuna lettera per me? [=qualche lettera]

제게 온 어떤 편지 있습니까?

(3) alcuno [☞ 299쪽 (3) 부정 대명사 참조]

부정 형용사, 대명사 모두 사용 가능하며, 성과 수에 따라 변화한다. 부정 형용사로 쓰일 경우 부정 관사 형태처럼(alcun, alcuno, alcuna, alcun') 변화한다.

ⓐ 단수형 **alcuno**와 **alcuna**는 부정문과 전치사 **senza** 다음에 위치해, '아무런'이라는 부정의 의미로 사용된다. **nessuno**와 같은 뜻이다. **alcuno**는 다소 고급 언어에 속하기 때문에 구어체에서는 **alcuno** 대신 **nessuno**로 바꾸어 쓰는 것이 좋다.

Non ho alcun bisogno di aiuto. [=nessun bisogno]
나는 아무런 도움도 필요가 없다.

Non c'è alcuna ragione di temere. [=nessuna ragione]
두려워해야 할 아무런 이유가 없다.

ⓑ 복수형 **alcuni**, **alcune**는 '약간의, 몇몇의'라는 의미로서 **qualche**와 같은 뜻이다.

Ho incontrato Paolo alcuni giorni fa. [=qualche giorno]
나는 파올로를 며칠 전에 만났다.

Alcune volte non ti capisco. [=Qualche volta]
때로는 너를 이해 못 하겠어.

(4) altro [☞ 300쪽 (4) 부정 대명사 참조]

부정 형용사, 부정 대명사로 모두 사용되며, 부정 형용사로 사용될 경우 여러 가지 복합적인 의미가 있다.

ⓐ '그 위에 더 ~, 그 외에 다른'이라는 추가적 개념을 나타낸다. [=ulteriore]

Prendi un altro caffè?	커피 한 잔 더 마실래?
Vuoi un'altra birra?	맥주 한 잔 더 할래?
Ripeto un'altra volta.	한 번 더 반복할게요.
Altri due bicchieri, per favore!	두 잔 더 주세요!
Rimango qui altre due settimane.	여기에 2주간 더 머무른다.
Ci sono altre domande?	다른 질문들 더 있습니까?

ⓑ '새로운, 또 다른'의 의미를 나타낸다. [=nuovo]

Ho comprato un altro vestito.	나는 또 다른 옷을 샀다.
Ho comprato un'altra automobile.	나는 또 다른 자동차를 샀다.

ⓒ '나머지의, 여분의'를 나타낸다. [=restante, rimanente]

Chi ha mangiato l'altra metà della torta?

파이의 나머지 반은 누가 먹었지?

Dove sono tutti gli altri studenti?

나머지 학생들은 전부 어디에 있지?

ⓓ '다른, 별개의, 틀린'의 의미[=diverso, differente]

Mi dispiace, ho già un altro impegno.

유감이지만, 난 이미 다른 약속이 있어.

Scusa, ma questo è un'altra cosa.

미안한데, 이것은 별개의 것이야.

Se ti comporti così, non ho altra scelta.

네게 그렇게 행동한다면, 내겐 별다른 선택지가 없어.

ⓔ 과거의 어느 한때를 가리키는 '지난, 이전의'의 의미[=scorso, precedente]

È partito l'altra settimana. [=la settimana scorsa]

그는 전 주(지난 주)에 떠났다.

L'altro giorno lui mi ha detto così. [=un po' di tempo fa]

일전에/요 전날 그는 내게 그렇게 말했다.

ⓕ 미래의 어떤 지점을 가리켜 '언젠가, 그다음'의 의미[=prossimo, seguente]

Mi dispiace, oggi non posso. Sarà per un'altra volta.

미안하지만 오늘은 안 되겠어요. 언제 다음번 기회로 할게요.

ⓖ 다른 부정 대명사, 의문 대명사와 함께 사용된다. [영어의 else]

Desidera qualcos'altro?	다른 뭐 원하시는 것 있으세요?
Non mi serve nient'altro.	다른 아무것도 내게 필요하지 않아요.
Non voglio nessun altro.	난 다른 누구도 원하지 않는다.
Qualcun altro ti sostituirà.	다른 누군가가 너를 대신할 거야.
Che altro vuoi sapere?	다른 무엇을 알고 싶어?
Chi altro c'è in casa?	집에 다른 누가 있어?

ⓗ 주격 인칭 대명사 'noi'와 'voi' 다음에 altri가 붙어서 대조의 의미가 강조된다.

Noi altri non sapevamo più cosa fare.

너희들과는 다른 우리들로서는 무엇을 해야 할지 더 이상 알 수가 없었다.

(5) poco: 소량의, 거의 없는[☞ 301쪽 (5) 부정 대명사 참조]

부정 대명사와 형용사로 모두 사용 가능하다. 단수형 poco와 poca는 양을 가리키고 복수형 pochi와 poche는 수를 가리킨다. 수식하는 명사의 성과 수에 따라 변화하며, 적은 수와 양을 가리키기 때문에 부정의 의미가 내포되어 있다. 부정 형용사 molto와 반대되는 개념이다.

단수	poco ↔ molto	poca ↔ molta	적은 ↔ 많은[양]
복수	pochi ↔ molti	poche ↔ molte	적은 ↔ 많은[수]

Ho poco tempo per la famiglia. [↔ molto tempo]
나는 가족에 할애할 시간이 별로 없다.

Qui c'è poco spazio per muoversi. [↔ molto spazio]
여기 움직일 공간이 별로 없다.

C'è poca gente in fila. [↔ molta gente]
줄 서 있는 사람들이 별로 없다.

Ho avuto poca fortuna con il tempo. [↔ molta fortuna]
나는 날씨 운이 별로 없었다.

Questo mese ho pochi soldi. [↔ molti soldi]
이번 달에 나는 돈이 별로 없다.

Ci sono poche persone in giro. [↔ molte persone]
돌아다니는 사람들이 별로 없다.

Hai fatto molti progressi in poco tempo.
너는 얼마 안 되는 시간에 많은 발전을 했다.

☹ 주의

1. poco와 molto는 반대 개념이 된다.

fra poco tempo	잠시 후에	↔	fra molto tempo	오랜 시간이 지난 후에
fra pochi giorni	며칠 안 있으면	↔	fra molti giorni	여러 날 이후에
pochi giorni fa	일전에	↔	molti giorni fa	여러 날 전에
fra pochi anni	몇 년 안 있으면	↔	fra molti anni	몇 년 후에

2. poco 다음에 명사(tempo)가 생략된 형태로 쓰이는 경우도 있다.

A tra poco! 　　　　　　　　　잠시 후에 보자!
Manca poco a Natale. 　　　　성탄절이 되려면 얼마 안 남았다.
Ci fermiamo solo per poco. 　우리는 잠간만 머문다/멈춘다.

(6) parecchio: 상당한[☞ 302쪽 (6) 부정 형용사 참조]

부정 대명사, 형용사로 모두 사용 가능하며 상당한 수와 양을 나타낸다. molto보다는 적은 양과 수를 나타내며, alquanto와 동의어이다. 성과 수에 따라 변화하며 단수 형태 parecchio와 parecchia는 양을 나타내고, 복수 형태 parecchi와 parecchie는 수를 나타낸다.

Ci vuole parecchio tempo.	상당한 시간이 걸린다.
Ho invitato parecchia gente.	나는 상당수의 사람들을 초대했다.
Ci sono parecchi studenti.	상당한 수의 학생들이 있다.
Ci sono andato parecchie volte.	나는 그곳에 꽤 여러 번 갔다.

(7) tanto: 많은[☞ 302쪽 (7) 부정 대명사 참조]

ⓐ 부정 대명사와 형용사로 모두 사용 가능하며, 수식하는 명사의 성과 수에 따라 형태가 변화한다. molto와 같은 뜻이며 많은 양과 수의 개념을 나타낸다. 단수 tanto, tanta는 양의 개념을 나타내며, 복수 tanti와 tante는 수의 개념을 나타낸다. tanto는 결과절(~할 정도로 많은)을 이끌 수 있기 때문에 어감상 molto보다 조금 더 강한 느낌이다.

È passato tanto tempo.	많은 시간이 흘렀다. [=molto]
Qui c'è tanta gente.	여기에 사람들이 많다. [=molta]
Ho tanti amici a Roma.	나는 로마에 친구가 많다. [=molti]
In Italia ci sono tante pizzerie.	이탈리아에 피자집들이 많다. [=molte]
Tanti Auguri di Buon Natale!	성탄 축하드립니다.
Tanti saluti a tutti!	모두에게 안부 전해.
Tante grazie!	매우 감사합니다.

ⓑ tanto ~ che, tanto ~ da: 결과절을 이끈다.

[너무 ~해서 ~하다, ~할 정도로 너무 ~하다]

C'era tanta gente che non si poteva entrare.
들어갈 수 없을 정도로 많은 사람들이 있었다.

Ho tanti libri che non so dove metterli.
나는 책이 너무 많아서 어디에다 두어야 할지 모르겠다.

Ho tanto lavoro da non avere mai un momento di riposo.
나는 일이 너무 많아서 잠시도 쉴 틈이 없다.

Lui ha tanti soldi da non sapere dove spenderli.
그는 어디에다 써야 할지 모를 정도로 많은 돈을 가지고 있다.

ⓒ tanto [A] quanto [B]: 동등 비교절로서 A와 B는 같다는 것을 나타낸다.

Lui spende tanto denaro quanto guadagna.

그는 돈을 버는 만큼 쓴다.

C'erano tanti posti quanti erano gli invitati.

초대받은 사람들의 수만큼이나 많은 자리가 있었다.

(8) molto: 많은 [☞ 302쪽 (8) 부정 대명사 참조]

부정 대명사와 형용사로 모두 사용 가능하며, 많은 양과 수를 가리킨다. '많은'의 의미로 'tanto'와는 동의어이고, 'poco(적은)'와 반대말이다. 수식하는 명사의 성과 수에 따라 변화하며, 단수 형태 molto와 molta는 양을 나타내고 복수 형태 molti와 molte는 수를 나타낸다.

Non ho molto tempo libero.	나는 자유 시간이 많이 없다.
Ho molta fame.	나는 배가 많이 고프다.
Ho fatto molti errori nel compito.	나는 숙제에 많은 실수를 했다.
Ci sono molte persone nella piazza.	광장에 많은 사람들이 있다.

✏️ 참고

1. molto 다음에 명사(tempo)를 생략한 형태로 사용할 수 있다.

Ho dovuto aspettare molto.	나는 오랫동안 기다려야만 했다.
C'è molto da aspettare?	오랫동안 기다려야 합니까?
Ci vuole molto per prepararti?	네가 준비하는 데 시간 오래 걸리니?

2. molto와 tanto는 동의어이지만 구어체에서 tanto가 molto보다 양적으로 강한 느낌을 준다. tanto 뒤에 ~할 만큼의 결과절이 생략되었다고 볼 수 있기 때문이다.

Ho avuto molta paura.	**Ho avuto tanta paura.**
난 매우 무서웠다. [단순한 수식]	난 엄청 무서웠다. [~할 정도로가 생략됨.]

(9) troppo: 너무 많은 [☞ 303쪽 (9) 부정 대명사 참조]

부정 대명사, 형용사로 모두 사용 가능하며, '지나치게 많은'의 의미로 tanto, molto(많은)보다 더 많은 양(troppo, troppa)과 수(troppi, troppe)를 가리킨다.

C'è troppo traffico in città.	도시의 교통체증이 너무 심하다.
Qui c'è troppa confusione.	여기 너무 혼란/혼잡스럽다.
Non mangiare troppi dolci.	너무 많은 과자/단것을 먹지 마!
Fai sempre troppe domande.	너는 항상 너무 많은 질문을 해.

(10) tutto: 모든, 전부의, 전체의 [☞ 303쪽 (10) 부정 대명사 참조]

부정 대명사, 부정 형용사로 모두 사용 가능하며, 전체를 나타낸다. tutto가 부정 형용사로 사용 되었을 경우에 수식하는 명사에 따라 성과 수가 변화하며, 순서는 다음과 같다.

tutto/a/i/e	정관사	(소유 형용사) + 명사
	지시 형용사	

ⓐ 단수형 **tutto**와 **tutta**는 '전부의, 전체의(intero)'라는 의미를 지닌다.

Ho letto tutto il libro.	책을 한 권 전부 다 읽었다.
Ho mangiato tutta la torta.	파이를 전부 다 먹었다.
Vorrei girare tutto il mondo.	전 세계를 돌아다니고 싶다.
Ti amo con tutto il mio cuore.	난 온 마음을 다해 너를 사랑해.
Ho lavorato (per) tutta la vita.	나는 평생토록 일했다.
Hai bevuto tutta quest'acqua?	이 물 전부 다 마셨니?

단수형 **tutto/tutta** + 정관사 + 단수 명사: ~ 내내, 종일

tutto il giorno	하루 종일	tutta la mattina	아침 내내
tutto il pomeriggio	오후 내내	tutta la sera	저녁 내내
tutto il mese	한 달 내내	tutta la notte	밤새도록
tutto l'anno	일 년 내내	tutta la settimana	일주일 내내
tutto l'inverno	겨울 내내	tutta l'estate	여름 내내

ⓑ 복수형 **tutti**와 **tutte**는 '모든, 마다(ogni)'의 의미를 지닌다.

Ho letto tutti i libri.	나는 모든 책들을 다 읽었다.
Tutti gli uomini sono uguali.	모든 남자들은 다 똑같다.
Invito tutti i miei amici alla festa.	나의 모든 친구들을 파티에 초대한다.
Abbiamo mangiato tutte le torte.	우리는 모든 파이들을 다 먹었다.
Hai bevuto tutti questi vini?	이 포도주들 네가 모두 다 마셨어?
Hai bevuto tutte queste birre?	이 맥주들 네가 모두 다 마셨어?

복수형 **tutti/tutte** + 정관사 + 복수 명사: ~마다{=ogni + 단수 명사[☞ 176쪽 ⓑ 참조]}

tutti i giorni	날마다	tutte le mattine	아침마다
tutti i pomeriggi	오후마다	tutte le sere	저녁마다
tutti i mesi	매달	tutte le notti	밤마다
tutti gli anni	매년	tutte le settimane	매주

ⓒ 수 형용사나 대명사의 전체를 나타낼 때는 다음과 같은 순서로 표기한다.

| tutti/e | e | 수 형용사 + 정관사 + 명사 |
| | | 수 대명사 |

Tutti e due i fratelli **abitano all'estero.**
두 형제 모두 해외에 거주한다.

Tutte e tre le sorelle **sono sposate.**
세 자매 모두 결혼했다.

Scusi, sono liberi questi posti?   -Sì, sono tutti e due liberi.
실례지만, 이 자리들이 비었습니까?   네, 둘 다 비었어요.

Scusi, sono libere queste sedie?   -No, sono tutte e due occupate.
실례지만, 이 의자들이 비었습니까?   아뇨, 둘 다 사람 있어요.

ⓓ 강조적으로 사용되는 어떤 관용 표현에서는 관사 없이 직접 명사와 연결되기도 한다.

È un regalo fatto di tutto cuore.   마음을 다한 선물이다.
Te lo dico in tutta confidenza.   널 완전히 믿고 그것을 말한다.
La macchina va a tutta velocità. 자동차가 전속력으로 간다.

ⓔ **tutto**는 관사가 필요 없는 고유 명사나 관사가 필요 있는 고유 명사와 함께 사용할 수 있다.

Conosco alla perfezione tutto Dante.
나는 단테 작품에 대한 모든 것을 완벽하게 알고 있다.

Abbiamo girato tutta Firenze.
우리는 피렌체를 전부 다 돌았다.

Abbiamo fatto un giro per tutta l'Europa.
우린 유럽 전체를 한 바퀴 돌았다.

ⓕ **tutto**를 **quanto**와 함께 쓰면 전체(interezza)라는 의미가 강조된다.

Si è bevuta da sola tutto quanto il vino.
그녀는 포도주를 기분 좋게 혼자서 전부 다 마셨다.

Si è mangiato tutta quanta la torta.
그는 파이를 맛있게 전부 다 먹었다.

Sono stati venduti tutti quanti i biglietti.
표가 전부 다 팔렸다.

ⓖ **tutto**가 형용사나 과거 분사 앞에서 부사적 의미를 지닌다. '아주, 무척, 온통, 완전히'라는 의미로 사용된다. [=interamente, completamente] [☞ 154쪽 참고의 v) 참조]

Lui era tutto contento.	그는 아주 기뻐했다.
Perché sei tutto bagnato?	왜 온통 다 젖은 거야?
Lei era tutta commossa.	그녀는 완전히 감동받았다.
Io ero tutta sola.	나는 완전히 혼자였다.

ⓗ **tutto**는 관계 대명사 che와 함께 사용되어 관계 대명사절을 이끈다.

관계 대명사 quello che (비격식적), ciò che (격식적) 앞에 tutto가 사용될 수 있다. '~하는 모든 것'으로 사물을 나타낸다. [☞ 322쪽 ⓑ 관계 대명사 참조]

tutto	quello ciò	che	(주어) + 동사

Questo è tutto quello che ho.	이것이 내가 가진 모든 것이다.
Ho detto tutto quello che sapevo.	내가 알고 있던 모든 것을 말했다.
Faccio tutto ciò che posso.	내가 할 수 있는 모든 것을 한다.
Non otterrai tutto ciò che vuoi.	네가 원하는 모든 것을 얻진 못할 거야.

관계 대명사 quelli che(비격식적), coloro che(격식적) 앞에 tutti가 사용될 수 있다. '~하는 모든 사람들'이라는 의미로 사람을 나타낸다. [☞ 323쪽 (3) 관계 대명사 참조]

tutti	quelli coloro	che	(주어) + 동사

Grazie a tutti quelli che hanno creduto in me.
저를 믿어주신 모든 분들께 감사드립니다.

Ringrazio tutti coloro che hanno partecipato alla discussione.
토론에 참여해 주신 모든 분들께 감사드립니다.

✎ **참고**

tutto는 부정 형용사 altro와 함께 사용되어 '완전히 다른'이라는 의미를 나타내며 모음이 생략된다.
I medici sono di tutt'altro parere. 의사들은 완전히 다른 견해이다.
Vado in tutt'altra direzione. 나는 완전히 딴 방향으로 간다.

(11) tale: 어떤, 모종의, 그러한 [☞ 174쪽 (1), 304쪽 (11) 부정 대명사 참조]

부정 형용사와 부정 대명사로 모두 사용 가능하다. 성의 구분 없이 단수형은 tale이며, 복수 형태는 tali이다.

ⓐ 부정 관사 뒤에서 '어떤(certo), 아무개, 모(某)'의 의미를 지닌다.

Un tale Rossi si è avvicinato alla macchina.
어떤 로씨라는 사람이 자동차에 다가왔다.

È venuta a trovarti una tale Barbara.
어떤 바르바라는 여자가 너를 만나러 왔다.

ⓑ '그러한 종류의(di tal genere), 그 같은(siffatto)'의 의미를 지닌다.

Una tale risposta non me l'aspettavo proprio!
그 같은 대답은 정말로 내가 기대하지 못했어!

Una tale maledizione!
그런 악담을 하다니!

ⓒ tale ~ che, tale ~ da와 함께 사용되어 '~할 정도의 그런'의미의 결과절을 나타낸다.

Ho una tale fame che mangerei anche la forchetta.
나는 포크까지도 먹을 수 있을 정도로 배가 고프다.

Ho detto tali siocchezze da far ridere.
웃길 정도로 쓸데없는 그런 소리를 했다.

ⓓ tale ~ quale와 함께 사용되어 '아주 비슷함'을 나타낸다.

Tale il padre, quale il figlio.
그 아버지에 그 아들이다.

Lei è tale e quale sua madre.
그녀는 자기 엄마와 똑같다.

> ✎ **참고**
>
> 부사 abbastanza도 형용사로 사용될 수 있다. 이 경우 '충분한'이라는 의미로, 형태가 변화하지 않는다.
> **Non ho abbastanza tempo.** 난 충분한 시간이 없다.
> **Hai abbastanza soldi?** 넌 충분한 돈을 갖고 있니?

아라비아 숫자	기수	로마 숫자	서수(-o/a/i/e)로 변함
1	uno	I	primo
2	due	II	secondo
3	tre	III	terzo
4	quattro	IV	quarto
5	cinque	V	quinto
6	sei	VI	sesto
7	sette	VII	settimo
8	otto	VIII	ottavo
9	nove	IX	nono
10	dieci	X	decimo
11	undici	XI	undicesimo
12	dodici	XII	dodicesimo
13	tredici	XIII	tredicesimo
14	quattordici	XIV	quattordicesimo
15	quindici	XV	quindicesimo
16	sedici	XVI	sedicesimo
17	diciassette	XVII	diciassettesimo
18	diciotto	XVIII	diciottesimo
19	diciannove	XIX	diciannovesimo
20	venti	XX	ventesimo
21	ventuno	XXI	ventunesimo
22	ventidue	XXII	ventiduesimo
23	ventitré	XXIII	ventitreesimo
28	ventotto	XXVIII	ventottesimo
29	ventinove	XXIX	ventinovesimo
30	trenta	XXX	trentesimo
31	trentuno	XXXI	trentunesimo
32	trentadue	XXXII	trentaduesimo
40	quaranta	XL	quarantesimo
50	cinquanta	L	cinquantesimo
60	sessanta	LX	sessantesimo
70	settanta	LXX	settantesimo
80	ottanta	LXXX	ottantesimo
90	novanta	XC	novantesimo
100	cento	C	centesimo
200	duecento	CC	duecentesimo
1.000	mille	M	millesimo
2.000	duemila	MM	duemillesimo
10.000	diecimila	$\overline{X}$	diecimillesimo
100.000	centomila	$\overline{C}$	centomillesimo
1.000.000	un milione	$\overline{M}$	milionesimo
2.000.000	due milioni	$\overline{MM}$	duemilionesimo

☞ 이탈리아어에서는 세 자릿수를 나눌 때 반점(,) 대신 온점(.)을 사용한다.

1 수 형용사의 종류

(1) 기수 형용사 Gli aggettivi numerali cardinali

ⓐ uno (ventuno, trentuno…)로 결합된 기수 형용사들은 s + 자음, z, x, gn, pn, ps를 제외한 명사 앞에서 어미 절단을 할 수 있다. 그러나 명사 뒤에 위치할 경우에는 어미 절단을 하지 않는다.

명사 앞	ventun anni 21세	trentun giorni 31일
	[=ventuno anni]	[=trentuno giorni]

ⓑ dieci(10)가 자음 sette(7)와 nove(9)와 합성될 때는 자음이 중복되며, 모음 otto(8)와 합성될 때는 모음이 탈락된다.

diciotto   (dicia + otto)   18

diciassette   (dicia + sette) 17

diciannove   (dicia + nove)   19

ⓒ venti(20) 이후부터 -tré로 끝나는 형용사는 강세가 있는 é 위에 폐음 악센트(´)를 표기한다.

ventitré 23	trentatré 33
quarantatré 43	cinquantatré 53

ⓓ venti(20) ~ novanta(80)까지는 uno, otto와 함께 합성될 때 모음이 탈락된다.

ventuno	ventotto	trentuno	trentotto
21	28	31	38

ⓔ cento(100)는 uno, otto와 함께 합성될 때, 어미 -o가 탈락되지 않는다. 그러나 구어체에서 탈락한 형태 centuno(101), centotto(108)가 사용되기도 한다.

centouno [=centuno]	centootto [=centotto]
101	108

ⓕ cento(100)와 mille(1000)는 '일백', '일천'을 가리킬 때라도 un을 사용하지 않는다.

cento 백	mille 천
(un cento ×)	(un mille ×)

ⓖ milione(100만), miliardo(10억)는 '일백만', '일십억'일 경우 un을 사용해야 한다.

un milione 백만 [명사]	un miliardo 십억 [명사]

ⓗ cento(100)의 복수형은 없지만, **mille**(1000)의 복수형은 **mila**이다.

cento   일백   →   duecento   이백

mille   일천   →   duemila   이천

ⓘ milione(100만)와 **miliardo**(10억)의 복수는 각각 **milioni, miliardi**가 된다. 이 단어들은 수 형용사가 아니라 명사에 해당하기 때문에 숫자와 분리하여 사용한다.

un milione   100만   un miliardo   십억

due milioni   200만   due miliardi   이십억

ⓙ milione(100만)와 **miliardo**(10억)는 명사이기 때문에 **milione**와 **miliardo** 뒤에 또 다른 명사가 따라올 때 **di** + 명사 형태가 된다.

un milione di euro   100만 유로   un miliardo di euro   10억 유로

due milioni di euro   200만 유로   due miliardi di euro   20억 유로

tre milioni di dollari   300만 달러   tre miliardi di dollari   30억 달러

그러나 milione, miliardo 다음에 다른 숫자가 이어 나올 때는 전치사 **di**가 생략된다.

un milione e cinquecentomila euro   150만 유로

un miliardo e cinquecentomila dollari   10억 50만 달러

ⓚ 기수를 쓸 때는 숫자 사이를 띄지 않고 붙여서 한 단어로 쓴다.

354 euro   (trecentocinquantaquattro euro)

1999   (millenovecentonovantanove)

2023   (duemilaventitré)

📝 참고

1. Grazie mille! [=Grazie 1000!]   Dove sei? [=Dove 6?]

정말 고마워! [sms]   너 어디야? [sms]

2. -anta로 끝나는 숫자 뒤에 anni가 올 경우 동일한 모음이기 때문에 모음 생략을 한다. 반면에 venti는 선택적이다. 모음 i로 끝나기 때문에 모음 생략을 할 수도 있고 안 할 수도 있다.

Ho trent'anni.   나는 30살이다.

Ho vent'anni. [=venti anni]   나는 20살이다.

3. 이탈리아 화폐는 유럽의 통화 제도에 따라 2002년부터 lira(리라)에서 euro(유로)로 바뀌었다. lira 는 복수가 lire이지만, euro는 외래어이기 때문에 단수와 복수가 동일한 형태이다.

(2) 기수 형용사의 사용과 역할

ⓐ 일반적으로 기수 형용사는 명사 앞에 위치한다.

Questo libro ha trecentocinquanta pagine.
이 책은 350쪽이다.

ⓑ 일부 표현에서는 기수 형용사가 명사 뒤에 위치하면 서수의 의미를 지닌다.

Leggete a pagina ventotto! [=alla ventottesima pagina del libro]
여러분, 28쪽을 읽으세요!

Mi hanno dato la camera otto. [=l'ottava camera dell'albergo]
나에게 8호실을 주었다.

Ci vediamo davanti all'uscita sette. [=alla settima uscita]
7번 출구 앞에서 보자.

ⓒ 연도 표현은 기수로 나타내며, 정관사 il을 사용한다. '~년도에'는 nel을 사용한다.

Il 2023	dal 2023	nel 2023
2023년	2023년부터	2023년도에

In che anno siamo?   -Siamo nel 2023.
지금 몇 년도이죠?   2023년도입니다.

In che anno sei nato?   -Sono nato nel 1990.
너는 몇 년도에 태어났니?   나는 1990년도에 태어났어.

ⓓ 날짜 표현은 매월 초하루(서수 사용)를 제외하고 정관사 il 다음에 기수를 써서 나타낸다. '~일
날에'를 나타낼 때도 전치사 없이 il만을 사용하며, 모음이 올 때는 l'이 된다.

Il primo maggio è la festa di lavoratori.   5월 1일은 근로자의 날이다.
Sono partito per Roma il 16 (sedici) agosto.   나는 8월 16일에 로마로 떠났다.
L'8 (otto) luglio è il mio compelanno.   7월 8일은 나의 생일이다.

ⓔ 기수 형용사 앞에 정관사가 붙으면 명사로 사용되는데, numero가 생략된 경우이다.

Il sette è il mio numero fortunato.   7은 나의 행운의 수이다.
Devo prendere il cinquantacinque.   나는 55번을 타야만 된다.
Di scarpe porto il quaranta.   나는 40사이즈짜리 신발을 신는다.

ⓕ 기수 형용사도 다른 형용사들처럼 essere 동사의 보어로 사용될 수 있다.

I giorni della settimana sono sette. 1주일은 7일이다.

Quanti siamo? Siamo (in) quattro? 우리 몇 명이지? 4명이지?

ⓖ 기수 형용사 앞에 정관사를 사용할 경우에는 지칭하는 대상이 전체라는 의미를 나타낸다.

Sono malati i due cani di mio zio. [삼촌은 개를 두 마리 가지고 있다.]

나의 삼촌의 그 두 마리 개들은 병이 났다.

Sono malati due cani di mio zio. [삼촌은 두 마리 이상의 개를 가지고 있다.]

나의 삼촌의 두 마리 개가 병이 났다.

ⓗ 기수 형용사 앞에 부정 관사 un을 사용할 경우에는 '대략, 얼추, 약' 등 근사치를 나타낸다.

Ci saranno un trenta persone. [=circa trenta persone]

약 30명가량의 사람들이 있을 것이다.

Starò via un cinque giorni. [=circa cinque giorni]

나는 약 5일가량 떠나가 있을 것이다.

ⓘ 형용사가 여러 개 있을 때 수 형용사의 위치는 다음과 같다.

• 관사 + 소유 형용사 + 수 형용사 + 명사

I miei tre cani sono ferocissimi.

나의 세 마리 개는 매우 사납다.

• 지시 형용사 + 소유 형용사 + 수 형용사 + 품질 형용사 + 명사

Queste mie due belle figlie sono bravissime.

나의 예쁜 이 두 딸은 아주 훌륭하다.

ⓙ 기수 형용사가 부정 형용사처럼 부정확한 일반적인 의미를 나타낼 수 있다.

Andiamo a fare quattro passi. [=brevi]

우리는 잠깐 산책하러 나간다.

Grazie mille. [=tante]

대단히 감사합니다.

Raccontami tutto in due parole. [=poche]

한마디로 전부 얘기해 봐.

Te l'ho ripetuto cento volte. [=molte]

네게 그것을 수백 번이나 반복했다.

(3) 서수 형용사 Gli aggettivi numerali ordinali

서수 형용사는 수의 순서를 나타낸다. 기수와는 달리 서수는 명사 앞에서 품질 형용사처럼 성과 수에 따라 변화한다. 일반적으로 서수 형용사는 정관사와 함께 사용된다.

il primo figilo 첫째 아들   la prima figlia 첫째 딸

i primi figli   첫째 아들들   le prime figlie 첫째 딸들

ⓐ 1에서 10까지는 라틴어에서 비롯된 형태를 각각 가지고 있다.

primo secondo terzo quarto quinto sesto settimo ottavo nono decimo
$1°$ $2°$ $3°$ $4°$ $5°$ $6°$ $7°$ $8°$ $9°$ $10°$

ⓑ 11번째부터는 기수의 마지막 모음을 떼어버리고 서수 접미사 **-esimo**를 붙여 서수를 만든다.

undici 11   →   undicesimo $11°$

venti   20   →   ventesimo $20°$

ⓒ **tré**로 끝나는 복합 형용사들(ventitré, trentatré, quarantatré…)은 모음 **e**를 그대로 두고 **-esimo**를 붙인다. 서수 접미사에 강세가 있기 때문에 **é**의 폐음 부호는 탈락된다.

ventitré   23   →   ventitreesimo $23°$

trentatré 33   →   trentatreesimo $33°$

ⓓ 2000(duemila) 이상의 **-mila** 형태는 단수형인 **mille**에 **-esimo**를 붙여 서수로 고친다.

duemila 2000   →   duemillesimo   2000번째

tremila 3000   →   tremillesimo   3000번째

ⓔ 서수를 아라비아 숫자로 표현할 경우, 남성 형태는 숫자 오른쪽에 $°$를 사용하고 여성 형태는 숫자 오른쪽에 ^{a}를 표기한다.

남성 형태	여성 형태		
$1° →$ primo	$1^a →$ prima	1^a classe	일등칸, 특실(기차)
$2° →$ secondo	$2^a →$ seconda	2^a classe	이등칸, 일반실(기차)
$3° →$ terzo	$3^a →$ terza	$3°$ livello	3단계

✎ 참고

il primo amore 첫사랑	(la) prima donna	프리마 돈나
il primo giorno 첫날	(la) prima puntata	제1회(드라마)

(4) 서수 형용사의 사용과 역할

ⓐ 왕이나 교황의 서열을 나타낼 때 서수를 사용한다. 이런 경우에는 항상 로마 숫자로 표기하며 명사 뒤에 위치한다. 읽을 때는 서수로 읽는다.

Elisabetta II (seconda)　　　　　엘리자베스 2세

Papa Giovanni Paolo II (secondo)　교황 요한 바오로 2세

> ✎ 참고
>
> 문어체에서 책의 권이나 장, 연극의 막 등을 표현할 때도 서수를 사용한다.
>
> | Capitolo nono | 제9장 | Canto quinto | 5곡 |
> |---|---|---|---|
> | Paragrafo settimo | 제7절 | Volume secondo | 2권 |
> | Atto quarto | 4막 | Scena prima | 1장 |

ⓑ 학년의 단계를 나타낼 때 서수를 사용한다.

Mio figlio frequenta il primo anno di Medicina.

나의 아들은 의대 1학년 재학 중이다.

A che anno sei, al secondo anno?　-No, sono all'ultimo anno.

넌 몇 학년이니, 2학년이야?　　　　아뇨, 마지막 학년(졸업반)이에요.

Mio cugino frequenta la terza media.

나의 남자 사촌은 중학교 3학년에 재학 중이다.

ⓒ 층수(piano)를 나타낼 때 서수를 사용한다.

A che piano abita?　-Abito al secondo piano.

몇 층에 사세요?　　　2층(우리나라에서는 3층)에 삽니다.

A che piano sale?　-Salgo al terzo piano.

몇 층에 올라가세요?　3층(우리나라에서는 4층)에 올라갑니다.

> ✎ 참고
>
> 이탈리아에서 층수는 한국과 다르다. 유럽에서 사용하는 층수에 1을 더해야 한국식이다.
>
> | il pianoterra / pianterreno | 1층 | il primo piano | 2층 |
> |---|---|---|---|
> | il secondo piano | 3층 | il terzo piano | 4층 |

ⓓ 서수 형용사 대신 기수 형용사를 명사 뒤에 사용할 수 있다.

la ottava camera　→　la camera otto　8호실

la sesta uscita　　→　l'uscita sei　　6번 출구

la terza fila　　　→　la fila tre　　　3번 열

ⓔ 서수는 세기를 나타낼 때도 사용한다. 세기를 나타낼 때는 로마자로 표시하며, **secolo** 앞이나 뒤에 위치할 수 있다. 13세기(XIII) 이후부터 명사화된 기수로 사용할 수 있다. 이때 대문자로 사용되며 **mille**(천)가 생략되어 있다고 보면 된다. 기원전은 a.C (avanti Cristo)로 표기하고, 기원후는 d.C (dopo Cristo)로 표기한다.

Il secolo XIII (13세기)	→	Il Duecento (1201~1300) [='200]	1200년대
Il secolo XIV (14세기)	→	Il Trecento (1301~1400) [='300]	1300년대
Il secolo XV (15세기)	→	Il Quattrocento (1401~1500) [='400]	1400년대
Il secolo XVI (16세기)	→	Il Cinquecento (1501~1600) [='500]	1500년대
Il secolo XVII (17세기)	→	Il Seicento (1601~1700) [='600]	1600년대
Il secolo XVIII (18세기)	→	Il Settecento (1701~1800) [='700]	1700년대
Il secolo XIX (19세기)	→	L'Ottocento (1801~1900) [='800]	1800년대
Il secolo XX (20세기)	→	Il Novecento (1901~2000) [='900]	1900년대

In che secolo siamo?   -Siamo nel ventunesimo secolo.
지금 몇 세기 입니까?   21세기입니다.

Attualmente viviamo nel secolo XXI. [=nel XXI secolo]
현재 우리는 21세기에 살고 있다.

> **📝 참고**
>
> primo와 secondo는 요리(piatto)를 나타낸다. primo는 면류, secondo는 메인 디시이다.
> Per primo (piatto) che cosa prende? 첫 번째 요리로 무엇을 드실래요?
> Per secondo (piatto) che cosa c'è?   두 번째 요리로 무엇이 있죠?

(5) 배수 형용사 및 명사 Gli aggettivi numerali multiplicativi

배수 형용사는 성과 수에 따라 변화하나, 대체적으로 단수 형태로 사용된다. 명사 앞이나 뒤에 모두 위치할 수 있지만 관련된 명사 뒤에 위치하는 경우가 더 흔하다.

ⓐ 배수 형용사: doppio 두 배의, triplo 세 배의

Un doppio espresso, per favore!   더블 에스프레소 한 잔 주세요!
Vorrei una camera doppia.   트윈 룸(침대 2) 하나를 원합니다.
Ho prenotato una camera tripla.   나는 3인용 침대 방 하나를 예약했다.

배수 명사: doppio와 triplo 앞에 정관사가 와서 명사로도 사용된다.

Questo costerà il doppio.   이것은 두 배 나갈 것이다.
Ho il doppio della tua età.   나는 네 나이의 두 배이다.
Guadagni il triplo del mio stipendio. 너는 내 월급의 세 배를 번다.

ⓑ -plo로 끝나는 배수 형용사들은 명사로도 사용되며, 다른 표현 형태로 바꾸어 사용되기도 한다.
일반적으로 **quintuplo**(5배)부터는 **cinque volte, sei volte, sette volte**... 로 사용된다.

triplo　　　→　tre volte maggiore　　　　세 배 더 큰

quadriplo　→　quattro volte maggiore　　네 배 더 큰

Questa strada ha una lunghezza tripla dell'altra.
Questa strada ha una lunghezza tre volte maggiore dell'altra.
이 길은 다른 길보다 길이가 세 배이다/이 길은 다른 길보다 세 배 더 길다.

Questa casa è sei volte più grande della mia.
이 집은 나의 집보다 여섯 배 크다.

ⓒ -plice로 끝나는 배수들은 한 개 속에 포함된 수의 정도를 나타낸다.

duplice	triplice	quadruplice	quintuplice
이중의	삼중의	사중의	오중의

un duplice significato　삼중 의미　　la duplice alleanza　　이중 동맹
un triplice effetto　　　삼중 효과　　la triplice alleanza　　삼중 동맹

> ✎ 참고
>
> 이탈리아어 관용 표현에서 기수 due(2)와 quattro(4가) 주로 사용된다.
>
> Andiamo a fare due / quattro passi.　우리 산책 잠깐 하러 가자.
> Non posso decidere su due piedi.　난 즉석에서 결정할 수 없다.
> Facciamo due / quattro chiacchiere.　우리 수다 약간 떨자.
> Alla festa ci sono quattro gatti.　파티에 사람이 별로 없다.
> La banca è a due passi da qui.　은행은 여기서 두 발자국 거리이다.
> È un vestito da quattro soldi.　싸구려(몇 푼 안 되는) 옷이다.

(6) 분수 I numerali frazionari

분자는 기수를 사용하고, 분모는 서수를 사용하여 만든다. 분자가 복수일 때 분모는 남성 복수 형태
-i가 된다. 분자가 1이면 분모는 남성 단수 형태(-o)이다.

1/1	un intero	2/3	due terzi	3/4	tre quarti
1/2	un mezzo	2/4	due quarti	3/5	tre quinti
1/3	un terzo	2/5	due quinti	3/6	tre sesti
1/4	un quarto	2/6	due sesti	3/7	tre settimi
1/10	un decimo	2/10	due decimi	3/10	tre decimi
1/100	un centesimo	2/100	due centesimi	3/100	tre centesimi

ⓐ 분수 다음에 명사가 위치하면, 명사 앞에 전치사 **di**를 붙인다.

Ho bevuto un terzo di vino.   나는 포도주의 3분의 1을 마셨다.

Ho letto un quarto di questo libro.   나는 이 책의 4분의 1을 읽었다.

ⓑ **mezzo**는 '절반의(1/2)'라는 의미를 나타낸다. 명사의 성과 수에 따라 어미를 일치시킨다.

Ho letto mezzo libro.   나는 책 절반을 읽었다.

Ho bevuto mezza bottiglia di vino.   나는 포도주 반병을 마셨다.

mezzo가 '절반'이라는 명사로 사용되는 경우에는 항상 **mezzo**로 쓰인다.

Questo bambino ha due anni e mezzo.   이 아이는 나이가 두 살 반이다.

Ho bevuto una bottiglia e mezzo.   나는 한 병 반을 마셨다.

Ho bevuto un bicchiere e mezzo di latte.   나는 우유를 한 컵 반 마셨다.

ⓒ **metà**는 '절반'이라는 의미의 명사로 형태가 변하지 않는다. 관사가 생략되기도 한다.

Ho maniato solo la metà del pane.   나는 빵을 반만 먹었다.

Siamo già alla metà del mese.   벌써 월 중순이다.

Ho passato metà della mia vita qui.   여기서 내 인생의 반을 보냈다.

Mi basta metà della metà.   난 반의반이면 충분하다.

Facciamo metà e metà!   우리 반반 하자!

(7) 분배 수사(數詞) I numerali distributivi

사람이나 사물을 나누는 방법이며, 주로 관용구 형태이다.

a uno a uno	하나씩 하나씩	a due a due	둘씩 둘씩
uno per uno	하나씩 하나씩	due per due	둘씩 둘씩
uno per volta	한 번에 하나씩	uno alla volta	한 번에 하나씩
due per volta	한 번에 둘씩	due alla volta	한 번에 둘씩
uno per ciascuno	각각 하나씩	due per ciascuno	각각 둘씩

Mettetevi in fila a due a due.   여러분, 두 명씩 줄을 서세요.

I bambini camminano in fila per due.   아이들이 두 줄로 걸어간다.

Bisogna entrare uno per volta.   한 사람씩 입장해야 됩니다.

Parlate uno alla volta.   여러분, 한 사람씩 말하세요.

Prendetene uno per ciascuno.   여러분, 각각 하나씩 가지세요.

(8) 집합 수 l numerali colletivi

ⓐ **-ina, -aio**: 부정 관사를 붙여서 근사치를 나타내며 명사이다.

decina	약 10	ventina	약 20
trentina	약 30	quarantina	약 40
centinaio	약 100	migliaio	약 1000

C'è una decina di persone.   10명 정도의 사람이 있다.
Lei ha una ventina d'anni.   그녀는 한 스무 살쯤 될 것이다.
Inviterò una trentina di persone.   나는 약 30명 정도를 초대할 것이다.

ⓑ **-mestre, -mestrale**: 달 사이의 기간을 나타내며, 명사와 형용사로 사용된다.

bimestre → bimestrale
두 달   2개월마다의, 2개월간의

trimestre → trimestrale
세 달   3개월마다의, 3개월간의

quadrimestre → quadrimestrale
네 달   4개월마다의, 4개월간의

semestre → semestrale
여섯 달   6개월마다의, 6개월간의

L'affitto si paga ogni trimestre.   임대료는 3개월마다 지불합니다.
corso semestrale   contratto trimestrale
6개월 과정   3계월 계약

ⓒ **-enne**를 붙이면 사람의 나이나 햇수를 가리킨다. 종종 명사로도 사용된다.

decenne	quindicenne	diciassettenne
10세/년의	15세/년의	17세/년의
trentenne	quarantenne	ottantenne
30세/년의	40세/년의	80세/년의

È un ragazzino decenne.   그는 열 살 된 소년이다.
È un giovane diciannovenne.   그는 열아홉 살 젊은이다.
Ci sono molti ottantenni in Corea.   한국에는 80대가 많다.

ⓓ **-ennio**를 붙여서 연도를 나타내는 명사

biennio	triennio	decennio
2년간	3년간	10년간

ⓔ **-ennale, -enario**를 붙여 햇수의 순환(~마다의)을 가리키는 형용사/명사

biennale	2년마다의	triennale	3년마다의
centenario	100년마다의	millenario	1000년마다의

ⓕ **-etto**를 붙여 특수 음악 용어로 사용되는 명사

duetto[duo]	2중주/2중창	terzetto[trio]	3중주/3중창
quartetto	4중주/4중창	quintetto	5중주/5중창

> ✎ **참고**
>
> 1. 습관적으로 함께 어울려 행동하는 사람들의 무리를 가리켜 농담조로 사용한다.
>
> | terzetto | quartetto | quintetto |
> |----------|-----------|-----------|
> | 삼총사 | 사총사 | 오총사 |
>
> 2. 이탈리아인들의 전통에 따르면 17일의 금요일은 불운을 가져다주는 날이다. 17이라는 숫자는 『구약성서』에서 대홍수가 시작된 날이며, 완전수가 아니기 때문에 증오의 대상이 되었다. 또한 로마인들 묘비명에 적힌 "VIXI(나는 죽었다)"라는 글자는 로마자 XVII의 아나그램으로 죽음과 관련이 있기 때문이다. 기독교적 시각에서 예수의 죽음과 관계있는 금요일을 불길한 날로 보아 17일의 금요일을 재수 없는 날로 생각한다. 물론 문화의 유입으로 13일의 금요일도 불길한 날로 생각한다.

ⓖ 서수에 **-ina**를 붙여서 시의 운율을 표현하는 용어로 사용되는 명사

terzina	quartina	sestina
3행 연구	4행 연구	6행 6연체

ⓗ **entrambi/e**: '둘 다'라는 의미로 형용사와 대명사로 사용된다. 구어체에서 많이 사용되는 'tutti e due, tutte e due'와 같은 의미이다. 명사의 성에 따라 형태가 **entrambi** (남성) 혹은 **entrambe** (여성)가 되며, 형용사로 사용될 경우 뒤에 정관사나 지시사가 따라와서 **entrambi/e** + 정관사 혹은 지시사 + 명사의 어순이 된다.

Entrami i casi sono corretti.	두 가지 경우가 모두 맞는다.
Entrambe queste frasi sono corrette.	이 두 문장 다 옳다.
Mi piacciono entrambi. [=tutti e due]	내겐 둘 다 마음에 든다.
Sono partite entrambe. [=tutte e due]	두 여자 모두 떠났다.

Quanto fa 얼마입니까?	3 più 2? +	Fa 입니다.	5.
	6 meno 3? –		3.
	3 per 3? ×		9.
	4 diviso 2? ÷		2.

✎ 참고

퍼센트(percento)

3%   tre per cento   100%   cento per cento

Il 75% (settantacinque per cento) degli elettori ha già votato.

유권자의 75%가 이미 투표했다.

3 날짜 표현 Le date

이탈리아어에 있어서 날짜의 표현은 매월 1일(il primo)은 서수로 나타내고, 나머지 날들은 모두 기수로 나타낸다. 날짜 앞에는 il giorno에서 giorno가 생략되었기 때문에 남성 정관사 il을 사용한다. 날짜가 모음일 경우에는 il 대신 l'를 사용한다. 날짜를 묻는 표현은 여러 가지 형태가 있지만 Che giorno è oggi? 표현이 가장 일반적이다.

날짜를 묻는 질문

Che giorno (del mese) è oggi?
오늘은 몇 월 며칠입니까?

Qual è la data di oggi?
오늘 날짜가 어떻게 되죠?

Che data è oggi?
오늘 무슨 날짜죠?

Quanti ne abbiamo oggi?
오늘 며칠입니까?

대답

-Oggi è il primo aprile.
오늘은 4월 1일입니다. [=il 1°]

-Oggi è il due febbraio.
오늘은 2월 2일입니다. [=il 2]

-Oggi è l'otto febbraio.
오늘은 2월 8일입니다. [=l'8]

-Oggi ne abbiamo 2 marzo.
오늘은 3월 2일입니다.

✎ 참고

이탈리아에도 4월 1일 만우절이 있다: Oggi è il pesce d'aprile.   오늘은 만우절이다.

연도를 숫자로 표현할 때는 일, 월, 연도 순서이다: 01/04/2023   2023년 4월 1일

(1) '몇 월 며칠에'를 나타낼 때는 날짜 앞에 전치사를 사용하지 않고 남성 정관사 il만 붙인다. 날짜가 모음일 경우 l'를 붙인다. 정관사가 전치사 역할을 하기 때문에 전치사가 따로 필요 없다.

Il 22 febbraio è il mio compleanno.   2월 22일이 내 생일이다.
È nato a Roma il 22 aprile 1986.   그는 1986년 4월 22일 로마에서 태어났다.
L'8 (otto) luglio partirò per Roma.   나는 7월 8일에 로마로 떠날 것이다.

(2) 달(월)을 지칭할 때는 전치사 in을 사용한다. 월명을 강조할 경우에 nel mese di로 표현한다.

In che mese siamo?   -Siamo in ottobre.
지금이 몇 월입니까?   10월입니다.

In che mese sei nato?   -Sono nato nel mese di marzo.
몇 월에 태어났어?   나는 3월 달에 태어났다. [=Sono nato in marzo.]

(3) 편지 상단에 날짜를 표기할 때는 지명 + 날짜 + 달 + 연도의 순서로 쓴다. 이때 날짜 앞의 정관사는 주로 생략된다.

Milano, 6 febbraio 2023   2023년 2월 6일 밀라노에서

(4) 요일과 함께 날짜를 표현하고자 할 때 정관사는 생략된다.

lunedì, 6 febbraio 2023   2023년 2월 6일 월요일

4 연도의 표현 Gli anni

(1) 단지 연도만을 말할 때 anno를 생략하고 정관사 il을 사용한다. 연도는 일반적으로 숫자로 표기하며, 읽을 때는 보통 숫자들처럼 읽는다.

Il 2020 è stato l'anno più caldo in Europa.
2020년은 유럽에서 가장 더운 해였다. [ventimilaventi]

(2) '~년도에'를 나타낼 경우에는 전치사 관사 nel을, '~년도의'의 경우에는 del을 사용한다. '~년도 이래로'를 나타낼 경우 전치사 관사 dal을 사용한다.

In che anno sei nato?   몇 년도에 태어났니?
Sono nato nel 1996.   나는 1996년에 태어났다.
Lei è nata nel febbraio (del) 1996.   그녀는 1996년 2월에 태어났다.
L'estate del 1994 è stata caldissima.   1994년 여름은 굉장히 더웠다.
Faccio questo lavoro dal 2017.   나는 2017년부터 이 일을 한다.

(3) 1900년대는 생략 부호(')를 사용하여 마지막 두 자리 숫자만 적기도 한다.

Il 1978 → il '78 _{1978년}　　　　il 1998 → il '98 _{1998년}

L'89 (l'ottantanove) è stato l'anno della caduta del muro di Berlino.
1989년은 베를린 장벽이 무너진 해였다.

Lui è nato nel '96. [=nel 1996]　　　그는 1996년에 태어났다.

Perché ci piacciono gli anni '80?　왜 우리는 1980년대를 좋아할까?

5　**요일의 표현** ❙ giorni della settimana

Che giorno (della settimana) è oggi?　　오늘 무슨 요일입니까?

Oggi è lunedì / È lunedì, primo luglio.　오늘은 월요일이다 / 7월 1일 월요일이다.

Oggi è martedì / È martedì, due agosto.　오늘은 월요일이다 / 8월 2일 화요일이다.

Che giorno (della settimana) è domani?　내일은 무슨 요일입니까?

Domani è sabato/domenica.　　　　　내일은 토/일요일입니다.

(1) 요일 명사는 일요일(-a)을 제외하고는 모두 남성(-ì, -o)이다. 요일명은 단수와 복수가 동일하고,
토요일과 일요일만 복수 형태가 있다. (sabati, domeniche)

lunedì	martedì	mercoledì	giovedì	venerdì	sabato	domenica
월요일	화요일	수요일	목요일	토요일	금요일	일요일

tutti i lunedì [=ogni lunedì, di lunedì]　　　　　월요일마다

tutti i sabati [=ogni sabato, di sabato]　　　　　토요일마다

tutte le domeniche [=ogni domenica, di domenica]　일요일마다

(2) 요일 명사 앞에는 전치사를 사용하지 않는다.

Che cosa fai sabato sera?　　이번 주 토요일 저녁에 뭐 하니?

Ci vediamo lunedì prossimo!　다음 주 월요일에 만납시다!

Ci sono andato sabato scorso.　나는 그곳에 지난 주 토요일에 갔다.

(3) 요일 명사 앞에 정관사를 사용하지 않지만, 정관사를 사용할 경우 ogni(마다)의 의미가 있다. 요
일 명 앞에 전치사 di를 사용할 경우 정관사 + 요일명과 동일한 의미(=ogni)이다.

Lavori sabato?　　[=questo sabato]　　　　　　　이번 주 토요일에 일하니?

Lavori il sabato? [=ogni sabato, di sabato]　　　매주 토요일 일하니?

Vai in montagna domenica?　　[=questa domenica] 이번 주 일요일에 산에 가니?

Vai in montagna la domenica? [=di domenica]　일요일이면 너는 산에 가니?

6 시간을 묻는 표현 Le ore

시간을 묻는 '몇 시입니까?'는 두 가지 방식으로 표현할 수 있다. 그러나 단수형 Che ora è?보다 복수형 Che ore sono?가 더 많이 사용되는 편이다. 1시를 제외하고는 모두 복수로 사용하기 때문이다. 이탈리아아어에서는 시간을 표현할 때는 비인칭 주어 없이 곧바로 essere 동사 + 시간으로 표기한다. 시간을 나타내는 숫자가 1시와 관련될 경우에는 여성 정관사 단수 l', 2시 이후일 경우에는 여성 정관사 복수 le를 시간 앞에 사용한다. 왜냐하면 l'(ora) una, le (ore) due에서 볼 수 있듯이 각각 ora와 ore가 생략되었기 때문이다.

한국과 마찬가지로 시간을 먼저 표현하고 다음에 분을 표현한다. 몇 분이 지났다는 것을 나타낼 때에는 접속사 e를 사용하고, 몇 분 전을 나타낼 경우에는 meno를 사용한다. 이탈리아에서는 시간을 말할 때 1시부터 24시까지 숫자를 모두 다 사용하지만, 구어체에서는 13시부터는 오전 시간과 혼동이 될 수 있으므로 시간을 나타내는 부사구(di mattina, di pomeriggio, di sera...)를 사용한다. 30분을 나타내는 표현은 반(metà)을 나타내는 mezzo가 정확하지만, 구어체에서는 mezza를 흔히 사용한다. 40분부터 20분 전(meno)으로 표현할 수 있지만, 45분, 50분, 55분을 '~분 전'으로 표현하는 것이 더 좋다.

시계 회전

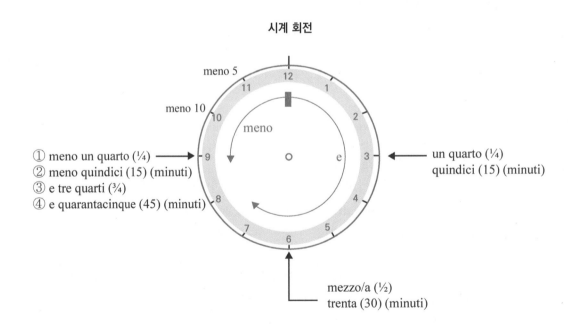

meno 5

meno 10

meno

① meno un quarto (¼)
② meno quindici (15) (minuti)
③ e tre quarti (¾)
④ e quarantacinque (45) (minuti)

un quarto (¼)
quindici (15) (minuti)

e

mezzo/a (½)
trenta (30) (minuti)

(1) 시간을 묻는 표현

1시에 관련된 것과 정오와 자정만 essere 3인칭 단수 동사를 사용하고, 2시 이후부터는 3인칭 복수 동사를 사용한다. 시간은 l'ora와 le ore에서 명사 ora와 ore를 생략하고 여성 정관사 l' 혹은 le만 사용한다.

Che ora è adesso?		지금 몇 시입니까?
È	l'una.	1시입니다.
	l'una e un quarto.	1시 15분입니다.
	l'una e mezzo.	1시 반입니다.
	mezzogiorno.	정오입니다.
	mezzanotte.	자정입니다.
Che ore sono adesso?		지금 몇 시입니까?
Sono	le due.	2시입니다.
	le tre e un quarto.	3시 15분입니다.
	le quattro e mezzo/a.	4시 반입니다.
	le dodici.	12시입니다.
	le ventiquattro.	24시입니다.

(2) 시간에 관련된 표현들

Sono le due precise.	정각 2시이다. [공식적인 표현]
Sono le due in punto.	정각 2시이다. [구어체]
Sono quasi le due.	거의 2시이다.
Sono circa le 2 del mattino.	대략 새벽 2시이다. [=di notte 밤]
Sono le due passate.	2시를 지났다.
Sono le due del pomeriggio.	오후 2시이다. [=di pomeriggio]

🖎 참고

시간에 관련된 여러 가지 표현들

Sono in ritardo/anticipo.	나는 지각이다/예상 시간보다 이르다.
Veramente sono in perfetto orario.	정말로 나는 정확히 제시간에 맞췄다.
Sono arrivato con 10 minuti di ritardo.	난 10분 늦게 도착했다.
Sono arrivato con 10 minuti di anticipo.	난 10분 일찍 도착했다.
Sono arrivato in tempo.	난 시간에 맞춰 도착했다.
Sono arrivato puntuale.	난 정확한 시간에 도착했다.

	공식적인 형태 (기차, 비행기, TV 프로그램)	비공식적 형태
1:00	l'una	l'una di notte
2:00	le due	le due di notte
3:07	le tre e zero sette	le tre e sette
4:15	le quattro e quindici	le quattro e un quarto
5:30	le cinque e trenta	le cinque e mezzo/a
6:45	le sei e quarantacinque	le sette meno un quarto (Manca un quarto alle sette)
7:55	le sette e cinquantacinque	le otto meno cinque (Mancano cinque alle otto)
8:00 (정각)	le otto precise	le otto in punto
10:00 (거의)	quasi le dieci	quasi le dieci
11:00 (지남)	le undici passate	le undici passate
12:00	le dodici	mezzogiorno
13:00	le tredici	l'una di pomeriggio
14:00	le quattordici	le due di pomeriggio
20:00	le venti	le otto di sera
23:00	le ventitré	le undici di notte
24:00	le ventiquattro	mezzanotte

Che ore sono adesso? (Che ora è adesso?) 지금 몇 시입니까?

Sono le due.

Sono le quattro
e mezzo/a.

Sono le sette
e un quarto.

Sono le cinque
meno un quarto.

Sono le sei e venti.

Sono le dodici
meno dieci.

È mezzogiorno.
(Sono le dodici)

È mezzanotte
(Sono le ore
ventiquattro)

(3) ~시 ~분 전을 나타내는 표현

Sono le [시간] meno [분]

Sono le **due** meno **cinque.**

2시 5분 전이다.

Sono le **due** meno **un minuto.**

2시 1분 전이다.

Mancano [분] alle [시간]

Mancano **cinque minuti** alle **due.**

2시가 되려면 5분 남았다.

Manca **un minuto** alle **due.**

2시가 되려면 1분 남았다.

(4) '몇 시에?'를 묻는 표현

'몇 시에?'를 묻는 표현은 a che ora를 사용한다. '~에'라는 대답에는 시간의 전치사 a를 사용하는데 여성 정관사와 결합한 경우에는 all', alle 형태가 된다. 전치사 a는 정확한 시간(~에)을 나타내고, 전치사 verso는 대략적인 시간(~경에)을 나타낸다.

A che ora **ci vediamo domani?**

Ci vediamo **all'una.**

all'una **e mezzo.**

a **mezzogiorno.**

alle **due del pomeriggio.**

우리 내일 몇 시에 볼까요?

1시에 봅시다.

1시 반에 봅시다.

정오에 봅시다.

오후 2시에 봅시다.

A che ora **comincia la lezione?**

수업은 몇 시에 시작합니까?

-Comincia **alle 9 in punto.**

정각 9시에 시작합니다.

A che ora **finisce la lezione?**

수업은 몇 시에 끝납니까?

-Finisce **verso le 5.**

5시경에 끝납니다.

-Finisce **alle 5 circa.**

약 5시에 끝납니다.

(5) '몇 시까지'를 묻는 표현

Fino a che ora **hai studiato?**

fino a **tardi**

fino a **mezzogiorno**

fino a **mezzanotte**

fino all'**una**

fino alle **dodci**

fino ad **ora,** fino a **adesso**

몇 시까지 공부했니?

늦게까지

정오까지

자정까지

1시까지

12시까지

지금까지 [=finora, fin adesso]

6 의문 형용사 Gli aggettivi interrogativi [☞ 304쪽 의문 대명사 참조]

이탈리아어의 의문 형용사는 che, quale, quanto 세 가지가 있으며, 뒤에 명사가 따라온다. 의문사가 문장 처음에 나오고 물음표(?)로 끝나는 직접 의문문과 주절 동사 뒤에 의문사가 와서 종속절로 사용되는 간접 의문문에 모두 사용될 수 있다.

1 의문 형용사의 형태

단수(singolare)		복수(plurale)		의미
남성	여성	남성	여성	
che				무슨
quale		quali		어떤
quanto	quanta	quanti	quante	얼마나 많은

2 의문 형용사의 사용

(1) che: 무슨(what)

의문 형용사 che는 형태가 변화하지 않으며, 단수 명사나 복수 명사 구분 없이 다 사용된다. 주격, 목적격, 보어, 전치사와 함께 사용할 수 있으며 직접 의문문, 간접 의문문에 모두 사용될 수 있다.

의문 형용사	명사[단수, 복수]		동사	해석
Che	lavoro	남성 단수	fa?	무슨 일을 하시죠?
	ora	여성 단수	è?	몇 시입니까?
	progetti	남성 복수	ha?	무슨 계획을 갖고 있죠?
	ore	여성 복수	sono?	몇 시입니까?

Che tipo è lui?	그는 무슨 타입입니까?
Che taglia / misura porta?	치수 몇 입으세요?
Che programmi hai per domenica?	너는 일요일에 무슨 계획이 있니?
Da che parte abiti a Roma?	너는 로마 어느 쪽에 사니?
In che senso?/A che nome?	무슨 의미에서?/무슨 이름으로?
Di che colore è la tua macchina?	네 자동차는 무슨 색깔이야?
Sai a che ora comincia il film?	영화가 몇 시에 시작되는지 아니?
Vorrei sapere che lavoro fa Anna.	안나가 무슨 일을 하는지 알고 싶어요.

(2) quale: 어떤

의문 형용사 quale는 수에 따라 변한다. 성의 구분 없이 단수일 때는 quale이며, 복수일 때는 quali가 된다. 주격·목적격으로 쓰이며 전치사와 함께 사용된다. 같은 범주에 속하는 것 중에서 구체적으로 어떤 것인지 콕 집어 물어보거나 눈앞에 있는 선택 사항 중에서 어떤 것을 고를지 물어볼 때 사용한다. 의문사 che 대신에 quale를 사용하는 경우도 많다.

의문사	명사		동사	해석
Quale [단수]	libro	남성	vuoi?	어떤 책을 원하니?
	rivista	여성	vuoi?	어떤 잡지를 원하니?
Quali [복수]	libri	남성	preferisci?	어떤 책들을 선호하니?
	riviste	여성	preferisci?	어떤 잡지들을 선호하니?

Quale vestito ti piace di più?
어떤 옷이 네 마음에 더 들어?

Quale penna vuoi, questa o quella?
어떤 펜을 원하니, 이것 아니면 저것?

Da quale binario parte il treno per Roma?
몇 번 플랫폼에서 로마행 기차가 출발합니까? [=Da che binario]

A quale fermata devo scendere?
어떤 정류소에서 제가 내려야 합니까?

In quale ospedale è ricoverato?
그는 어떤 병원에 입원해 있어요?

In quale classe devo andare?
제가 어느 학급(반)으로 가야 합니까?

Per quale ragione è a Roma?
로마에는 어떤 이유로 계신 것입니까?

Per quale motivo studi l'italiano?
어떤 목적으로 이탈리아어를 배우니?

Non so quale strada (devo) prendere.
어떤 길을 가야 할지 모르겠다.

✎ 참고

가끔 모음과 자음(s + 자음, z 제외) 앞에서 어미가 탈락된 qual 형태로 사용되기도 한다.
Qual buon vento ti porta? 뭔 바람이 불어 여길 왔어?

(3) quanto: 얼마나 많은

의문 형용사로서 quanto는 성과 수에 따라 변화하며, 관계되는 명사의 양과 수를 물을 때 사용한다. 직접 의문문, 간접 의문절에 모두 사용될 수 있다. 기간을 나타내는 전치사 per(동안)가 의문사 quanto와 함께 사용될 때는 주로 전치사가 생략된다.

Quanto	남성 단수	zucchero?	단수는 양을 물을 때 [셀 수 없는 명사]
Quanta	여성 단수	pasta?	[How much]
Quanti	남성 복수	libri?	복수는 수를 물을 때 [셀 수 있는 명사]
Quante	여성 복수	penne?	[How many]

Quanto zucchero metti nel caffè? [양]
커피에 설탕을 얼마나 넣니?

Quanta pasta devo cucinare? [양]
얼마나 많은 파스타를 요리해야 합니까?

Quanti anni hai? [수]
너는 몇 살이니?

Quante persone inviti a cena? [수]
너는 저녁 식사에 몇 사람들을 초대할 거니?

Da quanto tempo studi l'italiano?
이탈리아어를 공부한 지 얼마나 되니?

In quanto tempo arriva questa lettera?
이 편지는 얼마 만에 도착합니까?

Fra quanti giorni dovrò venire qui?
저는 며칠 후에 여기에 와야 합니까?

A quanti amici hai telefonato?
몇 명의 친구들에게 전화했니?

A quanti anni hai iniziato a lavorare?
너는 몇 살에 일하기 시작했어?

(Per) Quanto tempo hai studiato l'italiano?
이탈리아어를 얼마 동안 공부했어? [주로 전치사 per는 생략하고 사용]

Quante volte alla settimana vai a lezione?
일주일에 몇 번 수업에 가니?

Non so (per) quante settimane durerà la mostra.
나는 전시회가 몇 주 동안 계속되는지 모르겠다. [주로 per는 생략하고 사용]

7 감탄 형용사 Gli aggettivi esclamativi

의문 형용사 che, quale, quanto는 의문문을 이끄는 의문 형용사뿐만 아니라 감탄문을 유도하는 감탄 형용사로도 사용될 수 있다. 문어체에서 의문문은 물음표(?)로 표시하고 감탄문은 느낌표(!)로 표시한다. 따라서 의문사들이 의문문에 사용된 경우 의문 형용사가 되고, 감탄문에 사용된 경우 감탄 형용사가 된다. 반면에 구어에서는 억양(intonazione)을 통해 의문 형용사와 감탄 형용사를 구분할 수 있다. [☞ 310쪽 감탄 대명사, 368쪽 감탄 부사 참조]

1 감탄 형용사의 형태

단수(singolare)		복수(plurale)	
남성	여성	남성	여성
che			
quale		quali	
quanto	quanta	quanti	quante

2 감탄 형용사의 사용

(1) CHE

ⓐ che + 형용사 + 명사!

Che bel vestito!	참 멋있는 옷이구나!
Che bel bambino!	참 예쁜 아이구나!
Che bel nome!	정말 예쁜 이름이야!
Che bell'anello!	참 예쁜 반지구나!
Che bello zainetto!	정말 멋진 배낭이야!
Che bella giacca!	참 멋진 재킷이구나!
Che bella / brutta giornata!	정말 좋은/나쁜 날씨군!
Che bella / brutta notizia!	정말 좋은/나쁜 소식이군!
Che bella idea!	정말 멋진 생각이군!
Che bella sorpresa!	정말 놀랍군/뜻밖이야!
Che bei fiori!	정말 예쁜 들이구나!
Che belle parole!	정말 멋진 말들이다!

Che + 명사 + 형용사

Che venticello piacevole!   정말 상쾌한 바람이다!
Che faccia tosta!   정말 철면피구나!
Che amici simpatici!   정말 호감 가는 친구들이다!
Che amiche carine!   정말 사랑스러운 여자 친구들이다!

> ✏️ **참고**
>
> **Che + 명사/형용사 + 동사 원형 형태도 있다.**
> Che piacere/bello sentirti!   네 목소리를 듣게 되어 얼마나 반가운지!
> Che piacere/bello rivederti!   너를 다시 보게 되어 얼마나 반가운지!

ⓑ che + 명사

Che sonno!	아이고, 졸려!	Che fortuna!	아, 운 좋다!
Che fame!	아, 배고파!	Che sollievo!	아휴, 다행이다!
Che noia!	아이, 지겨워!	Che emozione!	감격스러울 수가!
Che fastidio!	아이, 성가셔!	Che disordine!	아, 지저분해!
Che disastro!	이런 낭패가!	Che confusione!	아, 정신없어!
Che incubo!	이런 악몽이!	Che peccato!	아, 안타깝다!
Che gioia!	아이, 기뻐라!	Che sorpresa!	아이고, 깜짝이야!
Che tristezza!	아이고, 슬퍼라!	Che coincidenza!	이런 우연의 일치가!
Che paura!	아이, 무서워!	Che meraviglia!	참으로 감탄스럽다!
Che vergogna!	아이, 창피해!	Che caldo / freddo!	아이, 더워/추워!
Che dolore!	아이고, 아파!	Che freschezza!	아이고, 시원해!
Che male!	아이고, 아야!	Che gentilezza!	아, 친절도 해라!
Che rabbia!	아, 화난다!	Che stanchezza!	아, 피곤해라!
Che ridere!	아이, 우스워!	Guarda che mare!	바다 좀 봐!
Che fatica!	아이고, 힘들어!	Senti che profumo!	향기 좀 맡아봐!

ⓒ che + 형용사: che가 형용사이므로 뒤에 명사가 와야 하지만, 형용사 사용도 가능하다.

Che bravo!	아, 정말 대단해!	Che buono!	아, 맛있어!
Che bello!	아주 좋아/멋져!	Che strano!	아이고, 이상해라!
Che magnifico!	정말 장관이야!	Che complicato!	정말 복잡하군!
Che carino!	정말 귀엽다!	Che antipatico!	정말 비호감이네!
Che povero!	정말 가엾다!	Che simpatico!	매우 호감이 간다!
Che fantastico!	정말 환상적이야!	Che stupendo!	정말 눈부셔!

(2) QUALE

Quale onore!	얼마나 영광인가!
Quale disastro!	이게 무슨 낭패람!
Quale audacia!	뻔뻔스럽긴!
Quale sciocchezza!	어리석긴!

(3) QUANTO

Quanto rumore!	시끄럽기도 해라!
Quanto tempo sprecato!	얼마나 시간을 낭비했는지!
Quanta gente!	사람이 많기도 해라!
Quante parole inutili!	웬 쓸데없는 말도!
Quanto tempo ci hai messo!	넌 시간이 얼마나 걸린 거야!
Quanta pazienza ci vuole!	얼마나 많은 인내가 필요한지!
Quanti giorni sono passati!	얼마나 많은 날들이 지났는지!

> ✎ 참고
>
> 문어체에서는 의문 형용사는 의문 부호(?)와 함께 사용되고, 감탄 형용사는 감탄 부호(!)와 함께 사용된다. 그러나 구어에서는 억양을 통해 의문 형용사와 감탄 형용사를 구별할 수 있다. 의문문은 억양이 올라가고, 감탄문은 억양이 내려간다.
>
> - 의문 형용사[의문문]
>
> 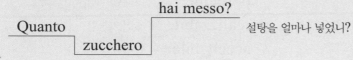 설탕을 얼마나 넣었니?
>
> - 감탄 형용사[감탄문]
>
> 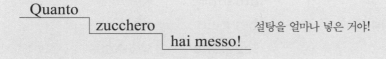 설탕을 얼마나 넣은 거야!
>
> - 의문 형용사[의문문]
>
> 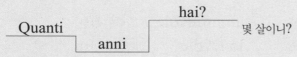 몇 살이니?
>
> - 감탄 형용사[감탄문]
>
> 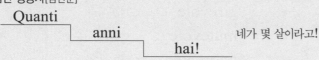 네가 몇 살이라고!

8 ⟩ 접미사를 붙여 형용사 만들기

1 동사 → 형용사

(1) 현재 분사 -ante, -ente

abbondare	풍부하다	→	abbondante	풍부한
importare	중요하다	→	importante	중요한
interessare	관심이 일다	→	interessante	재미있는
affascinare	매료시키다	→	affascinante	매력적인
scottare	화상 입다	→	scottante	따가운/타는
sorridere	미소 짓다	→	sorridente	미소 짓는
spiacere	유감스럽다	→	spiacente	유감스러운
divertire	재미나게 하다	→	divertente	재미나는
bollire	끓다	→	bollente	뜨거운

(2) -(a)bile

mangiare	먹다	→	mangiabile	먹을 수 있는
lavare	씻다	→	lavabile	씻을 수 있는
portare	운반하다	→	portabile	휴대할 수 있는
realizzare	실현하다	→	realizzabile	실현 가능한
accettare	받아들이다	→	accettabile	받아들일 수 있는
consigliare	충고하다	→	consigliabile	권할 만한
amare	사랑하다	→	amabile	사랑스러운
bere	마시다	→	bevibile	마실 수 있는
leggere	읽다	→	leggibile	읽을 수 있는

(3) -evole

ammirare	감탄하다	→	ammirevole	감탄할 만한
lodare	칭찬하다	→	lodevole	칭찬할 만한
piacere	마음에 들다	→	piacevole	유쾌한
girare	돌다	→	girevole	회전성의
mutare	변하다	→	mutevole	변하기 쉬운
onorare	명예를 주다	→	onorevole	명예로운

2 명사 → 형용사

(1) -oso: 특성이 풍부함을 나타낸다.

rumore	소음	→	rumoroso	소란스러운, 시끄러운
silenzio	침묵	→	silenzioso	조용한
costo	가격	→	costoso	값비싼
dolore	고통	→	doloroso	고통스러운
pericolo	위험	→	pericoloso	위험스러운
numero	수	→	numeroso	수많은
fatica	노고	→	faticoso	힘든, 수고로운
invidia	시기	→	invidioso	시기심 많은
noia	권태	→	noioso	지겨운
nuvola	구름	→	nuvoloso	구름이 가득 낀
meraviglia	경이	→	meraviglioso	경이로운

(2) -istico / -astico

arte	예술	→	artistico	예술적인
carattere	성격	→	caratteristico	특색 있는
turista	관광객	→	turistico	관광의
fantasia	환상	→	fantastico	환상적인

(3) -ale

morte	죽음	→	mortale	죽음의, 죽을 운명의
inverno	겨울		invernale	겨울의
musica	음악	→	musicale	음악적인
posta	우편	→	postale	우편의
forma	형식	→	formale	형식적인
centro	중앙	→	centrale	중앙의, 중심의

(4) -ano / ese / ino: 소속 관계를 나타낸다.

Italia	이탈리아	→	italiano	이탈리아인의
Roma	로마	→	romano	로마인의
Francia	프랑스	→	francese	프랑스인의
Parigi	파리	→	parigino	파리인의
Milano	밀라노	→	milanese	밀라노인의

(5) -ico
automa	자동 조작	→	automatico	자동의
democrazia	민주	→	democratico	민주적인
dramma	드라마	→	drammatico	극적인
politica	정치	→	politico	정치적인

(6) -are
sole	태양	→	solare	태양의
luna	달	→	lunare	달의
popolo	대중	→	popolare	대중적인

(7) -ivo
atto	행위	→	attivo	활동적인
sport	스포츠	→	sportivo	스포츠적인
festa	축제	→	festivo	축제의
abuso	남용	→	abusivo	남용하는

(8) -ile
giovane	젊은이	→	giovanile	젊은이의
febbre	열	→	febbrile	열 있는
signore	신사	→	signorile	신사적인
infante	유아	→	infantile	유아의

(9) -esco
bambino	어린아이	→	bambinesco	유아적인
studente	학생	→	studentesco	학생의

(10) -ario
finanza	재정, 금융	→	finanziario	재정의, 금융의
banca	은행	→	bancario	은행의

(11) -evole
amico	친구	→	amichevole	우호적인, 친한

(12) -torio
preparazione	준비	→	preparatorio	준비의

5장

대명사
Il pronome

대명사(大名辭)는 '대신하다'라는 뜻으로 명사를 대신하여 쓰는 말이다. 문장에서 명사를 계속 반복해 사용하면 문장이 길어져 혼란스럽고 지루하며 자연스럽지 못하다. 대명사는 그러한 반복과 혼란을 피하기 위해 같은 말을 되풀이하지 않게 하여 문장을 간결하고, 대화를 신속하게 해주는 역할을 하기 때문에 말의 경제성과 효율성에 관계한다. 이탈리아어에서는 다른 언어에 비해 특히 대명사가 복잡하게 발달되어 있다. 대명사가 단순히 명사만을 대신하는 것이 아니라 여러 가지 복합적인 기능을 하고 성과 수에 따라 형태가 아주 다양하게 변화하며, 동사에 대명사가 붙어 본래 의미와는 다르게 관용적으로 사용되는 형태들도 많다. 그렇기 때문에 대명사를 잘 이해해야만 문장을 오역하지 않고 정확한 해석을 할 수 있다.

대명사의 종류

1. **인칭 대명사 I pronomi personali**: 주격 형태와 목적격 형태

   Io sono Paolo. [주격]   Quando lo vedi? [목적격]

   나는 파올로야.   언제 그를 보니?

2. **소유 대명사 I pronomi possessivi**

   Questo è il mio libro. Dove è il tuo?

   이것은 나의 책이야. 너의 것은 어디에 있니?

3. **지시 대명사 I pronomi dimostrativi**

   Che cosa è questo / quello?

   이것은/저것은 무엇입니까?

4. **관계 대명사 I pronomi relativi**

   Chi è quella ragazza che sta parlando con Massimo?

   마씨모와 얘기하고 있는 저 소녀 누구야?

5. **의문 대명사 I pronomi interrogativi**

   Chi è Lei?   Che cosa fa?

   당신은 누구세요?   무엇을 하세요?

6. **부정 대명사 I pronomi indefiniti**

   Ciao a tutti!   Non c'è nessuno.

   모두들 안녕!   아무도 없다.

대명사는 전적으로 명사만을 대신하는 것이 아니라 형용사 혹은 동사 심지어 전체 문장까지 대신하는 역할을 하는 경우도 있다. 때로는 문장이나 목적어를 강조하기 위해 사용되기도 한다.

명사	Conosci Marco?	-No, non lo conosco. [=Marco]
	마르코를 아니?	아니, 그를 몰라.
형용사	Ieri il tempo era bello, ma oggi non lo è. [=bello]	
	어제는 날씨가 좋았지만 오늘은 그렇지가 않다.	
동사	Voglio divertirmi, tu non lo vuoi. [=divertirti]	
	나는 재미있게 놀기를 원하는데, 너는 그것을 원하지 않는다.	
전체 문장	Dove è lei?	-Non lo so. [=Non so dove è lei.]
	그녀가 어디 있죠?	그것을 모르겠어요.
문장 강조	Lo sai che ti amo tanto. [=che ti amo tanto.]	
	내가 너를 무척 사랑한다는 그것을 너는 알고 있다.	
목적어 강조	Il caffè lo bevo ogni giorno. [=il caffè]	
	커피, 난 그것을 매일 마신다.	

1 인칭 대명사 | pronomi personali

인칭 대명사는 사람이나 동물, 사물의 이름 대신 가리키는 대명사이다.

1 주격 인칭 대명사 | pronomi personali soggetto

대명사가 문장의 주어 역할을 하는 경우이다. 우리말 '~은/~는/~이/~가'에 해당한다. 이탈리아어에서는 주어가 분명할 경우 일반적으로 주격 대명사를 생략하고, 주어를 강조하거나 주어가 불분명 할 경우에만 사용한다. 동사의 형태를 보고 인칭이 무엇인지 알 수 있기 때문이다. 존칭을 제외하고 대명사가 문장 처음에 사용되는 경우 외에는 소문자로 표기한다. 주격 대명사는 일반적으로 문장 앞에 위치하나 강조적으로 사용될 때에는 자리 이동을 할 수 있다.

~은/는/이/가		단수			복수	
1인칭		io			noi	
1인칭		tu			voi	
3인칭	구분	일반적	문학적	문어체	일반적	문어체/지역적
		[사람, 동물]	[사람]	[사물, 동물]	[사람, 동물]	[사물, 동물, 사람]
	남성	lui	egli	esso	loro	essi
	여성	lei	ella	essa		esse
존칭(당신/들)		Lei			Loro[극존칭], voi[일반적]	

(1) **io**: [나는, 내가]의 의미로 복수형은 **noi**이다.

Ciao, io sono Minsu. 안녕, 나는 민수야.
Io sono coreano. 저는 한국인입니다.

(2) **noi**: [우리는, 우리가]의 의미로 **io**에 대한 복수이다.

ⓐ **noi**(우리는)는 일인칭 단수인 **io**(나)에 대한 복수이다.

Noi siamo coreani. 우리들은 한국인입니다.

ⓑ 개인적인 의견이나 판단을 표현하기 위해 일반 사람의 비인칭적인 의미로 사용한다.

Quando noi pensiamo ai progressi della scienza...
우리가 과학의 발전을 생각해 볼 때 …….

(3) tu [너는, 네가] **의미로서 복수형은 voi이다.**

   ⓐ 가족(부모와 형제 사이), 친척, 동료 등 친한 사람끼리 혹은 윗사람이 아랫사람 등에게 말할 때 사용
     되는 예사말로서 사용 범위가 넓다. 주로 이름을 부르는 사이에서 tu가 사용된다.

     Ciao, nonna, come stai?   안녕 할머니, 어떻게 지내? [2인칭 동사]

     Ciao, tu sei Marco?   안녕, 네가 마르코니?

   ⓑ 일반 사람을 나타내는 비인칭적인 의미(uso impersonale)로 사용된다.

     In quel magazzino tu puoi trovare di tutto.

     그 백화점에서 여러분은 온갖 것을 모두 다 찾아볼 수 있습니다.

   ⓒ 하느님이나 성모 마리아에게 기도할 때 주로 tu가 사용된다.

     Signore, tu sai ogni cosa.   주님, 당신은 모든 것을 알고 계십니다.

(4) voi: [너희들은, 너희들이], [당신들은, 당신들이], [여러분들은, 여러분들이]

   ⓐ 비칭 tu(너)에 대한 복수로 사용된다. [너희들은, 너희들이]

     Tu sei Marco?   Voi siete Marco e Paolo?

     네가 마르코니?   너희들이 마르코와 파올로이니?

   ⓑ 존칭 Lei(당신)에 대한 일반적인 복수로 사용된다. [당신들은/당신들이]

     Signore, Lei è italiano?   Signori, voi siete italiani?

     아저씨, 당신은 이탈리아 분이세요?   아저씨들, 당신들은 이탈리아 분들이세요?

   ✎ 참고

존칭 Voi(당신)의 특별 용법
Voi가 친분 관계가 없는 상대방에게 존칭 Lei 대신에 2인칭 단수 존칭(당신)으로 사용되는 경우인데,
현재 이탈리아 남부의 일부 지역에서만 아직 구어체에서 사용되고 있다.
파시즘 기간에 존칭으로 Lei 대신 이탈리아 정신이 깃든 Voi의 사용을 공식화했지만, 이제는 사용
하지 않고 문학 서적이나 오페라, 옛날 영화 등에서 찾아볼 수 있다.
2인칭 복수 voi(너희들, 여러분들)와 구별하기 위해 주로 대문자로 존칭을 표시한다.

Signore, Voi siete italiano?   아저씨, 당신은 이탈리아 분이세요?

Signora, Voi siete italiana?   여사님, 당신은 이탈리아 분이세요?

(5) Lei [당신은, 당신이] → voi [여러분들은, 여러분들이]: **일반적인 경우**

Loro [당신들은, 당신들이]: **극존칭 표현**

존칭으로서 윗사람이나 잘 모르는 사람에게 예의를 갖추어 말할 때 사용된다. 남성과 여성을 구분하지 않고 존칭으로 사용되면 모두 Lei(당신)이다. 3인칭 그녀 lei와 구분을 하기 위해 문장 전체에 주로 대문자 Lei를 사용하여 나타낸다. Lei는 형태에 맞추어 3인칭 동사를 사용하며, 과거 분사와 형용사는 주어의 성에 따라 일치시킨다. Lei의 공식적인 복수 존칭은 Loro에 해당하지만, 오늘날에는 Loro가 지나친 극존칭이기 때문에 일반적으로 voi를 사용한다. 간혹 카페, 레스토랑, 호텔 등지에서 직원이 고객들을 귀빈으로 대하기 위해 극존칭 Loro를 사용하기도 한다.

Signore, Lei è italiano?	Signori, voi siete italiani? [일반적]
아저씨, 당신은 이탈리아 분이세요?	아저씨들, 여러분들은 이탈리아 분들이세요?
Signora, Lei è italiana?	Signore, voi siete italiane? [일반적]
여사님, 당신은 이탈리아 분이세요?	여사님들, 여러분들은 이탈리아 분들이세요?

(6) lui [그는, 그가], lei [그녀는, 그녀가]: **일반적인 형식** → **복수는** loro

ⓐ lui: 사람과 동물에게 **사용된다.** [그는, 그가]

[사람]   Questo è il mio amico Paolo. Lui è italiano.
이 자는 제 친구 파올로예요. 그는 이탈리아인이에요.

[동물]   Io ho un gatto bianco. Lui è molto carino.
나는 흰 수고양이를 한 마리 가지고 있다. 그는 무척 귀엽다.

ⓑ lei: 사람과 동물에게 **사용된다.** [그녀는, 그녀가]

[사람]   Questa è la mia amica Paola. Lei è italiana.
얘는 제 친구 파올라예요. 그녀는 이탈리아인이에요.

[동물]   Io ho una cagnolina. Lei è molto paurosa.
나는 암캉아지 한 마리를 가지고 있다. 그녀는 무척 겁이 많다.

ⓒ loro: lui와 lei의 복수형으로 사람과 동물에게 **사용된다.** [그들은, 그녀들은]

[사람]   Loro sono americani.   Loro sono americane.
그들은 미국인들이다.   그녀들은 미국인들이다.

[동물]   Ho due grandi cani, ma loro non mordono.
나는 큰 개 두 마리를 가지고 있는데, 그들은 물지 않는다.

(7) **egli** [그는, 그가], **ella** [그녀는, 그녀가]: **문학적인 형식 → 복수는 loro**

egli와 ella는 문학 서적이나 고급 문어체에서 사용되며 구어체에서는 사용되지 않는다. 주격 대명사 역할로 오직 사람에게만 사용되며 항상 문두에 온다. 오늘날 egli, ella는 잘 사용되지 않으며 lui, lei로 교체되었다. ella는 문어체에서도 거의 사라진 형태이다.

ⓐ **egli**: 그는, 그가　　Egli è un esperto di musica classica.
　　　　　　　　　　　그는 고전 음악 전문가이다. [=Lui]

ⓑ **ella**: 그녀는, 그녀가　　Ella era pallidissima.
　　　　　　　　　　　그녀는 너무나 창백했다. [=Lei]

☞ 대문자 Ella(당신)는 관료적·종교적 언어에서 고위직 사람에게 Lei 대신 사용되는 존칭 대명사로 이제는 드물게 사용된다. 여성 형태의 대명사이기 때문에 남성도 어미를 여성 형태에 맞춘다.
　　Ella, signor ministro, è stata gentilissima.　　장관님, 당신은 정말 친절하셨습니다.

(8) **esso, essa** [그것] → **복수는 essi, esse** [그것들/그들/그녀들]

주로 사물과 동물을 가리키며 격식적인 문어체에서 사용되고, 구어체에서는 지시 대명사를 사용한다.

ⓐ **esso**: 그것

주로 사물이나 동물에만 사용하고, 사람에게는 사용하지 않는다.

[사물]　Il libro è interessate; esso parla di archeologia.
　　　　책이 재미있는데, 그것은 고고학에 대해서 말하고 있다.

ⓑ **essa**: 그것, 그녀

주로 동물과 사물에게 사용된다. 문학 언어에서 사람을 지칭하는 경우도 있다.

[사물]　Essa è una pianta che è molto diffusa in Italia.
　　　　그것은 이탈리아에 널리 퍼져 있는 식물이다.

ⓒ **essi**: 그것들, 그들

주로 사물과 동물에 사용된다. 문어체 혹은 지역 문화적 특성에 따라 사람에게 사용되기도 한다.

[사물]　Essi sono i regali più costosi.
　　　　그것들은 아주 값비싼 선물들이다.

ⓓ **esse**: 그것들, 그녀들

주로 사물과 동물에 사용된다. 문어체 혹은 지역 문화적 특성에 따라 사람에게 사용되기도 한다.

[사물]　Esse sono pietre preziose molto rare.
　　　　그것들은 아주 희귀한 보석들이다.

2 주격 인칭 대명사를 표기해야 하는 경우

이탈리아어에서는 주격 대명사를 사용하지 않아도 동사 형태를 보고 주어의 인칭을 판단할 수 있기 때문에 주격 대명사를 생략할 수 있다. 그러나 다음의 경우에는 주어를 표기한다.

(1) 주어를 강조하고 싶을 때

Io non lo so. 난 그것을 몰라.　　　　　Tu lo sai? 너는 그것을 아니?

(2) 대조되는 문장에서 주어를 강조하고자 할 때

Noi diciamo di sì, invece voi dite di no.
우리는 그렇다고 말하는데, 반면에 너희들은 아니라고 말하네.

(3) 동사 뒤에서 주어가 강조될 때

Faccio io.	내가 할게.	Non sono io.	내가 아니야.
Arriva lui!	그가 온다!	Ha detto lei.	그녀가 말했다.
Rispondi tu!	네가 대답해!	Sei tu Silvia?	네가 실비아야?

(4) 동사가 생략된 문장에서

Chi, io? 누구, 내가?　　　　　　　　Tu qui? 넌 여기?

(5) 다른 주어와 등위 접속사(e)로 연결될 때

Io e mio fratello siamo molto diversi.
나와 나의 형/동생은 많이 다르다.

(6) 대명사 뒤에 숫자나 혹은 제한하는 단어가 올 때

Noi due ci conosciamo da molto tempo.
우리들은 오래전부터 서로 알고 있다.

Voi giovani non capite queste cose.
너희 젊은이들은 이런 것들을 이해 못 한다.

(7) 대명사 뒤에 관계 대명사절이 삽입될 때

Tu, che sei suo amico, devi dire la verità a Marco.
그의 친구인 네가 마르코에게 진실을 말해야 한다.

3 주격 대명사 io, tu 대신에 목적격 me, te를 사용하는 경우

(1) 비교사 come, quanto, più di, meno di 다음에 사용될 경우

Fai come me.   [=Fai come faccio io.]
나처럼 해봐.   내가 하는 것처럼 해봐.

Sono contento quanto te.   [=Sono contento quanto sei contento tu.]
너 만큼 기쁘다.   네가 기쁜 만큼이나 나도 기쁘다.

Sono più alto di te.   내가 너보다 더 크다.
Sei meno alto di me.   너는 나보다 덜 크다.

(2) io e te라는 표현에서

현대 이탈리아어에서 사르데냐 일부 지역을 제외하고 io e tu (나와 너)라는 표현은 이제 사라지고 tu ed io (너와 나)로 바뀌었다. 일상적인 대화에서 **tu ed io** 대신에 문법상 맞지 않는 토스카나 지방 표현인 io e te (나와 너) 형태가 문법적으로 인정이 되어 오히려 이것이 일반적으로 많이 사용되고 있다.

Io e te andiamo a casa di Marco.   [=tu ed io]
나와 네가 마르코 집에 간다.   [너와 내가]

(3) 주어와 주격 보어의 주체가 다른 사람일 경우 목적격 대명사 me, te를 사용한다.

Tu non puoi essere me.   네가 나일 수 없어.
Mario sembra te: è testardo.   마리오는 너 같아, 고집쟁이야.
Se io fossi te...   만일 내가 너라면

> ✎ **참고**
>
> 1. 만일 주어와 주격 보어가 같은 사람이라면 주격 대명사를 사용한다.
>   Io sono io, tu sei tu.   나는 나고, 너는 너다.
>   Io non mi sento più io.   난 더 이상 내가 아닌 것 같다.
>
> 2. essere 동사 다음에 stesso가 와서 주격 보어가 강조될 경우에는 주어가 같다고 하더라도 me stesso/a, te stesso/a가 된다.
>   Io voglio essere me stesso/a.   나는 내 자신이길 원해.
>   Cerca di essere sempre te stesso/a. 항상 너 자신이 되려고 노력해 봐.

(4) 동사가 생략된 감탄문에서

목적격 형태   주격 형태

Povero/a me!   →   Come sono povero/a, io!

가엾은 나!   나는 얼마나 가엾은가!

Fortunato/a te!   →   Come sei fortunato/a, tu!

너는 행운아야!   너는 얼마나 운이 좋은가!

Beato/a te!   →   Come sei beato/a, tu!

복받았네/부럽다!   너는 얼마나 복받았는가!

(5) 다음과 같은 표현들: 과거 분사는 목적격 대명사의 성에 일치시킨다.

compreso/a me	[=me compreso/a]	나를 포함하여
incluso/a te	[=te incluso/a]	너를 포함하여
escluso/a me	[=me escluso/a]	나를 제외하고
eccetto te [전치사]	[=salvo/meno te]	너를 제외하고

4 주격 대명사를 강조할 경우

(1) essere + 주어 + che: 강조 구문(la frase scissa)을 사용한다.

Io devo ringraziarti.   나는 네게 고마워해야 한다.

Sono io che devo ringraziarti.   네게 고마워해야 할 자는 나이다.

Lei decide tutto.   그녀는 모든 것을 결정한다.

È lei che decide tutto.   모든 것을 결정하는 자는 그녀이다.

(2) essere + 주어 + a + 동사 원형: 주격 강조 구문을 사용한다.

Io pulisco la casa.   나는 집을 청소한다.

Sono io a pulire la casa.   집을 청소하는 자는 나이다.

Tu vinci sempre.   네가 항상 이긴다.

Sei tu a vincere sempre.   항상 이기는 자는 너이다.

Lui organizza tutto.   그는 모든 것을 조직한다.

È lui a organizzare tutto.   모든 것을 조직하는 자는 그이다.

5 목적격 인칭 대명사 I pronomi personali complemento

(1) 목적격 인칭 대명사의 형태

주격 (~는, ~가)		직접 목적격(~을, ~를)		간접 목적격(~에게)	
		약형	강조형	약형	강조형
io		mi	me	mi	a me
tu		ti	te	ti	a te
lui		lo	lui	gli	a lui
lei		la	lei	le	a lei
Lei		La	Lei	Le	a Lei
noi		ci	noi	ci	a noi
voi		vi	voi	vi	a voi
loro	essi	li	loro	gli [비격식] loro [격식]	a loro
	esse	le			
		동사 앞	동사 뒤	동사 앞	동사 뒤

☞ 간접 목적격 대명사의 격식 형태인 loro (그들/그녀들에게)는 약형이라 하더라도 항상 동사 뒤에 위치한다.

목적격 대명사의 약형은 동사 앞에 위치하고, 강조형은 동사 뒤에 위치한다. 약형은 대명사가 보조적으로 쓰이는 형태이기 때문에 동사의 의미가 강조된다. 반면에 강조형은 대명사가 강조적으로 쓰이기 때문에 문장의 의미상 대명사에 강세를 주어 발음하게 된다.

직접 대명사 약형[동사 앞 위치]

Io ti amo.

나는 너를 사랑해.

['사랑해'라는 동사 의미가 중요하다.]

직접 대명사 강조형[동사 뒤 위치]

Io amo te.

나는 바로 너를 사랑한다.

[다른 사람이 아닌 바로 너임을 강조한다.]

간접 대명사 약형[동사 앞 위치]

Ti dico un segreto.

네게 비밀 한 가지 말할게.

[내가 비밀을 말하는 것이 중요하다.]

간접 대명사 강조형[동사 뒤 위치]

Dico a te un segreto.

비밀 한 가지를 네게 말할게.

[내가 비밀을 말하는 상대가 너임을 강조한다.]

(2) 직접 목적격 대명사 약형 lo, la, li, le

ⓐ 사람을 받는 경우

	남성		여성	
단수	lo	그를(him)	la	그녀를(her)
복수	li	그들을(them)	le	그녀들을(them)

Conosci Mauro?　　　　　　-Sì, lo conosco.
마우로를 아니?　　　　　　　응, 그를 알아.

Conosci Stella?　　　　　　-Sì, la conosco.
스텔라를 아니?　　　　　　　응, 그녀를 알아.

Conosci Mauro e Paolo?　　-No, non li conosco.
마우로와 파올로를 아니?　　　아니, 그들을 몰라.

Conosci Stella e Laura?　　-No, non le conosco.
스텔라와 라우라를 아니?　　　아니, 그녀들을 몰라.

ⓑ 사물을 받는 경우

	남성		여성	
단수	lo	그것을(it)	la	그것을(it)
복수	li	그것들을(them)	le	그것들을(them)

Leggi questo libro?　　　　-Sì, lo leggo.
이 책을 읽니?　　　　　　　응, 그것을 읽어.

Leggi questa rivista?　　　-Sì, la leggo.
이 잡지를 읽니?　　　　　　응, 그것을 읽어

Leggi questi libri?　　　　-No, non li leggo.
이 책들을 읽니?　　　　　　아니, 그것들을 읽지 않아.

Leggi queste riviste?　　　-No, non le leggo.
이 잡지들을 읽니?　　　　　아니, 그것들을 읽지 않아.

> ✎ 참고
>
> 직접 목적격 대명사 lo는 사람·사물뿐만 아니라 전체 문장을 받기도 한다. [☞ 280쪽 (3) 참조]

(3) 직접 목적격 대명사 약형 ti (너를)와 La (당신을)

ⓐ 친한 사람끼리는 ti (너를)를 사용하고 격식을 차려야 할 경우 La (당신을)를 사용한다. 존칭 La는 남성이나 여성을 구분하지 않고 '당신을'의 의미로 사용된다.

| Franco, | **ti** | accompagno io. | 프랑코, 네가 너를 데려다줄게. |
| Angela, | | | 안젤라, 내가 너를 데려다줄게. |

| Signore, | **La** | accompagno io. | 아저씨, 제가 당신을 모셔다 드릴게요. |
| Signora, | | | 여사님, 제가 당신을 모셔다 드릴게요. |

ⓑ 비칭 ti와 존칭 La의 복수는 일반적으로 vi를 사용한다.

주격		직목 약형 단수		직목 약형 복수	
tu	너는	**ti**	너를	**vi**	너희들을
Lei	당신은	**La**	당신을		당신들을

Alberto, ti aspetto al bar.   알베르토, 바에서 너를 기다릴게.

Ragazzi, vi aseptto al bar.   얘들아, 바에서 너희들을 기다릴게.

Signore, La asepttto al bar.   아저씨, 바에서 당신을 기다릴게요.

Signori, vi aspetto al bar.   아저씨들, 바에서 당신들을 기다릴게요.

✏️ 참고

1. 존칭을 나타내는 직접 목적격 대명사 La(당신을)는 3인칭 여성 단수 la(그녀를)와 구분하기 위해 문장 전체를 통해 대문자로 사용된다. 대문자의 역할이 존중과 중요성을 나타내기 때문이다. 그러나 비격식적인 대화체 문장에서는 대문자 La를 소문자 la로 표기한 경우도 많다.

Signore, Lei è italiano?   Signore, La aiuto io.

아저씨, 당신은 이탈리아 분이신가요?   아저씨, 제가 당신을 도와드릴게요.

2. 직접 목적격 약형 대명사가 동사 원형과 함께 사용될 때 대명사의 위치는 동사의 마지막 모음인 e를 탈락시키고 동사 뒤에 붙어서 한 단어가 된다.

ArrivederLa!   당신을 다음에 다시 뵙겠습니다. (안녕히 가세요/계세요)

Piacere di conoscerLa!   당신을 알게 되어 기쁩니다. (처음 만났을 때)

Spero di rivederti presto.   너를 빨리 다시 보기를 희망한다.

(4) 직접 목적격 대명사의 약형과 강조형의 차이점

약형은 동사 앞에 위치하고 강조형은 동사 뒤에 위치한다. 강조형은 대명사가 강조되는 형태이므로 대명사에 강세를 두는 반면에 약형은 뒤에 오는 동사에 강세를 둔다.

직접 목적격 대명사 약형[동사 앞 위치] **직접 목적격 대명사 강조형**[동사 뒤 위치]

Lui mi ama. [동사 강조]   Lui ama me. [대명사 강조]

그는 나를 사랑한다.   그는 다른 사람이 아닌 바로 나를 사랑한다.

동사에 초점을 맞추어 질문하는 경우에는 약형 대명사를 사용해 답을 하지만, 누구인지 대상을 묻는 질문에는 그 대상을 분명히 나타내야 하기 때문에 강조형 대명사를 사용하여 질문에 부합하여 답을 해야 한다.

Mi ami? -Sì, ti amo   Chi ami?   -Amo te.

나를 사랑해? 응, 너를 사랑해.   누구를 사랑하니? 너를 사랑해.

약형 대명사는 부수적인 역할 때문에 단독으로 사용하지 못하고 반드시 동사와 함께 사용되지만 강조형 대명사는 강하기 때문에 동사 없이 단독으로도 사용 가능하다.

Mi ami?   -Sì, ti amo.   [amo를 생략하고 답할 수 없다.]

Ami me o lei?   (Amo) te, non lei.   [amo를 생략하고 답할 수 있다.]

나를 아니면 그녀를 사랑하는 거야?   (사랑해) 너를, 그녀가 아니라.

(5) 직접 목적어인 명사를 강조할 경우: 위치변경(dislocazione)

이탈리아어에서 직접 목적어가 명사인 경우 반드시 타동사 뒤에 위치한다. 그러나 직접 목적어를 강조하기 위해 문장 처음으로 위치변경 할 경우 그 명사에 해당하는 약형 대명사를 반드시 명사 뒤에 사용해야 한다. 직접 목적격 약형 대명사를 미리 동사 앞에 두고 직접 목적어를 문미에 두는 오른쪽 위치변경을 통해서도 목적어를 강조할 수 있다. 오른쪽 위치변경은 동사 뒤에 나오는 새로운 요소를 문장 앞에서 미리 강조하는 담론적 전략으로, 특히 일상 대화에서 사용된다.

Leggo il giornale **ogni mattina.** [S + V + O]   나는 매일 아침 신문을 읽는다.

Il giornale lo **leggo ogni mattina.** [왼쪽 위치변경]   신문, 나는 그것을 매일 아침 읽는다.

Marco ama Giulia. [S + V + O]   마르코는 줄리아를 사랑한다.

Giulia, Marco la **ama.** [왼쪽 위치변경]   줄리아, 마르코는 그녀를 사랑한다.

Bevi il caffè? [S + V + O]   커피 마실래?

Il caffè lo **bevi?** [왼쪽 위치변경]   커피, 그것 마실래?

Lo **bevi** il caffè? [오른쪽 위치변경]   그것, 커피 마실래?

(6) 직접 목적격 대명사 강조형은 전치사와 함께 사용된다.

전치사(di, da, per, con, fra, su, in, a) + 직접 목적격 대명사 강조형

Che cosa pensi di me?

나에 대해 어떻게 생각하니?

Ho sentito da lei quella notizia.

나는 그녀에게서 그 소식을 들었다.

Questo regalo è per te.

이 선물은 너를 위한 것이야/이 선물을 너한테 주는 거야.

Che cosa posso fare per Lei?

제가 당신을 위해서 무엇을 할 수 있을까요?

Anna, vieni al cinema con me stasera?

안나, 오늘 저녁 나와 영화 보러 갈래?

Fra lui e me ci sono tre anni di differenza.

그와 나는 세 살 차이이다.

Qualcosa è cambiato fra di noi.

우리 사이에 뭔가 변했다.

Puoi contare su di me.

너는 나를 믿어도 좋아(나한테 의지해).

Noi tutti abbiamo fiducia in Lei.

우리 모두가 당신을 신뢰합니다.

Quando sono triste, penso a te.

내가 슬플 때, 네 생각을 해.

📝 **참고**

1. 전치사 su 다음에 목적격 강조형 대명사가 올 경우 발음상 전치사 di가 가운데 들어간다.
   su di me, su di te, su di lui, su di lei, su di noi, su di voi, su di loro

2. tra와 fra 다음에 목적격 강조형 대명사가 올 경우 전치사 di가 들어갈 수 있다.
   tra di noi, tra di voi, tra di loro, fra di noi, fra di voi, fra di loro

3. 직접 목적격 대명사 강조형 voi(너희들, 여러분들)는 상업 통신문에서 상대방의 회사를 높이는 존칭으로 대문자를 사용하여 Voi로 표기한다.
   Come da Voi richiesto, Vi inviamo la merce...
   귀사가(여러분이) 요청하신 대로 귀사에(여러분께) 상품을 발송합니다.

(7) 간접 목적격 대명사 약형 mi, ti, ci, vi

간접 목적격 대명사 약형 mi, ti, ci, vi는 직접 목적격 대명사 약형과 형태가 동일하기 때문에 문장에서 동사의 쓰임을 보고 구분할 수 있다.

직접 목적격 대명사 약형[~을, ~를]		직접 목적격 대명사 약형[~에게]	
Ti chiamo. 너한테 전화할게.	[타동사]	Ti telefono. 네게 전화할게.	[a te] [자동사]
Mi aiuti? 나를 도와줄래?	[타동사]	Mi scrivi? 내게 쓸 거지?	[a me] [자동사]
Ci accompagni? 우리를 데려다줄 거야?	[타동사]	Perché non ci rispondi? 왜 우리에게 대답하지 않는 거야?	[a noi] [자동사]
Vi lascio al vostro caffè. 너희들을 커피 마시게 놔두고 간다.	[타동사]	Vi lascio un messaggio. 너희들에게 메시지를 하나 남긴다.	[a voi] [수여 동사]

(8) 간접 목적격 대명사 약형 비칭 ti (너에게)와 존칭 Le (당신께)

ⓐ 친한 사람끼리는 ti (너에게)를 사용하고, 격식을 차려야 할 경우 Le (당신께)를 사용한다. 존칭 Le 는 남성이나 여성을 구분하지 않고 '당신께'의 의미로 사용된다.

Sandro,	ti	dico una cosa.	산드로, 네게 한 가지 말할게.
Stella,			스텔라, 네게 한 가지 말할게.

Signore,	Le	dico una cosa.	아저씨, 당신께 한 가지 말씀드리죠.
Signora,			여사님, 당신께 한 가지 말씀드리죠.

ⓑ 간접 목적격 약형 ti (너에게)와 Le (당신께)의 복수

일반적으로 비칭 ti (너에게)와 존칭 Le (당신께)의 복수는 모두 vi로 사용한다.

주격		간접 목적격 대명사 약형 단수		간접 목적격 약형 복수	
tu	너는	ti	너에게	vi	너희들에게
Lei	당신은	Le	당신께		당신들께

Matteo, ti telefono.　[a te]　마테오, 네게 전화할게.

Ragazzi, vi telefono.　[a voi]　얘들아, 너희들에게 전화할게.

Signore, Le telefono.　[a Lei]　아저씨, 당신께 전화드릴게요.

Signori, vi telefono.　[a voi]　아저씨들, 당신들께 전화드릴게요.

(9) 간접 목적격 대명사 약형 le (그녀에게), gli (그에게)

단수		복수[비격식적 구어체]		복수[격식적 구어체/문어체]	
gli	그에게	**gli**	그들에게	**loro**	그들에게
le	그녀에게		그녀들에게		그녀들에게

Che cosa regali a Mario? | -Gli regalo un libro.
마리오에게 무엇을 선물하니? | 그에게 책을 한 권 선물해.

Che cosa offri a Paola? | -Le offro un caffè.
파올라에게 무엇을 대접하니? | 그녀에게 커피 한 잔을 대접한다.

Che cosa offri a Mario e Paolo? | -Gli offro una birra fredda.
마리오와 파올라에게 무엇을 대접하니? | 그들에게 차가운 맥주를 한 잔 대접한다.

Che cosa offri a Maria e Paola? | -Gli offro una bibita fresca.
마리아와 파올라에게 무엇을 대접하니? | 그녀들에게 시원한 음료수를 한 잔 대접한다.

(10) 간접 목적격 대명사 약형 gli (그들/그녀들에게)와 loro (그들/그녀들에게)의 차이

3인칭 복수 간접 목적격 대명사 약형 '그들에게, 그녀들에게'는 두 가지 형태가 있다. 비격식적인 구어체의 경우에 일반적으로 gli를 사용하고 격식적인 경우 loro를 사용한다. 약형 gli는 동사 앞에 위치하지만 loro는 약형이라 하더라도 항상 동사 뒤에 위치한다.

비격식적 구어체[gli] – 동사 앞

Lui manda un'email ai suoi amici.
그는 그의 친구들에게 이메일을 하나 보낸다.

Lui gli manda un'e-mail.
그는 그들에게 이메일을 하나 보낸다.

격식적 구어체/문어체[loro] – 동사 뒤

Lui manda un'email ai suoi amici.
그는 그의 친구들에게 이메일을 하나 보낸다.

Lui manda loro un'e-mail.
그는 그들에게 이메일을 하나 보낸다.

☹ 주의

간접 대명사 약형 loro(그/그녀들에게)와 강조형 a loro(그/그녀들에게)의 구분
간접 대명사 약형 loro와 간접 대명사 강조형 a loro는 둘 다 동사 뒤에 위치하므로 구분하기 쉽지 않다. 동사 뒤에 loro 형태로 사용되면 약형이고, 전치사 a가 붙어 a loro 형태일 경우에는 강조형이다.

Mando un messaggio a Paola e Carla. 파올라와 카를라에게 메시지를 보낸다.
Gli mando un messaggio. [간접 대명사 약형-구어체] 나는 그녀들에게 메시지를 보낸다.
Mando loro un messaggio. [간접 대명사 약형-격식적] 나는 그녀들에게 메시지를 보낸다.
Mando a loro un messaggio. [간접 대명사 강조형] 나는 그녀들에게 메시지를 보낸다.

(11) 간접 목적격 대명사 강조형이 문장 맨 앞에 위치할 경우

간접 목적격 대명사 강조형은 원래 동사 뒤에 위치하지만, 문장 맨 앞에 위치할 때는 위치변경을 통해서 간접 목적격 대명사가 더욱 강조되는 경우이다.

Ti dico sempre tutto.
난 네게 항상 모든 것을 말해.

A te dico sempre tutto.
네게는 항상 내가 모든 것을 말해.

Le consiglio questa giacca.
이 재킷을 당신께 권합니다.

A Lei consiglio questa giacca.
당신께는 이 재킷을 권합니다.

Mi piace questo film.
이 영화가 내 마음에 든다.

A me piace questo film.
난 이 영화가 마음에 든다.

Ci sembra troppo caro.
우리에게 너무 비싸 보인다.

A noi sembra troppo caro.
우리한테는 너무 비싸 보인다.

6 직접 목적격 대명사를 사용하는 타동사들

직접 목적격 대명사를 취할 수 있는 동사는 타동사(~을/를 하다)이다. 자동사는 목적어를 필요로 하지 않기 때문에 직접 목적격 대명사와 함께 사용되지 않는다.

(1) 직접 목적어의 위치

ⓐ 직접 목적어가 명사인 경우: 주어 + 타동사 + 직접 목적어(S + V + O)

Io   non conosco   Marco.   나는 마르코를 모른다.
[주어]   [타동사]   [직접 목적어]

ⓑ 직접 목적어가 약형 대명사인 경우: 주어 + 직접 목적격 대명사 약형 + 타동사

Io   non lo   conosco.   나는 그를 모른다.
[주어]   [약형 대명사]   [타동사]

ⓒ 직접 목적어를 강조할 경우: 직접 목적어(명사) + 직접 목적격 대명사 약형 + 타동사

(Io) Marco   non lo   conosco.   마르코, 나는 그를 모른다.
[직접 목적어]   [약형 대명사]   [타동사]

(2) 직접 목적격 대명사를 사용하는 타동사들

ascoltare   Mi ascolti?   -Sì, ti ascolto con attenzione.
    내 말 듣고 있니?   그래, 주의해서 네 말을 듣고 있어.

aspettare	Anna, ti aspetto al bar. 안나, 카페에서 너를 기다릴게.	Ragazzi, io vi aspetto qui. 얘들아, 난 여기서 너희들을 기다릴게.
aiutare	Mi aiuti con i compiti? 나 숙제 도와줄래?	-Ti aiuto a fare i compiti. 네가 숙제하는 것 도와줄게.
ascoltare	Mi ascolti? 내 말 듣고 있니?	-Sì, ti ascolto con attenzione. 그래, 주의해서 네 말을 듣고 있어.
amare	Ami Federico? 페데리코를 사랑하니?	-No, non lo amo più. 아니, 더 이상 그를 사랑하지 않아.
bere	Bevi una birra? 맥주를 한 잔 마실래?	-Sì, la bevo con piacere. 응, 기꺼이 그것을 마시지.
capire	Mi capisci? 날 이해하겠니?	-No, non ti capisco bene. 아니, 너를 잘 이해하지 못하겠어.
chiamare	Teresa, ti chiamo dopo. 테레사, 나중에 너한테 전화할게.	Professore, La chiamo dopo. 선생님, 나중에 당신께 전화드릴게요.
comprare	Dove compri la frutta? 과일을 어디에서 사니?	-La compro al mercato. 그것을 시장에서 사.
conoscere	Conosci questi ragazzi? 이 소년들 아니?	-No, non li conosco. 아니, 그들을 몰라.
disturbare	Professore, La disturbo? 안녕하세요 교수님, 제가 방해됩니까?	Pronto, Marco, ti disturbo? 여보세요 마르코, 통화 가능해?
dimenticare	Non ti dimenticherò mai. 난 너를 결코 잊지 않을 거야.	Non potrò mai dimenticarti. 난 너를 절대 잊을 수 없을 거야.
fare	Fai sempre i compiti? 항상 숙제들을 하니?	-Sì, li faccio sempre. 응, 항상 그것들을 해.
guardare	Perché mi guardi così? 왜 날 그렇게 쳐다봐?	Ti guardo da lontano. 멀리서 너를 바라본다.
invitare	Le invito a cena da noi. 그녀들을 우리 집 저녁 식사에 초대해.	Perchè non inviti anche me? 왜 나도 초대하지 않는 거야.
incontrare	Lo incontro spesso al bar. 바에서 그를 종종 만난다.	La incontro ogni mattina. 나는 매일 아침 그녀를 만난다.
lasciare	Non ti lascerò mai. 절대 너를 떠나지 않을 거야.	Mi lasci solo/a? 나를 혼자 내버려 두는 거야?
mangiare	Sono stufo degli spaghetti. Li mangio ogni giorno. 나는 스파게티에 질렸다. 그것들을 매일 먹는다.	

prendere	Prendi un caffè? 커피 한 잔 마실래?	-Sì, lo prendo volentieri. 응, 그것을 기꺼이 마실게.
riconoscere	Signore, mi riconosce? 아저씨, 저를 알아보시겠습니까?	-Sì, La riconosco. 예, 당신을 알아봐요.
richiamare	Ti richiamo più tardi. 이따가 다시 너한테 전화할게.	La richiamo dopo. 나중에 당신께 다시 전화드릴게요.
sentire	Non La sento bene. 당신 말이 잘 들리지 않아요.	-Adesso mi senti bene? 이제 내 말 잘 들리니?
seguire	Ragazzi, mi seguite? 여러분, 내 말 듣고 있어요?	Perché mi seguite? 왜 나를 따라들 오는 거야?
sopportare	Maria fa sempre di testa sua. Non la sopporto più. 마리아는 항상 자기 마음대로 한다. 더 이상 난 그녀를 못 참겠다.	
vedere	Quando vedi Silvia e Cinzia? 실비아와 친치아를 언제 보니?	-Le vedo domani. 내일 그녀들을 볼 거야.
volere	Come vuole gli spaghetti 스파게티를 어떻게 해드릴까요?	-Li voglio al dente. 쫄깃쫄깃하게(설익혀) 해주세요.
ringraziare	Ti ringrazio. 네게 고맙다.	La ringrazio di cuore. 진심으로 당신께 감사드려요.
salutare	Ciao, ti saluto. 안녕, 작별 인사 한다.	La saluto, arrivederLa. 당신께 작별 인사 드려요. 다음에 또 뵙죠.
pregare	Ti prego! 네게 부탁해.	La prego! 당신께 부탁해요. Vi prego! 여러분께 부탁드려요.
informare	La informiamo che domani non c'è riunione. 당신께 내일 회의가 없다는 것을 알려드립니다.	
avvertire	Ti avverto che non ti sopporto più. 나는 더 이상 너를 참을 수 없음을 경고한다.	
avvisare	Stefania lo avvisa del suo arrivo. 스테파니아는 그에게 그녀의 도착에 대해 알린다.	

✎ 참고

우리말과 달리 이탈리아어에서 직접 목적격을 취하는 타동사

consigilare, salutare, ringraziare, pregare, informare, avvertire, avvisare 동사들은 우리말로 해석하면 간접 목적격 대명사(~에게)를 취하는 것 같지만, 이탈리아어에서는 직접 목적격 대명사(~을/를)를 취하는 타동사들이다.

7 간접 목적격 대명사(~에게)를 사용하는 동사들

(1) 간접 목적어와 직접 목적어를 함께 사용할 때 문장의 순서

ⓐ 직접 목적어와 간접 목적어가 둘 다 명사인 경우: 본래 직목 + 간목 순서이다.

주어	수여 동사	직접 목적어(~을/~를)	간접 목적어(~에게)
Io	regalo	un libro	a Mario.

나는 책 한 권을 마리오에게 선물한다.

ⓑ 그러나 직접 목적어가 간접 목적어보다 긴 경우: 간목 + 직목 순서로 바뀐다.

주어	수여 동사	간접 목적어(~에게)	직접 목적어(~을/~를)
Io	regalo	a Mario	un libro interessante.

나는 마리오에게 재미있는 책 한 권을 선물한다.

ⓒ 간접 목적어가 강조형 대명사인 경우: 직목 + 간목

주어	수여 동사	직접 목적어	간접 목적어
Io	regalo	un libro	a lui.

나는 책 한 권을 그에게 선물한다.

ⓓ 그러나 직접 목적어가 간접 목적격 대명사보다 긴 경우 ⓑ와 같다. 간목 + 직목

주어	수여 동사	간접 목적어	직접 목적어
Io	regalo	a lui	un libro interessante.

나는 그에게 재미있는 책 한 권을 선물한다.

ⓔ 직접 목적어가 약형 대명사인 경우: 직접 목적격 대명사가 동사 앞에 위치한다.

주어	직접 대명사	수여 동사	간접 목적어
Io	lo	regalo	a lui.

나는 그것을 그에게 선물한다.

ⓕ 간접 목적어가 약형 대명사인 경우: 간접 목적격 대명사가 동사 앞에 위치한다.

주어	간접 대명사	수여 동사	직접 목적어
Io	gli	regalo	un libro.

나는 그에게 책 한 권을 선물한다.

⑨ **결합 대명사:** 간접 목적어와 직접 목적어가 모두 약형 대명사인 경우, 결합 대명사 형태가 된다.

주어	결합 대명사[간목 + 직목]	수여 동사
Io	glielo	regalo.

나는 그에게 그것을 선물한다.

> ✎ **참고**
>
> 특히 구어체에서 소통의 필요성으로 인해 간접 목적어를 강조하고자 할 경우, 간접 목적어를 문장 맨 앞으로 이동시켜 강하게 발음한다. 간접 목적어가 명사인 경우, 그것에 해당하는 간접 목적격 약형 대명사를 간접 목적어 뒤에 넣어서 사용하지만 의무적이 아니라 선택적이다.
>
> Regalo un libro a Mario. → A Mario gli regalo un libro. [왼쪽 위치변경]
> 나는 마리오에게 책을 선물한다.　　　마리오에게, 난 그에게 책을 선물한다.

(2) 간접 목적어와 직접 목적어 두 가지를 모두 취할 수 있는 여격(수여) 동사들

augurare
　　Le auguro un buon viaggio.
　　즐거운 여행하시길 바랍니다.

mandare
　　Ti mando un messaggio dopo.
　　나중에 네게 메시지 하나 보낼게.

inviare
　　Le invio in allegato il file richiesto.
　　요청한 파일을 첨부해서 당신께 전송합니다.

spedire
　　Lui ci ha spedito una cartolina da Parigi.
　　그가 파리에서 우리에게 엽서 하나를 보냈다.

dare
　　Mi dai una mano a preparare la cena?
　　저녁 식사 준비하는 것 나 좀 거들어줄래?

passare
　　Amore, mi passi il sale, per favore?
　　자기야 미안하지만, 내게 소금 건네줄래?

portare
　　Ci porta ancora un po' di pane, per favore?
　　우리에게 빵 조금 더 갖다주실래요?

regalare
　　Io le ho regalato una borsa di pelle per Natale.
　　나는 그녀에게 성탄절 때 가죽 가방을 하나 선물했다.

prestare
　　Paola, mi presti una penna, per favore?
　　파올라, 내게 펜 하나를 빌려줄래?

restituire
　　Se non Le piace questo, Le restituisco i soldi.
　　이것이 마음에 안 드시면, 당신께 돈을 돌려드릴게요.

lasciare	Le lascio il mio numero di cellulare. 당신께 저의 휴대폰 번호를 남깁니다.
dire	Ti dico una cosa molto importante. 네게 중요한 사실을 한 가지 말해줄게.
raccontare	Vi ho raccontato tutto. 너희들에게 모든 것을 얘기했다.
mostrare	Stefano mi ha mostrato le foto del suo viaggio 스테파노가 나에게 그의 여행 사진들을 보여주었다.
fare vedere	Ti faccio vedere le mie foto del viaggio. 네게 나의 여행 사진들을 보여줄게.
scrivere	Ti scrivo un'e-mail o un messaggio. 네게 메일이나 메시지를 쓸게.
indicare	Scusi, mi può indicare la strada per la stazione? 실례하지만, 제게 역으로 가는 길 좀 가르쳐주시겠습니까?
chiedere	Aldo, ti chiedo un favore. 알도, 네게 부탁 한 가지 청할게.
offrire	Professore, posso offrirLe qualcosa da bere? 교수님, 제가 당신께 마실 것 좀 사드릴까요?
comprare	Gli ho comprato un piccolo regalo. 나는 그/그들에게 작은 선물을 사 주었다.
insegnare	Insegno loro la grammatica italiana. 나는 그들/그녀들에게 이탈리아 문법을 가르쳐준다.
consegnare	Io le ho consegnato i documenti. 나는 그녀에게 서류들을 전해주었다.
presentare	Ragazzi, vi presento il mio amico Marco. 애들아, 너희들에게 내 친구 마르코를 소개할게.
preparare	Ti preparo qualcosa da mangiare. 네게 먹을 것을 준비해 줄게.
fare	Se hai sonno, ti faccio un caffè. 졸리면 네게 커피 한 잔 만들어줄게.
consigliare	Le consiglio questo vino. È molto buono. 당신께 이 포도주를 권합니다. 아주 맛있어요.

rubare	Mi hanno rubato il portafoglio. 나에게서 지갑을 훔쳐갔다/지갑을 도둑맞았다.
suggerire	Oggi vi suggerisco un piatto buonissimo 오늘 여러분에게 아주 맛있는 요리를 제안합니다.
proporre	Senti, ti propongo una cosa. 저기 있잖아, 네게 한 가지 제의할게.
permettere	Mio padre non mi permette di andare in Italia. 나의 아버지는 내가 이탈리아에 가는 것을 허락하지 않는다.
proibire	Il professore ci proibisce di parlare in coreano. 교수님은 우리가 한국어로 말하는 것을 금지한다.
impedire	I pensieri mi impediscono di dormire. 생각들이 내게 잠자는 것을 방해한다.
ordinare	Il dottore mi ha ordinato di non fumare. 의사는 나에게 담배 피우지 말 것을 명령했다.
raccomandare	Vi raccomando di fare silenzio. 너희들에게 조용히 할 것을 간곡히 부탁한다.
augurare	Ti auguro di realizzare ogni tuo sogno. 너의 모든 꿈이 실현되길 기원한다.
chiedere	Ti chiedo di mettere in ordine la stanza. 너에게 방을 정돈할 것을 청한다.
consigliare	Ti consiglio di accettare quella proposta. 너에게 그 제안을 받아들일 것을 충고한다.
dire	Gli ho detto di venire stasera alle otto. 그에게 오늘 저녁 8시에 오라고 말했다.
suggerire	Ci hanno suggerito di preparare una torta. 그들은 우리에게 케이크를 준비할 것을 제안했다.
proporre	Il professore ci ha proposto di fare quel esame. 교수님이 우리에게 그 시험을 볼 것을 제의했다.

✎ 참고

허락(permettere), 금지(probire, impedire, vietare), 부탁(chiedere, raccomandare, dire), 명령 (ordinare), 기원(augurare), 제안(suggerire, proporre, consigliare) 등의 동사들은 '~에게 ~할 것을 ~ 하다'라는 의미로 주어 + 간접 목적격 대명사 약형 + 타동사 + di + 동사 원형의 어순을 갖는다. 그러나 **pregare** (간청하다) 동사는 예외적으로 직접 목적격 대명사를 취한다. [주어+직접 목적격 대명사 약형 + pregare + di + 동사 원형] [☞ 2권 297쪽 부정사 참조]

(3) 다음과 같은 형식으로 간접 목적격 대명사를 사용하는 자동사들

간접 목적어[약형, 강조형]	자동사	주어
mi, ti, gli, le, Le, ci, vi, gli	3인칭 단수 동사	단수 명사
	3인칭 복수 동사	복수 명사

servire	**Vado al supermercato. Ti serve qualcosa?** 나 슈퍼마켓에 간다. 네게 뭔가가 필요하니? **Mi servono due pomodori e tre cipolle.** 내게 토마토 두 개와 양파 세 개가 필요해.
occorrere	**Le occorre qualcos'altro? -No, nient'altro, grazie.** 당신께 다른 뭔가가 필요하세요? 아뇨, 다른 아무것도 필요 없어요. **Quali documenti mi occorrono per il visto?** 비자를 위해서 제게 어떤 서류들이 필요합니까?
interessare	**Ti interessa questo lavoro? -Sì, mi interessa molto.** 이 일에 관심 가니? 응, 내게 무척 관심 가. **Non mi interessano per niente questi libri.** 내게 이 책들이 전혀 관심이 안 간다.
bastare	**Per adesso mi basta un po' di riposo.** 지금으로선 내겐 약간의 휴식이면 충분하다. **Mi bastano solo due ore per finire questo.** 이것을 끝내는 데 있어서 내게 2시간이면 충분하다.
sembrare	**Come Le sembra questa giacca? -Mi sembra elegante.** 이 재킷이 당신께 어떻게 보여요? 제게 정장처럼 보여요. **Come ti sembrano queste scarpe? -Mi sembrano care.** 이 신발이 네게 어때 보이니? 내게 비싸 보여.
succedere	**Che cosa mi succede? -Che cosa ti è successo?** 내게 무슨 일이 일어나는 거지? 네게 무슨 일이 생긴 거야. **In questi giorni mi succedono molte cose strane.** 요즘 내게 많은 이상한 일들이 생긴다.
piacere	**Ti piace questa canzone? -No, non mi piace.** 이 노래 좋아? 아니, 내겐 안 좋아. **Le piacciono gli spaghetti? -Sì, mi piacciono tanto.** 스파게티 좋아하세요? 예, 아주 좋아합니다.

mancare	Mi manca il mio migliore amico Stefano.
	나의 가장 친한 친구 스테파노가 그립다.
	Mi mancano i miei vecchi compagni di classe.
	나의 옛날 학급 동료들이 그립다.

stare bene	Come mi sta questo vestito?	-Ti sta molto bene.
	이 옷이 내게 어때?	네게 아주 잘 어울려.
	Questi pantaloni Le stanno benissimo.	
	이 바지가 당신께 아주 잘 어울려요.	

andare bene	Che giorno ti va bene?	-Mi va bene sabato.
	무슨 요일이 네게 괜찮아?	내겐 토요일이 괜찮아.
	Le vanno bene le scarpe?	-Sì, mi vanno bene.
	신발이 당신께 잘 맞습니까?	예, 제게 잘 맞습니다.

(4) 여격(~에게)을 갖는 자동사들: 자동사 + a

telefonare	Quando telefoni a Silvio?	-Gli telefono stasera.
	실비오에게 언제 전화하니?	그에게 오늘 저녁 전화한다.
rispondere	Quando rispondi a Sara?	-Le rispondo dopo.
	사라에게 언제 답장해?	그녀에게 나중에 답장해.
parlare	Marta non ci parla mai dei suoi problemi.	
	마르타는 절대 우리에게 그녀의 문제들에 대해서 말하지 않는다.	
scrivere	Paola, ti scrivo per chiederti un piccolo favore.	
	파올라, 네게 작은 부탁 한 가지 하려고 글을 쓴다.	

(5) essere 동사 + 주격 보어(형용사)인 경우 간접 목적격 대명사와 함께 사용될 수 있다.

주어	동사	형용사(보어)	해석
Laura		simpatica.	라우라는 내게 호감이 간다.
Paolo		antipatico.	파올로는 내게 비호감이다.
Carla	mi è	molto cara.	카를라는 내게 무척 사랑스럽다.
Questo		sufficiente.	이것은 내게 충분하다.
Quello		utile.	그것은 내게 도움이 된다.
Questo non		possibile.	이것은 내게 가능하지가 않다.

(6) 왕래, 발착, 장소 상태 등의 자동사들은 간접 목적격 대명사와 함께 사용될 수 있다.

arrivare	Mi è arrivato un pacco.	내게 소포 하나가 도착했다.
	Mi arrivano le notifiche.	내게 알림들이 도착한다.
venire	Mi viene un dubbio.	내게 의심이 하나 든다.
	Mi è venuta un'idea.	내게 생각 하나가 났다.
andare	Ti va un caffè?	커피 한잔하는 것 어때?
	Come ti è andato l'esame?	너 시험 어떻게 되었어?
entrare	Non mi entra in testa.	내 머릿속에 안 들어온다.
	Il vestito non mi entra.	옷이 내게 안 들어간다.
uscire	Non mi esce la voce.	내 목소리가 안 나온다.
	Non mi esce una parola.	말(단어)이 안 나온다.
tornare	Mi è tornata la voce.	내 목소리가 돌아왔다.
	Non mi torna in mente.	내 머릿속 기억이 나지 않는다.
passare	Non mi passa mai la tosse.	내 기침이 전혀 안 떨어진다.
	Ti è passato il dolore?	너의 통증이 가셨어/멎었어?
rimanere	Ci rimane poco tempo.	우리에게 시간이 별로 안 남았다.
	Quanti anni ti rimangono?	네게 몇 년 남았지?
restare	Ora non mi resta niente.	이제 내게 아무것도 안 남았다.
	Mi restano pochi soldi.	내게 돈이 얼마 안 남는다.
stare	Questa giacca mi sta stretta.	이 재킷이 내게 낀다.
	Le scarpe mi stanno larghe.	신발이 내게 크다.

(7) 신체 부위와 관련해서 사용되는 자동사는 간접 목적격 대명사를 사용한다.

간목	자동사	주어[신체 부위 명사]	
	brucia	la gola.	내 목이 따갑다.
	gira	la testa.	내 머리가 어지럽다.
	cola	il naso.	콧물이 난다.
	batte	il cuore.	내 심장이 뛴다.
Mi	scoppia	la testa.	내 머리가 터질 거 같다.
	scappa	la pipì.	쉬(오줌)가 마렵다.
	lacrimano	gli occhi.	눈물이 난다.
	scendono	le lacrime.	내 눈물이 흐른다.
	tremano	le mani.	내 손이 떨린다.

8 간접 목적어를 사용하는 자동사들의 쓰임

(1) piacere 동사: '~이 좋다, ~이 마음에 들다'

ⓐ **piacere** 현재 동사: 자동사이기 때문에 간접 목적어를 필요로 한다. 간접 목적격 대명사 약형을 사용할 경우 piacere 동사가 강조되고, 강조형을 사용할 경우 대명사가 강조되어 다른 사람은 몰라도 '~에게는 마음에 든다'라는 의미가 된다.

간접 목적격 대명사 ~에게		3인칭 단수	단수 명사(주어) 동사 원형(주어)	~이 ~가
약형	강조형	3인칭 복수	복수 명사(주어)	
mi ti gli le Le ci vi gli	a me a te a lui a lei a Lei a noi a voi a loro	piace 좋다 마음에 든다	Chiara la pasta la musica viaggiare cucinare	키아라가 파스타가 음악이 여행하는 것이 요리하는 것이
a Carlo a mia madre		piacciono 좋다 마음에 든다	Mara e Paola questi libri gli spaghetti queste scarpe	마라와 파올라가 이 책들이 스파게티가 이 구두가

i) 부정문일 경우 non의 위치

간접 목적격 대명사가 약형일 경우 non은 대명사 앞에 위치하고, 간접 목적격 대명사가 강조형이거나 명사일 경우 non은 대명사 뒤와 명사 뒤에 위치한다.

Mi	piace la pasta.	Non mi	piace la pasta.
A me		A me non	

ii) piacere 동사에서 주어는 일반적으로 동사를 강조하기 위해 동사 뒤에 위치하지만, 주어(la pasta)를 강조할 경우 동사 앞에 위치할 수 있다.

La pasta mi piace. [긍정문]
파스타가 나는 좋다.

A me la pasta piace. [긍정문]
파스타가 나는 좋다.

La pasta non mi piace. [부정문]
파스타가 나는 안 좋다.

A me la pasta non piace. [부정문]
파스타가 나는 안 좋다.

ⓑ **piacere** 동사의 복합 시제: 자동사로 **essere** 동사를 보조사로 취한다.

과거 분사는 주어(명사)의 성과 수에 일치시킨다.

부정	간접 목적어		essere + 과거 분사		주어(명사): ~이/가	
(Non)	mi ti	내게 네게	piace è piaciuto	마음에 든다 마음에 들었다	questo libro	이 책이
	gli le	그에게 그녀에게	piace è piaciuta		questa rivista	이 잡지가
	Le ci	당신께 우리들에게	piacciono sono piaciuti	마음에 든다 마음에 들었다	questi libri	이 책들이
	vi gli	너희들에게 그들에게	piacciono sono piaciute		queste riviste	이 잡지들이

ⓒ **piacere**는 영어의 타동사 **like**와 달리 자동사이기 때문에 쓰임에 유의해야 한다.

(Tu) Mi piaci.   [Tu piaci a me.] [=I like you.]
네가 좋아.   네가 내 마음에 들어.

(Io) Ti piaccio?   [Io piaccio a te?] [=Do you like me?]
내가 좋으니?   내가 네 마음에 드니?

(Tu) Le piaci.   [Tu piaci a lei.] [=She likes you.]
그녀가 널 좋아해.   네가 그녀의 마음에 든다.

(Tu) Gli piaci.   [Tu piaci a lui.] [=He likes you.]
그가 널 좋아해.   네가 그의 마음에 든다.

ⓓ Ti piace? Ti piacciono?(좋아해?)라는 질문에 대한 답

Sì,	mi piace mi piacciono	molto / tanto.	많이 좋아해.
		moltissimo.	무척 좋아해.
		un sacco.	엄청 좋아해.
		tantissimo.	무지 좋아해.
		da morire.	좋아 죽겠어.
		proprio / davvero.	정말로 좋아해.
No,	non mi piace non mi piacciono	molto / tanto.	그다지 안 좋아해.
		affatto.	전혀 안 좋아해.
		per niente.	전혀 안 좋아해.

(2) mancare 동사

ⓐ '부족하다, 결핍되다, 모자라다/그립다'라는 의미를 지닌다.

자동사		주어(명사)	
Manca	부족하다 모자라다	uno studente l'acqua calda	학생 한 명이 온수가
Mi manca	내게 부족하다	il coraggio	용기가
Mancano	모자라다	alcuni studenti	학생이 몇 명
Mi mancano	내게 부족하다	le forze	힘이

간목	자동사	주어(명사)		해석
Mi 내게	manca 그립다	Fabio la mia famiglia	파비오가 나의 가족이	단수 주어
	mancano 그립다	i miei genitori Anna e Sofia	나의 부모님이 안나와 소피아가	복수 주어

ⓑ '시간이 ~되려면 ~멀었다/남았다'라는 의미를 지닌다.

3인칭 단수 동사 3인칭 복수 동사		단수 명사 복수 명사	a + 명사
Manca	멀었다 남았다	un'ora 한 시간	all'arrivo del treno. 기차가 도착하려면
		mezz'ora 30분	alla partenza del treno. 기차가 출발하려면
		un quarto 15분	alle tre. 3시가 되려면
Mancano	멀었다 남았다	dieci minuti 10분	alla fine della lezione. 수업이 끝나려면
		due ore 두 시간	all'inizio del concerto. 음악회가 시작되려면

ⓒ mancare 동사도 piacere 동사처럼 쓰임과 해석에 유의해야 한다.

Angela, (tu) mi manchi tanto!　　　　안젤라, 네가 무척 그리워.

Angela, (tu) mi sei mancata tanto.　　안젤라, 네가 무척 그리웠어.

Angela, (io) ti manco?　　　　　　　안젤라, 내가 그립지?

Angela, (io) ti sono mancato?　　　　안젤라, 내가 그리웠지?

(3) andare 동사

ⓐ 무엇인가를 제안할 때: ~하는 것이 어때? ~할 마음 있어? [=avere voglia di]

간목	자동사	주어[명사] [di + 동사 원형]		
Ti Vi	va	di	uscire con me?	나와 외출할 마음 있니?
			prendere un caffè?	커피 한 잔 할 마음 있어?
		una birra?		맥주 한 잔 어때?
	vanno	gli spaghetti?		스파게티 괜찮겠니?

Ti va di uscire?
외출할 마음 있니?

Ti va un caffè?
커피 한 잔 어때?

Perché non finisci la carne?
왜 고기를 다 먹지 않니?

-No, mi dispiace, non mi va molto.
미안하지만, 별로 내키지 않아.

-No, grazie, ora non mi va molto.
고맙지만 사양할게, 지금은 별로 내키지 않아.

-Perché non mi va più.
더 이상 내키지 않아서야.

ⓑ andare는 '의복 등의 치수가 꼭 맞다[=fit]'라는 의미를 지닌다.

Questa giacca non mi va più.
이 재킷 나에게 더 이상 안 맞는다.

Veramente questo vestito Le va a pennello.
정말로 이 옷이 당신께 꼭 맞습니다.

Questi pantaloni non mi vanno più.
이 바지 내게 더 이상 안 맞는다.

ⓒ andare bene는 '적합하다[=convenire], 적당하다[=essere adatto]'의 의미이다.

간목	자동사	주어	해석
Mi	va bene	anche sabato.	토요일도 내게 괜찮다.
		partire oggi.	오늘 떠나는 것이 내게 괜찮다.
		questo vestito.	이 옷이 내게 괜찮다.
Ti		alle 7?	네게 7시가 괜찮겠니?
		sabato?	네게 토요일이 괜찮겠니?
		il treno delle sei?	네게 6시 기차가 괜찮겠니?
		qui?	네게 여기가 괜찮겠니?
Le	vanno bene	queste scarpe?	이 구두가 당신께 괜찮아요?

(5) 동사 dispiacere

ⓐ 상대방의 제안을 거절하거나 무슨 일이 불가능할 때 **미안한 생각, 유감스러운 마음을 나타낸다.**

Ti va di venire con noi?
우리와 같이 가는 것이 어때?

-Mi dispiace, ma oggi non posso.
미안한데, 오늘은 나 안 되겠어. [그다음은 이유 설명]

Avete una camera singola?
1인실 방 하나 있어요?

-Mi dispiace, siamo al completo.
죄송한데, 오늘 저희는 만실입니다.

ⓑ 좋지 못한 소식에 대해서 **상대방에게 연민, 공감이나 유감스러움을 나타낸다.**

Come stai? Oggi sto proprio male.
어떻게 지내? 오늘 정말로 몸이 안 좋아.

-Oh, mi dispiace!
오 저런, 유감이야!

Stamattina ho perso il cellulare.
오늘 아침 내가 휴대폰을 분실했다.

-Mi dispiace tanto!
너무 안됐다, 유감이다.

ⓒ **Mi dispiace + 동사 원형:** '~하는 것이 싫다'라는 자신의 마음 상태를 나타낸다.
Mi dispiace di + 동사 원형: '~하게 되어 유감스럽다'는 마음을 상대에게 전한다.

Mi dispiace lasciare Roma.   내가 로마를 떠나는 것이 싫다.
Mi dispiace dover dirti questo.   네게 이런 말을 해야 하는 것이 싫다.
Mi dispiace di lasciare Roma.   로마를 떠나게 되어 유감이다.
Mi dispiace di dover dirti questo.   내게 이런 말을 하게 되어 유감이다.

ⓓ 상대방에게 ~을 해달라고 부탁을 청하는 표현 [=Would you mind ~ing]
'미안하지만, 네가 ~ 좀 해주면 안 돼? / 당신이 ~좀 해주시면 안 돼요?'

간목	직설법/조건법	주어(동사 원형)	해석
Ti	dispiace	chiudere la porta?	문 좀 닫아주면 안 돼?
Le	dispiacerebbe	accendere la luce?	불 좀 켜 주시면 안 될까요?

> ✏️ **참고**
>
> Ti dispiace chiudere la porta? (문 좀 닫아주면 안 돼?)라는 요청에 대한 답은 다음과 같다.
> 승낙할 경우: Sì, certo! (응, 당연히!) Volentieri! (기꺼이!) La apro subito. (금방 열게)
> 거절할 경우: Scusa / Mi dispiace, adesso sono molto occupato.
>   미안한데, 지금 나 무척 바빠.

ⓔ 상대방에게 허락·양해를 구할 때 [Would you mind if ~]

'미안하지만, 내가 ~해도 네가 괜찮겠니? 제가 ~해도 당신이 괜찮겠어요?'

간목	자동사	접속사	주어 + 동사
Ti	dispiace	se	accendo l'aria condizionata? 내가 에어컨 좀 켜도 너 괜찮아?
Le			chiudo la finestra? 제가 창문 좀 닫아도 괜찮겠습니까?

📝 **참고**

Ti dispiace se accendo l'aria condizionata? (내가 에어컨 켜면 너 괜찮아/싫어?)

승낙할 경우: Sì, certo, prego!   그래, 물론이지, 어서 열어!

No, (non mi dispiace) affatto.   아니, 전혀 싫지 않아.

거절할 경우: Scusa, ma io ho freddo.   미안한데, 나 추워.

ⓕ 상대방에게 동의를 구할 때 사용되는 정중한 표현

Professore, se non Le dispiace, vengo a trovarLa stasera!

교수님, 괜찮으시다면 오늘 저녁 당신을 뵈러 갈게요.

Se non ti dispiace, vengo con te.

네가 괜찮다면 너랑 같이 갈게.

📝 **참고**

scusa / scusi와 mi dispiace 차이점

1. 상대방에게 실례를 구할 때는 scusi, scusa를 사용하고 mi dispiace를 사용하지 않는다.

   Scusi, dove è il bagno?   실례지만, 화장실이 어디죠?

2. 상대방의 불행한 일에 대해서 유감이나 공감을 나타낼 때 scusi / scusa를 사용하지 않는다.

   Mia madre è malata. -Mi dispiace!   나의 어머니가 아프서. 유감이다!

3. 자기 잘못이 분명해 사과할 경우 scusi/scusa를 사용한다. Mi dispiace(유감이다)는 발생한 일에 대한 자신의 유감스러운 마음을 나타내거나 누구의 잘못인지 모를 경우에 사용한다.

   Ahi! Lei mi ha pestato il piede! -Mi scusi tanto, non mi sono accorto.

   아야! 당신이 제 발을 밟았어요.   정말 죄송해요, 제가 알아차리지 못했어요.

9 **결합(복합) 대명사** I pronomi combinati

간접 목적격 약형 대명사(~에게)와 직접 목적격 약형 대명사(~을/를) 가운데서 lo, la, li, le와 부분 대명사 ne가 결합된 형태를 결합/복합 대명사(i pronomi combinati)라고 부른다. 구어체나 문어체에서 길어질 수 있는 말을 짧고 간결하게 할 목적으로 사용된다.

(1) 결합 대명사의 형태

ⓐ 1인칭 단수와 복수, 2인칭 단수와 복수 형태

i로 끝나는 간접 대명사 약형 형태가 l로 시작되는 직접 대명사 약형과 결합할 때 발음상의 편의를 위해 모두 e로 변화한다. 재귀 대명사 약형 si도 se로 변한다.

간목 〵 직목	lo 그를 / 그것을	la 그녀를 / 그것을	li 그들을 / 그것들을	le 그녀들을 / 그것들을	ne 그중에 / 그것에 대해서
mi (나에게)	me lo	me la	me li	me le	me ne
ti (너에게)	te lo	te la	te li	te le	te ne
ci (우리에게)	ce lo	ce la	ce li	ce le	ce ne
vi (너희들에게)	ve lo	ve la	ve li	ve le	ve ne
si (재귀 대명사)	se lo	se la	se li	se le	se ne

ⓑ 3인칭 단수와 복수 형태

간접 목적격 대명사 그에게(gli), 그녀에게(le), 당신께(Le), 그/그녀들에게(gli)는 직접 목적격 약형 대명사 lo, la, li, le와 ne를 만나면 발음상 e가 삽입되어 전부 glie- 형태로 변한다. 형태가 동일하여 문맥을 통해서만 인칭을 구분할 수 있다.

간목 〵 직목	lo 그를 / 그것을	la 그녀를 / 그것을	li 그들을 / 그것들을	le 그녀들을 / 그것들을	ne 그중에 / 그것에 대해서
gli (그에게)	glielo	gliela	glieli	gliele	gliene
le (그녀에게)	glielo	gliela	glieli	gliele	gliene
Le (당신께)	Glielo	Gliela	Glieli	Gliele	Gliene
gli (그들에게)	glielo	gliela	glieli	gliele	gliene

(2) 간접 목적격 약형 mi, ti, ci, vi + 직접 목적격 약형 lo, la, li, le

간접 목적격 대명사 mi, ti, ci, vi는 알파벳 l 앞에서 발음상 me, te, ce, ve로 변한다.

간목	수여 동사	직접 목적어(명사)			결합	수여 동사	해석
Mi 내게	presti 빌려줄래?	il libro?	책을	Sì,	te lo	presto 빌려줄게.	네게 그것을
		la penna?	펜을		te la		네게 그것을
		i libri?	책들을		te li		내게 그것들을
		le penne?	펜들을		te le		네게 그것들을

A chi(누구에게) 형태의 질문에 대한 대답은 '~에게'를 강조해야 하기 때문에 간접 목적격 대명사 강조형을 사용해야 하며, 의문사에 해당하는 답은 문미에 위치한다.

간목	수여 동사	직접 목적어(명사)		직목(그것을)	수여 동사	간목 강조형
A chi 누구에게	presti 빌려줘?	il libro?	책을	Lo	presto 빌려준다	a te. 너에게
		la penna?	펜을	La		
		i libri?	책들을	Li		
		le penne?	펜들을	Le		

Quando ci presenti il tuo ragazzo?
언제 우리에게 너의 남자 친구를 소개시켜 줄래?

-Ve lo presento subito. [vi + lo]
당장 너희들에게 그를 소개시킬게.

Quando ci prensenti la tua ragazza?
언제 우리에게 너의 여자 친구를 소개시켜 줄래?

-Ve la presento domani. [vi + la]
내일 너희들에게 그녀를 소개시킬게.

Quando ci presenti i tuoi amici?
언제 우리에게 너의 친구들을 소개시켜 줄래?

-Ve li presento sabato. [vi + li]
토요일에 너희들에게 그들을 소개시킬게

Quando ci presneti le tue cugine?
언제 우리에게 너의 여사촌들을 소개시킬래?

-Ve le presento oggi. [vi + le]
오늘 너희들에게 그녀들을 소개시킬게.

✎ 참고

부분 대명사 역할을 하는 접어(particella) ne도 목적격 간접 대명사 약형과 함께 사용될 수 있다. 이때 간접 대명사 약형의 i 형태가 e로 변화한다. [☞ 263쪽 iv) 참조]

Ho comprato molti libri. Te ne presto uno.　[ti + ne]
난 많은 책을 샀다. 네게 그중에서 한 개를 빌려줄게.　　　　　[ne는 '내가 산 책들 중에서'라는 의미]

(3) 간접 목적격 약형 gli, le, Le, gli + 직접 목적격 약형 lo, la, li, le

gli(그에게), le(그녀에게), Le(당신께), gli(그/그녀들에게) + 약형 대명사(lo, la, li, le)와 부분 대명사 (ne)일 경우 모두 동일한 형태 glie-가 되기 때문에 앞뒤 문장의 문맥을 통해서만 누구에게인지 정확하게 알 수 있다.

Do a lui questo libro.	Glielo do.
[gli] + [lo] = glielo	그에게 그것을 준다.
Do a lei questo libro.	Glielo do.
[le] + [lo] = glielo	그녀에게 그것을 준다.
Do a Lei questo libro.	Glielo do.
[Le] + [lo] = Glielo	당신께 그것을 드릴게요.
Do a loro questo libro.	Glielo do.
[gli] + [lo] = glielo	그들/그녀들에게 그것을 준다.

Quando scrivi una lettera a Marco?
언제 루카에 편지를 쓰니?

-Gliela scrivo domani.
그에게 그것을 내일 쓸 거야.

Quando mandi un messaggio a Sara?
언제 사라에게 메시지를 보내니?

-Glielo mando domani.
그녀에게 그것을 내일 보내.

Quando porti i tuoi regali ai nonni?
조부모님께 너의 선물들을 언제 갖다줄 거야?

-Glieli porto domani.
그들에게 그것을 내일 가져가.

Quando presti le riviste alle ragazze?
언제 소녀들에게 잡지를 빌려줄 거야?

-Gliele presto domani.
그녀들에게 그것을 내일 빌려줘

Anna e Sara vogliono i tuoi libri.
안나와 사라가 너의 책을 원해.

-Gliene presto alcuni.
그녀들에게 그중 몇 개 빌려줄게.

✎ **참고**

격식적 형태인 간접 목적격 약형 대명사 loro는 약형이라고 하더라도 결합 대명사 형태를 취하지 못하고 항상 동사 뒤에 위치한다.

Mando a loro questo libro. → Lo mando a loro. [강조형]
그들에게 이 책을 보낸다.   그것을 그들에게 보낸다.

Lo mando loro. [약형]

그것을 그들에게 보낸다. [=Glielo mando.]

10 목적격 약형 대명사가 복합 시제에 사용될 경우

시제에는 단순 시제와 복합 시제가 있다. 단순 시제는 동사가 인칭에 따라 어미변화를 하는 것이고, 복합 시제는 보조사 essere + 과거 분사(p.p) 혹은 avere + 과거 분사(p.p) 형태로 이루어진다. 보조사 essere + p.p일 경우 과거 분사(p.p)는 주어의 성과 수에 따라 어미가 변화하지만, 보조사 avere + p.p일 경우에는 과거 분사 어미 형태는 변화하지 않고 남성 단수 고정 형태(-o)가 된다. 그러나 avere + p.p라고 하더라도 과거 분사가 변화할 경우가 있는데, 직접 목적격 대명사 약형 lo, la, li, le와 부분 대명사 ne가 동사 앞에 올 경우이다. 이때 과거 분사의 어미는 주어가 아니라 직접 목적격 대명사의 성과 수에 일치시켜야 한다. 단수 대명사 lo, la는 avere 동사 앞에서 모음자 생략(l')을 하고, 복수 대명사 li, le는 모음자 생략을 하지 않는다.

(1) 3인칭 간접 목적격 대명사 약형(gli, le) + avere + 과거 분사(p.p)인 경우

이 경우 과거 분사의 어미는 간접 목적격 대명사의 성과 수에 일치시키지 않으며 남성 단수 고정 형태(-o)를 취한다.

avere + p.p	간접 목적어		간목 대명사		avere + p.p
Hai telefonato 전화했니?	a Maria?	Sì, 응,	le	그녀에게	ho telefonato. 전화했어.
	a Marco?		gli	그에게	
	ai ragazzi?		gli	그들에게	
	alle ragazze?		gli	그녀들에게	

(2) 3인칭 직접 목적격 대명사 약형(lo, la, li, le) + avere + 과거 분사(p.p)인 경우

이 경우 과거 분사의 어미는 직접 목적격 대명사 약형의 성과 수에 반드시 일치시켜야 한다. 일치시키지 않으면 문법상 틀린 문장이 된다. 과거 분사의 어미는 o, a, i, e로 변한다.

ⓐ lo, la, li, le가 사람을 받는 경우

Hai visto Mario?
마리오 봤니?

-Sì, l'ho visto poco fa. [lo ho→ l'ho]
그래, 조금 전에 그를 봤어.

Hai visto Silvia?
실비아를 봤니?

-Sì, l'ho vista poco fa. [la ho → l'ho]
그래, 조금 전에 그녀를 봤어.

Hai visto Mario e Silvia.
마리오와 실비아를 봤니?

-Sì. li ho visti poco fa.
그래, 조금 전에 그들을 봤어.

Hai visto Silvia e Paola?
실비아와 파올라 봤니?

-Sì, le ho viste poco fa.
그래, 조금 전에 그녀들을 봤어.

ⓑ **lo, la, li, le**가 사물을 받는 경우

Hai letto questo libro?
이 책 읽었니?

-No, non l'ho ancora letto. [lo ho → l'ho]
아니, 아직 그것을 읽지 않았어.

Hai letto questa rivista?
이 잡지 읽었니?

-No, non l'ho ancora letta. [la ho → l'ho]
아니, 아직 그것을 읽지 않았어.

Hai letto questi libri?
이 책들을 읽었니?

-No, non li ho ancora letti.
아니, 아직 그것들을 읽지 않았어.

Hai letto queste riviste?
이 잡지들을 읽었니?

-No, non le ho ancora lette.
아니, 아직 그것들을 읽지 않았어.

(3) 직접 목적격 대명사 약형(mi, ti, ci, vi) + avere + 과거 분사(p.p)일 경우

이 경우에는 과거 분사의 어미를 직접 목적격 대명사의 성과 수에 일치시켜도 되고, 일치시키지 않고 남성 단수 고정 형태(-o)로 두어도 괜찮다. 화자의 주관적인 문체적 선택이기 때문에 일치시키지 않아도 문법에 어긋나지 않는다. 일반적으로는 맞추지 않고 사용하는데, 간혹 유튜브 등에서 성을 일치시켜 사용하는 사람들도 있다.

┌ Maria:　Perché non mi hai salutato/a? [일반적인 경우/맞춘 경우]
│　　　　　카를로, 왜 나한테 인사 안 했어?
└ Carlo:　Scusa, Maria, non ti ho visto/a. [일반적인 경우/맞춘 경우]
　　　　　미안해 마리아, 너를 보지 못했어.

┌ Maria e Carlo:　Perché non ci hai salutato/i? [일반적인 경우/맞춘 경우]
│　　　　　　　　　왜 우리한테 인사를 안 했어?
└ Paolo:　　　　　Scusate, ragazzi, non vi ho visto/i. [일반적인 경우/맞춘 경우]
　　　　　　　　　미안해, 너희들을 보지 못했어.

☹주의

La(당신을) 남/여 + avere + p.p(과거 분사)
직접 목적격 약형 대명사 La는 여성 명사 형태이기 때문에 목적어가 남성이라 할지라도 과거 분사의 어미는 실제 성이 아닌 문법적인 여성 형태(La)와 일치시켜 사용한다.

Signore, scusi se L'ho fatta aspettare.　[La-당신을]
아저씨, 당신을 기다리게 해서 죄송합니다.

Signora, scusi se L'ho fatta aspettare.　[La-당신을]
여사님, 당신을 기다리게 해서 죄송합니다.

(4) Ne + avere + p.p + 수량 보어 [☞ 264쪽 대명사 ne 참조]

동사 뒤에 수량의 보어가 나올 경우 과거 분사는 수량의 보어에 성과 수를 일치시킨다.

- Quanti ragazzi hai invitato a casa tua?

  너의 집에 소년들을 몇 명 초대했니?

		ho invitato 초대했다.	uno. 1명	=Ho invitato un ragazzo.
Ne 그중		ho invitati 초대했다.	tre. 3명	=Ho invitato tre ragazzi.
			pochi. 소수	=Ho invitato pochi ragazzi.
			alcuni. 여러 명	=Ho invitato alcuni ragazzi.
			parecchi. 상당 명수	=Ho invitato parecchi ragazzi.
			molti. 많은 명수	=Ho invitato molti ragazzi.
Non	ne	ho invitato 초대하지 않았다.	nessuno. 아무도	=Non ho invitato nessun ragazzo.
Li 그들		ho invitati 초대했다.	tutti. 전부를	=Ho invitato tutti i ragazzi.

- Quante ragazze hai invitato a casa tua?

  너의 집에 소녀들을 몇 명 초대했니?

		ho invitata 초대했다.	una. 1명	=Ho invitato una ragazza.
Ne 그중		ho invitate 초대했다.	tre. 3명	=Ho invitato tre ragazze.
			poche. 소수	=Ho invitato poche ragazze.
			alcune. 여러 명	=Ho invitato alcune ragazze.
			parecchie. 상당 명수	=Ho invitato parecchie ragazze.
			molte. 많은 명수	=Ho invitato molte ragazze.
Non	ne	ho invitata 초대하지 않았다.	nessuna. 아무도	=Non ho invitato nessuna ragazza.
Le 그녀들		ho invitate 초대했다.	tutte. 전부를	=Ho invitato tutte le ragazze.

(5) 결합(복합) 대명사 + avere + 과거 분사(p.p)

결합 대명사도 직접 목적격 대명사 약형 lo, la, li, le와 결합되기 때문에 복합 시제일 때 과거 분사의 어미는 직접 목적격 대명사의 성과 수에 따라 o, a, i, e로 변화한다. 단수형 lo, la는 avere 동사 앞에서 모음 생략(l')을 하며, 복수 li, le는 모음 생략을 하지 않는다.

근과거(수여 동사)	직접 목적어		결합 대명사	과거 분사	주어
	questo libro? 이 책을		l'ha 그것을	dato 주었어.	
	questa rivista? 이 잡지를		l'ha 그것을	data 주었어.	
Chi ti ha dato 누가 네게 주었니?	questi libri? 이 책들을	Me 내게	li ha 그것들을	dati 주었어.	Mario. 마리오가
	queste riviste? 이 잡지들을		le ha 그것들을	date 주었어.	

근과거(수여 동사)	직접 목적어		결합 대명사	과거 분사	주어
	l'ombrello? 우산을		l'ha 그것을	dato 주었어.	
	questa notizia? 이 소식을		l'ha 그것을	data 주었어.	
Chi vi ha dato 누가 너희들에게 주었니?	i soldi? 돈을	Ce 우리에게	li ha 그것들을	dati 주었어.	Maria. 마리아가
	queste notizie? 이 소식들을		le ha 그것들을	date 주었어.	

gli(그에게), le(그녀에게), Le(당신께), gli(그들에게) + lo, la, li, le는 glielo, gliela, glieli, gliele로 모두 동일한 형태가 된다. glielo와 gliela는 avere 동사 앞에서 모음 생략이 되어 gliel' 형태가 된다.

근과거(수여 동사)	직접 목적어	간목	대답	결합 대명사	과거 분사
	Paolo 파올로를			gliel'ho 그에게 그를	presentato. 소개했어.
Hai presentato 소개했니?	Maria 마리아를	a lui? 그에게	Sì, 응,	gliel'ho 그에게 그녀를	presnetata. 소개했어.
	i ragazzi 소년들을			glieli ho 그에게 그들을	presentati. 소개했어.
	le ragazze 소녀들을			gliele ho 그에게 그녀들을	presentate. 소개했어.

근과거(수여 동사)	직접 목적어	간목	대답	결합 대명사	과거 분사
Hai prestato 빌려줬니?	il libro 책을	a lei? 그녀에게	Sì, 응,	gliel'ho 그녀에게 그것을	prestato. 빌려줬어.
	la rivista 잡지를			gliel'ho 그녀에게 그것을	prestata. 빌려줬어.
	i libri 책들을			glieli ho 그녀에게 그것들을	prestati. 빌려줬어.
	le riviste 잡지들을			gliele ho 그녀에게 그것들을	prestate. 빌려줬어.

근과거(수여 동사)	직접 목적어	대답	결합 대명사		과거 분사
Mi ha spedito 나한테 부쳤어요?	il documento? 서류를	Sì, 네,	Gliel'ho 당신께 그것을	già 이미	spedito. 부쳤어요.
	la lettera? 편지를		Gliel'ho 당신께 그것을		spedita. 부쳤어요.
	i documenti? 서류들을		Glieli ho 당신께 그것들을		spediti. 부쳤어요.
	le lettere? 편지들을		Gliele ho 당신께 그것들을		spedite. 부쳤어요.

Quando hai dato i regali ai bambini?
남자아이들에게 언제 선물을 주었니?

-Glieli ho dati ieri. [gli + li]
그들에게 그것들을 어제 주었어.

Quando hai dato i regali alle bambine?
여자 아이들에게 언제 선물들을 주었니?

-Glieli ho dati ieri. [gli + li]
그녀들에게 그것들을 어제 주었어.

11 목적격 대명사 약형의 위치

(1) 조동사와 함께 사용될 경우

재귀 대명사 약형을 포함하여 직접 목적격 대명사 약형, 간접 목적격 대명사 약형, 결합 대명사는 조동사 앞이나 본동사 뒤에 마지막 모음 -e를 떼고 한 단어로 위치할 수 있다. [☞ 2권 57쪽 참조]

ⓐ 직접 목적격 대명사 약형: 조동사 앞이나 본동사 뒤에 위치한다. 사용은 문체적 선택이다.

Lo vuole aiutare?
그를 돕고 싶으세요?

Vuole aiutarlo?
그를 돕고 싶으세요?

Mi può aspettare?
저를 기다릴 수 있으세요?

Può aspettarmi?
저를 기다릴 수 있으세요?

ⓑ 간접 **목적격** 대명사 약형: 조동사 앞이나 본동사 뒤에 위치한다.

Gli vuoi mandare un messaggio?
그에게 메시지를 보내고 싶어?

Vuoi mandargli un messaggio?
그에게 메시지를 보내고 싶어?

Le posso fare una domanda?
당신께 질문 한 가지 해도 될까요?

Posso farLe una domanda?
당신께 질문 한 가지 해도 될까요?

Ti devo parlare adesso.
지금 네게 말을 해야 되겠어.

Devo parlarti adesso.
지금 네게 말을 해야 되겠어.

ⓒ 결합 대명사: glie- 형태는 조동사 앞이라도 항상 한 단어로 사용된다.

Te lo voglio regalare.
네게 그것을 선물하고 싶어.

Voglio regalartelo. [ti + lo]
네게 그것을 선물하고 싶어.

Me la puoi prestare?
나에게 그것을 빌려줄 수 있어?

Puoi prestarmela? [mi + la]
나에게 그것을 빌려줄 수 있어?

Glielo devo portare.
그에게 그것을 가져다줘야만 된다.

Devo portarglielo. [gli + lo]
그에게 그것을 가져다줘야만 된다.

Gliela devo dare.
그녀에게 그것을 줘야만 한다.

Devo dargliela. [le + la]
그녀에게 그것을 줘야만 한다.

(2) 전치사 뒤에 동사 원형과 함께 사용될 경우

동사 원형의 마지막 모음 -e를 떼고 약형 대명사를 한 단어로 붙여서 사용한다. 그러나 목적격 대명사 강조형은 강조적으로 사용되기 때문에 동사와 분리해서 사용한다.

Sono molto contento di rivederLa. [직접 목적격 대명사 약형]
당신을 다시 보게 되어 무척 기뻐요. [Sono molto contento di rivedere Lei.]

Ho deciso di telefonargli. [간접 목적격 대명사 약형]
나는 그에게 전화하기로 결심했다. [Ho deciso di telefonare a lui.]

Ho voglia di regalartelo. [결합 대명사]
너에게 그것을 선물하고 싶어. [Ho voglia di regalarlo a te.]

(3) 직접 목적격 약형 대명사가 부사 ecco와 함께 사용될 경우

ecco 다음에 한 단어로 붙여서 사용한다.

Eccomi pronto/a.
자, 나 준비 다 됐어.

Eccolo lì.
그가 저기에 있어.

Eccoci di nuovo insieme.
우리가 다시 함께 있게 됐구나.

Eccovi finalmente!
마침내 너희들이 왔구나!

(4) 직접 목적격 약형 대명사(~을/~를)가 장소 부사 역할을 하는 ci와 함께 사용될 경우

장소 부사 역할의 ci는 3인칭 직접 목적격 대명사(lo, la, li, le) 앞에 위치한다. 이때 ci는 lo, la, li, le 앞에서 발음상 ce로 변화한다. 반면에 ci는 1, 2인칭 직접 목적격 약형 대명사 mi, ti, vi 뒤에 위치한다. 1인칭 복수 ci는 ci ci가 되기 때문에 사용하지 않는다.

ci 그곳에	mi	ti	lo	la	ci	vi	li	le
	mi ci	ti ci	ce lo	ce la	-	vi ci	ce li	ce le

ⓐ ci(장소 부사) + lo, la, li, le + 현재 시제

타동사	직접 목적어	장소 부사	ci + 직접 약형	타동사
Chi accompagna 누가 데려다주지?	Mario 마리오를	a scuola? 학교에	Ce lo 그곳에 그를	accompagno io. 내가 ~를 그곳에 데려다주지.
	i ragazzi 소년들을		Ce li 그곳에 그들을	
	Paola 파올라를		Ce la 그곳에 그녀를	
	le ragazze 소녀들을		Ce le 그곳에 그녀들을	

ⓑ ci (장소 부사) + lo, la, li, le + 복합 시제(avere + p.p)

Hai messo il vestito nella valigia?
여행 가방에 옷을 넣었니?
-Sì, ce l'ho messo.
응, 그곳에 그것을 넣었어.

Hai messo la camicia nella valigia?
여행 가방에 와이셔츠를 넣었니?
-Sì, ce l'ho messa.
응, 그곳에 그것을 넣었어.

Hai messo i vestiti nella valigia?
여행 가방에 옷들을 넣었니?
-Sì, ce li ho messi.
응, 그곳에 그것들을 넣었어.

Hai messo le camicie nella valigia?
여행 가방에 와이셔츠들을 넣었니?
-Sì, ce le ho messe.
응, 그곳에 그것들을 넣었어.

ⓒ mi, ti, vi + ci(장소 부사)

Mi accompagni al Luna Park?
나를 놀이동산에 데려다줄래?
-Mi ci accompagni stasera?
오늘 저녁에 나를 그곳에 데려다줄래?

Mi accompagni alla stazione?
나를 역에다 데려다줄래?
-Sì, ti ci accompagno.
그래, 너를 그곳에 데려다줄게.

Ci accompagni all'ospedale?
우리들을 병원에 데려다줄래?
-Sì, vi ci accompagno.
그래, 너희들을 그곳에 데려다줄게.

12 대명사 ne, ci, lo, la

(1) 접어 ne의 용법

접어란 독립적이지 못하고 다른 단어에 붙어서 사용되는 형태이다. ne는 수량을 나타내는 부분 대명사의 역할뿐만 아니라 이미 제시된 명사, 대명사 또는 부정사, 절 등을 대신하는 역할도 한다.

ⓐ 부분 대명사의 역할 Il pronome partitivo

ne는 전체 가운데서 일부분(una parte)을 표시하거나 혹은 완전한 부정(niente, affatto, mai, nessuno)을 나타낼 때 사용된다. '그중에'라는 의미의 di + 명사를 나타내며, 동사 뒤에 수와 양을 나타내는 보어가 따라오게 된다. 한정된 전체의 수와 양을 받을 경우에는 ne로 받을 수가 없으며 lo ~ tutto, la ~ tutta, li ~ tutti, le ~ tutte로 나타낸다. 'ne + 동사 + 수량 보어' 순서이며, 단수는 양을 나타내고 복수는 수를 나타낸다.

i) ne가 현재 시제에 사용될 경우

Carlo, bevi tutto questo vino? 카를로, 이 포도주 전부 다 마실 거니?

[전체의 양을 받는 경우]	[부분을 받거나 완전 부정을 나타낼 경우]	
	No,	ne bevo [=di vino]	un bicchiere. poco. un po'. molto / tanto.
Sì, lo bevo tutto. 그래, 그것 전부 다 마실 거야.	아니, 그중 한 잔/거의 조금/약간/많이 마실 거야.	
	Non	ne bevo	affatto. per niente.
	전혀 마시지 않을 거야.	

Carlo, mangi tutta questa pasta? 카를로, 이 파스타를 모두 다 먹을 거야?

[전체의 양을 받는 경우]	[부분을 받거나 완전 부정을 나타낼 경우]	
	No,	ne mangio [=di pasta]	un piatto. poca. un po'. molta / tanta.
Sì, la mangio tutta. 그래, 그것 전부 다 먹을 거야.	아니, 그중 한 접시/거의 조금/약간/많이 먹을 거야.	
	Non	ne mangio	affatto. per niente.
	전혀 안 먹을 거야.	

Carlo, conosci tutti questi ragazzi?　카를로 이 소년들 모두 다 아니?

[전체의 수를 받는 경우]	[부분을 받거나 완전 부정을 나타낼 경우]		
Sì, li conosco tutti. 그래, 그들 모두를 알아.	No,	ne conosco [=di ragazzi]	uno. pochi. alcuni. parecchi. molti / tanti.
	아니, 그중 한 명/소수/여러 명/상당수/많은 명수 알아.		
	Non	ne conosco	nessuno. neanche uno.
	그중 아무도 몰라/한 명도 몰라.		

Carlo, conosci tutte queste persone?　카를로, 이 사람들 모두 다 알아?

[전체의 수를 받는 경우]	[부분을 받거나 완전 부정을 나타낼 경우]		
Sì, le conosco tutte. 그래, 그들 모두 다 알아.	No,	ne conosco [=di persone]	una. poche. alcune. parecchie. molte / tante.
	아니, 그중 한 명/소수/몇 명/상당수/많은 명수를 알아.		
	Non	ne conosco	nessuna. neanche una.
	그중 아무도 몰라/한 명도 몰라.		

ii) ne + 동사 + 부정 대명사는 '동사 + 부정 형용사 + 명사'의 역할을 한다.

Quanti caffè prende al giorno?　　　-Ne prendo molti.
하루에 커피 몇 잔 마시세요?　　　　　많이 마십니다. [molti caffè]

Quanti fratelli hai?　　　　　　　　-Non ne ho nessuno.
남자 형제가 몇 명이니?　　　　　　　한 명도 없어. [nessun fratello]

Quante sigarette fumi al giorno?　　-Ne fumo poche.
하루에 담배 몇 개비 피우니?　　　　　몇 개비 피우지 않아. [poche sigarette]

Quante parole italiane conosce?　　-Ne conosco molte.
이탈리아 단어를 몇 개입니까?　　　　　많이 알아요. [molte parole]

Quante sorelle hai?　　　　　　　　-Non ne ho nessuna.
여자 형제가 몇 명이야?　　　　　　　아무도 없어. [nessuna sorella]

iii) ne가 esserci(~이 있다) 동사와 함께 사용될 경우

Quanti ragazzi ci sono nell'aula? 강의실에 남학생이 몇 명 있습니까?

Ce	n'è	uno.	=C'è un ragazzo.
	ne sono	due.	=Ci sono due ragazzi.
		pochi.	=Ci sono pochi ragazzi.
		alcuni.	=Ci sono alcuni ragazzi.
		molti.	=Ci sono molti ragazzi.

한 명/두 명/소수/여러 명/많이 있습니다.

Non ce	n'è	nessuno.	=Non c'è nessun ragazzo.
아무도 없습니다.			[=Non ce n'è neanche uno.]

Quante ragazze ci sono nell'aula? 강의실에 여학생이 몇 명 있습니까?

Ce	n'è	una.	=C'è una ragazza.
	ne sono	due.	=Ci sono due ragazze.
		poche.	=Ci sono poche ragazze.
		alcune.	=Ci sono alcune ragazze.
		molte.	=Ci sono molte ragazze.

한 명/두 명/소수/여러 명/많이 있습니다.

Non ce	n'è	nessuna.	=Non c'è nessuna ragazza.
아무도 없습니다.			[=Non ce n'è neanche una.]

iv) ne가 간접 목적격 대명사와 함께 사용될 경우 간접 목적어 뒤에 위치한다.

Mi piace questo dolce! Me ne dai un'altra fetta?
이 케이크가 마음에 들어! 내게 한 조각 더 줄래? [un'altra fetta di dolce]

Se questi quadri ti piacciono, te ne regalo uno.
이 그림들이 네 마음에 든다면, 네게 그중 한 점을 선물할게. [un quadro]

v) ne가 조동사와 함께 사용될 경우 ne의 위치: gliene는 항상 한 단어로 쓰인다.

Belle queste rose! Puoi regalarmene una?   [본동사 뒤]
Belle queste rose! Me ne puoi regalare una?   [조동사 앞]
이 장미들 예쁘구나! 내게 그중 한 송이를 선물할 수 있니?

Voglio comprargliene una bottiglia.   [본동사 뒤 - 한 단어]
Gliene voglio comprare una bottiglia.   [조동사 앞 - 한 단어]
그래서 그에게 그중 한 병을 사 주고 싶다.

vi) ne가 복합 시제에 사용될 경우: 과거 분사의 어미는 수량 보어에 일치시킨다.

Ne	avere + 과거 분사(o/a/i/e)	수량 보어
Quanto zucchero hai comprato? 설탕을 얼마만큼 샀니?	-Ne ho comprato un chilo. 1킬로그램 샀어. [un chilo di zucchero]	
Quanto vino hai bevuto? 포도주를 얼마만큼 마셨니?	-Ne ho bevuti due bicchieri. 두 잔 마셨어. [due bicchieri di vino]	
Quanta torta hai mangiato? 케이크를 얼마만큼 먹었니?	-Ne ho mangiata una fetta. 한 조각 먹었어. [una fetta di torta]	
Quanti libri hai comprato? 책을 몇 권 샀니?	-Ne ho comprato uno. 한 권 샀어. [un libro]	
Quanti esercizi hai fatto? 연습문제를 몇 개나 풀었니?	-Ne ho fatti molti. 많이 풀었어. [molti esercizi]	
Quante lingue hai studiato? 몇 개 국어를 공부했니?	-Ne ho studiate due. 두 개 공부했어. [due lingue]	
Quante sigarette hai fumato? 담배를 몇 개 피웠니?	-Ne ho fumate poche. 몇 개 안 피웠어. [poche sigarette]	
Quante ragazze hai conosciuto? 여학생을 몇 명 알았니?	-Non ne ho conosciuta nessuna. 한 명도 알지 못했어. [nessuna ragazza]	

vii) 부분 대명사 ne가 결합 대명사로 복합 시제에 사용될 경우

간접 목적격 대명사 mi, ti, ci, vi는 ne 앞에서 me, te, ce, ve로 바뀐다. 간접 목적격 대명사 le, gli, Le, gli는 ne 앞에서 모두 gliene 형태가 된다.

Quanti biglietti ti ha dato Maurizio?　-Me ne ha dato uno.
마우리치오가 네게 표를 몇 장 줬어?　내게 그중 한 장 줬어. [un biglietto]

Quanti soldi ti ha mandato tuo padre?　-Me ne ha mandati pochi.
너의 아버지가 네게 돈을 얼마나 보냈니?　내게 별로 보내지 않았어. [pochi soldi]

Quanti libri ti ha dato il professore?　-Non me ne ha dato nessuno.
교수님이 네게 책을 몇 권 주셨니?　내게 한 권도 주시지 않았어. [nessun libro]

Quante amiche ti ha presentato Nico?　-Me ne ha presentate molte.
니코가 네게 여자 친구를 몇 명 소개시켜 줬니?　내게 많이 소개시켜 줬어. [molte amiche]

Hai riportato i libri a Gianni?　-No, gliene ho riportato solo uno.
잔니에게 책을 돌려줬니?　아니, 그중 한 권만 돌려줬어. [un libro]

Siccome le rose piacciono molto a Gina, gliene ho portate alcune.
지나가 장미꽃을 좋아하기 때문에, 그녀에게 그중 몇 개를 가져다주었다. [alcune rose]

한정된 전체를 받을 경우 ne가 아니라 lo, la, li, le로 받는다. 단수 lo, la는 모음 생략(l')

lo	l'		p.p (-o)	**tutto**	그것 ~ 전부
la		**avere +**	p.p (-a)	**tutta**	그것 ~ 전부
li	li		p.p (-i)	**tutti**	그것들 ~ 모두
le	le		p.p (-e)	**tutte**	그것들 ~ 모두

Hai bevuto tutto questo vino?	→	Sì, l'ho bevuto tutto.
이 포도주를 전부 다 마셨니?		그래, 그것을 전부 다 마셨어.
Hai mangiato tutta questa pasta?	→	Sì, l'ho mangiata tutta.
이 파스타를 전부 다 먹었니?		그래, 그것을 전부 다 먹었어.
Hai cambiato tutti i soldi?	→	Sì, li ho cambiati tutti.
돈을 모두 다 바꿨니?		그래, 그것들을 모두 다 바꿨어.
Hai preso tutte le medicine?	→	Sì, le ho prese tutte.
약을 모두 다 먹었니?		그래, 그것들을 모두 다 먹었어.

viii) 부분 대명사 ne가 장소 부사의 역할 ci(그곳에)와 함께 사용될 경우

　　ci(그곳에) + ne(그중): 장소 부사 ci가 ne 앞에서 발음상 ce로 바뀐다.

Quanto zucchero metti nel caffè?	-Ce ne metto due cucchiaini.
커피에 설탕을 얼마나 넣니?	그곳에 두 스푼 넣어.
Quanto aceto metti nell'insalata?	-Ce ne metto un po'.
샐러드에 식초를 얼마나 넣니?	그곳에 조금 넣어.
Quanti spaghetti metti nella pentola?	-Ce ne metto un chilo.
냄비에 스파게티를 얼마나 넣니?	그곳에 1킬로그램 넣어.
Quante cravatte metti nella valigia?	-Ce ne metto solo una.
여행 가방에 넥타이를 몇 개 넣니?	그곳에 한 개만 넣어.
Quanto olio hai messo nell'insalta?	-Ce ne ho messo poco.
샐러드에 오일을 얼마나 넣었어?	그곳에 별로 안 넣었어.
Quanto zucchero hai messo nel caffè?	-Ce ne ho messo molto.
커피에 설탕 얼마나 넣었어?	그곳에 많이 넣었어.
Quanti libri hai messo nella borsa?	-Ce ne ho messo uno.
가방에 책을 몇 권 넣었니?	그곳에 그중 한 권을 넣었어.
Quante maglie hai messo nella valigia?	-Ce ne ho messe alcune.
여행 가방에 티셔츠를 몇 벌 넣었니?	그것에 여러 벌 넣었어.

ⓑ 장소 부사 역할: 실제적인 장소뿐만 아니라 비유적인 장소도 대신한다.

ne = da + 장소	이곳에서부터, 그곳에서부터

Quando lei entra in un negozio di scarpe, non ne esce più. [=dal negozio]
그녀가 신발점에 들어가면, 더 이상 그곳에서 나오질 않는다.

Matteo si trova in prigione. Ne uscirà tra 10 anni. [=dalla prigione]
마테오는 교도소에 있다. 10년 후에 그곳에서 나올 것이다.

Oggi sono andato a Roma e ne sono appena tornato. [=da Roma]
오늘 나는 로마에 갔는데, 그곳에서 막 돌아왔다.

Era in una brutta situazione ma ne è venuto fuori. [=dalla brutta situazione]
그는 나쁜 상황에 처해 있었는데, 이제 그곳에서부터 밖으로 나왔다.

Per noi è un periodo difficile, ma ne usciremo presto. [=dal periodo]
우리에게 있어서 힘든 시기이지만, 그곳에서부터 빨리 벗어날 것이다.

ⓒ 인칭 대명사, 지시 대명사, 중성 대명사의 역할[구어체에서 많이 사용된다]

i) ~에 대해서: ne는 동사 앞에 위치하며 전치사 di와 함께 사용되는 동사와 관계된다.

di	사람	그/그녀/그들에 대해서
	사물	그것/그것들, 이것/이것들에 대해서
	사실	그 점에 대해서

• dire di: ~에 대해서 의견을 말하다

Mi piace di più questa borsa. E tu, che ne dici? [=di questa borsa]
나는 이 가방이 더 마음에 들어. 네 의견은 어때?

Prima di decidere, vorrei sentire che ne dice mia madre. [=di ciò]
결정하기 전에, 나의 어머니께서 그것에 대해 뭐라고 하시는지 들어보고 싶어.

Che ne dite di andare a bere una birra? [ne는 di 이하의 문장을 강조]
맥주 한잔하러 가는 것에 대해서 너희들 의견은 어때?

• pensare di: ~에 대해서 생각하다(to think about) [의견을 물을 때]

Secondo me, è meglio viaggiare in treno. E tu, che ne pensi? [=di ciò]
내 생각에는 기차 여행이 더 나을 것 같은데, 그 점에 관한 네 생각은 어때?

A me piace questa borsa. E voi, che ne pensate? [=di questa borsa]
내겐 이 가방이 마음에 들어. 너희들은 그것에 대해서 어떻게 생각해?

• **parlare di**: ~에 대해서 말하다

Conosci il problema di Anna? -Sì, ne ha parlato anche a me.
안나의 문제를 아니? 응, 나에게도 그것에 대해서 말했어. [=del problema]

Non conosco Laura personalmente, però ne ho sentito parlare.
라우라를 개인적으로 모르지만, 그녀에 대한 이야기는 들었어. [=di Laura]

Sono stanco di queste cose. Non ne voglio più parlare.
나는 이런 것들에 지쳤어. 더 이상 그 얘기 하고 싶지 않아. [=di queste cose]

Adesso sono molto occupato. Ne parliamo dopo.
나 지금은 무척 바빠. 그것에 대해서 나중에 얘기하자. [=di ciò]

• **sapere di**: ~에 대해서 알다

Sai qualcosa di lui? -No, non ne so niente. [=di lui]
그에 대해서 뭔가 좀 아니? 아니, 그에 대해 아무것도 몰라.

Sai come è finita quella storia? -No, non ne so nulla. [=di ciò]
그 이야기가 어떻게 끝났는지 아니? 아니, 그것에 대해 아무것도 몰라.

Tu, che ne sai? [=di quello]   **Che ne so?** [=di quello]
네가, 그것에 대해서 뭘 아니?   내가 그것에 대해 무엇을 알겠어?

• **discutere di**: ~에 토론하다

Ci interessa la politica: Ne discutiamo spesso. [=di politica]
우리는 정치에 관심이 많다. 그래서 그것에 대해서 자주 토론한다.

Avete discusso di questo problema? -Sì, ne abbiamo discusso per ore.
이 문제에 대해 너희들 토론해 봤니? 응, 여러 시간 그것에 대해 토론했어. [=di questo problema]

• **avere notizie di**: ~에 대한 소식을 얻다

Ho un amico a Roma, ma da anni non ne ho più notizie. [=di lui]
로마에 내 친구가 한 명 있는데, 몇 년 전부터 그에 대한 소식을 더 이상 모른다.

• **avere bisogno di**: ~에 대해 필요로 하다

Hai bisogno di soldi?   **-No, non ne ho bisogno, grazie.** [=di soldi]
네게 돈이 필요하니?   아니, 그것이 필요하지 않아, 고마워.

Prendi un caffè?   **-Sì, ne ho proprio bisogno.** [=del caffè]
커피 한 잔 마실까?   응, 난 정말 그것이 필요해.

• avere voglia di: ~에 대해 원하다

Ti va di andare al cinema? -No, grazie, non ne ho voglia. [=di andare~]
영화 보러 가고 싶니?   아니, 사양할게, 그러고 싶지 않아.

Devi mangiare, anche se non ne hai voglia. [=di mangiare]
너는 먹고 싶지 않아도 먹어야 해.

• sentire molta nostalgia di: ~에 대해 향수를 갖다, 그리워하다
La mia famiglia è lontana e ne sento molta nostalgia. [=della mia~]
내 가족이 멀리 떨어져 있어서 그에 대해 향수를 많이 느낀다.

• sentire la mancanza di: ~에 대해 그리움을 느끼다
Lucia è partita da poco e ne sento già la mancanza. [=di Lucia]
루치아가 떠난 지 얼마 되지 않았는데 나는 벌써 그녀에 대한 그리움을 느낀다.

• vedere la necessità di: ~에 대한 필요성을 보다
Dobbiamo avvertire la polizia? -No, non ne vedo la necessità.
우리가 경찰에 알려야 될까? 아니, 난 그럴 필요성이 안 보여. [=di avvertire la polizia]

• essere sicuro di: ~에 대해 확신하다
Chiara arriverà in ritardo anche oggi. Ne sono sicuro. [=di ciò]
키아라가 오늘도 늦게 도착할 것이다. 그 점에 대해 내가 확신한다.

Scusi, passa di qui l'autobus n° 5? -Sì, ma non ne sono sicuro.
실례지만, 5번 버스가 이쪽으로 지나가요? 예, 그런데 그것에 대해 확신을 못 하겠어요. [=di ciò]

• essere certo di: ~에 대해 확신하다
I prezzi delle case aumenteranno ancora? -Sì, ne sono certo. [=di ciò]
집값이 계속 오를까요? 예, 저는 그것에 대해 확신해요.

Dicono che gli affitti saliranno, ma non ne sono certo. [=di ciò]
임대료가 오를 것이라고들 하지만, 나는 그것을 확신하지 않는다.

• essere soddisfatto di: ~에 대해 만족하다
L'ho fatto io questo quadro, ma non ne sono soddisfatto.
내가 이 그림을 그렸는데, 그것에 대해 만족하지 못한다. [=di questo quadro]

Sei soddisfatto del tuo lavoro? -Sì, ne sono soddisfatto. [=del mio lavoro]
너의 일에 만족하니? 응, 그것에 대해 만족해.

- **ricordarsi di**: ~에 대해 기억하다

재귀 대명사 mi, ti, si, ci, vi, si는 ne 앞에서 me, te, se, ce, ne, se로 변한다.

Ieri era il compleanno di Stella. Te ne sei ricordato? [=del compleanno]

어제 스텔라의 생일이었어. 너는 그것에 대해 기억했니?

- **dimenticarsi di**: ~에 대해 잊다/망각하다

Ti sei accorto della mia presenza? -No, non me ne sono accorto.

나의 존재를 눈치챘어? 아니, 그것에 대해 눈치채지 못했어. [=della tua presenza]

- **accorgersi di**: ~에 대해 깨닫다/알아차리다/눈치채다

Hai comprato il latte? -Scusa, me ne sono dimenticato. [=di comprare~]

우유 샀니? 미안해, 그것에 대해서 깜빡했어.

- **pentirsi di**: ~에 대해 후회하다

Accetti quella proposta, altrimenti te ne pentirai. [=di non accettare]

그 제안을 받아들여, 그렇지 않으면 너는 그것에 대해 후회할 거야.

- **occuparsi di**: ~에 대해 책임지다, 전념하다

Non ti preoccupare per questo! Me ne occupo io! [=di questo]

이것 때문에 걱정하지 마, 그것에 대해서 내가 책임질게.

- **intendersi di**: ~에 일가견이 있다, ~에 정통하다

Scegli tu il vino, io non me ne intendo. [=di vino]

포도주는 네가 선택해, 나는 그것에 대해서 잘 몰라.

✎ 참고

3인칭 단수로 사용되는 비인칭 동사 importare di ~[~에 대해서 중요하다]도 ne로 받을 수 있다. 같은 의미로 친한 사람들 사이에 허물없이 사용되는 회화체에서는 importare di 대신에 fregare di가 많이 사용된다.

Ti dispiace se non viene Marco?	마르코가 안 오면 네게 유감이겠니?
Non me ne importa niente.	그것에 대해서 내게는 아무것도 중요치 않아.
Non me ne frega niente.	그러든 말든 내게 아무 상관없어.
Con chi stai uscendo?	너는 누구랑 외출하는 거야.
Che te ne importa!	그것이 네게 뭐가 중요해!
Che te ne frega!	그것이 네게 뭔 상관이야!

ii) 한정 보어 역할: '~의, ~에 대한'

di + 사물(una cosa)

Questa lettera è di Fabio, ne riconosco la scrittura.

이 편지는 파비오의 것이야, 난 그의 필체를 알아봐. [=di lui]

Ieri ho mangiato un piatto squisito, ma non ne conosco il nome.

파티에서 맛있는 요리를 먹었는데, 그것의 이름을 모르겠다. [=del piatto]

Hai fatto questa cosa, quindi devi subirne le conseguenze.

네가 이 일을 했으니 그 결과를 감수해야 한다. [=le coseguenze di questa cosa]

iii) 행위자 역할: '~에 의해서, ~로 인해서, ~로부터'

da + 행위자(사람, 사물)

Roma è una città meravigliosa. Ne siamo molto affascinati.

로마는 놀라운 도시이다. 우리는 그것에 무척 매료되었다.   [=da Roma]

Quando Paola ha saputo la notizia, ne è stata molto sorpresa.

파올라가 소식을 들었을 때, 그것에 너무 놀랐다.   [=dalla notizia]

Ho letto questo libro e ne sono rimasto colpito.

이 책을 읽었는데 그것으로부터 깊은 감명을 받았다.   [=da questo libro]

ⓓ 허사(l'uso pleonastico)/강조사로서 **ne**

특히 구어체에서 개념을 분명하게 함과 동시에 강조를 위해 중복하여 쓰는 형태이다.

Hai letto molti libri?   -Sì, di libri ne ho letti tanti.

책 많이 읽었어?   그래, 그 가운데 많이 읽었어.

Non mi vuoi bene?   -No, non me ne importa più niente di te.

나를 사랑하지 않아?   아니, 이젠 더 이상 너에 대해선 나한테 중요성이 없어.

Lasci questo paese?   -Sì, me ne vado finalmente da qui.

이 마을을 떠나려고?   그래, 마침내 여기를 떠나간다.

Che ne dici di andare al cinema stasera?

오늘 저녁에 영화 보러 가는 것이 어때? [ne는 di andare al cinema stasera를 강조]

Che ne dice / pensa di questo quadro?

이 그림에 대해 어떻게 생각해요? [ne는 di questo quadro를 강조]

ⓔ **ne의 관용적 사용 L'uso idiomatico**

　i) non poterne più: (어떤 상황, 사물, 사람을) 더 이상 못 견디다, 더 이상 못 참다

　　Sono veramente stufo di mangiare alla mensa: non ne posso più.
　　구내식당에서 먹는 것에 정말 질렸다. 더 이상 못 견디겠다.

　ii) valere la pena di: ~할 만한 가치가 있다

　　Vai a vedere quel film, è molto bello: ne vale la pena.
　　그 영화를 보러 가, 아주 멋져. 그럴 만한 가치가 있어! [=di andare a vedere quel film]

　iii) averne abbastanza: (뭔가에 지쳤을 때) 이만하면 됐다, 할 만큼 하다, 어지간하다

　　Sono stanco. Per oggi ne ho abbastanza. Buonanotte!
　　피곤해. 오늘은 내가 이 정도면 충분해. 잘 자.

ⓕ 행위의 표현에 생동감을 주기 위해서 자동사에 감정 재귀 대명사와 **ne**를 붙여서 사용하는 경우

starsene	Lei se ne sta sempre in casa tutta sola.
있다	그녀는 항상 아주 외로이 집에 있다.
andarsene	Sono stanco. Me ne vado a dormire.
있는 곳에서 부터 가버리다	피곤하다. 나는 이제 그만 자러 갈게.

io	me		vado.	= vado via da qui
tu	te		vai.	= vai via da qui
lui / lei	se		va.	= va via da qui
noi	ce	ne	andiamo.	= andiamo via da qui
voi	ve		andate.	= andate via da qui
loro	se		vanno.	= vanno via da qui

restarsene	Allora me ne resto qui seduto.
남다	그러면 난 여기 앉아서 남아 있을게.
tornarsene	Ce ne torniamo a casa.
돌아가다	우리는 집으로 돌아간다.

✎ 참고

ne: 앞에 표현된 개념의 결과를 나타낸다. 그것에서부터[=da ciò, da questo]
Ne consegue che ~ : 그것에서 ~한 결과가 나오다
Ne deriva che ~ : 그것에서 ~가 유래하다

(2) 접어 ci의 용법

ⓐ 장소 부사 역할 L'avverbio di luogo

i) 왕래, 발착 동사와 함께 사용: '~로' 의미의 장소 부사 역할

andare 가다	a + 장소		ci
	in + 장소	→	[동사 앞 위치]
venire 오다	da + 사람		

Quando vai a Roma?   -Ci vado il mese prossimo.   [=a Roma]
로마에 언제 가니?   그곳에 다음 달에 간다.

Vai in Italia quest'anno?   -Sì, ci vado.   [=in Italia]
올해 이탈리아에 가니?   그래, 그곳에 가.

Maria, vai alla mensa oggi? -No, non ci vado oggi.   [=alla mensa]
마리아, 오늘 구내식당에 가니? 아니, 오늘은 그곳에 안 가.

Quando vai dal dentista?   -Ci vado dopo la lezione. [=dal dentista]
언제 치과에 가니?   방과 후에 그곳에 가.

Quando vieni a Milano?   -Ci vengo a fine marzo.   [=a Milano]
밀라노에 언제 올 거야?   그곳에 3월 말에 갈 거야.

Vieni da me stasera?   -No, non ci vengo.   [=da te]
오늘 저녁 나한테 올 거야?   아니, 그곳에 안 갈 거야.

ii) 장소 상태 동사와 함께 사용: '~에, ~에서' 의미의 장소 부사 역할

restare 남다		ci
rimanere 머물다	a + 장소	[동사 앞 위치]
stare 있다	in + 장소 →	
abitare 살다		

Vado a Roma e ci resto due settimane. [=a Roma]
로마에 가서 그곳에 2주간 남아 있을 거야.

Quanto tempo rimani in Italia? -Ci rimango tre anni.
이탈리아에 얼마 동안 머무니?   이곳에 3년 머물 거야. [=in Italia]

Sei mai stato in Corea?   -No, non ci sono mai stato.
한국에 가본 적 있니?   아니, 그곳에 한 번도 가본 적이 없어. [=in Corea]

Da quanto tempo abiti a Milano? -Ci abito da due anni.
밀라노에서 산 지 얼마나 되니?   그곳에 2년째 살고 있어. [=a Milano]

ⓑ 중성 의미의 대명사로 쓰인다. 구어체에서 많이 사용되는 표현들이다.

i) ~에 대해서, ~점을:

ci는 동사 앞에 위치하며 전치사 a, su, in과 함께 사용되는 동사들과 관계된다.

a, in, su	사물	이것/그것에 대해서
	사실	이 점/그 점에 대해서

• pensare a: ~을 염두에 두다, 신경 쓰다, 돌보다, 책임지다(to look after)

Non preoccuparti della cena. Ci penso io. [=alla cena]

저녁 식사에 대해서 걱정하지 마. 그건 내가 알아서 할게.

Chi compra i biglietti per il concerto? Ci penserà Aldo. [=ai biglietti]

누가 음악회 표를 사지? 그건 알도가 책임질 거야.

• pensare: ~을 생각하다, ~에 대해 생각하다(think of)

Quella storia è già passata. Perché ci pensi ancora? [=a quella storia]

그 이야기는 이미 지나갔어. 왜 아직도 그에 대해 생각하고 있지?

Ci penserò un po' e poi ti darò una risposta. [=a quella cosa]

그것에 대해서 좀 생각해 보고 그다음에 네게 답을 줄게.

Hai pensato a dove andare in vacanza? -No, non ci ho pensato.

어디로 휴가 갈지 생각해 봤어? 아니, 그것에 대해서 생각 안 했어. [=a questa cosa]

• credere a / in: ~에 대해 믿다, ~의 존재를 믿다

Io ho fatto tutto questo da sola. -Non ci posso credere! [=a ciò]

내가 이 모든 것을 혼자서 했어.　　　그 말을 믿을 수 없어!

Marco, credi in Dio?　　　　　　　-Sì, ci credo. [=in Dio]

마르코, 신의 존재를 믿니?　　　　　응, 난 그것 믿어.

Anna ha creduto alle tue parole? -No, non ci ha creduto.

안나가 네 말을 믿었니?　　　　　　아니, 그것을 안 믿었어. [=alle mie parole]

• riuscire a: ~에 성공하다, 성취하다, ~을 해내다

Riesci a fare questo lavoro da solo? -No, non ci riesco. [=a fare ~]

혼자서 이 일을 해낼 수 있니?　　　　　　아니, 그 일을 해내지 못하겠어.

Sei riuscito a prenotare il volo? -Sì, per fortuna ci sono riuscito.

비행기 예약하는 데 성공했니? 응, 다행히 그것에 성공했어. [=a prenotare il volo]

- **provare a**: ~에 대해 시도하다

  Questo lavoro è troppo difficile per me. Comunque ci provo.

  이 일은 내게 너무 어려워. 어쨌든 그것을 한번 시도해 볼게. [=a fare questo lavoro]

- **tenere a**: ~을 중요성을 두다, ~을 신경 쓰다, ~에 애정/애착을 느끼다, 소중하게 여기다

  Emma segue molto la moda, invece Sara non ci tiene affatto.

  엠마가 패션을 많이 따르는 반면에 사라는 그것에 전혀 신경을 안 쓴다. [=alla moda]

  Questa macchina è molto importante per me. Ci tengo molto.

  이 자동차는 내게 있어서 아주 중요해. 그것에 애착을 많이 갖고 있어. [=alla macchina]

- **abituarsi a**: ~에 적응하다

  Il clima di Napoli è troppo umido, ma mi ci abituerò. [=al clima]

  나폴리 기후가 너무 습하다. 하지만 나는 그것에 적응이 될 거야.

- **contare su**: ~에 대해 의지하다, ~에 대해 기대하다, ~에 대해 믿다/신뢰하다

  Carlo ha promesso di aiutarmi, ma non ci conto molto.

  카를로가 나를 도와주겠다고 약속했지만, 나는 그 점에 대해 별로 기대(신뢰)를 안 한다. [=su questo]

- **scommettere su**: ~에 대해 내기하다

  Tommaso è innamorato di te. Ci scommetto! [=su questa cosa]

  토마소가 너한테 사랑에 빠졌어. 내가 그것에 대해 내기할게.

- **riflettere su**: ~에 대해 심사숙고 하다, 신중히 생각하다, 재고하다, 곰곰이 생각하다

  Hai riflettuto sulla mia proposta? -Sì, ci ho riflettuto molto.

  나의 제안에 대해서 곰곰이 생각해 봤어? 응, 그것에 대해 곰곰이 많이 생각해 봤어. [=sulla tua~]

- **cadere / cascare in**: (장난에) 속아 넘어가다, 장난에 걸리다, 함정에 빠지다

  Era solo uno scherzo, ma Anna ci è caduta subito. [=nello scherzo]

  단지 농담이었는데, 안나는 금방 속아 넘어갔다.

  L'ho detto per scherzo. Ci sei cascato? [=nello scherzo]

  난 그것을 농담으로 말했어. 너는 그 말에 속아 넘어간 거야?

- **capire in**: ~에 있어서 이해하다, 알다

  Perché non leggi questo libro? -Perché non ci capisco niente.

  왜 이 책을 안 읽어? 그것에 있어서 아무것도 이해하지 못하기 때문이야. [=in questo libro]

  Ho letto questo libro, ma non ci ho capito niente.

  이 책을 읽었지만, 아무것도 이해하지 못했다. [=in questo libro]

ii) ci는 con + 사람, 사물을 대신할 수 있다.

con	사람	~와 함께
	사물	~를 가지고

Come stai con Alessandro?   -Ci sto bene. [=con Alessandro]
알렉산드로와 어떻게 지내니?   그와 잘 지내.

Ho invitato Paolo a casa e ci ho studiato e giocato. [=con Paolo]
파올로를 집에 초대해서 그와 함께 공부하고 놀았다.

Perché non hai salutato Maria?   -Perché ci ho litigato. [=con Maria]
왜 마리아한테 인사 안 했어?   그녀랑 말다툼했으니까.

Perché hai comprato la carne?   -Ci voglio fare il ragù per stasera.
왜 고기를 샀어? [=con la carne]   오늘 저녁에 그것 가지고 라구를 만들고 싶어.

Ho comprato un paio di scarpe ma non ci cammino bene.
구두를 한 켤레 샀는데 그것으로 잘 못 걷겠어. [=con un paio di scapre]

È un problema serio. Non ci scherzare! [=con il problema]
심각한 문제야. 그것 갖고 장난치지 마!

iii) ci는 in + 사물, 사람을 대신 받는다. '~ 점에서, ~에 있어서' 의미를 지닌다.

È una ragazza normale, non ci trovo nulla di strano. [=in lei]
평범한 소녀야, 그녀에게서 이상한 점을 아무것도 발견하지 못하겠어.

Per prendere una decisione, devo vederci chiaro. [=in ciò]
결정을 내리려면, 나는 그 점에 대해서 분명히 봐야 한다.

ⓒ 허사(l'uso pleonastico) / 강조사로서 ci

구어체와 문어체에서 표현에 생동감을 주기 위해서 불필요하게 두 번 사용하는 경우이다.

A Roma ci vado sempre volentieri.
로마, 나는 항상 그곳에 즐겨간다.

Ai problemi tuoi devi pensarci.
네 문제에 대해선 네가 그것에 대해서 생각해야 돼.

Alle tue parole non ci crede più nessuno.
네 말에 대해선 아무도 더 이상 그것에 대해 믿지 않아.

Ci penso io ai biglietti per il concerto.
내가 음악회 표, 그것에 대해서 책임질게.

Con Marco ci vado d'accordo.
나는 마르코, 그와 마음이 잘 맞는다.

@ **ci**의 관용적 사용 L'uso idiomatico

i) sentirci: 들을 수 있는 능력을 나타낸다. [=essere capace di sentire]

Anche se mia nonna ha 90 anni, ci sente ancora bene.

비록 나의 할머니는 90세이지만, 아직 잘 들으신다.

Devo cambiare posto, perché non ci sento bene da qui.

난 자리를 바꿔야겠다. 여기에서는 잘 들리지 않기 때문이다.

ii) vederci: 볼 수 있는 능력을 나타낸다. [=essere capace di vedere]

Sto diventando vecchio. Ormai ci vedo solo con gli occhiali.

내가 늙어가고 있다. 이제는 안경이 있어야만 보인다/볼 수 있다.

Puoi passarmi quegli occhiali? Senza occhiali non ci vedo niente.

저 안경 내게 건네줄 수 있어? 난 안경 없이 아무것도 안 보여.

iii) averci: ~을 가지다, 소지하다, 지니다

접어 **ci**는 소유의 개념을 강조하는 동시에 발음을 부드럽게 연결해 주는 역할을 한다. 직접 목적격 대명사 약형 lo, la는 avere 동사 앞에서 모음 생략(l')을 하고 복수 li, le는 모음 생략을 하지 않는다. ci는 lo, la, li, le 앞에서 발음상 ce로 변화한다. '그것을 소지하다, 가지고 있다'라는 의미로, **ci**를 반드시 넣어서 사용하며, 구어체에서 많이 쓰인다.

부정문	ci	직목 lo, la
(Non)	ce	l'ho
		l'hai
		l'ha
		l'abbiamo
		l'avete
		l'hanno

부정문	ci + li / le	동사
(Non)	ce li ce le	ho
		hai
		ha
		abbiamo
		avete
		hanno

Ha il passaporto?   -Sì, ce l'ho. [lo → l']

여권을 가지고 계세요?   예, 그것을 갖고 있어요.

Ha una penna?   -No, non ce l'ho. [la → l']

펜 하나 갖고 있으세요?   아뇨, 그것을 갖고 있지 않아요.

Ha i biglietti per il concerto?   -No, non ce li ho.

음악회 표들을 갖고 계세요?   아뇨, 그것들을 갖고 있지 않아요.

Ha le fotografie del matrimonio?   -Sì, ce le ho.

결혼사진들을 갖고 계세요?   예, 그것들을 갖고 있어요.

iv) entrarci: ~에 관계하다, ~와 관련이 있다, ~에 관여하다, 연루되다 [=in ciò]

Che c'entro io?   내가 그 일에 무슨 상관있어?

Questo, che c'entra?   이것이 그것과 무슨 상관이야?

Che c'entra Anna con me?   안나가 나와 무슨 상관이야?

Io non c'entro niente.   나는 그 일에 아무 상관없어.

Tu non c'entri niente.   너는 그 일과 아무 상관없어.

v) starci: (어떤 제안에) 동의하다, 찬성하다, 승낙하다, 동참하다[비격식적 구어체]

Andiamo in pizzeria dopo?   -Sì, io ci sto.

나중에 우리 피자집 갈까?   응, 난 동의해. [=sono d'accordo]

Allora ci stai o non ci stai?   -Io non ci sto.

그래서 넌 찬성하는 거야, 안 하는 거야?   난 찬성하지 않아. [=non accetto]

vi) rimanerci male: 감정/기분이 상하다, 마음의 상처를 입다, 속상하다

Quando ho sentito quella notizia, ci sono rimasto male.

그 소식을 들었을 때 나는 마음이 상했다.

Laura non ha superato l'esame e c'è rimasta molto male.

라우가가 시험에 합격하지 못해서 무척 상심했다.

vii) non poterci fare niente: 그 점에 있어서 할 수 있는 것이 없다

Non ci posso fare niente.

나는 그 점에 있어서 아무것도 할 수가 없다(속수무책이다).

Se è così, che ci posso fare?

상황이 그러하다면 내가 어쩌겠어(무슨 방도가 있겠어)?

viii) guadagnarci: 그것에서 이익을 얻다, 이득이 되다

Ho deciso di cambiare lavoro. -Cosa ci guadagnerai?

내가 이직하려고 결정했어. (그것에서) 무슨 이익을 얻겠다고?

Se vi aiuto, io cosa ci guadagno?

내가 너희들을 도와주면, (그것에서) 내가 무슨 이득을 얻을 수 있지?

ix) esserci: 이해하다(capire), 준비되다(essere pronto) [비격식적 회화체]

Ragazzi, ci siete fin qui?   여러분, 여기까지 이해했어?

Marco, ci sei? -Dobbiamo andare.   마르코, 준비됐어? 우리 가야 해.

Ecco, ci siamo. Possiamo andare.   자, 우리 준비됐어. 가면 돼.

x) **esserci**: '~이 있다[=esistere]'로 ci는 **essere** 동사 앞에서 모음 생략을 한다.

Chi c'è nell'aula?　　강의실 안에 누가 있습니까?

C'è	단수 명사 [주어]	~이 있다(There is)
Ci sono	복수 명사 [주어]	~들이 있다(There are)
C'è	Marco.	마르코가 있습니다.
Non c'è	uno studente.	학생이 한 명 있습니다.
	nessuno.	아무도 없습니다.
Ci sono	Marco e Pietro.	마르코와 피에트로가 있습니다.
	pochi / molti studenti.	소수의/많은 학생들이 있습니다.

Che cosa c'è sul tavolo?　　테이블 위에 무엇이 있습니까?

C'è	un libro / una penna.	책이/펜이 하나 있습니다.
	il libro di Paolo.	파올로의 책이 있습니다.
Non c'è	niente.	아무것도 없습니다.
Ci sono	dei/alcuni/molti libri.	책들/몇 권의 책/많은 책들이 있다.
	i libri di Paolo.	파올로의 책들이 있습니다.
C'è	una bella notizia.	멋진/기쁜 소식이 하나 있다.
	una sorpresa per te.	너한테 깜짝 놀랄 것이 있다.
	molto traffico.	많은 교통 혼잡이 있다.
	tutto.	모든 것이 있다.
	una banca qui vicino?	이 근처에 은행이 한 곳 있습니까?
	qualcuno in casa?	집에 누군가 있어요?
Non c'è	problema.	문제없습니다.
	male.	나쁜 것이 없습니다.
	dubbio.	의심할 것이 없습니다. 틀림없어요.
	speranza.	희망이 없습니다.
	spazio.	공간이 없습니다.
	bisogno.	필요가 없습니다.
	tempo.	시간이 없습니다.
	fretta.	급할 것 없습니다.

Che c'è?　　　　　　　　　무슨 일이야?
Che differenza c'è?　　　무슨 차이가 있어요?
Che problema c'è?　　　무슨 문제가 있어요?
Che c'è da vedere qui?　여기에 볼 것이 뭐가 있어요?
Che c'è di buono stasera?　오늘 저녁에 뭐 맛있는 것이 있어요?

xi) volerci: (어떤 일을 하는데) ~이 필요하다, 일반적인 시간이 걸리다. 3인칭 단수와 복수 형태로만 사용되며 복합 시제는 보조사 essere를 사용한다.

volerci		주어	의미
Ci	vuole	un'ora	한 시간 필요하다/걸린다.
		molto tempo.	많은 시간이 필요하다/걸린다.
		il biglietto	표가 필요하다.
	vogliono	due ore	두 시간 필요하다/걸린다.
		molti soldi	많은 돈이 필요하다.
		sei pomodori	토마토 6개가 필요하다.

Quante ore ci vogliono in treno da Roma a Firenze?
로마에서 피렌체까지 기차로 몇 시간 걸립니까?

Quanto tempo ci vuole per imparare l'italiano?
이탈리아어를 배우는 데 시간이 얼마나 걸립니까?

Ci vuole molta pazienza per imparare la grammatica italiana.
이탈리아어 문법을 공부하려면 많은 인내가 필요하다.

xii) metterci: ~을 하는 데 있어서 걸리는 시간을 말한다. 인칭에 따라 변화하며 개인에 따른 상대적 시간이다. 반면에 volerci는 일반적으로 걸리는 시간이다.

Quanto tempo ci mettete per/ad andare a scuola?
너희들은 학교에 가기 위해서/가는 데에 시간이 얼마나 걸리니?

Io ci metto 10 minuti a piedi, invece lui ci mette 20 minuti.
나는 걸어서 10분 걸리고, 반면에 그는 20분 걸린다.

Quanto tempo ci hai messo a imparare l'italiano?
너는 이탈리아어 배우는 데 시간이 얼마나 걸렸어?

ⓔ 음성학적 강조사 ci (ci attualizzante)

avere 동사 앞에 ci를 붙여서 음성학적으로도 강조 효과를 얻는다. ci가 없어도 의미가 달라지지 않지만, ci는 화자가 말하는 그 순간 그 지점에 현실감을 줌으로써 의미를 더욱 강조한다. 주로 친한 사람끼리 비격식적인 구어체에서 사용되는 표현으로, 표기상 정해진 규칙이 없지만, 모음 생략 형태로 사용될 수 있다.

C'ho fame! (초파메)
지금 너무 배고파!

C'ho caldo! (초깔도)
지금 나 너무 더워.

C'ho un problema.
지금 내게 문제가 하나 있어.

C'hai sonno! (차이 손노)
너 지금 졸리는구나!

(3) 남성 대명사 lo의 사용법

ⓐ **lo**는 직접 목적격 약형 대명사로서 사람, 동물, 사물을 받는다.

Quando vedi Marco?　　　　　　　　-Lo vedo domani. [사람]
언제 마르코를 보니?　　　　　　　　　그를 내일 볼 거야.

Quando studi l'italiano?　　　　　　-Lo studio dopo cena. [사물]
언제 이탈리아어를 공부하니?　　　　　저녁 식사 후에 그것을 공부한다.

Ti piace il cane?　　　　　　　　　-Certo, lo adoro. [동물]
개 좋아해?　　　　　　　　　　　　　물론이지, 그것을 무지 좋아해.

ⓑ **lo**는 앞 문장 전체나 혹은 앞에서 서술한 개념을 받는 직접 목적어 역할을 한다.

Non lo so.　　　　　　　　　　　Chi lo sa?
그것을 몰라.　　　　　　　　　　　누가 그것을 알까?

A chi lo dici?　　　　　　　　　　Lo dicono tutti.
그 말을 누구한테 하는 거야?　　　　모두가 그것을 말한다.

Lo penso anch'io.　　　　　　　　Lo spero anch'io.
나도 그것을 생각한다.　　　　　　　나도 그것을 바란다.

Lo faccio io!　　　　　　　　　　Lo immaginavo.
내가 그것을 할게.　　　　　　　　　그것을 상상하고 있었어.

ⓒ **sapere, capire, sentire, vedere** 등의 동사 앞에 **lo**를 사용하여 뒤에 오는 **che** 이하의 종속절을 대신하여 그 뜻을 앞에서 미리 강조한다.

Lo sai che Anna si sposa?　　　　안나가 결혼한다는 그 사실을 알고 있니?

Lo vedo che sei stanco.　　　　　난 네가 피곤한 것이 보여.

Non lo capisci che ti amo?　　　　내가 너를 사랑하는 것을 알지 못해?

ⓓ **lo**는 연계 동사(essere, sembrare, diventare) 앞에서 '그러한(tale)' 의미의 주격 보어 역할을 한다. 성과 수의 구분 없이 언급한 문장의 형용사를 대신하며, 때로는 명사도 대신한다.

La grammatica italiana sembra difficile, ma non lo è affatto. [lo=difficile]
이탈리아어 문법이 어려워 보이지만 전혀 그렇지가 않다.

Lei dice che è introversa, ma non lo sembra per niente. [lo=interversa]
그녀는 내성적이라고 말하는데, 전혀 그렇게 보이지 않는다. [여성 형용사도 남성 대명사 lo 사용]

Vuoi essere un calciatore? Lo diventerai se ti impegnerai molto.
축구 선수이기를 원하니? 열심히 한다면 그렇게 될 거야. [Lo=un calciatore]

(4) 여성 대명사 la의 사용법 [대명 동사로 사용]

직접 목적격 약형 대명사 la는 사람(그녀를), 사물과 동물(그것을)을 가리키는 것 말고도 동사에 붙어서 관용어가 되는 대명 동사(i verbi pronominali)로 사용된다. 대명사 la는 중성적인 의미로 표현에 생동감을 주는 역할을 하며, 구어체에서 많이 사용된다.

smetterla	(성가신 것을) 그만두다	cavarsela	그럭저럭 ~을 해내다
finirla	끝내다, 그만두다	prendersela	기분 나쁘다, 화내다
piantarla	멈추다, 그만 말하다	sentirsela	~할 용의가 있다
pensarla	(상황을) 생각하다	passarsela	생활하다, 살다, 지내다
vederla	(상황을) 보다	sbrigarsela	힘든 일을 빨리 해결하다
spuntarla	어렵게 승리하다	godersela	만끽하다, 누리다
farla breve	간결하게 하다	spassarsela	즐기다, 재미있게 놀다
passarla liscia	살짝 빠져나가다	mettercela tutta	전력투구하다, 애쓰다
saperla lunga	교활하다	farcela	해내다, 목표에 도달하다
farla lunga	오래 끌다	avercela con	~에게 감정을 품다

ⓐ **farcela** [fare + ci + la]: ~을 해내다, ~하는 데 성공하다, 목표 달성을 하다 [to make it]
구어체 표현인 **farecela**는 ci가 대명사 la 앞에서 ce로 변한 형태이다. 대명사 la는 avere 동사 앞에서 모음 생략(l')을 하며, 복합 시제에서 과거 분사(fatto)의 어미는 직접 목적격 약형 대명사 la의 성에 일치시켜 fatta로 변화한다. [farecela + a + 동사 원형: ~하는 것을 해내다]

주어	부정문	ci + la	현재 동사
io			faccio
tu			fai
lui / lei	(non)	ce la	fa
noi			facciamo
voi			fate
loro			fanno

부정문		복합 시제(근과거)
		l'ho fatta
		l'hai fatta
(non)	ce	l'ha fatta
		l'abbiamo fatta
		l'avete fatta
		l'hanno fatta

Non ce la faccio più.
더 이상 못해내겠다.

Sicuramente lei ce la farà.
틀림없이 그녀는 해낼 것이다.

Non ce la faccio più a lavorare.
나는 더 이상 일을 못하겠다.

Ce la fai da solo?
혼자서 해내겠니?

Finalmente ce l'ho fatta io!
마침내 내가 해냈다!

Non ce l'abbiamo fatta.
우리는 못해냈다.

ⓑ **avercela con + 사람**: ~에게 감정이 있다, 기분이 상하다, 화가 나다

Perché ce l'hai con me? Che cosa ti ho fatto?

왜 내게 감정을 갖고 있는 거야? 내가 네게 뭘 했다고?

Io non ce l'ho con te. Ce l'ho con Giovanni.

난 너한테 감정 없어. 나는 조반니한테 감정 있어.

ⓒ **mettercela tutta**: ~에 전력투구하다, 모든 에너지를 쏟다, 최선을 다하다

Studiare l'italiano è un po' difficile, ma ce la metto tutta.

이탈리아어를 공부하는 것이 조금 어렵지만, 나는 전력투구하고 있다.

Ce l'ho messa tutta per arrivare in tempo all'appuntamento.

나는 약속 시간에 맞춰 도착하기 위해 최선을 다했다.

ⓓ **cavarsela**: 그럭저럭하다, 어려운 상황을 잘 헤쳐 나가다, 어렵게 살아남다 [to manage]

주어	재귀 대명사	접어	현재 동사
io	me		cavo
tu	te		cavi
lui / lei	se	la	cava
noi	ce		caviamo
voi	ve		cavate
loro	se		cavano

재귀	접어	근과거(복합 시제)	
me	la	sono	
te		sei	
se	l'	è	cavata
ce		siamo	
ve	la	siete	
se		sono	

Parla bene l'italiano?   -Non bene, ma me la cavo. [겸손한 표현]

이탈리아 말 잘하세요?   잘은 아니고, 그냥 그럭저럭합니다.

Lui studia l'italiano da poco, ma se la cava abbastanza bene.

그는 이탈리아어를 공부한지 얼마 안 되지만, 그런대로 잘 해내간다.

L'esame era difficile, ma me la sono cavata.

시험이 어려웠지만, 나는 그런대로 잘 봤다.

ⓔ **prendersela**: 기분 나쁘다, 감정이 상해 화나다(offendersi), 화내다[=arrabbiarsi]

cavarsela 형태처럼 활용되며 essere를 보조사로 사용한다. 구어체에서 많이 사용된다.

Perché te le prendi con me? Io ti non ho fatto niente di male.

왜 나한테 화내는 거야? 내가 너한테 잘못한 것이 전혀 없는데.

Marco se l'è presa, perché ci siamo dimenticati del suo compleanno.

마르코는 우리가 그의 생일을 잊어버렸기 때문에 감정이 상해서 화가 났다.

ⓕ **sentirsela**: [힘든 일을 감행해야 할 때] '~할 의사가 있다, 용의가 있다, ~할 마음이 내키다'라는 의미로 주로 의문문이나 부정문 형식을 취한다.

Te la senti di fare bungee jumping con noi?
너는 우리와 번지 점프할 용의가 있어?

Sono molto stanco. Non me la sento di uscire oggi.
나는 매우 피곤하다. 그래서 오늘은 외출할 기분이 안 든다.

Se non se la sente, possiamo sempre disdire.
만일 당신 마음에 안 내키시면, 우린 언제든지 철회할 수 있습니다.

ⓖ **passarsela**: (경제적인 면에서) 살아가다, 생활하다, 지내다

Ciao, Piero, come te la passi?   -Me la passo bene.
안녕, 피에로, 어떻게 지내고 있니?   잘 지내고 있어.

ⓗ **vederla, pensarla**: (어떤 상황을) 보다, 생각하다

E tu, come la vedi?   -Non la vedo bene, anzi la vedo male.
넌 어떻게 보니?   난 좋게 보질 않아, 오히려 그 반대로 나쁘게 봐.

Come la pensi?   -Io non la penso così. / La penso come te.
너는 어떻게 생각하니?   난 그렇게 생각하지 않아. 너처럼 생각해.

ⓘ **smetterla, piantarla, finirla**: (성가시게 하는 것을) 그만두다, 집어치우다, 끝내다
주로 명령법 형태로 많이 사용되며 아주 직선적인 회화체 표현이다.

Smettila! 그만둬!   **Piantala!** 집어치워!   **Finiscila!** 끝내

Smettila di piangere! 뚝 그쳐!   **Piantala di lamentarti!** 불평 그만 집어치워!

ⓙ **spuntarla**: (장애와 어려움을 딛고) 승리하다, 온갖 어려움을 이겨내다

La Roma l'ha spuntata con un goal all'ultimo momento.
로마 축구팀이 마지막 순간에 한 골로 어렵게 승리했다.

ⓚ **farla lunga**(질질 끌다), **farla breve**(간단하게 하다), **farla facile**(쉽게 하다)

Quanto la fai lunga! Passa al punto! 정말 오래도 끄네! 본론으로 들어가!
Per farla breve, non sono d'accordo. 간단히 말해서, 난 동의하지 않아.
Quando parli l'italiano, falla facile.   네가 이탈리아어 말할 때, 쉽게 해!

ⓛ **passarla liscia**: (위기를) 빠져나가다, 모면하다

Questa volta non la passerai liscia. 이번에 넌 못 빠져나갈 거야.

2 소유 대명사 | pronomi possessivi [☞ 159쪽 소유 형용사 참조]

1 소유 대명사의 형태

	단수(singolare)		복수(plurale)	
	남성	여성	남성	여성
io	il mio	la mia	i miei	le mie
tu	il tuo	la tua	i tuoi	le tue
lui / lei	il suo	la sua	i suoi	le sue
Lei	il Suo	la Sua	i Suoi	le Sue
noi	il nostro	la nostra	i nostri	le nostre
voi	il vostro	la vostra	i vostri	le vostre
loro	il loro	la loro	i loro	le loro

2 소유 대명사의 사용

소유 대명사는 소유 형용사와 형태가 동일하다. 앞에서 언급한 피소유 명사를 대신 받는 것으로서 '~의 것'의 의미를 지닌다. 명사가 있으면 소유 형용사, 없으면 소유 대명사이다.

Questo è il mio libro. Qual è il tuo libro? [소유 형용사]
이것은 나의 책이야. 너의 책은 어떤 것이니?

Questo è il mio libro. Qual è il tuo? [소유 대명사]
이것은 나의 책이야. 너의 것은 어떤 것이니?

Ecco il mio libro. Dove è il tuo? [=il tuo libro]
내 책이 여기에 있어. 네 것은 어디에 있니?

Carla ha la borsa come la mia. [=la mia borsa]
카를라는 내 것과 같은 가방을 가지고 있다.

I nostri figli sono in vacanza. E i vostri? [=i vostri figli]
우리 자식들은 휴가 중이야. 너희 자식들은?

Mia sorella e la tua escono insieme. [=tua sorella]
나의 누이와 너의 누이가 함께 외출한다.

3 소유 대명사 앞에 정관사가 생략되는 경우

특히 구어체에서 essere + 소유 대명사(주격 보어)일 경우 주로 정관사를 생략하고 쓴다.

	동사	주어(명사)
Di chi 누구의 것	è	questo libro?
		questa penna?
	sono	questi libri?
		queste penne?

이 책/펜/책들/펜들은 누구의 것입니까?

동사	소유 대명사
È	(il) mio.
	(la) mia.
Sono	(i) miei.
	(le) mie.

제 것/제 것들입니다.

Scusi, è Suo questo cappello?
실례하지만, 이 모자가 당신의 것입니까?

Scusi, è Sua questa giacca?
실례지만, 이 재킷이 당신 것입니까?

I guanti neri sono Suoi, signor Martini?
검은 장갑이 당신의 것입니까, 마르티니 씨?

Le scarpe nere sono Sue, signor Martini?
검정색 구두가 당신의 것입니까, 마르티니 씨?

-Sì, è mio, grazie.
예, 제 겁니다, 감사합니다.

-No, non è mia.
아뇨, 제 것이 아닙니다.

-Sì, sono miei, grazie.
예, 제 거예요, 고맙습니다.

-No, non sono mie.
아뇨, 제 것이 아닙니다.

4 소유 대명사의 관용적 표현

ⓐ il mio, il tuo, il suo...: 남성 단수 형태는 소유물, 재산, 돈을 의미한다.

Datemi il mio e me ne andrò.   내 몫을 주게, 그러면 갈 테니.

Non voglio niente del tuo.   난 네 것은 아무것도 안 원한다.

ⓑ i miei, i tuoi, i suoi...: 남성 복수 형태는 가족, 부모, 친척, 친구, 아군 등을 의미한다.

Vivo ancora con i miei. [=familiari, genitori]
나는 아직 가족/부모님과 함께 산다.

Natale con i tuoi, Pasqua con chi vuoi. [=familiari]
성탄절은 가족과 함께, 부활절은 원하는 사람과 함께.

Come stanno i Suoi? [=genitori, familiari]
당신의 식구들/부모님께서는 어떻게 지내십니까?

Arrivano i nostri. [=amici, compagni, alleati]
우리 친구/동료/동지들이 도착한다.

ⓒ la mia, la tua, la sua...: 서간문에서 여성 단수 형태는 편지를 의미한다.

Rispondo con un po' di ritardo alla tua carissima. [=lettera]
너의 아주 사랑스러운 편지에 대해 약간 늦게 답장을 한다.

Abbiamo ricevuto la pregiata Vostra. [=lettera]
귀사의 귀중한 편지를 받았습니다.

> ✎ 참고
>
> 특히 여성 단수 형태는 서간문 형식에서 즐겨 사용된다.
> **In risposta** alla Vostra **del mese scorso...** [=lettera]
> 지난달 귀사의 편지에 대한 답으로 …….
> **Con riferimento** alla nostra **del 23 Agosto...** [=lettera]
> 우리들의 8월 23일 자 서신과 관련하여 …….

ⓓ 다음과 같은 여성 단수 형태는 '~ 편(parte)'을 나타낸다.

dalla	mia	essere, stare, avere, tenere, tirare 등의
	tua	동사와 함께 사용될 때
	sua	

Anche lui ora è dalla mia. **Noi siamo tutti** dalla tua.
그도 이제 나의 편이다. [=parte]   우리 모두 네 편이다. [=parte]

È riuscito a convincerli e a tirarli tutti dalla sua.
그는 그들 모두를 설득시켜 그의 편으로 끌어들이는 데 성공했다. [=parte]

ⓔ 여성 단수 형태가 dire 동사와 함께 사용되면 생각, 의견, 판단 등을 나타낸다.

la	mia	
	tua	dire 동사와 함께 사용될 때
	sua	

Anch'io ho il diritto di dire la mia. [=opinione]
나도 내 의견을 말할 권리가 있다.

Lui non rinuncia mai a dire la sua. [=opinione]
그는 자신의 의사를 말하는 데 결코 사양하는 법이 없다.

Dite pure la vostra, **poi io darò** la mia. [=opinione]
어서 너희들의 의견을 말해, 그다음에 내가 내 의견을 내놓을게.

ⓕ 다음과 같은 여성 형태가 **bere** 동사와 함께 사용되면 '건강(salute)'을 나타낸다.

alla	mia	bere 동사와 함께 사용될 때
	tua	
	sua	

Alla tua! [=salute]   너의 건강을 위하여!
Brindiamo alla nostra! [=salute]   우리의 건강을 위해서 축배를 마시자!
Beviamo alla vostra! [=salute]   여러분의 건강을 위해서 건배합시다!

ⓖ 다음과 같은 형태는 '어리석은 행위, 쓸데없는 말(sciocchezze)' 등을 나타낸다.

una	delle	mie	fare, combinare, dire 동사와 함께 사용될 때
		tue	
		sue	

Oggi ne ho fatta una delle mie. [=una delle mie sciocchezze]
오늘 내가 또 바보 같은 짓을 했다.

Ne hai combinata una delle tue ultimamente? [=una delle sciocchezze]
최근에 네가 또 바보 같은 짓을 해서 사고 쳤어?

Andrea ne ha detta una delle sue. [=una delle sue sciocchezze]
안드레아는 또 쓸데없는 말을 했다.

✎ 참고

서신 처음에 사용되는 표현들

Egregio (Egr.): 모르는 수취인에게 사용되며, 주로 남성 형태가 많이 사용된다.

Egregio **Presidente** 존경하는 회장님께   Egregio **Direttore** 원장님께

Gentile (Gent.): 주로 지위가 있는 알려진 사람에게 사용된다.

Gentile **professor Rossi**   Gentile **dottoressa Rossi**
친절하신 로씨 교수님께   친절하신 로씨 선생님께

Caro/a: 가까운 사이에서 사용된다.

Caro **Marco** 친애하는 마르코   Cara **Monica** 사랑하는 모니카에게

Spettabile (Spett. le): 기업체, 공공기관, 사무실 등에 사용된다.

Spettabile **Ditta** 귀사   Spettabile **Direzione** 관리부서 귀중

3 지시 대명사 I pronomi dimostrativi [☞ 170쪽 지시 형용사 참조]

1 지시 대명사 형태

단수(singolare)		복수(plurale)	
남성	여성	남성	여성
questo	questa	questi	queste
quello	quella	quelli	quelle

(1) questo: 화자에게 가까운 것을 가리킨다.

ⓐ '이분, 이자, 이 사람, 이것'이라는 의미로 사람, 사물, 동물 모두 가리킨다.

[사람을 받는 경우]

Questo è mio figlio.
얘는 나의 아들이다.

Questa è mia figlia.
얘는 나의 딸이다.

Questi sono i miei figli.
이들은 나의 아들(자식)들이다.

Queste sono le mie figlie.
이들은 나의 딸들이다.

[사물을 받는 경우]

Questo è un libro.
이것은 한 권의 책이다.

Questa è una penna.
이것은 하나의 펜이다.

Questi sono dei libri.
이것들은 책들이다.

Queste sono delle penne.
이것들은 펜들이다.

> 📎 **참고**
>
> Questa / Quella è una rivista. [지시 대명사]   이/저것은 하나의 잡지다.
> Questa / Quella rivista è interessante. [지시 형용사]   이/저 잡지는 재미있다.

ⓑ 지시 형용사와 마찬가지로 지시 대명사도 장소 부사(qui, qua)와 함께 사용되어 지시 대명사의 의미가 강조될 수 있다.

Qual è il tuo libro?
어떤 것이 너의 책이야?

-È questo qui.
여기 이것이야.

Qual è la tua penna?
어떤 것이 너의 펜이니?

-È questa qui.
여기 이것이야.

Quali sono i tuoi libri?
어떤 것들이 너의 책들이야?

-Sono questi qui.
여기 이것들이야.

Quali sono le tue penne?
어떤 것들이 너의 펜들이니?

-Sono queste qui.
여기 이것들이야.

ⓒ **questo**는 '이것, 이것들, 이 점/사실(ciò)'이라는 중성적 의미로 사용될 수 있다.

Perché mi dici questo?	왜 내게 이런 것들을 말하지?
Per questo ho rifiutato.	이 점 때문에 나는 거절했다.
Su questo siamo d'accordo.	이 점에 있어서 우린 동의한다.

(2) quello: 화자나 청자 두 사람 모두에게 멀거나 청자에게 가까운 것을 가리킨다.

ⓐ '저자, 저분, 저 사람, 저것'이라는 의미로 사람, 동물, 사물을 모두 가리킨다.

[사람을 받는 경우]

Quello è mio fratello.
쟤가 나의 형/남동생이다.

Quella è mia sorella.
쟤가 나의 누이이다.

Quelli sono i miei fratelli.
저들이 나의 형제들이다.

Quelle sono le mie sorelle.
저들이 나의 자매들이다.

[사물을 받는 경우]

Quello è il mio libro.
저것은 나의 책이다.

Quella è la mia penna.
저것은 나의 펜이다.

Quelli sono i miei libri.
저것들은 나의 책들이다.

Quelle sono le mie penne.
저것들은 나의 펜들이다.

ⓑ 지시 대명사 **quello**는 장소 부사(lì, là)와 함께 사용되어 지시 대명사의 의미가 강조될 수 있다.

Quello là è il mio amico Guido.	저기 저 사람이 내 친구 귀도이다.
Quella là è la mia amica Simona.	저기 자 사람이 내 친구 시모나이다.
Quelli là sono i miei amici.	저기 저자들은 내 남자 친구들이다.
Quelle là sono le mie amiche.	저기 저자들은 내 여자 친구들이다.

ⓒ 지시 대명사 **quello**는 반복을 피하기 위해 앞의 명사를 대신 받으며, 주로 수식어가 따라온다.

Qual è il tuo cappello?   -Quello nero.
어떤 것이 너의 모자이니?   검정색 그것.

L'estate di quest'anno è più calda di quella dell'anno scorso.
올해 여름이 작년 여름보다 더 덥다.

Preferisco i vini italiani a quelli francesi.
나는 이탈리아 포도주들을 프랑스 것보다 더 좋아한다.

A me piacciono più queste scarpe di quelle nere.
내겐 이 구두가/신발이 검정색 저것들보다 더 마음에 든다.

ⓓ questo는 '이는(후자)', quello는 '저는(전자)'를 가리킨다.

questo 후자	앞에서 언급한 사람이나 사물 중에서 뒤에 말한 것을 가리킨다.
quello 전자	앞에서 언급한 사람이나 사물 중에서 먼저 말한 것을 가리킨다.

Sandro lavora con Marco. Questo è architetto, invece quello è disegnatore.
                    [=Marco]   [=Sandro]

산드로는 마르코와 함께 일한다. 후자인 마르코는 건축가이고, 전자인 산드로는 디자이너이다.

2 지시 대명사 역할을 하는 다른 형태

(1) stesso / medesimo [☞ 173쪽 지시 형용사 참조]

'동일한 사람, 똑같은 것'이라는 동일한 의미로 stesso를 많이 사용하고, medesimo는 문어체적인 표현이다. 지시 형용사와 지시 대명사 둘 다 사용되는 형태이다.

Abbiamo la stessa insegnante dell'anno scorso. [지시 형용사]

우리는 작년과 동일한 여자 선생님을 갖게 되었다.

L'insegnante di matematica è la stessa dell'anno scorso. [지시 대명사]

수학 선생님은 작년과 동일한 여자분이시다.

ⓐ '똑같은 사람[=la stessa persona], 동일한 사람'이라는 의미로 사람을 가리킨다.

Dopo la malattia lui non è più lo stesso.

그는 병을 앓고 나서 더 이상 예전의 그 사람이 아니다.

Ciao, Maria! Da quanto tempo! Tu sei sempre la stessa.

안녕, 마리아, 오랜만이네! 넌 항상 똑같아.

Gli insegnanti sono gli stessi dell'anno scorso.

선생님들은 작년과 같은 분들이다.

ⓑ '똑같은 것[=la stessa cosa], 동일한 것'이라는 의미로 사물을 가리킨다.

Anch'io ho pensato lo stesso.

나도 똑같은 것을 생각했다.

Se non vieni, per me è lo stesso.

네가 안 와도, 내게는 똑같은 것이다/매한가지다.

Fai come vuoi. Per me fa lo stesso.

하고 싶은 대로 해. 내겐 마찬가지니까.

1. lo stesso는 '그래도 상관없이, 여전히, 어쨌든, 그럼에도'라는 의미의 부사구로도 사용된다.
   Anche se sono stanco, uscirò lo stesso. 난 피곤하지만, 그래도 나갈 것이다.
   C'è una doppia. Va bene lo stesso? 트윈 룸이 있어요. 그래도 괜찮습니까?

2. 지시 대명사 codesto / codesta / codesti / codeste: 그 사람, 그것
   청자에게 가까운 사람이나 사물을 가리키는 대명사로 공문이나 관료적 사용을 제외하고 오늘날에는
   거의 사용하지 않으며, 지시 대명사 quello와 questa로 대신한다.

3. 지시 대명사 quello와 quelli
   i) quello는 '그것, 그 점'이라는 중성적인 의미로 사용된다.
      Quello dimostra che hai torto. 그것은 네가 잘못했다는 것을 증명해 준다.
      È proprio quello. 바로 그 점이다.

   ii) quello와 quelli는 관계 대명사 che와 함께 사용된다. [~하는 것, ~하는 저자, ~하는 자들]
      Quello che hai detto non è vero. 네가 말한 것은 사실이 아니다.
      Chi è quello che sta cantando? 지금 노래하고 있는 자가 누구야?

4. ciò: 이것(questa cosa), 그것(codesta cosa), 저것(quella cosa)
   i) ciò는 주로 문장 전체를 받는 대명사로 격식적이고, 문어체에 사용된다. 오늘날에는 지시 대명사
      questo나 quello로 바꾸어 사용한다.
      Marta parla troppo e ciò disturba tutti. [→ questo]
      마르타가 말이 많다, 이것은 모두를 방해한다.
      Tutto ciò è ingiusto. [→ Tutto questo]
      이 모든 것은 부당하다.

   ii) 관계 대명사 che과 함께 ciò che(~하는 것) 형태로 격식적인 표현에서 사용된다. ciò 대신에
      quello를 사용하여 quello che 형태로 비격식적인 표현으로 사용할 수 있다.
      Ciò che dici non è vero. [=quello] 네가 말하는 것은 사실이 아니다.
      Non capisco ciò che dici. [=quello] 나는 네가 말하는 것을 이해 못 하겠다.

5. quanto: 전부, 모든 것 [☞ 322쪽 참조]

   i) 지시사 기능과 관계 대명사 기능을 한다.
      Si certifica tutto quanto sopra. 상기 사실을 증명함.
      Questo è quanto mi ha riferito. 이것이 그가 내게 언급한 사항이다.

   ii) 대명사 기능을 한다.
      Per oggi è quanto. [=tutto] 오늘은 이것이 전부이다.

4 부정 대명사 I pronomi indefiniti

1 항상 부정 대명사로만 사용되는 형태

뒤에 명사가 따라오는 부정 형용사로 사용되지 못하고 항상 부정 대명사로만 사용된다.

	단수(singolare)		복수(plurale)	
	남성	여성	남성	여성
사람	uno	una	—	
	ognuno	ognuna	—	
	chiunque		—	
사람, 사물	qualcuno	qualcuna	—	
사물	qualcosa		—	
	nulla		—	
	niente		—	

(1) uno: 남성 단수 uno, 여성 단수 una로만 사용된다.

ⓐ 정확하게 누구인가를 밝히지 않고, 막연한 한 사람을 가리킨다.

È venuto uno a cercarti.　　　　　　어떤 남자가 너를 찾으러 왔어.

Ho incontrato una che ti conosce.　나는 너를 알고 있는 어떤 여자를 만났다.

ⓑ uno는 '~ 중에서 한 명, 하나'라는 부분적인 의미로 사용된다. 전치사 di 다음에 사람, 동물, 사물을 가리키는 명사가 따라온다.

Matteo è uno dei miei amici italiani. [사람]

마테오는 나의 이탈리아 남자 친구들 중의 한 명이다.

Mary è una delle mie amiche straniere. [사람]

메리는 나의 외국 여자 친구들 중의 한 명이다.

Raffaelo è uno dei più grandi pittori del Rinascimento. [사람]

라파엘로는 르네상스 시대의 가장 위대한 화가들 중 한 명이다.

La fontana di Trevi è una delle più belle fontane di Roma. [사물]

트레비 분수는 로마의 가장 아름다운 분수들 가운데 하나이다.

Ci vediamo uno di questi giorni / una di queste sere?

우리 근일 중에/근일 저녁에 한번 볼까?

ⓒ 비인칭 의미로 '일반적인 사람[=si]'을 지칭한다. [☞ 2권 89쪽 비인칭 주어 **si** 참조]

Uno non vive di solo pane. [=Non si vive]
사람은 빵만으로 살지 못한다.

Quando una è madre di famiglia, ha poco tempo libero. [=si è]
사람이 한 가정의 어머니가 되면, 여가 시간이 별로 없다.

ⓓ **uno**가 **altro**와 함께 상관적으로 l'uno ~ l'altro, l'una ~ l'altra로 사용되면 둘 중에 '한 명(개)은 ~이고 나머지 한 명(개)은'이라는 의미로 사람과 사물을 모두 가리킨다. 영어의 **one ~ the other**에 해당한다.

Ho due fratelli: l'uno è medico, l'altro è professore.
나는 형제가 둘 있는데, 한 명은 의사이고 한 명은 교수이다.

Anna e Doris sono due ragazze: l'una è italiana, l'altra è tedesca.
안나와 도리스는 두 명의 소녀인데, 한 명은 이탈리아인이고 한 명은 독일인이다.

ⓔ **altri**와 함께 상관적으로 gli uni~gli altri, le une~le altre로 사용되면 '어떤 이들은 ~, 다른 사람들은'이라는 의미로 alcuni/e ~ altri/e의 의미가 된다.

Gli uni dicono di sì, gli altri di no. [=some ~ others]
어떤 사람들은 그렇다고 하고, 또 다른 사람들은 아니라고 한다.

Le une parlano, le altre tacciono.
일부 여성은 말을 하고, 또 일부 여성은 침묵한다.

ⓕ **l'un l'altro**로 상관적으로 사용되면 '서로(reciprocamente)'라는 의미를 지닌다.

Loro si amano alla follia l'un l'altro. [=each other]
그들은 서로 미친 듯이 사랑한다.

Quelle ragazze si odiano l'una l'altra. [=each other]
저 두 여자는 서로 미워한다.

(2) ognuno: 각자(ciascuno), 모두(ogni uomo, ogni persona)

성에 따라 ognuno/a로 형태 변화가 가능하다. 항상 단수형 부정 대명사로 사용되며 사람에게만 사용 가능하다. 개개인 모두를 대표한다. ognuno 뒤에 전치사 di가 올 수 있다.

Ognuno ha i propri gusti.   모두가 자기 취향이 있다.
Ognuno per la propria strada!   각자 제 갈 길 가는 거야!
Ognuno paga per sé.   각자 자기 몫은 자기가 계산한다.
Ognuno di noi è speciale.   우리 각자는 특별하다.
Ognuno di voi è diverso.   여러분 각자는 다르다.

(3) chiunque: 누구든지, 아무나, 어떤 사람이든지

형태가 변화하지 않으며 항상 단수형 부정 대명사로 사람에게만 쓰인다.

Chiunque potrebbe farlo.

어떤 사람이든 간에 그것을 할 수 있을 것이다.

Chiunque al tuo posto avrebbe fatto lo stesso.

누구든지 너의 입장이라면 너와 똑같이 행동했을 것이다.

(4) qualcuno: 성에 따라 qualcuno/a로 형태 변화가 가능하다. 항상 단수형 부정 대명사로만 사용되며, 사람, 동물, 사물 모두를 가리킬 수 있다.

ⓐ '어떤 사람', '누군가'라는 의미로 한 사람을 가리킨다.

Qualcuno ha bussato alla porta.	누군가가 문을 두드렸다.
C'è qualcuno lì?	거기 누구 있어요?
Qualcuno ti chiama.	누군가가 너를 부른다.

ⓑ '몇몇 사람(qualche persona)', '몇 개(qualche cosa)'라는 의미로 제한되지 않은 적은 수를 나타낸다. di+명사가 따라 나와 전체 중의 일부를 나타내기도 한다.

Qualcuno è favorevole, qualcuno è contrario.

누군가는 찬성하고, 또 누군가는 반대한다.

Puoi prestarmi qualcuno dei tuoi libri?

너의 책 중에 몇 권을 내게 빌려줄 수 있니?

Conosci qualcuna di quelle persone?

저 사람들 가운데 몇 사람을 아니?

ⓒ 어떤 표현에서는 '중요한 사람, 인정받는 사람, 대단한 인물'이라는 의미가 있다.

Sogno di diventare qualcuno.	나는 뭔가가 되기를 원한다.
Lui si crede qualcuno.	그는 자신이 뭐라도 된다고 생각한다.

ⓓ qualcuno 다음에 다른 부정 형용사가 따라올 수 있다. qualcuno는 altro 앞에서 모음 탈락되어 qualcun 형태가 되고, qualcuna는 altra 앞에서 모음이 생략된다.

È arrivato qualcun altro. [어미 탈락]

다른 누군가가 도착했다.

Se Anna non accetta, chiederò qualcun'altra. [모음 생략]

만일 안나가 수락하지 않는다면, 나는 다른 누군가의 여자에게 물어볼 것이다.

(5) qualcosa: 무엇인가

형태가 변화하지 않으며 항상 단수형 부정 대명사로 사물에만 사용한다. 중성적 의미를 지니며, 형용사가 이어질 경우 남성 단수형 성에 일치시킨다.

ⓐ '어떤 것', '무엇인가'라는 의미로, **qualche cosa**와 같은 뜻이다.

C'è qualcosa che non va?　　이상 있습니까/불편한 점이 있어요?

Ti posso offrire qualcosa?　　네게 뭔가를 대접해도 될까?

ⓑ **qualcosa + di** + 형용사, **qualcosa + da** + 동사 원형으로 사용된다.

C'è qualcosa di speciale? [something new]

특별한 뭔가가 있어요?

Vuoi qualcosa da bere? [something to drink]

마실 것 뭔가를 원하니?

ⓒ 부정 관사가 앞에 오면 '알 수 없는 어떤 것'에 해당한다.

C'è un qualcosa che non mi convince nel suo comportamento.

그의 태도에는 내가 납득할 수 없는 뭔가가 있다.

(6) niente, nulla: 아무것도

형태가 변화하지 않으며, 단수형의 부정 대명사로서 사물에게만 사용된다. 중성의 의미를 지니며, 뒤에 형용사가 따라올 때 남성 단수의 성에 일치시킨다. 동사 앞에 위치할 때는 **niente** 자체가 부정의 의미를 지니기 때문에 부정 non이 필요하지 않으나, 동사 뒤에 사용될 경우에는 반드시 non을 사용하여 부정의 의미를 강조한다. niente와 nulla는 같은 의미이다. nulla(무, 無)가 철학적이고 격식적인 표현이라 niente를 더 많이 사용한다.

Niente mi fa paura.　　아무것도 나를 두렵게 하지 않는다.

Non mi fa paura niente.　　내게 아무것도 두렵게 하지 않는다.

ⓐ '아무것도'라는 의미로서 **nessuna cosa**와 같은 뜻이다.

Non ho detto niente.　　나는 아무 말도 안 했다.

Non ho sentito niente.　　나는 아무것도 듣지 못했다.

Non hai mangiato niente?　　아무것도 못 먹었니?

Non ho fatto niente.　　난 아무것도 하지 않았다.

Niente è certo.　　아무것도 확실한 것이 없다.

Niente è perduto.　　아무것도 잃은 것이 없다.

Niente è facile nella vita.　　인생에 쉬운 것이 없다.

ⓑ **niente + di** + 형용사, **niente + da** + 동사 원형

Non c'è niente di difficile.
어려울 것이 아무것도 없다.

Non c'è niente di buono.
맛있는 게 아무것도 없다.

Non ho niente da fare oggi.
나는 오늘 할 일이 아무것도 없다.

Non ho niente da dire.
나는 할 말이 아무것도 없다.

Che cosa hai fatto ieri?
어제 뭐 했니?

-Niente d'importante.
중요한 일이라곤 아무것도 안 했어.

ⓒ '무가치, 무의미, 하찮은 것, 사소한 것'을 의미한다.

Mi sento niente.
내 자신이 보잘것없이 느껴진다.

Faccio finta di niente.
난 아무것도 아닌 척한다.

Stai tranquillo, non è niente.
마음 편하게 해, 아무 일도 아냐.

Ti pare niente?
네게는 별것 아닌 것 같아?

Lei ride di niente.
그녀는 별것 아닌 일에 웃는다.

Mi arrabbio spesso per niente.
나는 자주 별일 아닌 것에 화를 낸다.

È una cosa da niente.
별 볼일 없는 것이다.

ⓓ 직접 의문문과 간접 의문문에서 '어떤 것(qualcosa)'이라는 긍정의 의미를 지닌다.

Vedi niente? [=qualcosa]
뭔가 보이는 게 있어?

Hai niente in contrario? [=qualcosa]
너 그것에 반대되는 것 있어?

Ti serve niente? [=qualcosa]
필요한 것 뭐 없니?

ⓔ **niente** 다음에 부정 형용사 altro가 따라와서 모음 생략을 하여 **nient'altro**로 사용된다. '또 다른 아무것도'라는 의미이다.

Le occorre nient'altro? [=qualcos'altro]
또 다른 필요한 것 없으세요?

Vuole nient'altro? [=qualcos'altro]
또 다른 원하는 것 없으세요?

ⓕ '조금도, 전혀'라는 의미의 부사적 역할로도 사용된다. 특히 대답에서 **niente** 다음에 **affatto** 가 와서 강조적 의미로 사용된다.

Non mi importa niente di lui.
그에 대해선 내게 조금도 중요하지 않다.

Non è vero niente.
조금도 사실이 아니다.

Ti disturbo? -Niente affatto!
내가 방해되니? 전혀 아냐.

ⓖ 비격식적인 구어체에서 명사 앞에 위치하여 생략 문장으로 사용된다.

Niente paura!   겁낼 것 하나도 없어!

Niente riposo!   휴식 없음!

Niente ferie!   휴가 없음!

Niente zucchero, grazie!   설탕은 넣지 말고 주세요, 감사합니다!

Niente preoccupazioni!   걱정할 것 전혀 없어!

Niente domande!   아무 질문하지 마!

Niente scherzi, mi raccomando!

장난치지 말기!

Niente scuse!

사과는/변명은 하지 마!

📝 참고

1. 고맙다는 말에 대한 답으로서 '뭘요, 별것 아니에요'라는 의미로 사용된다.

   A: Grazie mille!   대단히 감사합니다. / 정말 고마워.

   B: (Di) niente! [=Prego] 아니에요. / 아무것도 아냐.

2. 사과에 대한 답으로 '괜찮아, 괜찮아요'라는 의미로 사용된다.

   A: Scusami, sono in ritardo.   늦어서 미안해.

   B: (Non) fa niente. [=Non importa]   괜찮아.

3. 적은 양이긴 하지만, 없는 것보다는 낫다고 표현할 때

   Meglio di niente.   없는 것보다는 낫지.

   Meglio poco di niente.   없는 것보다 적은 것이 낫지.

4. niente male는 누군가나 뭔가에 대해서 긍정적인 평가로 감탄사처럼 사용된다.

   A: Come sto con il mio taglio di capelli? 머리 잘랐는데 나 어때?

   B: Niente male! 괜찮네. [=abbastanza bello]

5. Niente di che!는 고맙다는 말의 답변에 사용되는 Non c'è di che!의 또 다른 변형 형태로 '고마워할 필요 없다, 별것 아니다'라는 의미로 상대방에게 부담을 주지 않기 위해 사용되는 구어체 표현이다.

   A: Grazie per averci aiutato!   우리를 도와줘서 고마워!

   B: Niente di che!   뭐, 별것 아냐!

2 부정 형용사와 부정 대명사로 모두 사용할 수 있는 부정 대명사들

단수(singolare)		복수(plurale)	
남성	여성	남성	여성
ciascuno	ciascuna	—	—
nessuno	nessuna	—	—
alcuno	alcuna	alcuni	alcune
altro	altra	altri	altre
poco	poca	pochi	poche
parecchio	parecchia	parecchi	parecchie
tanto	tanta	tanti	tante
molto	molta	molti	molte
troppo	troppa	troppi	troppe
tutto	tutta	tutti	tutte
tale		tali	

(1) ciascuno: 각각의 사람, 각각의 것, 각자, 각각

부정 대명사와 형용사 모두 사용 가능하며, 항상 단수 형태로 사용된다. 부정 대명사로 사용될 때 성에 따라 ciascuno/a로 형태가 변화하며 사람, 동물, 사물 모두 사용된다. 사람을 나타낼 때는 ognuno(각자)와 같은 의미이다. [☞ 181쪽 (1) 부정 형용사 참조]

Ciascuno può esprimere le proprie idee. [=Ognuno]
각자 개개인은 자신의 생각들을 표현할 수 있다.

Ciascuno di voi può dire quello che pensa. [=Ognuno]
여러분 각자가 생각하는 것을 말할 수 있습니다.

(2) nessuno: 부정 대명사와 형용사로 모두 사용 가능하며, 항상 단수 형태로 사용된다. 부정 대명사로 사용될 때 성에 따라 nessuno/a로 형태가 변화하며, 사람, 동물, 사물 모두 사용 가능하다. qualcuno(누군가)와 반대되는 개념이다. [☞ 181쪽 (2) 부정 형용사 참조]

ⓐ '아무도', '아무것도'의 부정의 의미로서 동사 앞에 위치할 경우 부정 non이 없어도 부정의 뜻이다. 동사 뒤에 위치할 경우 non을 사용하며 이 경우에는 부정의 뜻이 더욱 강조된다.

Non risponde nessuno.　　　　Nessuno risponde.
아무도 답하지 않는다.　　　　　아무도 답하지 않는다.

Hai qualche problema?　　　　-Nessuno. [=nemmeno uno]
문제가 좀 있어?　　　　　　　　아무것도/하나도 없어.

Avete qualche domanda?　　　-Nessuna. [=nemmeno una]
(너희들) 질문들 있어?　　　　　아무것도/하나도 없어.

nessuno가 동사 앞에 오면 non이 없어도 부정 의미를 나타낸다.

Non viene nessuno. [=Nessuno viene.] 아무도 오지 않는다.

Non lo sa nessuno. [=Nessuno lo sa.] 아무도 그것을 모른다.

ⓑ 의문문에서 '무엇, 누구, 어떤 자(qualcuno)'라는 긍정적인 의미를 지닌다.

C'è nessuno lì dentro? [=qualcuno]

거기 안에 누구 있어요?

Hai visto nessuno dei nostri amici? [=qualcuno]

너는 우리 친구들 가운데 누군가를 봤니?

È venuto nessuno a cercarmi? [=qualcuno]

나 찾아온 사람 누구 있었어?

(3) alcuno

부정 대명사와 형용사로 모두 사용 가능하다. 부정 대명사로 사용될 때 성과 수에 따라 alcuno/a/i/e로 형태가 변화하며, 사물과 사물을 모두 나타낸다. 단수형 alcuno/a는 부정 문에서 부정 부사 non과 함께 '아무도, 아무것도'라는 nessuno의 의미를 지니며 문학적인 표현 으로 사용된다. [☞ 182쪽 (3) 부정 형용사 참조]

ⓐ 복수형 alcuni/e는 '몇 명, 몇 개'라는 의미로 사람, 동물, 사물 모두 사용 가능하다.

Alcuni arrivano sempre tardi.

몇 명은 항상 늦게 도착한다.

Alcune di voi verranno con me.

너희들 중 몇몇 여성은 나와 함께 갈 것이다.

Lui ha venduto alcuni dei suoi quadri.

그는 그의 그림들 가운데 몇 점을 팔았다.

ⓑ 복수형 alcuni/e가 altri/e와 상관적으로 쓰인다. alcuni ~ altri로 사용되면 '일부 사람들 은 ~하고, 나머지 사람들은 ~하다'라는 의미이다. [=gli uni ~ gli altri]

Alcuni leggevano, altri dormivano.

몇 명은 책을 읽고 있었고, 또 일부는 잠을 자고 있었다.

Alcune venivano, altre andavano.

몇 명의 여자들은 오고 있었고, 또 몇 명의 여자들은 가고 있었다.

(4) altro: 부정 대명사와 형용사로 모두 사용 가능하다. 성과 수에 따라 altro/a/i/e로 형태가 변화한다. [☞ 182쪽 (4) 부정 형용사 참조]

ⓐ 단수형 altro/a는 앞에 관사가 붙어서 사람, 동물, 사물을 모두 나타낼 수 있다. '다른 사람 (un'altra persona), 다른 것(un'altra cosa)'을 의미한다.

Se non lo fai tu, lo farà un altro.
만일 네가 그것을 하지 않으면, 다른 사람이 그것을 할 것이다.

Mi sembrava Maria, invece era un'altra.
내겐 마리아 같아 보였는데, 반면에 다른 사람이었다.

Non mi piace questo vestito, preferisco l'altro.
이 옷은 내 마음에 들지 않고, 다른 것이 더 좋다.

ⓑ 남성 복수형 altri는 '나머지 사람들, 나머지 물건들(restanti)'을 나타낸다.

Gli altri verranno dopo.	나머지 사람들은 나중에 올 거예요.
Dove hai messo gli altri?	나머지 물건들은 어디에다 두었니?

ⓒ 남성 단수형 altro는 추가적으로 '다른 어떤 것(un'altra cosa)'을 의미한다.

Vuoi altro?	다른 것을 더 원하니?
Desidera altro?	다른 것 더 필요한 것 있으세요?
Non ho altro da aggiungere.	나는 달리 덧붙일 말이 없다.
Non c'è altro da fare.	달리 할 것이 없다.
Ci vuole altro!	다른 어떤 것이 필요하다.
Non ti chiedo altro!	네게 다른 것 더 요구하지 않을게.

ⓓ 남성 복수형 altri는 '타인, 다른 사람들'을 나타낸다.

Cosa pensano gli altri di me?	다른 사람들은 나에 대해 어떻게 생각합니까?
Non desiderare la roba d'altri.	다른 사람들의 물건은 탐내지 마.

ⓔ uno와 함께 상관적으로 l'uno~l'altro, l'una ~ l'altra로 사용되면 '한 사람은 ~ 다른 사람은 ~'이라는 의미를 지닌다.

Ho due figli: l'uno ha dieci anni e l'altro dodici anni.
내게 두 명의 아들이 있다. 하나는 열 살이고 다른 하나는 열두 살이다.

Ho due figlie: l'una ha 10 anni e l'altra 12 anni.
내게 두 명의 딸이 있다. 하나는 열 살이고 다른 하나는 열두 살이다.

ⓕ **gli uni**와 함께 상관적으로 **gli uni~gli altri**로 사용되면 '어떤 사람들은 ~다른 사람들은 ~' 이라는 의미를 지닌다. [=alcuni ~ altri]

Gli uni acconsentiscono, gli altri rifiutano.

받아들이는 사람들이 있는가 하면, 거절하는 사람들도 있다.

ⓖ **non ~ altro che**: '단지 ~이다, ~밖에 하지 않다, ~밖에 아니다'라는 의미이다.

Lui non fa altro che lavorare. 그는 일밖에 하지 않는다.

Lei non fa altro che criticare. 그녀는 비판밖에 하지 않는다.

Non mi resta altro che aspettare. 내겐 기다리는 일밖에 남지 않았다.

Non ci resta altro che andarcene. 우리가 가버리는 일밖에 안 남았다.

(5) poco: 소량, 소수(pochi) [☞ 184쪽 (5) 부정 형용사 참조]

소유 대명사와 형용사로 모두 사용 가능하다. 성과 수에 따라 poco, poca, pochi, poche 로 형태가 변화한다. 적은 양과 수를 나타낸다. 단수형(poco/a)은 '소량'의 의미로 사물에 사용된 다. 복수형(pochi/e)은 '소수'의 의미로 사람과 사물 모두 가리킬 수 있다.

C'è poco da ridere!

우스울 것 없어(웃을 때가 아냐).

Manca poco alle nove.

9시 되려면 얼마 안 남았다.

Questo ti pare poco?

이것이 네게 별것 아닌 것 같애?

Sono qui da poco.

내가 여기 있은 지 얼마 안 된다.

Tu bevi molto vino?

너는 포도주를 많이 마시니?

Tu mangi tanta carne?

너는 육류를 많이 먹니?

Quanti verbi italiani conosce?

이탈리어어 동사를 몇 개나 알고 있어요?

Quante parole italiane conosce?

이탈리아 단어를 몇 개나 알고 있어요?

Siamo rimasti in pochi.

우리는 몇 사람 안 남았다.

Oggi c'è poco da fare.

오늘 할 일이 별로 없다.

Meglio poco che niente.

없는 것보다 소량이 더 낫다.

Sarò lì fra poco.

난 잠시 후에 거기 있을 것이다.

L'ho visto poco fa.

나는 조금 전에 그를 봤다.

-No, ne bevo poco.

아니, 적게 마셔.

-No, ne mangio poca.

아니, 조금밖에 먹지 않아.

-Ne conosco pochi.

몇 개밖에 알지 못해요.

-Ne conosco poche.

몇 개밖에 알지 못해요.

Pochi lo sanno.

소수가 그것을 안다.

(6) parecchio: 상당량, 상당히 많은 사람들(parecchi) [☞ 185쪽 (6) 참조]

부정 대명사와 형용사로 모두 사용 가능하다. parecchio/a/i/e로 형태가 변화한다. molto 보다는 적은 '상당한 양과 수'를 나타낸다. 단수형(parecchio/a)은 사물을 나타내며, 복수형 (parecchi/e)은 사람과 사물을 모두 가리킨다.

C'è parecchio da vedere qui.	È parecchio che mi aspetti?
여기에 볼 것이 상당히 많다.	나를 기다린 시간이 오래 돼?
Avete venduto molti quadri?	-Sì, parecchi.
그림을 많이 팔았어?	응, 상당수.
In quanti siete?	-Siamo in parecchi.
몇 분이세요?	우리 수가 상당히 됩니다.

(7) tanto: 많은 것, 많은 사람들(tanti) [☞ 185쪽 (7) 부정 형용사 참조]

부정 대명사와 형용사로 모두 사용 가능하다. 성과 수에 따라서 tanto/a/i /e로 형태가 변화한다. molto와 같은 의미로서 '많은 양과 수'를 나타낸다. 단수형(tanto/a)은 사물을 가리키고, 중성적 의미로도 사용된다. 복수형(tanti/e)은 사람과 사물 모두 가리킨다.

Lui ci ha dato tanto.	C'è tanto da fare.
그는 우리에게 많은 것을 주었다.	할 것이 많이 있다.
Tu mangi tanta carne?	-Sì, ne mangio tanta.
너는 육류를 많이 먹니?	응, 많이 먹어.
Tanti non vanno mai in vacanza.	Tante si sono innamorate di lui.
많은 사람들이 절대 휴가를 안 간다.	많은 여자들이 그한테 반했다.

(8) molto: 많은 것, 많은 사람들(molti) [☞ 186쪽 (8) 부정 형용사 참조]

부정 대명사와 형용사로 모두 사용 가능하다. 성과 수에 따라 molto/a/i/e로 형태가 변화한다. '많은 양과 수'를 나타낸다. 단수형(molto/a)은 '많은 것'으로 사물을 가리키며, 문장을 통해 의미를 유추할 수 있는 중성으로도 사용된다. 복수형(molti/e)은 '많은 사람들, 많은 것들'로 사물이나 사람을 모두 가리킬 수 있다.

Hanno fatto molto per me.	C'è molto da aspettare?
그들은 나를 위해 많은 것을 했다.	많이 기다려야 됩니까?
Ho molto da fare oggi.	Non c'è molto da vedere qui.
오늘 나는 할 일이 많다.	여기에 볼 것이 많이 없다.
Molti pensano di partire.	Molti dei turisti sono tedeschi.
많은 사람들이 사실이 아니라고 한다.	관광객들 중 많은 사람들이 독일인이다.

(9) troppo: 너무 많은 것, 너무나 많은 사람들(troppi) [☞ 186쪽 (9) 참조]

부정 형용사와 대명사로 모두 사용 가능하다. 성과 수에 따라 troppo/a/i/e로 형태가 변화한다. molto보다 많은 '지나친 양과 수'를 나타내며, 중성의 의미로도 사용된다. 단수형 (troppo/a)은 사물과 관련되며, 복수형(troppi/e)은 사람, 동물, 사물을 모두 관련된다.

Tu mi chiedi troppo! 너는 나에게 너무 많은 것을 요구해!	Ho ancora troppo da fare. 난 아직 할 것이 너무 많다.
Costa troppo. (denaro 생략) 값이 너무 많이 나간다.	Ci metto troppo ad arrivare. 내가 도착하는 데 시간이 엄청 걸린다.
È troppo per te? 너한테 너무한 거니?	Per me è troppo. 내게는 너무해.
Quanti caffè bevi al giorno? 하루에 커피를 몇 잔 마시니?	-Ne bevo troppi. 너무 많이 마셔.
Quante sigarette fumi al giorno? 하루에 담배를 몇 개 피우니?	-Ne fumo troppe. 너무 많이 피워.
Troppi sono senza lavoro. 너무 많은 사람이 일이 없다.	Siete venuti in troppi. 너희들 너무 많이들 왔다.

(10) tutto: 모든 것, 모두들(tutti) [☞ 187쪽 (10) 부정 형용사 참조]

부정 대명사와 형용사로 모두 사용 가능하다. 성과 수에 따라 tutto/a/i/e로 형태가 변화한다. troppo보다 많은 전체를 나타내며, 중성의 의미로도 사용된다. 단수형(tutto/a)은 '모든 것'으로 사물을 나타내며, 복수형(tutti/e)은 '모두들'로 사람을 나타낸다.

Tutto è finito.	모든 것이 끝났다.
Tutto bene?	모든 것이 잘돼가니?
Ti ho detto tutto.	네게 모든 것을 말했다.
Tu sei tutto per me.	너는 내 모든 것이다.
Questo è tutto.	이것이 전부입니다.
Ecco tutto!	이게/그게 다야!
(È) Tutto qui?	여기 이것이 다입니까?
Ciao a tutti!	모두 안녕!
Ciao a tutte!	여성 여러분, 모두 안녕!
Tutti bene?	모두 잘 있어요?
Tutti dicono così.	모두가 그렇게 말한다.
Non tutti sono d'accordo.	모두가 동의하는 것은 아니다.

(11) tale: 어떤 사람, 아무개, 어떤 자들(tali) [☞ 190쪽 부정 형용사, 304쪽 (11) 부정 대명사 참조]

부정 대명사와 형용사로 모두 사용 가능하며, 수에 따라 변화한다. 단수형은 남성, 여성 모두 tale이고, 복수형은 남성, 여성 모두 tali이다. 부정 대명사로 쓰일 때 정관사가 앞에 와서 정확하게 누구인지를 가리킬 수 없는 사람을 나타낸다.

Un tale ha chiesto di te.
어떤 남자가 너에 대해서 물어봤다.

C'è una tale che vuole parlare con te.
너와 말하고 싶어 하는 어떤 여자가 있다.

Ho incontrato dei tali che ti conoscono.
나는 너를 알고 있는 어떤 사람들을 만났다.

5 의문 대명사 | pronomi interrogativi [☞ 210쪽 의문 형용사, 365쪽 의문 부사 참조]

의문 대명사는 che, quale, quanto, chi의 네 가지 형태가 있다. che, quale, quanto는 명사가 따라오는 의문 형용사와 의문 대명사로 모두 쓰일 수 있는 반면에 chi는 오직 의문 대명사만으로 사용된다. 주어, 보어, 목적어로서 그리고 전치사와 함께 사용될 수 있다.

1 의문 대명사의 형태

(1) 의문사 형태

의문사 종류		의미	예문
의문 형용사 [명사 수식]	che	무슨	Che lavoro fai?
	quale/i	어떤	Quale libro vuoi?
	quanto/a/i/e	얼마나 많은	Quanto zucchero?
의문 대명사	che, che cosa	무엇	Che cosa fai?
	quale/i	어떤 것	Qual è il tuo libro?
	quanto/a/i/e	얼마	Quanto costa?
	chi	누구	Chi è?
의문 부사 [방법, 이유, 장소, 시간]	come	어떻게	Come vai a scuola?
	perché	왜	Perché sei qui?
	dove	어디에	Dove sei?
	quando	언제	Quando parti?

(2) 의문 대명사 형태

단수(singolare)		복수(plurale)	
남성	여성	남성	여성
che (cosa)			
quale		quali	
quanto	quanta	quanti	quante
chi			

2 의문 대명사의 사용

(1) che: 무엇, 무엇이, 무엇을 [☞ 210쪽 (1) 의문 형용사 참조]

ⓐ 의문 대명사로서 **che**와 **che cosa**의 차이점

che는 의문 형용사(무슨)와 의문 대명사(무엇)로 모두 사용되지만, che cosa와 cosa는 '무엇'의 의미로 의문 대명사로만 사용된다. Che를 생략하고 간략하게 Cosa로 사용한다.

[의문 형용사-무슨]
Che + 명사
Che lavoro fai? 무슨 일을 하니?
Che cosa lavoro fai? [×]
Cosa lavoro fai? [×]

[의문 대명사-무엇]
Che + 동사, Che cosa, Cosa + 동사
Che fai? 무엇을 하니?
Che cosa fai? [○]
Cosa fai? [○]

ⓑ che cosa와 cosa는 형태가 변하지 않으며 **essere** 동사 앞에서 모음 생략이 가능하다.

Che cosa è questo?
이것은 무엇입니까?

Che cosa sono questi?
이것들은 무엇입니까?

Che cos'è questo?
이것은 무엇입니까?

Che cosa sono queste?
이것들은 무엇입니까?

> ✎ 참고
>
> 의문 대명사로서 che cosa, cosa, che의 사용
> che cosa가 일반적인 형태이며, che는 중남부 지역, cosa는 북부 지역에서 많이 사용된다. 따라서 의문사 사용을 통해 어느 지방 사람인지 출신을 가늠할 수 있다. 그러나 오늘날에는 문법적으로 나중에 인정된 cosa 형태가 문어체에서나 구어체에서도 더 많이 사용된다.
>
> | 일반적인 형태 | | 중남부 | 북부 |
> |---|---|---|---|
> | Che cosa hai? | 무슨 일이야? | Che hai? | Cosa hai? |
> | Che cosa fai? | 무엇을 하니? | Che fai? | Cosa fai? |

ⓒ 주어, 보어, 목적어 역할을 하며 전치사와 함께 사용될 수 있다. 직접 의문문과 간접 의문문으로 사용될 수 있다. Che cosa, Che, Cosa의 사용은 문체적 선택이다. Che cosa는 두 단어라 속도감이 느리고, Cosa는 발음하기 편하고 신속하며, Che는 중립적이다. Cosa는 여성 형태이지만 남성 어미에 일치시킨다.

Che (cosa) c'è?	무슨 일이지? [=What's wrong?]
Che (cosa) è successo?	무슨 일이에요? [=What happend?]
Che (cosa) importa?	뭐가 중요해? 무슨 상관이야?
Che (cosa) vuoi da me?	나한테서 뭘 원하는 거야?
Che (cosa) vuol dire?	무슨 의미죠? [=What does that mean?]
Che (cosa) hai?	어디가 아프니? [=What's the matter with you?]
Che (cosa) significa questa frase?	이 문장은 무슨 뜻입니까?
Che (cosa) fa nella vita?	무엇을 하세요?/직업이 뭡니까?
Che (cosa) stai facendo?	지금 무엇을 하고 있는 중이야?
Che (cosa) aspetti?	무엇을 기다리니?/무엇을 망설이니?
Che (cosa) desidera?	무엇을 원하세요?/무엇을 도와드릴까요?
Che (cosa) pensi di Paola?	파올라에 대해 어떻게 생각해?
Che (cosa) facciamo stasera?	오늘 저녁 우리 뭘 할까?
Che (cosa) ha detto?	뭐라고 말씀하셨죠?
A che (cosa) serve questo?	이것은 무엇에 쓰려고?
A che (cosa) stai pensando?	무슨 생각하고 있는 거야?
Di che (cosa) stai parlando?	무엇에 대해 말하고 있는 거야?
Con che cosa viene a scuola?	학교에 무엇으로 오십니까?
Su che cosa metto questo?	이것을 무엇 위에다 둘까?
Per che cosa?	무엇 하려고? 무엇을 위해서?
In che (cosa) posso servirLa?	무슨 점에서 당신을 도와드릴까요?
A che (cosa) fare?	뭐 하려고?
Non so che dire. [간접 의문문]	내가 무슨 말을 해야 할지 모르겠다.
Sai che (cosa) ti dico io? [간접 의문문]	네게 무슨 말을 할지 아니?

📎 참고

간접 의문문 Non so che cosa + 동사 원형
che cosa 다음에 동사 원형이 올 경우 조동사가 생략되어 있다고 볼 수 있다.
Non so che cosa (devo, posso) dire. 무엇을 말해야 할지 모르겠다.
Non so che cosa (devo, posso) fare. 무엇을 해야 할지 모르겠다.

(2) quale: 어떤 것, 어떤 사람 [☞ 211쪽 (2) 의문 형용사 참조]

의문 대명사로서 **quale**는 수에 따라 변화한다. 여성과 남성 단수 형태는 quale로 동일하고, 복수 형태는 남성과 여성 모두 quali이다. quale는 essere 동사 3인칭 단수형(è, era) 앞에서 어미 절단 현상이 일어나 qual è, qual era 형태가 된다. '어떤 것, 무엇'이라는 의미로 제한된 카테고리 안에서 구체적으로 콕 집어 묻거나 눈앞에 선택할 것이 있을 경우에 사용된다. **che**는 카테고리 없이 일반적이고 추상적인 것을 묻는다.

Qual è il tuo indirizzo e-mail?	너의 이메일 주소가 어떻게 되니?
Qual è il tuo nome / cognome?	너의 이름/성이 뭐니?
Qual è il tuo problema?	너의 문제가 뭐니?
Qual è il tuo sogno?	너의 꿈이 뭐야?
Qual è il Suo numero di cellulare?	당신의 휴대폰 번호가 어떻게 됩니까?
Qual è il Suo cibo preferito?	당신이 가장 좋아하는 음식은 어떤 것입니까?
Qual è la Sua opinione?	당신의 의견은 어떤 것입니까?
Qual è la Sua professione?	당신의 직업은 무엇입니까?
Qual è la Sua taglia?	당신의 옷 치수가 어떻게 되죠?
Quali sono i tuoi interessi?	너의 관심사들은 어떤 것들이니?
Quali sono le tue difficoltà?	너의 어려움들은 어떤 것들이야?
Quale dei due è il tuo fratellino?	두 사람 중 어떤 이가 네 남동생이야?
Quale di questi quadri preferisci?	이 그림들 중 어떤 것을 더 좋아해?
Scusa, è tuo questo libro? -Quale?	미안하지만, 이것이 네 책이야? 어떤 것?
Sono Sue queste penne? -Quali?	이것들이 당신 펜이에요? 어떤 것들?
Sai qual è il prezzo? [간접 의문문]	가격이 어떻게 되는지 아니?
Ti ricordi qual è il titolo? [간접 의문문]	제목이 뭔지 기억나?
Non so quale scegliere. [간접 의문문]	어떤 것을 선택해야 할지 모르겠다.

Non mi hai detto quali sono i tuoi progetti. [간접 의문문]
너의 계획들이 어떻게 되는지 아직 내게 말하지 않았어.

✎ 참고

quale는 -le로 끝나는 단어이기 때문에 essere 동사 다음에 어미 탈락 현상이 일어난다. 따라서 어미 e가 탈락된 qual è? 형태로 사용되어야 하며, 모음 생략인 qual'è?는 잘못된 표현으로 유의해야 한다.

Qual è il tuo nome?	너의 이름이 어떻게 되니/뭐야? [이름이라는 카테고리 안에서]
Qual'è il tuo nome? (✕)	[quale는 모음 생략이 아니라 모음 절단 현상이 일어난다]
Che cosa è il tuo nome? (✕)	[영어의 What is your name?으로 생각하면 안 된다]

(3) quanto: 얼마, 몇 명, 몇 개 [☞ 212쪽 (3) 의문 형용사 참조]

의문 대명사 quanto는 성과 수에 따라서 quanto, quanta, quanti, quante로 변화한다. 사람과 사물 모두 가리킨다. quanto / quanta는 양을 묻는 데 사용하고, quanti / quante는 수를 묻는 데 사용된다. quanto가 의문 대명사로 사용되었을 경우 의문사 다음에 명사가 생략되었다고 볼 수 있다. quanto 다음에는 주로 tempo, denaro 등이 생략되었다고 볼 수 있고, quanti와 quante 다음에 uomini, persone 등이 생략되었다고 볼 수 있다.

Quanto costa questo libro? [denaro 생략]	이 책값이 얼마죠? [가격을 물을 때]
Quant'è? / Quanto pago? [denaro]	얼마 내면 되죠? [계산할 때]
Ecco i biglietti. Quanti ne vuoi?	표가 여기 있어. 몇 장을 원하니?
Ecco le caramelle. Quante ne vuoi?	캐러멜이 여기 있어. 몇 개를 원하니?
Quanti di voi sono d'accordo? [uomini]	너희들 중 몇 명이 동의하지?
Quanti siete in famiglia? [uomini]	너희 가족은 몇 명이니?
Ogni quanto passa l'autobus? [tempo 생략]	버스가 얼마나 자주 지나갑니까?
Fra quanto sarà pronto? [tempo 생략]	시간이 얼마나 있으면 준비가 될까요?
Da quanto stai qui? [tempo 생략]	여기 있은 지 얼마나 되지?
Di quanto sono in ritardo? [tempo 생략]	내가 얼마나 늦었지?
In quanti siete? [uomini 생략]	너희들 몇 명이니?
Per quanti prepariamo? [uomini 생략]	우리 몇 사람 것을 준비할까?
Dimmi quanto l'hai pagato. [denaro 생략]	그것 얼마에 계산했는지 내게 말해!
Non so quanti sono venuti. [uomini 생략]	나는 몇 명이 왔는지 모르겠다.

(4) chi: 누구, 누가, 누구를

항상 의문 대명사로서, 사람에게만 사용된다. 형태가 변화하지 않기 때문에 동사나 형용사 형태를 통하여 chi의 성과 수를 알 수 있다. 주어, 보어, 목적어로 그리고 전치사와 함께 사용될 수 있다.

Chi è quel ragazzo?	저 소년은 누구죠?
Chi è quella ragazza?	저 소녀는 누구죠?
Chi sono quei ragazzi?	저 소년들은 누구입니까?
Chi sono quelle ragazze?	저 소녀들은 누구죠?
Scusi, chi è Lei?	실례지만, 당신은 누구십니까?
Chi è? -Sono io!	(문 앞에서) 누구세요? 나야!
Pronto, chi parla?	여보세요, 전화하시는 분은 누구세요?
Chi lo sa?	누가 그것을 알까?
Chi ami?	누구를 사랑하니?

Chi aspetti?	누구를 기다리니?
Chi ha detto così?	누가 그렇게 말했죠?
Chi ha fatto questo?	누가 이걸 했지?
Chi è arrivato per primo?	누가 제일 먼저 도착했죠?
Chi stai guardando?	누구를 쳐다보고 있는 거니?
Chi hai salutato?	누구한테 인사했어?
Con chi parlo, scusi?	실례지만, 저와 통화하시는 분은 누구세요?
Con chi sei?	누구랑 같이 있는 거야?
Con chi sei uscito ieri?	어제 누구와 외출했니?
A chi telefoni?	누구에게 전화하는 거니?
A chi scrivi?	누구에게 편지 쓰니?
A chi devo rivolgermi?	제가 누구한테 문의해야 되죠?
Di chi stai parlando?	누구에 대해 말하고 있는 중이야?
Di chi è questo libro?	이 책은 누구의 것이지?
Di chi è la colpa?	누구의 잘못이지?
Per chi è questo regalo?	이 선물은 누구를 위한 거야?
Per chi compri questi fiori?	누구를 위해 꽃들을 사는 거야?
Da chi vai?	누구한테 가는 거야?
Da chi dipende?	누구에게 달려 있죠?
Da chi hai sentito la notizia?	누구한테서 그 소식을 들었니?
Su chi puoi contare?	넌 누구를 의지할(믿을) 수 있니?
Chi di voi vuole venire con me?	너희들 중 누가 나와 함께 가길 원해?
Chi di voi è Carlo?	너희들 중 누가 카를로야?
Non so con chi (devo) partire.	누구와 함께 떠나야 할지 모르겠다.
Dimmi con chi vai e ti dirò chi sei.	네가 누구랑 가는지 말해주면 네가 누구인지 말해줄게. (유유상종이다)

✎ 참고

의문 대명사 che, quale, quanto, chi도 의문 부사와 의문 형용사처럼 의문사를 강조하는 mai를 통해서 의문 대명사의 의미가 강조될 수 있다.

Chi sarà mai a quest'ora?	이 시간에 대체 누굴까?
Che diranno mai i tuoi genitori?	너희 부모님들이 대체 무슨 말씀을 하실까?

6 감탄 대명사 I pronomi esclamativi

의문 대명사 che, quale, quanto, chi는 의문문을 이끄는 의문사 외에도 감탄문을 이끄는 감탄 대명사로도 사용될 수 있다. 물음표(?)가 있는 의문문에서는 의문 대명사로 사용된 경우이고, 느낌표(!)가 있는 감탄문에서는 감탄 대명사로 사용된 경우이다. 구어체에서 의문 대명사와 감탄 대명사의 구분은 억양을 통해서 알 수 있다. [☞ 213쪽 감탄 형용사, 368쪽 감탄 부사 참조]

1 감탄 대명사의 형태

단수(singolare)		복수(plurale)	
남성	여성	남성	여성
che (cosa)			
quale		quali	
quanto	quanta	quanti	quante
chi			

2 감탄 대명사의 사용

(1) che: 무엇

놀라움(meraviglia), 실망(disappunto), 거절(rifiuto) 등을 표현한다.

Che fai!   뭐 하는 거야!

Che dici! 무슨 소리를 하는 거야!

(2) quanto: 얼마나

양(quantità), 수(numero), 측량(misura)을 강조하기 위해 사용된다.

Quanto sei stato fuori!   얼마 동안 밖에 있었던 거야!

Quanti sono venuti alla cerimonia! 식장에 사람들이 얼마나 온 거야!

(3) quale: 어떤 것

Hai scelto questo quadro orribile! -Quale!

이런 무시무시한 그림을 골랐구나!   어떤 것 말이야!

(4) chi: 누구

A chi lo dici!   누가 할 소릴! / 누구에게 그런 말을 하는 거지?

Guarda chi si vede! 이게 누구야! / 누가 보이는지 봐봐!

7 관계 대명사 I pronomi relativi

관계 대명사란 글자가 뜻하는 대로 두 절의 관계를 이어주는 연결사(접속사) 역할을 하는 동시에, 자신이 이끄는 절 안에서 명사를 대신하는 이중적 역할을 하는 것이다. 즉, 관계 대명사는 말을 하거나 글을 쓸 때, 불필요한 단어의 반복을 피해 두 문장을 간결하게 하나로 이어주거나, 주절에 있는 단어나 문장을 더 자세히 설명해 주는 역할을 한다. 관계 대명사 앞에 오는 명사나 대명사를 선행사라고 하고, 관계 대명사가 이끄는 절을 관계사절이라고 한다. 관계사절은 항상 뒤에서 명사를 수식하는 형용사 역할을 하기 때문에 형용사절이라고도 부른다. 이탈리아어에서 관계 대명사는 생략할 수 없다.

La ragazza è molto bella. Lei lavora con me. [두 개의 단문]
소녀는 아주 예쁘다. 그녀는 나와 같이 일한다.

La ragazza che lavora con me è molto bella. [한 개의 복문]
[선행사]   [주격 관계 대명사 – 관계사절/형용사절]
나와 같이 일하는 소녀는 아주 예쁘다. [선행사가 동사 lavorare의 주어 역할]

Queste sono le scarpe. Ho comprato queste scarpe ieri.
이것들은 구두이다. 나는 어제 이 구두를 샀다.

Queste sono le scarpe che ho comprato ieri.
        [선행사]   [목적격 관계 대명사–관계절/형용사절]
이것들이 어제 내가 산 구두이다. [선행사가 동사 ho comprato의 목적어 역할]

1 관계 대명사의 종류와 형태

(1) 본질적 관계 대명사: 반드시 선행사를 필요로 하는 형태

선행사는 사람, 사물, 동물 제한이 없다. 관계 대명사 che와 cui는 구어체에서 많이 사용되고, quale는 선행사를 분명히 하기 위해 문어체에서 많이 사용된다.

단수		복수		비고
남성	여성	남성	여성	
che				구어체
cui				구어체
il quale	la quale	i quali	le quali	문어체

(2) 복합 관계 대명사: 선행사를 관계 대명사 속에 포함하고 있는 형태 I pronomi relativi misti

chi는 항상 사람, quanto는 항상 사물, quanti / quante는 사람에게 사용된다.

단수		복수	
남성	여성	남성	여성
chi (사람)			
quanto (사물)	—	quanti (사람)	quante (사람)

2 본질적 관계 대명사의 용법: 반드시 선행사를 필요로 하는 형태

(1) che

관계 대명사 중에 가장 많이 사용되는 형태이다. 형태가 변화하지 않으며, 선행사의 제한 없이 사람, 동물, 사물 모두 사용된다. 오직 주격과 목적격 역할로 사용되며, 전치사와 함께 사용될 수 없다.

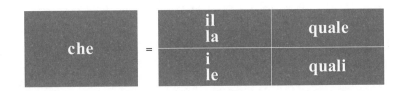

ⓐ 주격 역할을 한다.

che 앞에 있는 선행사(명사)가 che 이하의 관계사절 동사의 주어 역할을 할 경우이다. 격식적인 문어체에서 주격 역할을 하는 quale로 바꾸어 사용할 수 있다. [☞ 316쪽 i) 참조]

Marco, puoi portarmi il libro che è sul tavolo, per favore?
마르코, 테이블 위에 있는 책을 내게 가져다줄 수 있니?

La ragazza che sta cantando adesso è la mia sorellina Giulia.
지금 노래하고 있는 소녀가 나의 여동생 줄리아이다.

Conosci quei ragazzi che sono seduti sulle scale?
계단 위에 앉아 있는 저 소년들을 너는 아니?

Chi sono Anna e Sara? -Sono le ragazze che lavorano con me.
안나와 사라가 누구야?   나와 같이 일하는 소녀들이야.

Ho conosciuto una ragazza italiana, che parla bene il coreano.
나는 한 이탈리아 소녀를 알았는데, 그녀는 한국말을 잘한다.

Marco e Matteo, che abitano a Roma, vengono spesso a trovarmi.
마르코와 마테오는 로마에 살고 있는데, 자주 나를 방문하러 온다.

ⓑ 목적격 **역할을 한다.**

che 앞에 있는 선행사가 che 이하의 관계사절 동사의 목적어 역할을 할 경우이다. 관계 대명사 che가 문장 안에서 주격과 목적격으로서 서로 다른 역할을 할 경우에 관계 대명사 che를 한 번 더 표기한다. 문어체 quale는 오늘날 목적격 형태로는 거의 사용되지 않는다.

Il libro che sto leggendo è molto interessante.
내가 읽고 있는 책이 아주 재미있다.

Giulia è la ragazza italiana che ho conosciuto a Roma.
줄리아는 내가 로마에서 알게 된 이탈리아 소녀이다.

Scusi, questo non è il piatto che ho ordinato.
죄송하지만, 이것은 제가 주문한 요리가 아닌데요.

Preferisco i pantaloni che ho provato prima.
먼저 입어본 바지가 저는 더 좋습니다.

Le scarpe che vorrei comprare sono troppo care.
내가 사고 싶어 하는 신발은 너무 비싸다.

Marco è il ragazzo che studia con me e che incontro ogni mattina.
마르코는 나와 같이 공부하며 매일 아침 만나는 소년이다. [주격-목적격]

ⓒ 관계 대명사 che가 특수하게 사용된 경우

che는 주격과 목적격 기능 이외에 다음과 같은 다른 용도로 사용될 수 있다.

i) 일상적인 대화에서 선행사가 시간인 경우 in cui 대신에 che를 많이 쓴다. 문법적으로 맞지 않지만 실제 생활에서 많이 사용되는 신표준 이탈리아어에 속한다.

Il giorno che ci siamo incontrati era giovedì. [=in cui]
우리가 서로 만났던 날은 목요일이었다.

Il mercoledì è il giorno che non vado a lezione. [=in cui]
수요일은 내가 수업에 가지 않는 날이다.

L'ultima volta che l'ho visto sembrava molto depresso. [=in cui]
그를 마지막으로 보았을 때 무척 의기소침해 보였다.

Ti ricordi quella volta che siamo andati al mare in inverno?
우리가 겨울에 바다에 갔던 그때가 기억나니? [=in cui]

Ricordi l'estate che ci siamo incontrati per la prima volta?
우리가 처음으로 만났던 여름을 기억하고 있니? [=in cui]

Paese che vai, usanza che trovi. [=in cui, dove]
그 나라에 가면 그 나라의 풍습을 따르라. (속담) [che가 장소를 받는 경우도 있다.]

비격식적인 일상 대화에서는 시간을 나타내는 선행사인 경우 in cui 대신에 문법적으로 맞지 않지만 che 이외에 quando도 사용된다.

Ci siamo incontrati il giorno che siamo andati a Roma. [=in cui]
Ci siamo incontrati il giorno quando siamo andati a Roma. [=in cui]
우리는 로마에 갔던 날 만났다.

Ho cominciato a lavorare l'anno che mi sono laureato. [=in cui]
Ho cominciato a lavorare l'anno quando mi sono laureato. [=in cui]
나는 졸업한 해에 일을 시작했다.

ii) il che: che 앞에 정관사가 와서 il che로 사용될 경우 문장 전체를 받으며 '이러한 것, 이러한 점(e questo, e ciò)'이라는 중성적인 의미를 지닌다. 전치사 + il che로도 사용된다.

Voglio smettere di fumare, il che non è facile. [=e questo]
담배를 끊고 싶은데, 이러한 것은 쉬운 일이 아니다.

Tu bevi troppi alcolici, il che fa male alla tua salute. [=e questo]
너는 알코올음료를 너무 많이 마시는데, 그것은 너의 건강에 나빠.

Sono stato vigliacco, del che ti chiedo scusa. [=e di questo]
내가 비겁했는데, 그 점에 대해서 네게 사과할게.

(2) cui: 전치사와 함께 사용되거나 소유격으로 사용된다.

ⓐ 항상 전치사와 함께 사용되고, 선행사는 사람, 동물, 사물 제한이 없다. cui 앞에 사용될 전치사는 뒤에 따라오는 관계사절의 동사가 어떤 전치사를 필요로 하는가에 따라 결정이 된다. 관계 대명사 a cui에서 전치사 a가 여격(~에게)으로 사용된 경우에 전치사 a가 생략될 수 있다. 격식적인 문어체에서 전치사 + cui 대신에 정관사와 함께 사용되는 quale가 전치사와 함께 결합되어 사용된다. [☞ 317쪽 ii) 참조]

Le ragazze (a) cui ho telefonato sono Monica e Silvia. [=alle quali]
내가 전화한 소녀들은 모니카와 실비아이다. [=telefonare a]

Questo è il mio amico Carlo di cui ti ho parlato ieri. [=del quale]
얘가 어제 네게 말했던 내 친구 카를로이야. [parlare di]

Seul è la città in cui sono nato e vissuto. [=nella quale]
서울은 내가 태어나서 자란 도시이다. [nascere, vivere in]

Il dentista da cui sono andato ieri è molto gentile. [=dal quale]
어제 내가 갔던 치과의 의사는 아주 친절하다. [=andare da]

Chi è quel ragazzo con cui hai parlato poco fa? [=con il quale]

조금 전에 너와 얘기했던 그 소년은 누구야? (parlare con)

Il letto su cui ho dormito stanotte è scomodo. [=sul quale]

내가 간밤에 누워 잤던 침대는 불편하다. (dormire su)

Non capisco il motivo per cui vuoi cambiare lavoro. [=per il quale]

나는 네가 직장을 옮기고 싶어 하는 이유를 모르겠다. (per quale motivo vuoi)

C'erano molti ragazzi, fra cui ho visto Paolo. [=fra i quali]

많은 소년들이 있었는데, 그들 중에서 파올로를 보았다. (fra molti ragazzi)

✎ 참고

선행사 + 전치사 + cui(관계 대명사)+동사 원형 형태로도 쓰인다. [조동사가 생략됨]

Cerco una persona con cui studiare.	나와 같이 공부할 사람을 찾는다.
Ho tante cose a cui pensare.	나는 생각할 것들이 많다.
Abbiamo molte cose di cui parlare.	우리가 같이 할 이야기가 너무 많다.

ⓑ 소유격으로 사용될 경우 cui 앞에 정관사가 오거나, 전치사 관사 형태가 온다. 이때 정관사는 소유 형용사와 마찬가지로 cui 다음에 오는 피소유 명사의 성과 수에 일치시켜야 한다. 소유격 관계 대명사는 격식적인 문체에서 사용된다. [☞ 317쪽 iii) 참조]

Quel signore, la cui figlia studia in Francia, è mio zio.

[=la figlia del quale]

프랑스에서 공부하는 딸을 둔 저 신사분은 나의 삼촌이시다.

Quella signora, il cui figlio studia in Francia, è mia zia.

[=il figlio della quale]

프랑스에서 공부하는 아들을 둔 저 부인은 나의 이모/고모/숙모이시다.

Quella montagna, sulla cui cima c'è la neve, è bellissima.

[=sulla cima della quale]

정상에 눈이 있는 저 산이 너무 예쁘다.

È un bravo impiegato, del cui lavoro sono tutti contenti.

[=del lavoro del quale]

모든 사람들이 그의 일에 대해 만족스러워하는 훌륭한 직원이다.

ⓒ **per cui**: 앞 문장 전체를 받는 중성적인 의미로 구어체에서 많이 사용된다. '그 때문에, 그 결과'라는 **per questo**와 **perciò**와 같은 의미로 오늘날 접속사처럼 쓰인다.

Stasera sono proprio stanco, per cui vado a letto presto. [=perciò]
오늘 저녁 정말 피곤하다, 그래서 일찍 잠자리에 들어야겠다.

Siamo in ritardo, per cui è meglio sbrigarsi. [=perciò]
우리가 늦었어, 그렇기 때문에 서두르는 것이 더 나아.

ⓓ **quale**: 선행사의 성과 수에 따라 형태가 **il quale, la quale, i quali, le quali**로 변화한다. 주격과 목적격으로 사용될 때 **che** 역할과 동일하나 오늘날 **quale**가 목적격으로 사용되는 경우는 드물며 문학적(letterario)이다. 전치사와 함께 사용되거나 소유격으로 사용될 때는 **cui** 역할과 동일하다. 일반적으로 **quale**는 문어체 형식에 쓰인다

i) 주격 역할 [=che]

관계 대명사 **che** 앞에는 정관사가 붙지 않는 반면 **quale** 앞에는 선행사의 성과 수에 맞춰 정관사를 붙인다. 주로 문어체에서 사용되며, 선행사를 분명히 하기 위해 **che** 대신 정관사를 붙이는 **quale**를 사용한다.

Ho incontrato la ragazza di Marco che lavora in banca.
은행에서 근무하는 마르코의 여자 친구를 만났다.
[은행에서 근무하는 사람이 Marco인지 la ragazza인지 선행사가 불분명하다. 이런 경우에 선행사 che보다 정관사를 사용하는 quale를 사용하면 선행사가 분명해진다.]

Ho incontrato la ragazza di Marco, la quale lavora in banca.
나는 마르코의 여자 친구를 만났는데, 그녀는 은행에서 근무한다. [선행사 la ragazza]

Ho incontrato la ragazza di Marco, il quale lavora in banca.
나는 은행에서 근무하는 마르코의 여자 친구를 만났다. [선행사 Marco]

Accanto a me era seduto un signore il quale parlava in dialetto.
내 옆에는 사투리를 구사하는 한 신사가 앉아 있었다.

Vivo in una vecchia casa, la quale d'inverno è molto fredda.
나는 오래된 집에서 살고 있는데, 이 집은 겨울에 매우 춥다.

Ieri ho visto Anna e Marco, i quali andavano verso casa.
어제 안나와 마르코를 봤는데, 그들은 집으로 가고 있었다.

Ho incontrato le figlie di Marta, le quali studiano in Italia.
나는 마르타의 딸들을 만났는데, 그녀들은 이탈리아에서 공부하고 있다.

ii) 전치사와 함께 쓰인다. [전치사 + cui와 같은 역할]

cui 앞에 정관사가 붙지 않는 반면 quale 앞에는 선행사의 성과 수에 맞춰서 정관사가
붙고, 문어체적인 표현이다. 전치사는 quale 다음에 오는 동사에 의해 결정된다.

Il professore al quale ho chiesto aiuto insegnava la chimica.
내가 도움을 요청한 선생님은 화학을 가르쳤다.   [=a cui]

Il treno con il quale ho viaggiato io è arrivato in orario.
내가 여행한 기차는 정시에 도착했다.   [=con cui]

Ho comprato il libro del quale mi avevi parlato.
네가 내게 말한 책을 샀다.   [=di cui]

L'aula nella quale studiavamo era molto fredda.
우리가 공부하던 강의실은 매우 추웠다.   [=in cui]

La famiglia dalla quale sto a pensione è gentile con me.
내가 홈스테이 하고 있는 가정은 내게 친절하다.   [=da cui]

La sedia sulla quale sei seduto è vecchia e poco stabile.
네가 앉은 의자는 낡았고 별로 견고하지 못하다.   [=su cui]

Qual è la ragione per la quale loro litigano?
그들이 싸우는 이유가 뭐야?   [=per cui]

Lui mi ha spiegato i motivi per i quali non viene più.
그는 나에게 더 이상 오지 않은 이유들을 설명했다.   [=per cui]

iii) 격식적인 문어체에서 소유격으로 사용된다. [소유격 관계 대명사 cui와 같은 역할]

이때 문장의 구조는 소유격으로 사용되는 cui와는 달리 피소유 명사 + 소유자(del quale,
della quale, dei quali, delle quali)의 순서가 된다. 관계 대명사 quale 앞에 붙는 정관사
는 소유자(선행사)의 성과 수가 일치되어야 한다. 아주 격식적인 문어체(법률, 행정 언어)에서 사
용되며, 일반 구어체나 문어체에서는 사용되지 않는다. [☞ 315쪽 ⓑ cui 참조]

Quel signore, la figlia del quale studia in Francia, è mio zio.
                   ↑_____| [=la cui figlia] (di + il quale)
프랑스에서 공부하는 딸을 둔 저 신사분은 나의 삼촌이시다.

Quella signora, il figlio della quale studia in Francia, è mia zia.
                   ↑_____| [=il cui figlio] (di + la quale)
프랑스에서 공부하는 아들을 둔 저 부인은 나의 이모/고모/숙모이시다.

관계 대명사 che, cui, quale 요약 정리

1. che: 선행사의 제한이 없다. 구어체에서 많이 사용된다.

형태가 변화하지 않음 전치사와 함께 사용 불가 주격과 목적격 기능	il ragazzo che legge	읽고 있는 소년	주격
	la ragazza che incontro	내가 만나는 소녀	목적격
	i ragazzi che leggono	읽고 있는 소년들	주격
	le ragazze che incontro	내가 만나는 소녀들	목적격

▶ il che = e questo [이러한 것은]
  che 앞에 정관사가 붙어서 il che로 사용될 경우에는 앞 문장 전체를 받는다.
  '이런 사실은 ~'이라는 의미이다.
  Lui parla troppo, il che disturba tutti.
  그는 너무 말을 많이 한다. 이것은 모두를 방해한다.

2. cui: 선행사의 제한이 없다. 구어체에서 많이 사용된다.

형태가 변화하지 않음 전치사와 함께 사용	il ragazzo con cui parlo	나와 말하는 소년
	la ragazza di cui parlo	내가 말하는 소녀

▶ cui 앞에 정관사 붙는 경우 소유격으로 사용: il cui, la cui, i cui, le cui 정관사는 소유 형용사처럼
  cui 뒤에 따라오는 피소유 명사의 성과 수에 일치시킨다.
  Quel signore, la cui figlia studia in Francia, è mio zio.
  프랑스에서 공부하는 딸을 둔 저 신사는 나의 삼촌이다. [=la figlia del quale]

3. quale: 선행사의 제한이 없다. 문어체에서 많이 사용된다.
  단수는 남성과 여성 모두 quale이며, 복수는 남성과 여성 모두 quali이다. 항상 정관사와 함께 사용되며,
  이때 정관사는 선행사의 성과 수에 일치한다. quale는 che와 같은 역할로 주격과 목적격(문학적)으로 사용되
  고, 또한 cui와 같은 역할로 전치사와 함께, 혹은 소유격으로 사용할 수 있다. 소유격으로 사용되는 경우 피소유
  물 + di + 관계 대명사(소유자)의 순서가 된다.

  quale는 che를 대신하여 주격 기능으로 사용될 수 있다. 오늘날 목적격으로는 거의 사용되지 않는다.

  Il ragazzo il quale sta leggendo   [=che] (주격)   읽고 있는 소년
  La ragazza la quale sta leggendo   [=che] (주격)   읽고 있는 소년
  I ragazzi i quali stanno leggendo   [=che] (주격)   읽고 있는 소년들
  Le ragazze le quali stanno leggendo   [=che] (주격)   읽고 있는 소녀들

quale는 cui를 대신하여 전치사와 함께, 혹은 소유격으로 사용될 수 있다.

i) 전치사와 함께

Il ragazzo con il quale parlo [=con cui]　나와 말하는 소년

La ragazza della quale parlo [=di cui]　내가 말하는 소녀

La ragazza alla quale parlo [=a cui]　내가 말을 거는 소녀

ii) 소유격으로

Quel signore, la figlia del quale studia in Francia, è mio zio.

[=la cui figlia]

프랑스에서 공부하는 딸을 둔 저 신사는 나의 삼촌이다.

📎 참고

1. **장소 + in cui = 장소 + dove** [in which =where]

관계 대명사를 관계 부사로 바꿀 수 있다. [☞ 323쪽 참조]

Questa è la casa in cui abito io.　이것이 내가 사는 집이다.

Questa è la casa dove abito io.　이것이 내가 사는 집이다.

2. **선행사 + a cui**: '~에게'로 해석될 때 전치사 a는 생략 가능하다.

Questo è il ragazzo (a) cui ho insegnato l'inglese.

얘가 내가 영어를 가르쳐준 소년이다.

3. 관계사절에서 동사가 전치사를 필요로 하면 cui를 사용하고 전치사가 필요 없으면 che를 사용한다.

È il ragazzo che lavora con me.　나와 함께 일하는 소년이다.

È il ragazzo con cui lavoro.　내가 같이 일하는 소년이다.

4. 관계 대명사 계속적 용법과 제한적 용법

제한적 용법: 필수 정보를 주며, 이 부분은 생략해 버리면 원래 전하고자 하는 바와 의미가 달라진다.

계속적 용법: 부수적인 정보를 주므로, 생략해도 원래의 의미가 변하지 않는다.

Lui ha due figli, che sono medici.

그는 아들이 둘이다. 그 아들들은 의사이다. [아들은 두 명뿐이다.]

Lui ha due figli che sono medici.

그는 의사인 아들이 둘이다. [총 몇 명의 아들인지 모른다. 의사인 아들은 두 명이다.]

(1) chi: ~하는 자, ~하는 자들

선행사인 명사나 대명사가 관계 대명사 chi 속에 포함되어 있어 chi 앞에 선행사를 따로 두지 않는 복합 관계 대명사(영어의 선행사를 포함한 관계 대명사)이다. 단수 형태로 항상 사람에게만 사용되며 '~ 하는 자, ~하는 자들'로 의미가 복수일 경우도 있다. 주격·목적격으로 사용되며 또한 전치사와 함께 사용되기도 한다. 선행사를 포함한 관계 대명사 chi는 선행사를 필요로 하는 관계 대명사 che 로 고칠 경우 colui / colei / coloro che 형태가 되는데 이것은 문어체에서 사용된다.

Chi Colui / Colei La persona quello/a	che	mangia troppo 너무 많이 먹는 자는	ingrassa. 살찐다.
Coloro Le persone Quelli/e		mangiano troppo 너무 많이 먹는 자들은	ingrassano. 살찐다.

ⓐ 문장에서 주격으로 사용된다.

Chi dorme non piglia pesci.   [=Colui che]
잠자는 자는 물고기를 낚지 못한다(일찍 일어나는 새가 먹이를 먼저 먹는다). 〈속담〉

Chi va piano, va sano e va lontano.   [=Colui che]
천천히 가는 자가 건강하게 멀리 간다(황소걸음이 천 리를 간다). 〈속담〉

Chi vuole fare troppe cose, non conclude nulla. [=Colui che]
너무 많은 것을 하기를 원하는 자는 아무것도 결론을 맺지 못한다.

Chi vuole andare in gita, deve iscriversi in segreteria.
소풍을 가고 싶은 자들은 행정실에 등록을 해야 한다. [=Coloro che vogliono]

C'è chi non partecipa mai alle lezioni.
수업에 절대 참석하지 않는 자가 있다. [=qualcuno che partecipa]

ⓑ 문장에서 목적격으로 사용될 수 있다.

Non sopporto chi parla ad alta voce in metro.   [=colui che]
나는 지하철에서 큰 소리로 말하는 자를 참을 수 없다.

Non amo chi parla male di tutti.   [=quelli che parlano]
나는 모든 사람들에 대해 나쁘게 말하는 자들을 좋아하지 않는다.

ⓒ 전치사와 함께 **사용될 수 있다.**

Non devi fidarti di chi **non conosci bene.**
너는 잘 알지 못하는 자를 믿어서는 안 돼.

La borsa di studio andrà a chi **supererà quest'esame.**
장학금은 이 시험에 합격하는 자에게 갈 것이다.

Questo libro è per chi **vuole migliorare l'italiano.**
이 책은 이탈리아어를 향상시키고 싶은 사람들을 위한 것이다.

Non parlo volentieri con chi **non conosco.**
나는 모르는 사람과는 말을 즐겨 하지 않는다.

(2) quanto: ~하는 것, ~한 것(what, the thing which)

ⓐ **quanto: quanto**는 선행사가 포함되어 있는 복합 관계 대명사이기 때문에 선행사를 따로 필요로 하지 않는다. '~하는 것'이라는 중성적인 의미로 사물에만 사용되며, 주로 문어체 형식에서 쓰인다. 선행사를 필요로 하는 관계 대명사 **che**로 고칠 경우에 구어체에서 **quello che**가 많이 사용되고, **ciò che**는 조금 격식 있는 표현이다. quello che는 quello에서 lo가 탈락되어 **quel che** 형태로도 사용된다.

Non capisco bene	quello che ciò che quanto	hai detto. 네가 한 말을 잘 이해하지 못하겠다.
Non puoi fare solo		vuoi. 너는 네가 원하는 것만 할 수 없어.
Non dire a nessuno		ti ho detto! 내가 네게 한 말을 아무에게도 말하지 마.
La ringrazio di		ha fatto per me. 저를 위해 애써주신 점에 대해 감사드려요.

A/Da quanto **vedo, Lei è un esperto di computer.**
제가 보기에, 당신은 컴퓨터 전문가이시네요.   [=A/Da quel che vedo]

A/Da quanto **ho capito, lui è d'accordo con noi.**
내가 이해한 바로는, 그는 우리한테 동의해.   [=A/Da quello che ho capito]

A/Da quanto **ho sentito, la situazione è grave.** [=Da quel che ho sentito]
내가 들은 바에 의할 것 같으면, 상황이 심각하다.

Per quanto **ne so, Lucio è partito.**   [=Per quello che ne so]
그것에 대해서 내가 아는 한, 루치오는 떠났다.

ⓑ quanto는 '~하는 것, ~하는 모든 것'이라는 의미를 지닌다. [문어체]

quanto	=	ciò che	~하는 것
		quello che	(the thing that)
		tutto ciò che	~하는 모든 것
		tutto quello che	(all the thing that)

Quanto dice Marco è giusto. Sono d'accordo con lui.

마르코가 말하는 것이 옳다. 나는 그의 말에 동의한다.　　　　[=quello che, ciò che]

Non rimandare a domani quanto puoi fare oggi.

네가 오늘 할 수 있는 것을 내일로 미루지 마라.　　　　[=quello che, ciò che]

Questo è quanto mi ha raccontato Anna.

이것이 안나가 내게 이야기한 것이다.　　　　[=quello che, ciò che]

Non credo a quanto ha detto Francesco.

나는 프란체스코가 말한 것을 믿지 않는다.　　　　[=quello che, ciò che]

(3) quanti: ~하는 사람들(those who), ~하는 모든 사람들(all those who)

복수형 quanti는 사람에게만 사용되며, 여성을 나타내는 **quante**로도 쓸 수 있다.

quanti	=	(tutti) quelli che	
		(tutti) coloro che	~하는 (모든) 이들
		(tutte) le persone che	

Quanti lavorano devono pagare la tasse.　　　[=Tutti quelli che]

일을 하는 모든 사람들은 세금을 내야 한다.

Darò una ricompensa a quanti mi aiuteranno.　[=a tutti coloro che]

나를 도와줄 모든 사람들에게 보답할 것이다.

✎ 참고

1. quanto: 전부[=tutto]

   Per oggi questo è quanto.　오늘은 이것이 전부이다.

2. tutto quanto: 전부 다[=ogni cosa]

   Ho perso tutto quanto.　나는 전부 다 잃었다.

3. tutti quanti: 모두 다[=tutte le persone]

   Va bene, tutti quanti insieme.　좋아, 모두 다 함께.

4 관계 부사 Avverbi relativi

• **dove**: ~하는 곳에(영어의 in which = where과 같다.)

관계 부사 dove는 '전치사 + 관계 대명사' in cui를 대신하는 말로, 접속사와 부사 역할을 한다. 장소를 나타내는 선행사가 오면 dove를 사용하며, 쉼표를 붙이는 계속적 용법으로도 사용된다.

La camera dove dormiamo dà sulla strada.   [=in cui, nella quale]
우리가 자는 방은 길 쪽을 향해 있다.   (dormire in)

L'aula dove studiamo è molto grande.   [=in cui, nella quale]
우리가 공부하는 강의실은 매우 크다.   (studiare in)

Questo è un libretto dove c'è tutto.   [=in cui, nel quale]
이것은 모든 것이 다 나와 있는 팸플릿이다.   (c'è in)

Marco è andato a vivere a Roma, dove ha frequentato l'Università.
마르코는 로마로 가서 살았고, 그곳에서 대학을 다녔다.   (a Roma)

Stiamo cercando un posto dove manigare.   [=in cui mangiare]
우리는 먹을 수 있는 장소를 찾고 있는 중이다.   (mangiare in)

> ✏️ **참고**
>
> 1. 선행사가 장소인 경우 a + 장소라고 하더라도 관계 대명사는 **a cui**가 아니라 **in cui**가 된다.
>   **Mio figlio va a scuola. La scuola è privata.**
>   → **La scuola in cui va mio figlio è privata.** [=nella quale, dove]
>   나의 아들이 다니는 학교는 사립이다. [→ a cui, alla quale]
>
> 2. dove는 장소를 나타내는 선행사 없이 사용되기도 한다.
>   **Restate dove siete.** [=nel luogo in cui]
>   너희들이 있는 그곳에 그대로 있어.
>   **Non muovetevi da dove siete.** [=dal luogo in cui]
>   자기 자리에서부터 움직이지들 마시오.
>
> 3. 관계 부사 donde, onde: ~하는 곳으로부터 [문학적으로 사용된다.]
>   전치사 + 관계 대명사(da cui)를 관계 부사 donde, onde로 바꿀 수 있다.
>   **Ritorniamo al punto donde eravamo partiti.** [=da cui, dal quale]
>   우리가 출발했던 지점으로 다시 돌아가 보자.

6장

부사
L'avverbio

부사(副詞)란 '도와주는 말'이란 뜻으로 동사, 형용사, 다른 부사 등을 수식하는 것 이외에도 구와 문장 전체를 수식한다. 때로는 명사와 대명사까지 수식하는 경우도 있다. 부사는 문장이 성립하는 데 필수적인 것은 아니지만, 문장의 의미를 더욱 풍성하고 명확하게 해주는 역할을 한다. 부사의 주된 기능은 동사를 수식하는 것으로 어떤 행위가 언제, 어디서, 어떻게, 왜, 어떤 목적으로 발생해서 그 결과가 어떻게 되었는지 논리적으로 정보를 제공하기 때문에 부사는 시간, 장소, 이유, 목적, 결과, 조건, 양보, 수단 등을 나타낸다. 이탈리아어에서 부사는 형태가 변화하지 않는다.

• 부사의 역할

동사 수식	Paolo cammina molto.	파올로는 많이 걷는다.
형용사 수식	Lei è molto stanca.	그녀는 무척 피곤하다.
다른 부사 수식	Torno a casa molto tardi.	나는 아주 늦게 집에 돌아온다.
명사 수식	Invitiamo anche i professori.	우리는 교수들까지 초대한다.
대명사 수식	Solo tu e Nico siete italiani?	너와 니코만 이탈리아인이니?
구를 수식	Lui lavora certamente in banca.	그는 분명히 은행에서 일한다.
문장 전체 수식	Sicuramente, ci vado domani.	틀림없이 나는 내일 그곳에 간다.

• 부사의 일반적 위치

부사는 일반적으로 수식하고자 하는 말 가까이에 위치한다. 동사를 수식할 경우 부사는 동사 뒤에 위치하고 형용사, 부사, 명사, 구와 절을 수식할 경우 부사는 수식하는 말 앞에 위치한다.

동사 뒤에 위치	Lei parla bene l'italiano!
	당신은 이탈리아어를 잘하시는군요!
형용사 앞에 위치	Carlo è molto ricco.
	카를로는 무척 부자이다.
부사 앞에 위치	Tu guidi troppo prudentemente.
	너는 너무 신중하게 운전을 한다.

• 복합 시제에서 부사의 위치

sempre, mai, ancora, più, già, appena, anche 등과 같은 빈도 부사들은 일반적으로 단순 시제에서 동사 바로 뒤에 위치한다. 복합 시제에 있어서는 보조사(avere, essere)와 과거 분사(p.p) 사이나 과거 분사 뒤에 위치할 수 있지만 주로 보조사와 과거 분사 사이에 위치한다.

essere avere	빈도 부사	과거 분사(p.p)

Tu sei sempre stato gentile con me.	너는 항상 내게 친절했다.
Non sono mai stato in Italia.	나는 이탈리아에 결코 가본 적이 없다.
Io non ho ancora mangiato.	나는 아직 먹지 않았다.
Io non ho più visto Simona.	나는 더 이상 시모나를 보지 못했다.
Marta è già arrivata a Roma.	마르타는 이미 로마에 도착했다.
Sandro è appena arrivato a Roma.	산드로는 로마에 막/방금 도착했다.
Enrico ha anche preso un caffè.	엔리코는 커피를 마시기까지 했다.

- 부사의 위치 유동성

이탈리아어에서 대개의 경우 부사의 위치는 자유롭다. 강조하고자 하는 것에 따라서 부사를 마음대로 둘 수 있어 부사의 위치는 유동적이다.

Ieri Carlo è partito per la Francia.	어제 카를로가 프랑스로 떠났다.
Carlo ieri è partito per la Francia.	카를로가 어제 프랑스로 떠났다.
Carlo è, ieri, partito per la Francia.	카를로가 어제 프랑스로 떠났다.
Carlo è partito ieri per la Francia.	카를로가 프랑스로 어제 떠났다.
Carlo è partito per la Francia ieri.	카를로가 프랑스로 떠났다, 어제.

Improvvisamente, scoppiò un temporale.	[문두에 위치]	갑자기 폭풍우가 몰아쳤다.
Scoppiò improvvisamente un temporale.	[문장 가운데 위치]	폭풍우가 갑자기 몰아쳤다.
Scoppiò un temporale, improvvisamente.	[문미에 위치]	폭풍우가 몰아쳤다, 갑자기.

- 부사의 종류

형태에 따른 분류

단순 형태(semplici)	부사의 성질을 지닌 한 단어	
mai 결코	forse 아마도	bene 잘

복합 형태(composti)	두 단어 이상이 합쳐져 한 단어가 된 것	
almeno	[al + meno]	적어도
dappertutto	[da + per + tutto]	곳곳에
infatti	[in + fatti]	사실상
perfino	[per + fino]	심지어
soprattutto	[sopra + tutto]	특히

유래 형태(derivati)	다른 품사에 접미사를 붙여서 부사를 만든 형태

• 형용사 여성 형태에 접미사 -mente를 붙인 것

vero	→ veramente	정말로
speciale	→ specialmente	특히

• 접미사 -oni를 붙인 것

penzolare	→ penzoloni	매달려서
saltellare	→ saltelloni	깡충깡충 뛰어서

• 형용사 형태가 그대로 부사로 사용된 것

forte 세게	forte 틀림없이	chiaro 분명하게

• 부사 관용구도 종종 부사로 바뀔 수 있다.

all'improvviso	→ improvvisamente	갑자기
in genere	→ generalmente	일반적으로
con attenzione	→ attentamente	주의해서
di sicuro	→ sicuramente	확실하게
di recente	→ recentemente	최근에

• 부사 관용구

in orario	정시에
in ritardo	늦게
da oggi in poi	오늘부터/이후

• 의미에 따른 분류

해석되는 의미에 따라서 다음과 같이 분류할 수 있다.

방법 부사	'어떻게, 어떤 방법으로' 질문의 답에 해당하는 부사
	bene 잘 male 나쁘게 onestamente 정직하게
장소 부사	'어디에서' 질문의 답에 해당하는 부사
	qui 여기에 là 저기에 lassù 저 위에
시간 부사	일어나는 행위와 사실의 시간 개념을 확실하게 해주는 부사
	ora 지금 ieri 어제 sempre 항상 mai 결코
정도 부사	부정확한 방식으로 양을 나타내는 부사
	poco 적게 molto 많이 troppo 너무 많이
판단 부사	긍정, 부정, 의심을 나타내는 부사
	sì 예 davvero 정말로 no 아뇨 neppure ~조차도
의문 부사	질문을 유도하는 부사로 의문 부호(?)와 함께 사용된다.
	quando 언제 perché 왜 come 어떻게 quanto 얼마나
감탄 부사	감탄을 유도하는 부사로 감탄 부호(!)와 함께 사용된다.
	quando 언제 perché 왜 come 어떻게 quanto 얼마나

1 유래 형태의 부사를 만드는 방법

1 형용사에 부사 접미사 -mente를 붙이는 경우

(1) -o로 끝나는 1종 형용사인 경우

-o를 여성 형태 -a로 바꾸고 부사 접미사 -mente를 붙인다.

lento	→	lentamente	sicuro	→	sicuramente
느린		느리게	확실한		확실하게
certo	→	certamente	assoluto	→	assolutamente
분명한		분명하게	절대적인		절대적으로
vero	→	veramente	perfetto	→	perfettamente
진짜의		정말로	완벽한		완벽하게
comodo	→	comodamente	esatto	→	esattamente
편안한		편안하게	정확한		정확하게

> ⚡ 예외
>
> 1종 형용사(-o)들 가운데 불규칙적으로 바뀌는 부사들도 있다.
>
> | | | | | |
> |---|---|---|---|---|
> | violento | 난폭한 | → | violentemente | 난폭하게 |
> | benevolo | 호의적인 | → | benevolmente | 호의적으로 |
> | leggero | 가벼운 | → | leggermente | 가볍게 |

(2) -e로 끝나는 2종 형용사인 경우

ⓐ -e를 그대로 두고 부사 접미사 -mente만 붙인다.

semplice	→	semplicemente	felice	→	felicemente
단순한		단순히(simply)	행복한		행복하게
dolce	→	dolcemente	veloce	→	velocemente
부드러운		부드럽게	신속한		신속하게
breve	→	brevemente	grave	→	gravemente
간단한		간단히(briefly)	심각한		심각하게
elegante	→	elegantemente	comune	→	comunemente
우아한		우아하게	흔한		흔히, 일반적으로

ⓑ 모음 + re, 모음 + le인 경우에 발음상 e를 떼고 -mente를 붙인다.

finale	마지막의	→	finalmente	마침내
difficile	어려운	→	difficilmente	어렵게
probabile	있음직한	→	probabilmente	아마도
speciale	특별한	→	specialmente	특히
generale	일반적인	→	generalmente	일반적으로
normale	보통의	→	normalmente	통상적으로, 보통
particolare	특별한	→	particolarmente	특히
regolare	규칙적인	→	regolarmente	규칙적으로
militare	군사적인	→	militarmente	군사적으로

> ☹ 주의
>
> 자음 + re, 자음 + le인 경우에 e는 그대로 둔다.
>
> | | | | | |
> |---|---|---|---|---|
> | acre | 가혹한 | → | acremente | 가혹하게 |
> | folle | 어리석은 | → | follemente | 어리석게 |

(3) -oni로 끝나는 부사

-oni 형태의 부사들은 비교급과 최상급으로 만들 수 없다.

cavalcare	말 타다	→	cavalcioni	걸터앉아서
tastare	손으로 더듬다	→	tastoni	손으로 더듬어
ruzzolare	굴러가다	→	ruzzoloni	데굴데굴 굴러서
ciondolare	매달리다	→	ciondoloni	달랑달랑, 달랑거리며
penzolare	늘어뜨리다	→	penzoloni	치렁치렁, 늘어뜨려서
pendolare	흔들리다	→	pendoloni	대롱대롱 매달려서
saltellare	깡충깡충 뛰다	→	saltelloni	깡충깡충 뛰어서
balzellare	가볍게 뛰다	→	balzelloni	사뿐사뿐 뛰어서
tentennare	흔들리다	→	tentennoni	비틀비틀하며

> ☹ 주의
>
> -oni로 끝나는 몇몇 부사들은 전치사 -a와 함께 쓰이는 경우가 많다.
>
> stare a cavalcioni su una sedia 의자에 걸터앉다
> andare a saltelloni   깡충깡충 뛰어가다
> andare a tastoni nel buio   어둠 속을 더듬어서 가다

2 부사와 형용사가 동일한 형태(형용사 동형 부사)

일부 품질 형용사 남성 단수 형태가 그대로 부사로 사용되는 경우를 말한다. 이러한 형태를 형용사 동형 부사라고 하며, 간결성과 명확성 때문에 저널리즘이나 광고 언어에 자주 사용된다.

parlare chiaro	분명하게 말하다	giocare sporco	더럽게 놀다
guardare storto	흘겨보다	rispondere giusto	맞게 대답하다
andare piano	천천히 가다	parlare forte	크게 말하다
costare caro	비싸게 나가다	correre veloce	빨리 달리다
guardare fisso	뚫어지게 바라보다	lavorare sodo	열심히 일하다
ridere amaro	씁쓸하게 웃다	mangiare sano	건강하게 먹다
Parlate chiaro!	너희들 분명히 말해!	Mangiamo sano!	건강하게 먹자!
Andate piano!	너희들 천천히 가!	Parlate forte!	너희들 크게 말해!
Costano caro.	그것들은 값이 비싸다.	Corrono veloce.	그들은 빨리 달린다.
Lavorano sodo.	그들은 열심히 일한다.	Ho risposto giusto?	내가 맞게 답했어?

2 부사의 의미상에 따른 분류

1 방법의 부사 Gli avverbi di modo

'어떻게', '어떤 식으로'와 같은 질문의 답에 해당하는 부사들이다. 행위가 전개되는 방식을 가리키는 부사 및 부사 관용구를 일컫는다.

(1) 주로 접미사 -mente를 붙여서 이루어지는 부사

liberamente	자유롭게	velocemente	빠르게
regolarmente	규칙적으로	lentamente	느리게
facilmente	쉽게	gentilmente	친절하게

(2) 접미사 -oni를 붙여서 이루어지는 부사

penzoloni	늘어뜨려서	saltelloni	깡충깡충 뛰어서
cavalcioni	걸터앉아서	ginocchioni	무릎 꿇고서
balzelloni	폴짝폴짝 뛰어서	tastoni	더듬으며
gattoni	네 발로	bocconi	엎드려서

(3) 형용사 형태를 그대로 사용하는 부사

piano	천천히	forte	세게	caro	비싸게
giusto	올바르게	chiaro	명확하게	storto	비뚤어지게

(4) 라틴어에서 비롯된 부사

bene	잘	male	나쁘게	invano	헛되이
così	그렇게	volentieri	기꺼이	insieme	함께

(5) 부사 관용구

ⓐ 부사구 in modo + 형용사는 부사 형태로 바꿀 수 있다.

in modo diverso	규칙적인 방법으로	→	diversamente	규칙적으로
in modo chiaro	명확한 방법으로	→	chiaramente	명확하게
in modo elegante	우아한 방법으로	→	elegantemente	우아하게
in modo facile	쉬운 방법으로	→	facilmente	쉽게

ⓑ 부사구 con + 명사는 부사 형태로 바꿀 수 있다.

con attenzione	주의해서	→	attentamente	(attento)
con dolcezza	부드럽게	→	dolcemente	(dolce)
con violenza	폭력적으로	→	violentemente	(violento)
con gentilezza	친절하게	→	gentilmente	(gentile)

ⓒ 부사구 in + 명사는 부사 형태로 바꿀 수 있다.

in anticipo	미리	→	anticipatamente	(anticipato)
in genere	일반적으로	→	generalmente	(generale)
in particolare	특히	→	particolarmente	(particolare)
in breve	간략하게	→	brevemente	(breve)

ⓓ 부사 관용구

a fatica	힘들게	a casaccio	순서 없이, 두서없이
di frequente	빈번히	di corsa	뛰어서
per caso	우연히	piano piano	아주 천천히

2 장소 부사 Gli avverbi di luogo

(1) 장소 부사 및 부사 관용구들

qui 여기에	↔ lì 저기에	qua 이쪽에	↔ là 저쪽에	di qui 이리로	↔ di lì 저리로
di qua 이쪽으로	↔ di là 저쪽으로	quassù 이 위에	↔ laggiù 저 아래에	su 위로	↔ giù 아래로
in alto 상단에	↔ in basso 하단에	sopra 위에	↔ sotto 아래에	di sopra 위에	↔ di sotto 아래에
avanti 앞으로	↔ indietro 뒤로	davanti 앞에	↔ dietro 뒤에	dentro 안에	↔ fuori 밖에
lontano 멀리	↔ vicino 가까이	a sinistra 왼쪽에	↔ a destra 오른쪽에	qui vicino 이 근처에	↔ lì vicino 그 근처에

qui sotto 여기 아래에	↔ qui sopra 여기 위에	lì/là sotto 저기 아래에	↔ lì/là sopra 저기 위에
qui davanti 여기 앞에	↔ qui diettro 여기 뒤에	lì davanti 거기 앞에	↔ lì dietro 거기 뒤에
da davanti 앞에서	↔ da dietro 뒤에서	da lontano 멀리서	↔ da vicino 가까이에서
da qui 여기서부터	↔ da lì 거기서부터	qui dentro 여기 안에	↔ lì dentro 거기 안에
qui intorno 이 주위에	↔ lì intorno 거기 주위에	qui accanto 이 옆에	↔ lì accanto 거기 옆에

in qualche posto 어떤 곳에서	in nessun posto 아무 곳에도
da qualche parte 어딘가에	da nessuna parte 아무데도
da queste parti 이쪽 편에	da quelle parti 그쪽 편에
al centro 중앙에	in cima 정상에
nei dintorni 주위에, 부근에	in lontananza 멀리서, 먼 곳에
dappertutto / ovunque 곳곳에, 사방에	altrove 다른 곳에

(2) 장소 부사 및 부사 관용구의 쓰임

Perché sei qui in Italia?	왜 여기 이탈리아에 있는 거야?
Non ti muovere. Stai lì!	움직이지 마, 거기 있어!
Marco, vieni qua!	마르코, 이리 와!
Andiamo di là!	우리 저리로 가자!
Passa di qui l'autobus?	버스가 이리로 지나갑니까?
Ci sono posti davanti?	앞에 자리가 있습니까?
Sto davanti, tu stai dietro!	나는 앞에 있을 테니, 너는 뒤에 있어.
Adesso lui non c'è. È fuori.	지금 그는 없다. 외출 중이다.
Ci sediamo dentro o fuori?	우리 안에 앉을까, 밖에 앉을까?
Andiamo dentro!	우리 안으로 들어가자!
Qua dentro fa molto caldo.	이 안에 너무 덥다.
Usciamo fuori!	우리 밖으로 나가자!
Guarda laggiù!	저 아래쪽을 봐라!
La macchina è qui sotto.	자동차는 이 아래에 있다.
Abiti lontano?	멀리 사니?
Abito qui vicino.	나는 이 근처에 산다.
Noi abitiamo qui accanto.	우리는 이 옆에 산다.
Ti ho cercato dappertutto.	너를 온 사방 찾았다.
Ti seguirò ovunque.	너를 어디든지 따라갈 거야.
Ho la testa altrove.	내 정신이 딴 데 가 있다.
Voglio vederlo da vicino.	나는 그것을 가까이에서 보고 싶다.
Vengo da lontano.	나는 멀리서 온다.
Da davanti si vede meglio.	앞에서 더 잘 보인다.
Da dietro non si vede niente.	뒤에서 아무것도 안 보인다.
In lontananza si vede una nave.	멀리에 배 한 척이 보인다.
Devi girare a destra.	너는 우회전해야 한다.
Come va da quelle parti?	그곳 상황은 어때?
Va tutto bene da queste parti.	이곳은 다 잘되고 있다.
Ci siamo già visti da qualche parte?	우리 어딘가에서 이미 봤죠?
Non vado da nessuna parte.	나는 아무데도 안 간다.
Non sono andato in nessun posto.	나는 아무 곳에도 가지 않았다.
Andremo in qualche posto.	우리는 어딘가에 갈 것이다.
Faremo un giro nei dintorni.	우리는 주변을 둘러볼 것이다.

(3) 장소 부사 via의 쓰임

주로 동작을 표현하는 동사와 함께 '멀어짐'이나 '떨어짐'을 나타낸다. [=away]

Lei è andata via.	그녀는 가버렸다.
Lui è scappato via.	그는 달아나 버렸다.
Non buttare via questo!	이것을 내다 버리지 마!
Ho cacciato via Maurizio.	나는 마우리치오를 쫓아내 버렸다.
Hanno mandato via Luisa.	그들은 루이자를 보내버렸다.
Posso portare via questo piatto?	이 접시/요리를 가져가도 될까요?
L'uccello è volato via.	새가 날아가 버렸다.
Starò via tre giormi.	나는 3일 동안 나가 있을 것이다.
Corri via con me!	나와 함께 달려가자!
Vieni via con me!	나랑 같이 가버리자!
Il ladro è fuggito via.	도둑이 도망가 버렸다.
Spazza via i brutti pensieri!	나쁜 생각들을 떨쳐버려!

(4) 장소 부사 qui, qua, lì, là의 쓰임

ⓐ qui, qua(여기에)는 화자에게 가까운 장소를 가리킨다.

Ragazzi, venite qui / qua!	얘들아, 이리 와!
Eccomi qui / qua!	나 여기 왔어!

ⓑ lì, là(저기에)는 화자나 청자에게 멀리 떨어진 장소를 가리킨다.

C'è un bar lì / là vicino?	그 근처에 카페(바) 있어요?
Eccolo lì / là !	그가/그것이 저기에 있어!

ⓒ qui와 lì는 문법적으로 정확한 지점을 가리키고, qua와 là는 넓은 곳을 가리킨다. 그러나 오늘날에는 그 구분을 명확하게 하지 않고, 혼용해서 사용하는 경우가 많다.

qui 이 지점에 ↔	lì 저 지점에
Quanto costa questo qui?	여기 이것 얼마죠?
Chi è quella ragazza lì?	저기 저 소녀가 누구죠?

qua 이쪽에 ↔	là 저쪽에
Ragazzi, venite qua!	얘들아, 이쪽으로 와!
Chi sono quelli là?	저기 저 사람들 누구죠?

3 시간 부사 Gli avvebi di tempo

(1) 시간 부사 및 부사 관용구들

fino a tardi	finora / fino adesso	fino ad oggi
늦게까지	지금까지	오늘까지
per il momento	per ora	per adesso
지금으로선	지금으로선	지금으로선
adesso / ora	ormai	allora
지금	지금/이제는	그 당시
sempre	sempre più	per sempre
항상	더욱더	영원히
come sempre	da sempre	quasi sempre
언제나 마찬가지로	처음부터 늘	거의 언제나
per ore e ore	a lungo	per molto tempo
몇 시간 동안	오랫동안/길게	오랫동안/장시간
ogni tanto	ogni dieci minuti	ogni due giorni
가끔	10분마다	이틀마다
all'inizio	all'inizio del mese	alla metà del mese
초에	월초에(a inizio mese)	월 중순에(a metà mese)
alla fine	alla fine del mese	alla fine dell'anno
끝에, 마지막으로	월말에(a fine mese)	연말에(a fine anno)
verso la fine dell'anno	vesro la fine dell'estate	verso sera
연말경에(verso fine anno)	여름이 끝날 무렵에	저녁 무렵에
verso le due	verso mezzogiorno	verso mezzanotte
2시경에	정오쯤	자정 무렵에
alle due	a mezzogiorno	a mezzanotte
2시에	정오에	자정에
prima ↔ dopo	poi	già ↔ ancora
먼저 후에	다음에	아직 아직
mai	presto	tardi
결코	빨리	늦게
più presto	più tardi	tuttora
더 빨리	나중에/이따가	지금도, 아직도

spesso	più spesso	molto spesso
자주	더 자주	아주 자주
per tempo	in tempo	a tempo
미리/일찍	제때	제시간에 맞게
in orario	in ritardo	in anticipo
정시에	늦게	미리
in passato	in futuro	col tempo
과거에	미래에	시간이 흐름에 따라
da adesso in poi	da oggi in poi	da ora in poi
지금 이후로	오늘 이후로	지금 이후로 [=d'ora in poi]
da allora in poi	al mattino / di mattina	all'alba
그 이후로	아침에	새벽에, 여명에
di buon mattino	di prima mattina	di mattina presto
이른 아침에	이른 아침에	아침 일찍
a qualsiasi ora	prima o poi	dalla mattina alla sera
어느 시간이든지	조만간	아침부터 저녁까지
appena	nel momento giusto	nel momento sbagliato
방금	적당한 때에	잘못된 순간에
alla solita ora	all'ora fissata	come al solito
같은 시간에	정해진 시간에	평소와 마찬가지로
di solito	prima del solito	nel tempo libero
주로	평소보다 빨리	한가한 시간에
nello stesso tempo	intanto	nel frattempo
동시에	동시에/그러는 사이	그러는 동안에
in breve tempo	in così poco tempo	negli ultimi tempi
단기간에	그렇게 빠른 시간 안에	최근에
al presente	con il passare del tempo	con i tempi che corrono
현재에	시간이 지남에 따라	오늘날, 현시대에
sul far del giorno	al tramonto	sul sorgere del sole
날이 밝을 무렵	석양에	해 뜰 무렵
sul far della sera	sul sorgere della luna	al cadere del sole
저녁이 될 무렵	달이 뜰 무렵	해가 질 때

시간 부사 표현

과거 ←		현재		→ 미래
그제	어제	오늘	내일	모레
l'altro ieri	ieri	oggi	domani	dopodomani
2주 전	지난주	이번 주	다음 주	2주 후
due settimane fa	la settimana scorsa	questa settimana	la settimana prossima	fra due settimane
2달 전	지난달	이번 달	다음 달	2달 후
due mesi fa	il mese scorso	questo mese	il mese prossimo	fra due mesi
재작년	작년	올해	내년	2년 뒤
due anni fa	l'anno scorso	quest'anno	l'anno prossimo	fra due anni

(2) 시간 부사와 부사 관용구의 쓰임

ⓐ 지시 형용사를 사용하여 시간적으로 가까운 것과 먼 것을 나타낸다.

questa mattina	오늘 아침	quella mattina	그날 아침
questo pomeriggio	오늘 오후	quel pomeriggio	그날 오후
questa sera	오늘 저녁	quella sera	그날 저녁
questa notte	오늘 밤	quella notte	그날 밤
questa settimana	이번 주	quella settimana	그 주
questo mese	이번 달	quel mese	그달
quest'anno	올해	quell'anno	그해
quest'estate	이번 여름	quell'estate	그해 여름
quest'inverno	이번 겨울	quell'inverno	그해 겨울
a quest'ora	이 시간에	a quell'ora	그 시간에
a questo punto	이 시점에	a quel punto	그 시점에
in questo momento	이 순간에	in quel momento	그 순간에
in questi giorni	요즘	in quei giorni	그 당시
in questo periodo	이 기간에	in quel periodo	그 기간에

다음은 다른 형태로 바꿀 수 있다.

questa mattina	→	stamattina	오늘 아침
questa sera	→	stasera	오늘 저녁
questo pomeriggio	→	oggi pomeriggio	오늘 오후
questa notte	→	stanotte	오늘 밤

ⓑ 형용사 **prossimo/a**(가까운), **scorso / passato**(지나간)을 사용하여 다가올 미래의 시간과 지나간 과거의 시간을 나타낸다. **prossimo**와 **scorso**가 명사 앞에 위치할 수도 있다.

la scorsa settimana	지난주에	la prossima settimana	다음 주에
la settimana scorsa	지난주에	la settimana prossima	다음 주에
lo scorso mese	지난달에	il prossimo mese	다음 달에
il mese scorso	지난달에	il mese prossimo	다음 달에
l'anno scorso	작년에	l'anno prossimo	내년에
l'estate scorsa	지난여름에	l'estate prossima	다음 여름에
l'inverno scorso	지난겨울에	l'inverno prossimo	다음 겨울에
la scorsa volta	지난번에	la prossima volta	다음 번에
lunedì scorso	지난 월요일에	lunedì prossimo	다음 월요일에
domenica scorsa	지난 일요일에	domenica prossima	다음 일요일에

ⓒ 현재를 기준으로 과거를 나타낼 때 **fa**(지금으로부터 ~ 전에), 현재를 기준으로 미래를 나타낼 때 **fra**(지금으로부터 ~ 후에)를 사용한다. **fa**, **fra**는 과거 시제에서 사용하지 못한다.

시간 + **fa**		**fra** + 시간	
due giorni fa	이틀 전에	fra due giorni	이틀 후에
tre giorni fa	3일 전에	fra tre giorni	3일 후에
un mese fa	1달 전에	fra un mese	1달 후에
due mesi fa	2달 전에	fra due mesi	2달 후에
tre mesi fa	3달 전에	fra tre mesi	3달 후에
due anni fa	2년 전에	fra due anni	2년 후에
tre anni fa	3년 전에	fra tre anni	3년 후에
tre settimane fa	3주 전에	fra tre settimane	3주 후에

부정 형용사를 사용하여 시간을 나타낼 수도 있다.

poco fa	조금 전에	fra poco	잠시 후에
pochi giorni fa	일전에	fra pochi giorni	며칠 안 있으면
alcuni giorni fa	며칠 전에	fra alcuni giorni	며칠 후에
qualche giorno fa	며칠 전에	fra qualche giorno	며칠 후에
molto tempo fa	오랜 시간 전에	fra molto tempo	오랜 시간 후에
molti giorni fa	여러 날 전에	fra molti giorni	여러 날 후에
pochi mesi fa	요 몇 달 전에	fra pochi mesi	몇 달 안 지나서
alcuni mesi fa	몇 달 전에	fra alcuni mesi	몇 달 후에
qualche mese fa	몇 달 전에	fra qualche mese	몇 달 후에
molti mesi fa	여러 달 전에	fra molti mesi	여러 달 후에
pochi anni fa	최근 몇 년 전에	fra pochi anni	몇 년 안 있으면
alcuni anni fa	몇 년 전에	fra alcuni anni	몇 년 후에
qualche anno fa	몇 년 전에	fra qualche anno	몇 년 후에
molti anni fa	여러 해 전에	fra molti anni	여러 해 후에

ⓓ 정관사를 사용하여 마다[=ogni]의 시간 의미를 나타낸다. [☞ 176쪽 ogni 참조]

la mattina	ogni mattina	tutte le mattine	아침마다
il pomeriggio	ogni pomeriggio	tutti i pomeriggi	오후마다
la sera	ogni sera	tutte le sere	저녁마다
la notte	ogni notte	tutte le notti	밤마다
il lunedì	ogni lunedì	tutti i lunedì	월요일마다
il martedì	ogni martedì	tutti i martedì	화요일마다
il mercoledì	ogni mercoledì	tutti i mercoledì	수요일마다
il giovedì	ogni giovedì	tutti i giovedì	목요일마다
il venerdì	ogni venerdì	tutti i venerdì	금요일마다
il sabato	ogni sabato	tutti i sabati	토요일마다
la domenica	ogni domenica	tutte le domeniche	일요일마다

ⓔ 서수 + **volta**는 순서 '~째'를 나타내며 기수 + **volta**는 횟수 '~번'을 나타낸다.

la prima volta	첫 번째	una volta	한 번, 한때
la seconda volta	두 번째	due volte	두 번
la terza volta	세 번째	tre volte	세 번
l'ultima volta	마지막 번째	più di una volta	한 번 이상
per la prima volta	처음으로	solo una volta	한 번만
per la seconda volta	두 번째로	una volta per sempre	딱 한 번만
per la terza volta	세 번째로	cento / mille volte	백 번, 천 번
per l'ultima volta	마지막으로	parecchie volte	상당히 여러 차례
questa volta	이번에	molte volte	수차례
la prossima volta	다음 번에	un'altra volta	또 다시 한번
l'altra volta	지난번에	ancora una volta	한 번 더

✎ 참고

alle volte, delle volte, certe volte	어떤 때는, 어떤 경우에는
a volte, qualche volta, alcune volte	가끔씩, 이따금, 때때로

ⓕ 시간의 전치사 **di**, **in**, **a**를 사용하여 시간 부사구를 나타낸다.

di mattina [al mattino, alla mattina 북부 지방]	아침에
di pomeriggio, nel pomeriggio	오후에
di sera [alla sera 북부 지방]	저녁에
di sabato [al sabato 북부 지방]	토요일에

di giorno	낮에	di notte	밤에
a notte tarda	늦은 밤에	a notte inoltrata	깊은 밤에
in piena notte	한밤중에	in pieno giorno	한낮에

ⓖ 부정 형용사 단수 **tutto**와 **tutta**를 사용하여 '종일, 내내'를 나타낸다.

tutto il giorno	하루 종일	tutta la mattina	아침 내내
tutto il pomeriggio	오후 내내	tutta la sera	저녁 내내
tutto il mese	한 달 내내	tutta la notte	밤새도록
tutto l'anno	일 년 내내	tutta la settimana	일주일 내내
tutto l'inverno	겨울 내내	tutta l'estate	여름 내내

ⓗ **Da quanto tempo?** '~한 지가 얼마나 되었습니까?'라는 기간을 묻는 표현은 전치사 **da**를 사용한다. 과거의 어느 시점에서부터 시작해서 현재까지 계속되는 행위나 상태를 나타낸다. 주로 현재 동사 + **da** + 시간 형식을 취하고 있다.

Da quanto tempo studi l'italiano?
이탈리아어 공부한 지 얼마나 돼?

-Lo studio da sei mesi.
그것을 6개월째 공부하고 있어.

Da quanto tempo vi conoscete?
너희들 서로 안 지가 얼마나 돼?

-Ci conosciamo da molto tempo.
우리는 오래전부터 알고 있어.

Da quanto tempo fai yoga?
요가 한 지 얼마나 되니?

-Faccio yoga da poco tempo.
요가 한 지 얼마 안 됐어.

Da quanto tempo lavora qui?
여기서 일하신 지 얼마나 되세요?

-Lavoro qui da dieci anni.
십 년째 여기서 일하고 있어요.

Da quanto tempo sta a Roma?
로마에 계신 지 얼마나 되세요?

-Ci sto da qualche giorno.
며칠 전부터 이곳에 있어요.

ⓘ **Per quanto tempo?** '얼마 동안 ~합니까?, 얼마 동안 ~했습니까?'라는 기간을 묻는 표현은 전치사 **per**를 사용하며, **per**는 생략 가능하다. 현재 동사+기간은 지금부터 시작해서 얼마 동안 지속되는가를 묻고, 근과거 + 기간은 시작해서 끝난 행위가 얼마 동안이었는지를 묻는다. 대답도 '지금부터 시작해서 얼마 동안 ~한다', '얼마 동안 ~했다'이다.

(Per) quanto tempo studi l'italiano?
이탈리아어를 얼마 동안 공부하니?

-Studio per sei mesi.
(지금부터) 6개월 동안 공부해.

(Per) quanto tempo hai studiato l'italiano?
이탈리아어를 얼마 동안 공부했니?

-Ho studiato per 6 mesi.
6개월 공부했어. (공부가 끝남)

ⓙ **Da quando?** '언제 이후로(지금까지 계속) 하고 있습니까?'라는 기간을 묻는 표현은 전치사 **da**를 사용한다. 대답도 '~ 전부터 시작해서 현재나 미래에 계속되고 있음'을 나타낸다.

Da quando studi l'italiano?
언제부터 이탈리아어를 공부하고 있어?

-Dal primo settembre.
9월 1일부터 공부하고 있어.

Da quando hai la febbre?
언제부터 열이 나니?

-Ho la febbre da ieri.
어제부터 열이 나.

Da quando sei qui?
언제부터 여기 있는 거야?

-Sono qui da poco.
여기 있은 지 얼마 안 되었어.

Da quando cambia tutto?
언제부터 모든 것이 바뀌나요?

-Cambia tutto da domani.
내일부터 모든 것이 바뀌어요. [=a partire da domani]

(3) 시간 부사 mai의 쓰임

ⓐ 현재, 과거, 미래에서 '한번도, 절대로, 어떤 경우에라도, 결코'라는 부정적인 의미로 동사 뒤에 위치하면 부정사 **non**이 동사 앞에 온다. 영어의 **never**, **ever**에 해당한다.

Non faccio mai colazione.	나는 아침 식사를 절대 안 한다.
Non sono mai stato in Sicilia.	나는 시칠리아에는 한 번도 안 가봤다.
Non lo farò mai.	나는 절대로 그것을 안 할 것이다.

> ✎ **참고**
>
> 1. 동사 앞에 non이 오면 강조의 의미를 지니며, 부정사 non 없이 사용된다.
>   Mai sono uscito di casa la sera. 나는 저녁에 집 밖에 나가본 적이 없다.
>
> 2. 구어체에서 부정의 강조적 의미로 mai + 과거 분사 형태로 많이 사용된다.
>   Mai mangiato? [=Non hai mai mangiato?] 먹어본 적이 없다고?
>
> 3. 생략문에서 부정 non 없이 부정의 의미로 사용된다.
>   Tu l'hai fatto qualche volta, io mai. 너는 몇 번 했지만, 난 절대 아니다.
>
> 4. 구어체에서 부정 non 없이 mai che + 동사 형태의 감탄절로 사용된다.
>   Mai che arrivi puntuale! 시간 지켜서 도착하는 법이 없다니까!

ⓑ 의문문에서 '혹시 ~하는/한 적이 있는가?'의 의미로 경험을 나타낸다.

Dormi mai fuori casa?	너는 외박할 때가 있니?
Ti addormenti mai mentre studi?	공부하다가 잠들 때가 있니?
Sei mai stato in Cina?	중국에 가본 적이 있니?
Hai mai mangiato "Kimci"?	김치 먹어본 적 있어?

ⓒ 조건문에서 **se mai** + 접속법, 혹은 **caso mai** + 접속법은 '만약 ~할 경우에'라는 의미이다. 오늘날엔 한 단어로 **semmai, casomai** 형태로 많이 쓰인다.

Semmai cambiassi idea, avvisami!	만일 네 생각이 바뀌면, 내게 알려줘.
Casomai ti servisse aiuto, chiamami!	만일 도움이 필요하면, 내게 전화해.

ⓓ **mai più**: mai의 강조 형태로 '더 이상 ~ 않다'의 의미이다.

Non ti vedrò mai più.	더 이상 절대 너를 보지 않을 거야
Non succederà mai più.	더 이상 그런 일은 없을 거예요.
Mai più così lontano!	다시는 헤어지지 말자[노래 제목]

ⓔ 간접 의문문이나 직접 의문문에 의문사(chi, che, quale, perché, dove, come, quando, quanto) + mai와 함께 쓰여 의문사를 강조한다. [영어의 on earth]

Chi mai è stato?

도대체 누구였을까?

Perché mai sarà andata via?

도대체 왜 그녀가 가버렸을까?

Dove mai ti sei nascosto?

도대체 너는 어디에 숨은 거야?

Come mai sei qui a quest'ora?

이 시간에 네가 여기 도대체 어쩐 일이야?

Quando mai ho detto questo?

도대체 내가 언제 이 말을 했니?

Che cosa mai è migliorato?

도대체 무엇이 더 좋아졌나요?

ⓕ più che mai, più ~ che mai: 비교급 문장에서 '이전보다 훨씬 더'의 의미로서 영어의 'more than ever'에 해당한다.

Ti voglio bene più che mai.

그 어느 때보다 더 너를 사랑해.

Io sono più felice che mai.

그 어느 때보다 행복하다. 나는 더없이 행복하다.

Sono stati più gentili che mai.

그들은 더없이 친절했다.

ⓖ 단독으로 쓰여서 no보다 단호한 부정의 대답(전체 문장을 대신한다.)

Ti arrendi?   -Mai!

항복할 거야?   결코!

Accetta!   -Mai!

승낙해!   절대로!

✎ 참고

Meglio tardi che mai.	늦어도 전혀 하지 않는 것보다 낫다.
Non è mai troppo tardi per iniziare.	시작하기에 절대로 너무 늦은 때란 없다.

(4) 시간 부사 ormai의 쓰임

ⓐ 현재 시간과 관련하여 '지금(a questo punto), 이제(a quest'ora), 현재 상태에(allo stato attuale)'라는 의미를 지닌다.

Ormai questa giacca non è più di moda. [=Allo stato attuale]
이 재킷이 현재는 더 이상 유행이 아니다.

Ormai è tutto chiaro: lui ha un'altra. [=A questo punto]
이제 모든 것이 명확하다. 그는 다른 여자가 있다.

ⓑ 상황을 더 이상 바꿀 수 없거나 불가피한 일에 대한 체념이나 낙담을 강조한다.

Ormai è troppo tardi per tonare indietro.
이제는 되돌아가기에 너무 늦었다.

Ormai il treno è partito. Dovrò aspettare il prossimo.
이제는 기차가 떠났다. 나는 다음 열차를 기다려야 할 것이다.

ⓒ 어떤 일이 곧 일어날 것을 확신할 때 사용된다. '이제 거의, 얼추(quasi)'라는 의미이다.

Devo andare in bagno!   -Ormai siamo arrivati, puoi resistere?
나 화장실 가야 해요.   우리 이제 거의 다 왔어. 참을 수 있지?

Ormai è Natale. Dobbiamo addobbare l'albero di Natale.
이제 거의 성탄절이 다 되었다. 우린 크리스마스트리를 장식해야 한다.

ⓓ 경과된 시간의 양을 강조하기 위해 사용된다. '이제는 벌써(già)'의 의미이다.

Sono ormai 10 anni che noi siamo sposati.
이제 우리가 결혼하지 벌써 십 년이 되었다.

Sono passati ormai due mesi da quando Anna è partita.
이제 안나가 떠난 지 벌써 두 달이 지났다.

Abito qui a Milano ormai da tre anni.
나는 이곳 밀라노에 벌써 삼 년째 살고 있다.

ⓔ 과거나 미래 시간과 관련하여 '그 당시(allora), 그때(a quel punto)' 의미를 지닌다.

Ormai non c'era altra soluzione: dovevo fare l'intervento chirurgico.
그때는 다른 해결책이 없었다. 나는 외과적 수술을 해야만 하는 상황이었다.

Quando leggerai la mia lettera, ormai sarà già notte.
네가 내 편지를 읽을 때는 그때는 이미 밤이 될 것이다.

(5) 시간 부사 già의 쓰임

ⓐ 현재, 과거, 미래에서 '이미, 벌써'라는 의미로 사용된다. 말하고 있는 시점이나 언급된 시점에서
동사에 표현된 행위가 이미 이행되었거나 이행되고 있음을 나타낸다.

Andiamo, è già tardi.	가자, 이미 시간이 늦었어.
So già come andrà a finire.	일이 어떻게 될지 난 이미 알고 있다.
Il treno è già partito.	기차가 이미 떠났다.
Sei già arrivato?	벌써 도착한 거야?
Io a quell'ora sarò già lontano.	그 시간이면 난 이미 멀리 있을 거야.
Ero già uscito quando è arrivato lui.	그가 도착했을 때 난 이미 나갔었다.

ⓑ (감탄문 등에서 놀람, 기쁨, 의외 등을 표시하여) '벌써, 이미, 빨리도'의 의미이다.

È già ora di partire?	벌써 떠날 시간이야?
Sono già le dieci!	벌써 10시다!

ⓒ '이전에(prima d'ora), 그 전에(prima d'allora)' 의미를 나타낸다.

Ciao, ci conosciamo già?	안녕, 우리 이미 아는 사이지?
Scusi, ci siamo già visti?	실례지만, 우리 이미 본 적 있죠?
Hai già visto il film?	너는 전에 이미 영화를 봤어?
Te l'ho già detto.	전에 이미 그것을 네게 말했다.
Lo sapevo già.	난 이미 전에 그것을 알고 있었다.

ⓓ 상대방의 말에 대한 동의나 시인으로 '그래 맞아(sì, infatti), 정말 그래(appunto), 물론이야
(certo), 그렇지(lo so)'라는 대답으로 주로 구어체에서 비격식적인 표현으로 사용된다. già에
는 중립적인 성격의 긍정 판단의 부사 sì(응)라는 의미에다 추가적으로 표정이나 어조에 따라 여
러 가지 감정(행복, 슬픔, 체념 등)의 색채가 들어가 있다.

Sei stato promosso? 승진한 거지?	-Già, come no? 맞아, 당연한 거 아냐?
Oggi finiscono le tue vacanze? 오늘 너의 방학이 끝나지?	-Già. 맞아. [대답에 실망감이 들어감]
Questa lezione è difficilissima! 이 수업 너무 어려워.	-Eh già. 그래 맞아.
Il suo nome è Luca. 그의 이름이 루카야.	-Ah già, è vero. 아 맞아, 그렇지.

(6) 시간 부사 ancora의 쓰임

ⓐ 현재, 과거 혹은 미래에서 행위의 지속성을 나타낸다. '아직까지도(tuttora), 그때까지도(a quel tempo), 여전히'의 의미를 나타낸다. [still]

Abiti ancora a Roma?	여전히 로마에 살고 있니?
Studi ancora?	아직도 공부하니?
Sei ancora qui?	아직까지 여기에 있니?
Lavoravo ancora a quell'ora.	나는 그 시간에 여전히 일하고 있었다.

ⓑ 부정문에서 '지금까지(finora), 그때까지(fino a quel momento), 아직'의 의미를 나타낸다. 강조를 하기 위해 ancora를 문장 처음이나 동사 앞에 두기도 한다. [yet]

Non lo so ancora.	[Ancora non lo so.]
나는 아직 그것을 모르겠다.	아직 나는 그것을 모른다.
Non ho ancora mangiato.	[Ancora non ho mangiato.]
나는 아직까지 먹지 않았다.	아직 난 안 먹었다.

ⓒ '다시(di nuovo), 한 번 더(un'altra volta), 또'라는 의미를 나타낸다. [again]

Grazie ancora.	다시 한번 고마워.
Pronto, sono ancora io!	여보세요, 또 나야!
Provaci ancora!	한 번 더 그것 시도해 봐!
Ho fatto ancora lo stesso errore.	나는 또 같은 실수를 했다.

ⓓ '더구나(in più), 게다가(in aggiunta)'의 의미를 나타낸다. [more]

Non puoi restare ancora un po'?	좀 더 머무를 수 없니?
Ancora una volta, per favore?	한 번 더 부탁드릴까요?
Desiderate ancora qualcosa?	여러분, 더 필요한 것 있으세요?
Ci porti ancora un po' di pane!	우리한테 빵 좀 더 가져다주세요.
Avete ancora delle domande?	(여러분) 질문들 더 있어요?
C'è ancora vino?	포도주 더 있어요?
Ne vuoi ancora?	그것 더 줄까?

ⓔ 비교 형용사 앞에서 '훨씬, 더욱(perfino, anche)'이라는 의미로 사용된다.

Oggi fa ancora più freddo di ieri.	오늘 어제보다 훨씬 더 춥다.
Sei ancora più bella del solito.	너는 평소보다 훨씬 더 예쁘다.

(7) 시간 부사 presto의 쓰임

ⓐ '빨리, 곧, 빠른 시간 내에(fra poco, entro breve tempo)'의 의미로서 임박한 미래에 일어나게 될 사실을 가리킨다. [before long, soon]

Ci vediamo presto!	빨리 보자!
(Arrivederci) a presto!	곧 보자!
Torni presto!	빨리 돌아와!
Loro si sposeranno presto.	그들은 곧 결혼할 것이다.

ⓑ '일찍, 빨리, 이른 아침에(di buon'ora)'의 의미이다. [early]

La mattina mi alzo molto presto.	아침에 나는 아주 일찍 일어난다.
Partiamo domattina presto.	우리는 내일 아침 일찍 떠난다.

ⓒ 정해진 시간보다 '빨리, 이르게(in anticipo)'를 나타낸다. [early]

È meglio arrivare presto alla stazione.	역에 일찍 도착하는 것이 더 낫다.
È ancora presto per andare a lezione.	수업에 가기엔 아직 이르다.

ⓓ '신속히, 서둘러서(in fretta, rapidamente)'의 의미를 지닌다. [quickly, quick]

Fai presto! Non c'è tempo!	빨리해! 시간 없어!
Aiutami, presto!	도와줘, 빨리!

(8) 시간 부사 adesso의 쓰임

ⓐ 현재와 관련하여 지금(in questo momento, ora)을 나타낸다.

Adesso sto studiando.	지금 나는 공부를 하고 있는 중이다.
Adesso studio l'italiano.	지금은 난 이탈리아어를 공부한다.

ⓑ 현재 말하는 순간보다 조금 앞선 과거를 나타낸다. 방금, 조금 전(poco fa)

È uscito proprio adesso.	방금 그가 나갔다.
Ho mangiato proprio adesso.	나는 지금 막 먹었다.

ⓒ 현재 말하는 순간보다 조금 이후의 미래를 나타낸다. 금방, 잠시 후(fra poco)

Lo farò adesso.	지금 금방 그것을 할 것이다.
Anna dovrebbe arrivare adesso.	마리아가 금방 도착할 것이다.

(9) 시간 부사 allora의 쓰임

ⓐ 지금과 반대되는 의미로 '그 당시에(a quel tempo), 그때에'라는 과거의 시간을 나타낸다.

La mia vita è diversa da allora.   나의 생활은 그 당시와 다르다.

Allora le cose erano diverse.   그 당시에 상황이 달랐다.

ⓑ 미래에 관해서 '그때, 그 무렵에는, 그맘때가 되면'이라는 의미를 지닌다.

Quando sarai grande, allora potrai vivere a modo tuo.

네가 크면, 그때 가서 네 마음대로 살 수 있을 거야.

Quando avrai la mia età, allora capirai tutto.

네가 내 나이가 되면, 그때 가서 모든 것을 알게 될 거야.

ⓒ '그렇다면, 이런/그런 경우에, 이런 이유로'라는 의미를 지닌다.

Se vuoi venire con me, allora preparati presto!

나와 함께 가고 싶으면, 그러면 빨리 준비해!

Non sei d'ccordo? Allora fai come vuoi!

동의하지 않는다고? 그렇다면 네가 하고 싶은 대로 하렴.

ⓓ 의문문이나 감탄문에서 결정이나 대답을 재촉하거나 정보를 요청할 경우에 사용된다.

Allora? Cosa hai deciso? Vieni o non vieni?

그래서? 어떻게 결정한 거야? 올 거야, 안 올 거야

Allora? Come è andato il colloquio di lavoro?

그래서? 직장 면접이 어떻게 됐어?

ⓔ 별다른 뜻 없이 대화를 시작하거나 혹은 무엇인가를 말하려고 할 때 생각을 모으거나 말의 공백을 채우기 위해 시간을 벌기 위한 역할(riempitivo)로 사용된다.

Allora, oggi vediamo insieme questo argomento.

자, 그럼 오늘 이 주제를 같이 보도록 합시다.

Allora... io prendo un caffè e un cornetto.

음, 그럼… 난 커피와 크루아상 먹을게.

ⓕ allora는 접속사로서도 사용된다. '따라서(perciò), 그래서(quindi)' 의미이다.

Fuori fa freddo, allora prendo una giacca.

밖에 춥다, 그래서 난 재킷을 들고 간다.

Il concerto era noioso, allora siamo tornati a casa.

음악회가 지겨워서, 그래서 우리는 집으로 돌아왔다.

빈도 부사(Gli avverbi di frequenza)

어떤 일이 얼마나 자주 일어나는지를 나타내는 이탈리아어의 빈도 부사는 다음과 같다.

non~mai < non ~ quasi mai < raramente, di rado < qualche volta, a volte < di solito < spesso < molto spesso < troppo spesso < quasi sempre < sempre

Con che frequenza mangi fuori?	밖에서 먹는 빈도수는?
Quanto spesso mangi fuori?	얼마나 자주 밖에서 먹니?
Non mangio mai fuori.	나는 절대로 밖에서 안 먹는다.
Non mangio quasi mai fuori.	나는 거의 밖에서 안 먹는다.
Molto raramente mangio fuori.	나는 아주 좀처럼 밖에서 안 먹는다. (아주 드물게)
Raramente mangio fuori.	나는 좀처럼 밖에서 안 먹는다. (드물게 먹는다)
Qualche volta mangio fuori.	나는 가끔씩 밖에서 먹는다.
A volte mangio fuori.	나는 때때로 밖에서 먹는다.
Di solito mangio fuori.	나는 보통 밖에서 먹는다.
Mangio spesso fuori.	나는 자주 밖에서 먹는다.
Mangio molto spesso fuori.	나는 아주 자주 밖에서 먹는다.
Mangio troppo spesso fuori.	나는 너무 자주 밖에서 먹는다.
Mangio quasi sempre fuori.	나는 거의 언제나 밖에서 먹는다.
Mangio sempre fuori.	나는 항상 밖에서 먹는다.

일반적으로 빈도 부사의 위치는 동사 뒤에 위치하지만 특별한 강조점을 주기 위해서 부사가 문장 앞에 위치할 수도 있다. 습관을 나타내는 di solito는 주로 문장 앞에 위치하나 문장 끝에 둘 수도 있다. qualche volta는 문장 끝에 위치할 수 있으나 주로 문장 앞에 사용한다. spesso는 주로 동사 뒤에 위치하나 부사를 강조하기 위해서 문장 앞에 둘 수도 있다.

일반적인 경우

Di solito mangio fuori.
Qualche volta mangio fuori.
Mangio spesso fuori.
Mangio raramente fuori.
Non mangio quasi mai fuori.

특별한 경우

Mangio fuori di solito.
Mangio fuori qualche volta.
Spesso mangio fuori.
Raramente mangio fuori.
Quasi mai mangio fuori.

빈도 부사로 사용되는 또 다른 형태들

Ogni tanto mangio fuori.	나는 가끔 외식한다.
Normalmente mangio fuori.	나는 보통 외식한다.
In genere mangio fuori.	나는 대개 외식한다.

4 양의 부사 Gli avverbi di quantità

(1) 부정확한 양을 나타내는 부사 및 부사 관용구

poco ↔	molto	pochissimo ↔	moltissimo
적게	많이	아주 적게	아주 많이
meno ↔	più	di meno	di più
덜	더	더 적게	더 많이
un po'	troppo	tanto	tantissimo
약간	너무	많이	아주 많이
affatto	per niente	niente / nulla	sufficientemente
전혀	전혀	조금도	충분히
parecchio	piuttosto	assai	appena
상당히	다소, 어느 정도	정말	겨우
quasi	abbastanza	un sacco	altrettanto
거의	꽤, 다소	엄청	같은 양으로
più o meno	né più né meno	pressappoco	all'incirca
대략	더하지도 덜하지도	대략	약

(2) 양의 부사 및 부사 관용구의 쓰임

Ho dormito poco.	나는 잠을 조금밖에 자지 못했다.
Ho mangiato troppo.	나는 너무 많이 먹었다.
Questo è meno importante.	이것은 덜 중요하다.
Devi studiare di più.	너는 공부를 더 많이 해야 한다.
Deve lavorare di meno.	당신은 더 적게 일하셔야 됩니다.
Vorrei riposarmi un po'.	잠시 쉬고 싶어요.
Sono arrivato troppo tardi.	나는 너무 늦게 도착했다.
Non mi piace affatto.	내 마음에 전혀 안 든다.
Mi sono riposato abbastanza.	나는 충분히 쉬었다.
Quel ristorante è piuttosto caro.	저 레스토랑은 다소 비싸다.
Ho bevuto parecchio.	나는 상당히 마셨다.
Mi piace un sacco.	내 마음에 무척 든다.
Buon Natale! -Grazie, altrettanto!	메리 크리스마스! 고마워요, 당신도요!

(3) 양의 부사 affatto의 쓰임

ⓐ '전적으로, 완전히'의 의미로 문어체로 사용된다. [=del tutto, interamente, completamente]

Abbiamo idee affatto diverse. [=completamente]

우리는 완전히 다른 생각을 가졌다. [문어체]

È un'opinione affatto diversa. [=completamente]

완전히 다른 의견이다. [문어체]

ⓑ 오늘날에는 non과 함께 쓰여 부정의 의미(전혀)를 강조하는 데 많이 쓰인다.

Non ho affatto sonno. [=per niente]

나는 전혀 잠이 안 온다.

Non sono affatto d'accordo con te. [=per niente]

나는 전혀 너의 말에 동의하지 않는다.

Non sono affatto contento del risultato. [=per niente]

나는 결과에 대해 전혀 만족하지 않는다.

ⓒ affatto가 단독으로 쓰여 단호히 부정하는 대답을 나타낸다.

Ti disturbo?	-No, affatto.	네게 방해가 돼? 아니, 전혀.
Sei stanco?	-(Niente) affatto.	피곤해? 전혀 아냐.
Hai freddo?	-Affatto!	춥니? 전혀!

(4) 양의 부사 assai의 쓰임

이 부사는 일반적으로 형용사와 부사 앞에 위치한다. 구어체에서 잘 사용되지 않는 문어체 형식이다. 특히 남부 지역에서 동사 뒤에 assai를 넣어 '너무, 정말 많이' 의미로 사용된다.

ⓐ '매우, 아주, 충분히(molto, quanto basta, sufficientemente)'의 의미가 있다.

È un uomo assai bello.   아주 잘생긴 남자이다.

Ho dormito assai. [=troppo]   나는 정말 많이 잤다. [남부 지역]

ⓑ 동사 **sapere, ricordare, importare**+**assai**

이 동사들 뒤에서는 부정의 non이 없어도 '완전히 ~ 않다'라는 부정의 의미를 나타낸다.

So assai io. [=Non so nulla]   나는 전혀 모른다.

Mi ricordo assai.   전혀 기억이 나지 않는다.

Mi importa assai.   내게 정말 중요하지 않다.

(5) 양의 부사 poco, parecchio, tanto, molto, troppo의 쓰임

이러한 양의 부사들은 명사를 수식하는 형용사로도 쓰이고 부사로도 쓰인다. 형용사로 사용될 경우 항상 명사 앞에 위치하며 수식하는 명사의 성과 수에 따라서 형태가 o, a, i, e로 변화한다. 그러나 부사로 사용될 경우 형태가 변화하지 않는다. 양의 정도는 poco(별로), parecchio(상당히), molto나 tanto(많이), troppo(너무 많이)의 순서이다. molto와 tanto는 많은 양을 나타내는 동일한 의미로 사용되지만, tanto는 '~할 만큼 많은'이라는 의미의 결과절(tanto~da, tanto~che)을 이끌 수 있다. [poco < un po' < parecchio < molto, tanto < trpppo]

ⓐ 형용사로 사용되는 경우(명사 수식): 명사의 성과 수에 따라 형태가 변화한다.

Io ho molto sonno.　　↔　　Io ho poco sonno.
나는 몹시 졸리다.　　　　　　별로 졸리지 않다.

Io ho molta fame.　　↔　　Io ho poca fame.
나는 배가 많이 고프다.　　　　나는 배가 별로 안 고프다.

Io ho molti amici.　　↔　　Io ho pochi amici.
나는 여자 친구가 많다.　　　　나는 남자 친구가 별로 없다.

Io ho molte amiche.　　↔　　Io ho poche amiche.
나는 남자 친구가 많다.　　　　나는 여자 친구가 별로 없다.

Lei ha poco tempo.　　　　C'è poca gente.
그녀는 시간이 별로 없다.　　　사람이 별로 없다.

Lei ha parecchio tempo.　　C'è parecchia gente.
그녀는 상당한 시간이 있다.　　상당한 수의 사람이 있다.

Lei ha molto / tanto tempo.　　C'è molta / tanta gente.
그녀는 시간이 많다.　　　　　　많은 사람이 있다.

Lei ha troppo tempo.　　　　C'è troppa gente.
그녀는 시간이 너무 많다.　　　너무 많은 사람이 있다.

Lui ha pochi soldi.　　　　Ci sono poche persone.
그는 돈이 얼마 없다.　　　　　사람들이 별로 없다.

Lui ha parecchi soldi.　　Ci sono parecchie persone.
그는 상당한 돈을 가졌다.　　　상당수의 사람들이 있다.

Lui ha molti / tanti soldi.　　Ci sono molte / tante persone.
그는 많은 돈을 가졌다.　　　　많은 사람들이 있다.

Lui ha troppi soldi.　　　　Ci sono troppe persone.
그는 너무 많은 돈을 가졌다.　　너무 많은 사람들이 있다.

ⓑ 부사로 사용되는 경우

양의 형용사들이 부사로 사용될 경우 형태는 변화하지 않는다. 부사는 동사, 형용사, 다른 부사들을 수식하는 역할을 한다. 양의 정도 개념은 poco(별로), un po'(약간), parecchio(상당히), molto(많이)/tanto(~할 만큼 대단히 많이), troppo(너무)의 순이다.

i) 동사를 수식하는 경우

Sergio parla poco.	세르조는 말수가 적다.
Sergio beve un po'.	세르조는 약간 마신다.
Sergio lavora parecchio.	세르조는 상당히 일한다.
Sergio studia molto.	세르조는 공부를 많이 한다.
Sergio mangia tanto.	세르조는 많이 먹는다.
Sergio dorme troppo.	세르조는 너무 많이 잔다.

Ho mangiato poco.	나는 별로 먹지 않았다.
Ho mangiato un po'.	나는 약간 먹었다.
Ho mangiato parecchio.	나는 상당히 먹었다.
Ho mangiato molto.	나는 많이 먹었다.
Ho mangiato tanto.	나는 많이 먹었다.
Ho mangiato troppo.	나는 너무 많이 먹었다.

ii) 형용사를 수식하는 경우

Questo vino è poco freddo.	이 포도주는 별로 안 차갑다.
Questo caffè è un po' caldo.	이 커피는 약간 따뜻하다.
Questa birra è parecchio fredda.	이 맥주는 상당히 차갑다.
Questi quadri sono molto belli.	이 그림들은 매우 아름답다.
Questi quadri sono tanto belli.	이 그림들은 매우 아름답다. [~할 만큼]
Queste scarpe sono troppo brutte.	이 신발들은 너무 보기 싫다.

Sono poco stanco.	나는 별로 안 피곤하다.
Sono un po' stanco.	나는 약간 피곤하다.
Sono parecchio stanco.	나는 상당히 피곤하다.
Sono molto stanco.	나는 아주 피곤하다.
Sono tanto stanco.	나는 매우 피곤하다. [~할 만큼]
Sono troppo stanco.	너는 너무 피곤하다.

iii) 다른 부사들을 수식하는 경우

Sono tornato a casa molto tardi.

나는 아주 늦게 집에 돌아왔다.

Sono arrivato qui un po' presto.

나는 여기 약간 일찍 도착했다.

Come stai? -(Sto) Molto bene, grazie.

어떻게 지내니?   덕분에 잘 지내.

Mi sono addormentato troppo tardi.

나는 너무 늦게 잠들었다.

✎ 참고

부사구 un po'(약간)와 형용사구 un po' di(약간의)의 차이점

un po'는 un poco가 어미 탈락된 형태이다. 부사구인 un po'는 '약간'의 의미로서 동사 뒤나 형용사, 부사 앞에서 사용된다. 영어의 'little'과 'a little'의 차이처럼 poco는 거의 부정의 의미를 내포하고 un po'는 '약간'이라는 긍정의 의미를 내포한다. 반면에 형용사구 un po' di는 '약간의' 의미로서 명사 앞에 사용된다. un po' di는 영어의 some에 해당한다.

1. 부사(poco), 부사구(un po')로 사용되는 경우: 동사나 형용사 수식

Ho mangiato poco.	나는 별로 먹지 않았다.	[동사 수식]
Ho magiato un po'.	나는 약간 먹었다.	[동사 수식]
Io sono poco stanco.	나는 별로 피곤하지 않다.	[형용사 수식]
Io sono un po' stanco.	나는 약간 피곤하다.	[형용사 수식]

2. 형용사(poco), 형용사구(un po' di)로 사용되는 경우: 명사 수식
   부정 형용사구 un po' di는 부분 관사와 같은 의미로 부분 관사를 대신해서 사용된다.

Io ho poco tempo.	나는 시간이 별로 없다.
Io ho un po' di tempo.	나는 시간이 약간 있다.
Io ho poca fame.	나는 배가 별로 고프지 않다.
Io ho un po' di fame.	나는 배가 약간 고프다.

3. un po' di + 명사, ne + 동사 + un po'

Vuoi un po' di vino?	포도주 조금 줄까?
Ne vuoi un po'?	그것 조금 줄까?

5 판단의 부사 Gli avverbi di valutazione

어떤 일을 부정하거나 혹은 긍정하거나 의심하는 데 사용되므로 다음과 같이 분류할 수 있다.

(1) 긍정의 부사(avvervi di affermazione) 및 부사구 형태

시인을 나타내는 부사들이며 여기에 속하는 많은 부사들이 형용사 형태에서 그대로 부사로 사용되는 것이 많다.

certo	certamente	di certo	sicuro
분명히	분명하게	분명하게	확실히
sicuramente	di sicuro	esatto	esattamente
확실하게	확실히	정확히	정확하게
davvero	veramente	appunto	per l'appunto
정말로	정말로	정확하게	정확하게
perfettamente	ovviamente	senza dubbio	senz'altro
완벽하게	명백하게	의심의 여지없이	틀림없이
proprio	precisamente	infatti	sì
바로	정확하게	사실은, 사실	그래

(2) 긍정 부사 및 부사구의 쓰임

Vieni anche tu?　　-Certo!		너도 오는 거지? 당연하지!
Verrà certamente anche lui?		그도 분명히 오는 거야?
Sicuramente hai ragione.		네가 확실히 옳아.
Vieni stasera?　　-Sicuro!		오늘 저녁에 올 거지. 확실히.
Non lo so di sicuro.		그것을 확실하게 모르겠습니다.
Che ore sono esattamente?		정확하게 몇 시입니까?
Dice davvero?		정말로 말씀하시는 겁니까?
Gli UFO esistono veramente?		UFO가 정말로 존재해요?
Marco verrà senz'altro.		마르코는 틀림없이 올 것이다.
È proprio vero?　　-Proprio così.		정말로 맞아? 바로 그래.
Sei arrabbiato?　　-Appunto!		화났어? 정확히 맞았어!
Saluta tua madre!　　-Senz'altro!		너의 어머니께 안부 전해줘! 반드시 전할게.
Va bene così?　　-Perfettamente!		이렇게 해도 괜찮습니까? 완벽해요!

ⓐ 긍정의 부사 **appunto**의 쓰임: **a punto**에서 유래

i) '바로(proprio), 정확히(precisamente, esattamente)' 의미를 나타낸다. 강조적인 의미로 per를 붙여서 per l'appunto 형태로 격식적인 상황이나 문어체에서 주로 사용된다.

Appunto per questo ti ho chiamato.　　　바로 이 때문에 네게 전화했어.

Stavo appunto pensando a te.　　　　　바로 너를 생각하고 있었어.

Aspettavo per l'appunto questa risposta.　나는 바로 이 답을 기다리고 있었다.

ii) 강한 긍정의 응답으로 '바로 그래(proprio così), 정확히 맞아(esattamente sì)'라는 의미로 사용된다. 강조적인 의미로 전치사 per를 붙여서 per l'appunto 형태로도 사용된다.

Sei arrabbiato?　-Appunto!　　　너 화났어? 정확히 맞아.

Dicevi a me?　　-Per l'appunto!　나한테 말하는 거였어? 정확히 그래.

iii) 어떤 사람이나 사물이 필요로 하는 그 순간에 있을 때 '때마침, 막'이라는 의미로 사용된다.

Oh, volevo appunto te.　　　　오, 때마침 나는 너를 필요로 하고 있었는데.

Oh, cercavamo appunto te.　　오, 때마침 우리가 바로 너를 찾고 있었는데.

Stavo appunto per telefonarti.　네게 때마침 전화하려던 참이었는데.

ⓑ 긍정의 부사 **infatti**의 쓰임

i) '사실은, 실은'이라는 의미로 앞에서 한 말에 대해서 증거를 제시하거나 자세한 설명이나 이유 등을 덧붙일 때 사용된다.

Mi sento appesantito, infatti ho mangiato troppo.
속이 너무 더부룩한데, 사실 내가 너무 많이 먹었다.

Oggi fa un caldo da morire, infatti ci sono 34 gradi all'ombra.
오늘 날씨가 더워 죽을 지경이다. 사실 그늘인데도 34도이다.

ii) 대화에서 상대방이 말한 내용에 대해 맞는다고 확답하거나 질문에 대해 강한 긍정 대답인 '사실 그래(Sì, proprio così), 맞는 말이야(Sì, è vero), 네 말 맞아(Sì, hai ragione)'라는 의미로 사용된다.

Mi sembri preoccupato, non è vero?　-Infatti!
내게 네가 걱정스러워 보이는데, 그렇지 않아?　　　사실 그래.

Fa proprio freddo oggi!　-Infatti!
오늘 날씨가 정말 추워!　　　맞아!

(3) 부정의 부사(avverbi di negazione) 및 부사구 형태

no 아뇨	non 안	mica	조금도 ~않다
nemmeno / neppure / neanche ~조차 ~ 아니다		non ~ affatto	전혀 ~ 아니다
neanche per sogno 꿈에도 생각 안 해		non ~ ancora	아직 ~ 아니다
non ~ mai 결코 ~ 아니다		non ~ più	더 이상 ~ 아니다

Non mi piace affatto.	전혀 내 마음에 안 들어.
Parla piano, non sono mica sordo!	살살 말해, 난 전혀 귀가 안 먹었으니까.
Come è quella ragazza? -Mica male!	저 여자애 어때? 괜찮아/나쁘지 않아.
Non faccio mai colazione.	난 아침 식사를 절대로 안 한다.
Non studio più.	난 더 이상 공부를 안 한다.
Non lavoro ancora.	난 아직 일을 안 한다.
Nemmeno io lo voglio vedere.	나 역시 그를 보고 싶지 않아.
Neanch'io voglio restare.	나도 역시 남아 있고 싶지 않아

ⓐ 부정의 부사 neanche와 nemmeno, neppure의 쓰임

neanche, nemmeno, neppure는 '조차 ~ 아니다'라는 동일한 의미를 나타내는 부정의 부사들이다. 단어 자체에 부정이 들어가 있기 때문에 문장 처음에 올 때는 non이 필요 없으나, 동사 뒤에 올 경우에 반드시 non과 함께 사용된다. 이때 **non**은 부정을 강조하는 역할을 한다. neanche는 주격 대명사 io 앞에서 모음 생략을 할 수 있다.

i) 부정적인 의미로 '또한 ~아니다'라는 의미를 지닌다.

Non vado in palestra neanche oggi.	나는 체육관에 오늘도 안 간다.
=Neanche oggi vado in palestra.	오늘도 나는 체육관에 안 간다.
Non ci sono andato nemmeno io.	그곳에 나도 가지 않았다.
=Nemmeno io ci sono andato.	나도 그곳에 가지 않았다.

ii) '~조차도 아니다'라는 부정적 의미로 사용된다.

Non ho neanche un euro.	난 1유로조차 없다.
Non ci penso neanche!	난 그것에 대해서 생각조차 안 한다.
Ci vai tu? -Neanche per sogno!	그곳에 가니? 꿈에라도 그곳은 안 가.
È andata via senza neanche salutare.	그녀는 인사조차 않고 가버렸다.
Non dirlo neppure per scherzo!	농담이라도 그런 말 하지 마.

iii) 복합 시제(avere / essere + p.p)와 함께 사용될 경우 neanche는 보조사와 과거 분사 사
이나 혹은 과거 분사 뒤에 위치할 수 있다. 이때 neanche 뒤에 오는 말을 강조한다.

Non hanno neanche comprato i biglietti.   그들은 표를 사지조차 않았다.

Non hanno comprato neanche i biglietti.   그들은 표조차 사지 않았다.

iv) neanche, nemmeno, neppure는 '~도 아니다'로 의미가 모두 같다.

Neanche io ci vado.   [=Non ci vado neanch'io]   나도 그곳에 안 간다.

Nemmeno io ci vado.   [=Non ci vado nemmeno io]   나도 그곳에 안 간다.

Neppure io ci vado.   [=Non ci vado neppure io]   심지어 나도 그곳에 안 간다.

v) 부정문에 대한 의견의 일치를 나타낼 때 '~도 역시 아니다'라는 의미로 사용된다. 긍정문에 대
한 일치를 나타낼 때는 '~도 역시이다'이라는 의미의 anche를 사용한다.

Io amo lo sport e tu?   -Anch'io. (amo lo sport)

난 스포츠를 사랑하는데, 넌?   나도 그래. (스포츠를 사랑해.)

Io non amo lo sport e tu?   -Neanch'io. (amo lo sport)

난 스포츠를 사랑하지 않는데, 넌?   나도 아냐. (스포츠를 사랑하지 않아.)

Mi piace lo sport e a te?   -Anche a me. (piace lo sport).

나는 스포츠가 좋은데, 네겐?   나도 그래. (스포츠가 좋아.)

Non mi piace lo sport e a te? -Neanche a me. (piace lo sport)

나는 스포츠가 안 좋은데, 네겐?   나도 아냐. (스포츠가 안 좋아.)

ⓑ 부정의 부사 mica의 쓰임

부정문을 강조하는 mica는 일상생활 대화체에서 많이 사용되며 여러 의미를 지닌다.

i) mica는 '전혀/조금도 ~않다'라는 의미로 부정의 의미를 강조한다. 부사 자체가 부정의 의미를
내포하고 있기 때문에 동사 앞에 올 때는 non이 필요 없다. 그러나 동사 뒤에 사용될 때는 반
드시 non과 함께 사용된다. mica는 상대방이 혹시 생각할 수도 있는 사항과는 전혀 거리가
멀다는 것을 강조한다.

So come funziona, mica sono stupido. [=non sono mica stupido]

어떻게 작동하는지 나 알아, 내가 절대 바보가 아니니까.   [네가 날 바보로 여긴다면]

Noi siamo solo amici, mica fidanzati. [=non fidanzati]

우리는 친구일 뿐이야, 절대 약혼한 사이가 아냐.   [우리가 사귄다고 생각한다면]

Non l'ho mica fatto apposta!   [=Mica l'ho fatto apposta]

난 절대 그것을 고의로 안 했어!   [내가 고의로 했다고 생각한다면]

ii) 의문문에서 '혹시나(per caso), 설마'라는 의심이 담긴 의미로 사용된다. 이때 non이 사용될 수도 있고 사용되지 않을 수도 있다. 때로는 농담이나 반어법적으로 사용되기도 한다.

Mica hai visto in giro i miei occhiali? [=Per caso, eventualmente]
혹시나 싶어서 물어보는데 내 안경 주변에서 봤어?

Ehi, Marco, mica vuoi venire anche tu al cinema? [=per caso]
에이 마르코, 혹시나 싶어서 물어보는데 너도 영화 보러 가고 싶어?

Non ti ho mica disturbato? [=Forse ti ho disturbato?]
혹시나 내가 널 방해한 것은 아닐 테지?

Non vorrai mica uscire con questo freddo?! [=Forse vorrai~]
설마 이 추위에 네가 나가고 싶은 것은 아닐 테지?

iii) Mica male 대화에서 질문에 대한 대답으로 '전혀 나쁘지 않다(niente male), 괜찮다(non male)'라는 의미로 과장되지 않은 긍정적인 판단을 나타낸다. 동사를 생략하고 mica male + 명사로도 사용된다.

Come è questo vestito?　　-(Non è) **Mica male.**
이 옷 어때?　　나쁘지 않아. [썩 예쁘지는 않으나 그런대로 괜찮아 보인다.]

Ti piace questa macchina?　-(Non è) **Mica male!**
이 자동차 맘에 드니? 나쁘지 않아. [썩 좋아 보이지는 않으나 그런대로 괜찮다]

Marco, come va?　　-**Mica male!** [=Niente male]
마르코, 요즘 어때? 나쁘지 않아/괜찮아.

Mica male questo vino!　[=È abbastaza buono]
이 포도주 나쁘지 않고 맛이 괜찮네!

Mica male questo film!　[=Non è male questo film]
이 영화 나쁘지 않고 볼만하네!

iv) Mica tanto는 대화에서 질문에 대한 답으로 지나치게 부정적인 판단을 피하기 위해서 '그다지 ~않다'라는 의미로 사용된다. Mica poco는 '그다지 적지는 않다'라는 의미이다.

Ti è piaciuto il nuovo film?　-**Bah, mica tanto!** [=non tanto]
새 영화가 네 마음에 들었어?　　글쎄, (마음에 들긴 했지만) 그렇게 든 것은 아냐.

Hai dormito bene stanotte?　-**Mica tanto.**　　[=non tanto]
간밤에 잘 잤어?　　그다지 잘 자진 못했어.

Questo vestito costa 100 euro. -**Mica poco!**　　[=non tanto]
이 옷값이 100유로이다.　　값이 그다지 저렴하진 않네!

(4) 의심의 부사(avverbi di dubbio): '아마도'의 의미

probabilmente	아마도	possibilmente	가능하다면
forse	아마도	magari	어쩌면
eventualmente	혹시 그럴 경우	chissà	누가 알아, 어쩌면

Torno probabilmente sabato.	아마 난 토요일 돌아올 거야.
Forse andrò in vacanza al mare.	아마 난 바다로 휴가 갈 거야.
Magari lui verrà domani.	어쩌면 그는 내일 올 거야.
Verremo possibilmente domani.	우린 가능하면 내일 올 거야.
Eventualmente chiamami prima di venire.	그럴 경우 오기 전에 전화해.

ⓐ 의심의 부사 **probabilmente**의 쓰임 [probably]

'아마, 아마도'라는 의미로 실행될 가능성이 높을 때 사용하는 부사이다. 여러 가지 사항을 고려하여 어느 정도 충분히 근거가 있는 예측을 바탕으로 하기 때문에 가능성의 확률이 거의 사실에 가깝다(80~90%). 정도 부사 molto, meno와 함께 사용할 수도 있고, 판단 부사 sì, no와 함께 대답에서 단독으로 사용할 수도 있다.

Provabilmente oggi pioverà.
아마 오늘 비 올 거야. [비가 올 확률이 높은 여러 가지 근거들이 있다.]

Probabilmente hai ragione.
아마 네 말이 맞을 거야. [네 말이 맞을 가능성이 크다.]

Molto probalbilmente arriverò tardi.
오늘 아마 십중팔구 내가 늦을 거야. [늦을 수밖에 없는 여러 이유들이 있다.]

Andrai in vacanza al mare? -Probabilmente sì.
바다로 휴가 갈 거니?   아마도 그럴 가능성이 커.

ⓑ 의심의 부사 **forse**의 쓰임 [perhaps]

i) '아마, 아마도'라는 의미로 가능성의 확률이 불확실하고 의심이 들 때 사용하는 부사이다. probabilmente가 forse에 비해 가능성의 확률이 조금 더 높다. forse는 대화체 표현인 magari에 비해 스탠더드(standard)한 중립적 표현이며, 격식적이고 정중한 느낌을 준다.

Forse oggi pioverà. 아마도 오늘 비가 올 것이다.
Forse hai ragione. 아마도 네 말이 맞을 거야.
Forse è stato lui. 아마도 그자였을 것이다.

ii) 의문문에서 혹시(per caso) 의미로 사용된다.

    Sei forse spaventato?   너 혹시 놀랐어?

    Hai forse paura?   혹시 너 무섭니?

iii) 답변을 요구하지 않는 수사 의문문에서 사용된다. 주로 non과 함께 사용되어 강한 긍정의 의미를 나타낸다.

    Non ho forse ragione?   내 말이 옳지 않다는 건가? [내 말이 옳다]

    Non siamo forse amici?   우리가 친구가 아니란 말인가? [친구이다]

iv) 대답에서 단독으로 '아마도(probabilmente, può darsi, può essere, chissà, chi lo sa) 의미로 사용된다.

    Faremo in tempo? -Forse!   우리가 제시간에 맞출까? 아마도.

v) 숫자와 함께 사용되어 추정을 나타낸다. '대략(circa), 거의(quasi)' 의미이다.

    Ci conosciamo da forse dieci anni.   우리가 안 지 아마 10년 되었을 것이다.

ⓒ 의심의 부사 **magari**의 쓰임 [maybe]

이탈리아인들의 일상적인 대화에서 magari라는 단어가 빠지면 대화가 안 될 정도로 많이 사용되는 부사이다. 여러 가지 의미를 지니고 있어서 문맥에 따라 그 의미가 달라지기 때문에 듣는 사람에게 어려움을 주는 단어이다. 감탄사, 부사, 접속사로도 사용된다.

i) '어쩌면, 아마도, 혹시'라는 의미로 불확실성과 의심을 나타내는 부사이다. forse와 의미 차이 없이 서로 바꾸어 사용할 있는 경우가 많다. forse는 격식 있는 자리에서 중립적으로 사용되는 반면에 magari는 비격식적인 표현으로 일상생활 대화체에서 많이 사용된다. magari는 단순한 추정과 가능성을 나타내는 것으로 forse에 비해 의심이 살짝 더 들어가 있다.

    Magari oggi pioverà.   어쩌면 오늘 비가 올 것이다.

    Magari hai ragione.   어쩌면 네 말이 맞을 것이다.

    Magrai è stato lui.   어쩌면 그자였을 것이다.

ii) '혹시, 가능하면, 혹시 되면'이라는 의미로 제안이나 조언 혹은 요청을 할 때 사용한다.

    Magari ci vediamo più tardi per una birra?
    가능하면 나중에 맥주 한잔하러 우리 볼까?

    Mi sembra un po' stretta. Magari avete una taglia un po' grande?
    사이즈가 제게 조금 끼는 것 같은데요. 혹시 조금 더 큰 치수 갖고 있어요?

Vieni al cinema con noi?
우리랑 영화관에 갈래?

-Oggi non posso, magari domani.
오늘은 안 되겠어, 혹시 가능하면 내일은 괜찮은데.

Dove mi consigli di andare?
내가 어디로 가길 추천해?

-Magari vai alle Cinque Terre.
혹시 가능하면 친퀘 테레에 가봐.

iii) 대화에서 상대방이 초대나 제안을 했을 때 승낙을 하는 긍정적인 대답에 사용된다. '그러면 참 좋겠다(mi piacerebbe), 기꺼이(volentieri, con piacere)'라는 의미로 기쁨이 들어간 약간 고조된 억양이다. 아마도(forse)의 의미가 아님에 유의해야 한다.

Domenica vieni al mare con noi?
일요일에 우리와 바다에 갈래?

-Magari!
그러면 좋겠다!
[=Mi piacerebbe, volentieri]

iv) 대화체에서 질문에 대한 대답으로 이루지 못하는 일에 대한 애석함을 나타내는 감탄사로 사용된다. '그렇게 된다면 얼마나 좋을까!', '그랬으면 얼마나 좋았을까!'라는 의미를 지닌다. 승낙을 나타내는 어조와는 다르게 풀이 죽은 느낌으로 길게 발음한다.

Domenica vieni al mare con noi?
일요일에 우리와 바다에 갈래?

-Magari!
그러면 얼마나 좋겠니!
[그런데 바빠서 불가능해.]

Hai passato l'esame?
시험에 통과했니?

-Magari!
그랬으면 얼마나 좋겠어!
[그런데 불행히도 떨어졌어.]

v) '비록 ~일지라도(anche se)'라는 양보의 의미로도 사용된다.

Noi ci compreremo una casa nuova, magari a rate.
우린 할부를 해서라도 새 집을 한 채 살 것이다.

vi) '차라리(pittuosto)'라는 의미로 사용된다.

Magari vado solo, ma con lui non viaggio.
차라리 나 혼자 가지, 그와 같이 여행은 안 해.

vii) '혹시 그럴 경우에, 그런 경우에 가능하면(eventualmente)'라는 의미로 행위의 실현 여부가 다른 어떤 행위에 달려 있는 개연성을 나타내는 부사로 사용된다.

Posso venire da te domani?
내일 너의 집에 가도 될까?

-Magari chiamami prima di partire.
오게 될 경우에 출발하기 전에 내게 전화해 봐.

(5) 판단 부사 sì와 no의 쓰임

ⓐ 전체 문장을 대신 받는다.

Tu sei contento?   -Sì. [=sono contento]

너는 기쁘니?   응. [나는 기뻐]

Marco viene oggi?   -No. [=non viene oggi]

마르코가 오늘 와.   아니. [오늘 안 와]

Quest'anno in vacanza ci sei andato, io no.

올해 바캉스를 너는 갔지만, 나는 아냐.

Tu non vuoi il gelato, io, invece, sì.

넌 아이스크림을 원하지 않지만, 난 원해.

> ✎ 참고
>
> 1. sì는 전체 내용을 긍정하고, no는 부정한다.
>   **Credo di sì/no.** 난 그렇다고/아니라고 믿는다.
>   **Spero di sì/no.** 난 그러길/아니길 바란다.
>
> 2. 긍정문과 부정문에 대한 불일치(disaccordo)을 나타낼 경우에 sì와 no를 사용한다.
>
> | | |
> |---|---|
> | **Io amo la cucina cinese. E tu?** | **Io (invece) no.** [긍정문 불일치] |
> | 나는 중국 요리를 사랑하는데, 너는? | 난, 반면에, 아냐 (사랑하지 않아). |
> | **Io non amo la cucina cinese. E tu?** | **Io (invece) sì.** [부정문 불일치] |
> | 난 중국 요리를 사랑하지 않는데, 너는? | 난, 반면에, 맞아 (사랑해). |
> | **Mi piace la cucina cinese. E a te?** | **A me (invece) no.** [긍정문 불일치] |
> | 난 중국 요리가 좋은데, 네겐? | 내겐 아냐(안 좋아). |
> | **Non mi piace la cucina cinese. E a te?** | **A me (invece) sì.** [부정문 불일치] |
> | 난 스포츠가 안 좋은데, 네겐? | 내겐 예스야 (좋아). |

ⓑ sì che, no che non과 같은 표현을 통해 긍정과 부정의 의미를 강조할 수 있다.

Sì che ci andrò.   그래 난 정말 그곳에 갈 거야.

Sì che ho capito!   그래 내가 진짜 이해했어.

No che non ci andrò.   아니, 난 정말 그곳에 안 갈 거야.

No che non voglio.   아니, 난 정말 안 원해.

> ✎ 참고
>
> **Certo che 주어 + 동사 ~**: 물론/당연히 ~하다.
> **L'hai letto?** -**Certo che l'ho letto!** 그것을 읽었니? 물론/당연히 그것을 읽었지!

의문 부사에는 dove, perché, come, quando, quanto 5가지가 있다. 부사의 형태는 변화하지 않는다. 의문사가 문장 앞에 오는 직접 의문문과 의문사가 주절의 동사 뒤에 위치하는 간접 의문문으로 모두 사용될 수 있다.

장소를 묻는 부사	dove
이유를 묻는 부사	perché
방법을 묻는 부사	come
시간을 묻는 부사	quando
정도를 묻는 부사	quanto

(1) dove: 어디에(장소를 묻는 부사) [where]

essere 동사 앞에서 모음 생략(dov')이 가능하며, dove 앞에 전치사가 올 수도 있다.

Dove abita?	어디에 사세요?
Dove vai?	어디 가니?
Scusi, dov'è il bagno?	실례지만, 화장실이 어딘가요?
Dove sono i miei occhiali?	내 안경이 어디에 있지?
Da dove viene, signorina?	아가씨는 어디에서 오셨나요?
Di dove sei?	넌 어디 출신이야?
Fino a dove va quest'autobus?	이 버스는 어디까지 갑니까?
Per dove parti?	넌 어디로 떠나니?
Da dove parti?	어디에서 출발하니?
Non so dove abita Franco.	나는 프랑코가 어디에 사는지 모른다.
Dimmi dove vuoi andare!	어디 가고 싶은지 내게 말해봐!
Non so da dove cominciare.	어디에서부터 시작해야 할지 모르겠다.
Non so fin dove posso aiutare.	어디까지 너를 도울 수 있을지 모르겠다.

(2) come: 어떻게(방법을 묻는 부사) [how]

essere 동사 앞에서 모음 생략(com')이 가능하다.

Come è successo?	어떻게 발생했지?
Come facciamo?	우리 어떻게 하지?
Ciao, Silvana, come stai?	안녕, 실바나, 어떻게 지내니?
Come va la salute?	건강은 어때/어떠세요?

Come viene a scuola?
학교에는 어떻게 오세요?

Come sono andate le vacanze?
휴가는 어땠어/어땠어요?

Come fai a saperlo?
어떻게 해서 그것을 알아?

Come lo sai?
네가 그것을 어떻게 알아?

Come si dice in italiano?
이탈리아어로 뭐라고 말합니까?

Come sto con questo cappello?
이 모자를 쓰니까 내게 어떤 것 같아/같아요?

Come vuole la carne?
고기를 어떻게 해드릴까요?

Come Le stanno queste scarpe?
이 신발이 당신께 어떠세요?

Come si chiama Lei?
당신 성함이 뭡니까?

Come dice, scusi?
죄송하지만 뭐라고요? [잘 알아듣지 못했을 때]

Non so come devo ringraziarLa.
당신께 어떻게 감사를 드려야 할지 모르겠어요.

Mi sa dire come si arriva in Piazza Garibaldi?
가리발디 광장에 가려면 어떻게 가야 하는지 말씀해 주실 수 있나요?

(3) perché: 왜(이유를 묻는 부사) [why]

Perché sei qui in Italia?	너는 왜 이탈리아에 있니?
Perché studia l'italiano?	왜 이탈리아어를 공부하시죠?
Perché non mangi?	왜 안 먹니?
Perché non vai a lezione?	왜 수업에 안 나가?
Perché mi guardi così?	왜 나를 그렇게 처다봐?
Perché non mi rispondi?	왜 내게 대답 안 해?
Perché sei così giù?	왜 그렇게 힘이 없니?
Non so perché sono così stanco.	내가 왜 이리 피곤한지 모르겠다.
Dimmi perché non sei venuto!	왜 네가 안 왔는지 내게 말해봐!

📝 참고

이유를 묻는 의문사 come mai? [웬일로, 어쩐 일로]
come mai는 일상적인 대화체에서 많이 사용되는 의문사로 이유를 묻는 중립적인 의문사 perché와 달리 예상하지 못한 놀라움(stupore)이 들어가 있다.

Perché sei qui? 너는 왜 여기에 있어?
Come mai sei qui? 너는 웬일로 여기에 있어?

(4) quando: 언제(시간을 묻는 부사) [when]

의문사 앞에 전치사가 올 수 있다.

Quando è il tuo compleanno?	너의 생일이 언제야?
Quando torni?	언제 돌아오니?
Quando va in Italia?	언제 이탈리아에 가세요?
Quando sei nato?	너는 언제 태어났니?
Quando va in vacanza?	언제 휴가 가세요?
Da quando abiti qui?	언제부터 여기 사니?
Fino a quando rimarrà in Corea?	한국에 언제까지 머무실 겁니까?
Fino a quando starai qui?	언제까지 여기에 있을 거야?
Per quando è la riunione?	회의가 언제로 되어 있죠?
Per quando sarai pronto?	언제면 준비가 되겠니?
Di quando è questo giornale?	이 신문 언제 것입니까?
Di quando è quel palazzo?	저 궁전/큰 건물은 언제 거죠?
A quando le nozze?	결혼식이 언제지?
A quando la laurea?	대학 졸업식은 언제?
Non so quando comincia il corso.	나는 코스가 언제 시작되는지 모른다.
Non so quando (devo) partire.	난 언제 떠나야 할지 모르겠다.
Fammi sapere quando passerai da Roma.	언제 로마에 들를지 내게 알려줘!

(5) quanto: 얼마나(정도를 나타내는 부사) [how much]

Quanto bevi di solito?	평소에 얼마나 마셔?
Quanto è lontana la chiesa?	교회가 얼마나 멉니까?
Quanto sei alto/a?	네 키가 얼마나 되지?
Quanto è lungo il tavolo?	탁자 길이가 얼마나 되죠?
Quanto è largo il tavolo?	탁자 넓이가 얼마나 되죠?
Quanto pesi?	네 체중이 얼마야?
Quanto mi ami?	나를 얼마만큼 사랑해?
Quanto hai mangiato?	얼마나 먹었어?
Quanto sei stressato?	너는 스트레스를 얼마나 받는 거야?
Sai quanto mi manchi?	내가 너를 얼마나 그리워하는지 아니?
Tu non sai quanto ti voglio bene.	내가 얼마나 너를 사랑하는지 모를 거야.
Dio solo sa quanto ho pianto per lui.	신만이 내가 얼마나 그 때문에 울었는지 아신다.

7 감탄 부사 Gli avverbi esclamativi

의문 부사 dove(어디에), come(어떻게), perché(왜), quando(언제), quanto(얼마만큼) 등은 의문문을 이끄는 의문 부사뿐만 아니라 감탄문을 유도하는 감탄 부사로도 사용된다. 문어체에서 의문문은 의문 부호인 물음표(?)로 표시하고 감탄문은 감탄 부호인 느낌표(!)로 표시한다. 구어체에서 의문문과 감탄문은 억양(intonazione)으로 구분된다. [☞ 201쪽 감탄 형용사, 310쪽 감탄 대명사 참조]

(1) dove: 어디에

Mamma mia, dove sei stato fino adesso!
어머나! 넌 지금까지 어디 있었던 거야!

Ma dove hai la testa!
도대체 정신을 어디다 두는 거야!

(2) quanto: 얼마나

Quanto mi manchi!	네가 얼마나 그리운지!
Quanto mi sei mancato!	네가 얼마나 그리웠는지!
Quanto mi piace!	얼마나 내 마음에 드는지!
Quanto è buono!	얼마나 맛있는지!
Quanto è bello!	얼마나 멋있는지!
Quanto sono contento!	내가 얼마나 기쁜지!
Quanto sono felice di rivederti!	너를 다시 보게 되어 얼마나 행복한지!
Quanto ti ho pensato!	얼마나 너를 생각했는지!

(3) come: 어떻게나

Com'è possibile!	어떻게 가능할 수가! / 이럴 수가!
Come sei elegante oggi!	오늘 너 어찌나 우아한지!
Come sei bella!	어떻게나 네가 예쁜지!
Come è carino!	어떻게나 귀여운지!
Come è buio!	이렇게 어두울 수가!
Come è tardi!	이렇게 늦을 수가!
Come sei abbronzato/a!	너 정말 멋지게 태웠구나!
Come sono ridotto/a!	내가 이렇게 망가지다니!
Come sono felice di vederti!	너를 만나게 되어 어찌나 기쁜지!
Come parla bene!	어떻게나 그가/그녀가 말을 잘하는지!

8 지시 부사 Gli avverbi indicativi

(1) 사람, 사물, 장소 등이 눈앞에 있는 것을 가리키거나 보여줄 때 사용한다.

    ⓐ .ecco + 물건: 물건을 건네주거나 가리키면서 '~이 여기 있어요'라는 의미이다.

Ecco il menù!	[=Qui c'è]	메뉴판 여기 있습니다!
Ecco il resto!	[=Qui c'è]	거스름돈 여기 있어요!
Ecco il Suo caffè!	[=Qui c'è]	당신의 커피 여기 있어요!
Ecco il nostro treno!	[=Qui c'è]	우리 기차 여기 있어!

    ⓑ ecco + 장소: 여기가/저기가 바로 ~이다, 여기에/저기에 ~이 있다

Ecco là il castello!	바로 저기 성이 있네요!
Ecco qui casa mia!	바로 여기가 나의 집이야!
Ecco! Quello è il Duomo di Milano.	저기 있네요. 저것이 밀라노 두오모예요.

    ⓒ ecco + 사람: 주의를 끌기 위해 '여기 ~있다(온다). 저기 ~있다(온다)'

Ecco Mario!	마리오가 여기 왔다! / 저기 온다!
Ecco là il professore!	저기 교수님이 계신다!
Ecco la mamma che arriva.	저기 엄마 온다.

(2) ecco che + 동사: 갑자기 뭔가가 출현하거나 기다리던 것이 나타났을 때 주의를 환기할 때 사용된다. adesso, ora의 의미이다.

Ecco che arrivano gli sposi!	지금 신랑 신부가 온다!
Ecco che arriva il treno!	이제 기차 온다!

(3) ecco + 직접 목적격 대명사 약형(mi, ti, ci, vi, lo, la, li, le), 접어(ne)

ecco가 직접 대명사 약형과 결합하여 한 단어를 이룬다. 이때 지시 부사(qui, qua, lì, là)를 수반할 수 있다(여기에 ~ 있다, 저기에 ~ 있다). 접어 ne도 ecco와 결합하여 한 단어를 이룬다.

Ciao a tutti! Eccomi qua!	모두 안녕, 나 여기 왔어!
Eccomi di nuovo! [=Rieccomi!]	나 다시 여기 있어!
Marco sta arrivando. Eccolo!	마르코가 오고 있어. 그가 여기 있네!
Dove è la mia penna? Eccola!	내 팬 어디 있지? 여기 있네!
Eccoti! Finalmente sei arrivato.	너 여기 있구나, 마침내 도착했구나.
Eccone uno per te!	여기 너를 위한 것이 하나 있어.

(4) 간접 목적격 대명사 강조형 **a te, a Lei, a voi**와 함께 사용될 수 있다.

'~에게 ~이 있다'의 의미로 사용된다.

Ecco a te il caffè! [=Eccoti]   자, 커피 여기 있어!

Ecco a Lei, tenga il resto!   여기 있습니다, 거스름돈은 가지세요!

(5) 부르는 말에 응답할 때 사용된다.

Marco, dove sei? -Eccomi!   마르코, 너 어디 있어? 나 여기 있어!

Cameriere! -Ecco, arrivo!   웨이터! 네, 갑니다!

(6) ecco + 과거 분사: 행위가 종결되었음을 나타낸다. 과거 분사의 어미는 대명사에 일치시킨다.

Ecco fatto.   이제 다 됐어요.   Ecco finito.   이제 다 끝났다.

Ecco detto.   이제 다 말했다.   Eccoti arrivato.   네가 이제 도착했구나.

Eccoci arrivati.   이제 우리 다 왔다.   Eccola partita.   이제 그녀가 떠났다.

(7) 만족감을 나타내는 감탄사로 사용된다.

Ecco, siamo arrivati a Roma!   아, 우리 로마에 도착했다!

Eccoci finalmente a casa!   아 드디어 우리가 집에 도착했다!

(8) 무슨 말을 할지 생각할 시간을 벌기 위해서 문장 처음이나 말하는 도중에 사용한다. 난처하거나 당황스러울 때도 사용하며, 불확실한 순간을 채우는 역할을 한다.

Ecco, io penso che lui abbia ragione.

그러니까, 나는 그가 옳다고 생각한다.

Beh.. io... ecco... avrei un favore da chiederti.

음, 나, 그러니까, 네게 부탁할 것이 있어.

Non so cosa fare, ecco, sono indeciso.

뭘 해야 할지 모르겠어, 그러니까, 아직 미정이야.

(9) 시작할 때 주의를 환기해 어떤 사실을 소개하고 설명하거나 혹은 대화 마지막에 요약하고 결론을 내릴 때 사용된다.

Ecco, adesso vi spiego il mio punto di vista.

자, 이제 여러분에게 저의 관점을 설명해 드리죠.

Ecco come si fa un buon caffè.

여기 커피를 맛있게 만드는 방법을 소개합니다.

Ecco cosa succede quando non si fa attenzione!

주의를 하지 않을 때 바로 이런 일이 일어납니다!

Ecco perché non sono venuto qua.

바로 이것이 내가 여기 오지 않은 이유이다. [설명 후 결론을 내릴 때]

Ecco tutto, non ho più nulla da dire.

그게 다야, 난 더 이상 할 말이 없어.

(10) 대화 도중에 특정 사항이나 지점을 강조하기 위해서 사용된다.

Quindi sei innamorato...   -Ecco, questo che volevo dirti.

그래서 네가 사랑에 빠진 거군.   바로 그거야, 네게 말하고 싶었던 것이 이거야.

(11) 자신의 이전 진술을 확고하게 하기 위해 문장 끝에 사용된다.

Non sono stato io, ecco!   내가 아니었어, 그렇다니까.

Questo è il punto, ecco.   이것이 핵심이야, 바로 그거야.

(12) 구어체에서 문장에 힘을 불어 넣기 위해 '거봐'라는 의미로 사용된다.

Ecco, te l'avevo detto!   거봐, 내가 네게 그것을 말했었잖아!

(13) 상대방의 행동을 재촉하기 위해 사용된다.

Ecco, bravo, continua così!   옳지, 잘하네, 그렇게 계속해!

(14) ecco + 동사 원형, ecco che + 동사

특히 문학적인 문장에서 찾아볼 수 있는 평서문의 형태이다. 동작이 독자의 눈에 생생하게 재현되는 느낌을 주기 위해 사용된다. [☞ 2권 291쪽 ① 부정사 참조]

Ecco alzarsi una persona, poi un'altra, poi un'altra persona.

한 사람이 일어나자 다음에 다른 한 사람, 다음에 또 한 사람이 일어나는 것이 아닌가.

Proprio in quel momento ecco arrivare Claudio.

바로 그 순간 클라우디오가 도착하는 것이 아니겠는가.

Pensavo di uscire, ma ecco che piove!

나갈 생각을 하고 있었는데, 바로 그때 비가 오는 것이 아닌가!

Ecco che la barca si rovescia.

바로 그때 배가 뒤집히는 것이 아니겠는가.

3 부사의 등급 I gradi dell'avverbio[☞ 145쪽 형용사의 등급 참조]

형용사와 마찬가지로 많은 부사들이 비교급과 최상급 형태를 취한다.

1 부사의 비교급 Il grado comparativo dell'avverbio

(1) 부사의 우등/열등 비교 Il comparativo di maggioranza e di minoranza

ⓐ '~보다 ~가 더/덜 ~하게'라는 비교: 비교사 di와 che의 사용은 형용사 비교급과 마찬가지다.

più meno	부사	di	명사, 대명사, 한 개의 부사
		che	두 개의 부사, 전치사 + 명사

Il mio professore parla più/meno lentamente del tuo. [방법 부사]
나의 교수님이 너의 교수님보다 더/덜 천천히 말씀하신다. [소유 대명사]

Io corro più/meno velocemente di te. [방법 부사]
내가 너보다 더/덜 빨리 달린다. [인칭 대명사]

Federico è arrivato più/meno tardi di Vittorio. [시간 부사]
페데리코가 빅토리오보다 더/덜 늦게 도착했다. [고유 명사]

Stamattina mi sono alzato più/meno presto di te. [시간 부사]
오늘 아침 내가 너보다 더/덜 일찍 일어났다. [인칭 대명사]

Carla fa la spesa più/meno spesso di noi. [빈도 부사]
카를라는 우리보다 더/덜 자주 장을 본다. [인칭 대명사]

Marta abita più/meno lontano di me. [장소 부사]
마르타는 나보다 더 멀리 산다. [인칭 대명사]

Alessandro è arrivato a scuola più tardi di ieri.
알렉산드로는 학교에 어제보다 더 늦게 도착했다. [한 개의 날짜 부사]

Lei parla italiano più velocemente che correttamente.
그녀는 이탈리아어를 정확하기보다는 빠르게 말한다. [두 개의 방법 부사 비교]

Marco studia più volentieri in compagnia che da solo.
마르코는 혼자보다 함께 하는 데 더 의욕적으로 공부한다. [전치사 + 명사]

ⓑ 비교급이 전치사 di 없이 단독으로 사용될 때가 더 많다(더 ~하게 / 덜 ~하게).

più meno	부사

Puoi parlare più forte?
좀 더 크게 말해줄 수 있니?

Può parlare più piano, per favore?
좀 더 천천히 말씀해 주시겠습니까?

Non puoi andarci più tardi?
나중에 그곳에 갈 수 없니?

Non puoi correre meno lentamente?
덜 천천히 달릴 수 없니?

Corri più velocemente!
더 빨리 달려!

Puoi venire qui un po' più presto?
여기에 조금 더 빨리 올 수 있어?

(2) 부사의 동등 비교 Il comparativo di uguaglianza [☞ 149쪽 ⓓ 형용사 동등 비교 참조]

così	부사	come	~처럼 ~한
tanto		quanto	~만큼 ~한

Francesca parla l'inglese così bene come Giulia.
프란체스카는 줄리아처럼 영어를 잘 말한다. [방법 부사 비교]

Gabriele corre tanto velocemente quanto me.
가브리엘레가 나만큼 빨리 달린다. [방법 부사 비교]

Francesca parla l'inglese tanto bene quanto Giulia.
프란체스카는 줄리아만큼이나 영어를 잘 말한다. [방법 부사 비교]

Mi piace tanto andare al cinema quanto andare al concerto.
나는 음악회에 가는 만큼이나 영화관에 가는 것을 좋아한다. [두 동사 비교]

(3) 정도 부사 molto(많이), poco(적게)의 비교급 형태

molto 많이 → più 더 많이   poco 적게 → meno 더 적게

Marina 마리나	ha studiato	공부했다	più 더 많이	di 보다	me	나
	ha mangiato	먹었다			Anna	안나
	ha bevuto	마셨다	meno 더 적게			
	ha guadagnato	벌었다			ieri	어제
	ha lavorato	일했다	tanto quanto 만큼		me	나
	ha dormito	잤다			Anna	안나

Ho speso più di 50 euro.	나는 50유로보다 더 많이 지출했다.
Ho speso meno di 50 euro.	나는 50유로보다 더 적게 지불했다.
Ho speso meno del previsto.	우리는 예상보다 더 적게 지출했다.
Ho due anni più di te.	나는 너보다 2살 더 많다.
Hai due anni meno di me.	너는 나보다 2살 더 적다.
Ho mangiato più del solito.	나는 평소보다 더 많이 먹었다.
Abbiamo lavorato più di ieri.	우리는 어제보다 더 많이 일했다.

(4) 방법 부사의 bene(잘), male(나쁘게)의 비교급 불규칙 형태

bene 잘 → meglio 더 잘   male 나쁘게 → peggio 더 나쁘게

Marina 마리나	parla 말한다	l'italiano 이탈리아어를	meglio 더 잘	di 보다	me 나
		l'inglese 영어를	peggio 더 못하게		Anna 안나

ⓐ 명사, 대명사, 나란히 있지 않은 한 개의 부사를 비교하는 경우: **meglio/peggio di**

Sara scrive bene.	Sara scrive meglio di Anna.
사라는 글을 잘 쓴다.	사라는 안나보다 글을 더 잘 쓴다.
Lei cucina male.	Lei cucina peggio di me.
그녀는 요리를 못한다.	그녀는 나보다 요리를 더 못한다.
Oggi mi sento bene.	Oggi mi sento meglio di ieri.
오늘 난 몸/기분이 좋다.	오늘 난 어제보다 몸/기분이 더 좋다.
Lui sta male.	Lui sta peggio di prima.
그는 몸이 아프다.	그는 이전보다 몸이 더 나쁘다.

ⓑ 두 개의 부사를 나란히 비교하거나 두 개의 동사를 비교할 경우: **meglio/peggio ~ che**

Meglio tardi che mai.	전혀 안 하느니 늦게라도 하는 것이 낫다.
(È) meglio tacere che parlare.	말하는 것보다 침묵하는 것이 더 낫다.

ⓒ 구(전치사+명사)를 비교할 경우: **meglio/peggio ~ che**

Vedo meglio da lontano che da vicino.

난 가까이에서보다 멀리서 더 잘 보인다.

Questo vestito sta meglio a te che a me.

이 옷은 나에게보다 네게 더 잘 어울린다.

1. 비교급 migliore, meglio와 peggiore, peggio의 차이점

형용사	buono	→	migliore	cattivo	→	peggiore
부사	bene	→	meglio	male	→	peggio

    i) migliore와 peggiore는 형용사 비교급(보어 기능)으로 '더 좋은, 더 나쁜' 의미이다.

      La tua macchina è migliore della mia. 너의 자동차가 내 것보다 더 좋다.

      Il mio risultato è peggiore del tuo. 나의 결과가 네 것보다 더 나쁘다.

    ii) meglio와 peggio는 부사 비교급(동사 수식)으로 '더 좋게(잘), 더 나쁘게' 의미이다.

      Lei canta meglio di me. 그녀는 나보다 노래를 더 잘 부른다.

      Lui canta peggio di me. 그는 나보다 노래를 더 못 부른다.

2. migliore와 peggiore의 상대적 최상급

  Questa pizza è la più buona / la migliore del mondo.

  이 피자가 세계에서 제일 맛있다/최고이다. (품질)

  Tu sei il/la migliore! [=Tu sei la persona più brava.] 네가 제일 낫다/최고이다.

  Tu sei il/la peggiore! [=Tu sei la persona più cattiva.] 네가 제일 나쁘다/최악이다.

3. 비격식적인 일상 대화에서 essere, sembrare, parere 동사 다음에 주격 보어로서 migliore와 peggiore 대신에 meglio, peggio(형용사적 의미로)가 사용되기도 한다.

  Questo caffè è senz'altro migliore / meglio del mio.

  이 커피가 확실히 내 것보다 더 좋다/낫다.

  Questo libro mi sembra migliore / meglio di quello.

  이 책이 내게 저것보다 더 좋아/나아 보인다.

  Quale di questi vestiti ti pare migliore / meglio?

  이 옷들 중에서 어떤 것이 네게 더 좋아/나아 보여?

4. essere + 보어 + 동사 원형 혹은 essere + 보어 + che 형식의 문장에서 보어 자리에 부사 bene, male, meglio, peggio가 형용사적 의미로 사용된다.

  È bene / meglio imparare una lingua. 언어를 배우는 것이 좋다/더 낫다.

  È male / peggio parlare così. 그렇게 말하는 것은 나쁘다/더 나쁘다.

5. 비교사 di 없이 비교 대상을 나타내지 않고 meglio와 peggio로 쓸 수 있다.

  Con le scarpe da ginnastica cammino meglio.

  나는 운동화로 더 잘 걷는다.

(2) 부사의 최상급 Il grado superlativo [☞ 150쪽 형용사의 최상급 참조]

ⓐ 방법 부사의 상대적 최상급 형태

부사는 1종 형용사인 경우 여성 형태(-a)로 고친 후 부사 접미사 -mente를 붙인다.

부사 원급	비교급	상대적 최상급 형태(최대한 ~하게)
chiaramente	più chiaramente	il più chiaramente possibile
velocemente	più velocemente	il più velocemente possibile

Ti spiego la differenza più chiaramente.
네게 차이점을 더 명확하게 설명할게. [비교급]

Ho cercato di spiegarti il più chiaramente possibile.
네게 최대한 명확하게 설명하려고 노력했다. [최상급]

Stiamo andando più velocemente.
우리는 더 빨리 가고 있는 중이다. [비교급]

Stiamo andando il più velocemente possibile.
우리는 최대한 빨리 가고 있는 중이다. [최상급]

ⓑ 방법 부사의 절대적 최상급 Il superlativo assoluto [☞ 153쪽 형용사의 절대적 최상급 참조]

형용사를 부사로 만드는 방법과 동일하게 형용사의 절대적 최상급(-issimo)을 여성 어미 -a로 고친 다음 부사 접미사 -mente를 붙이거나 혹은 원급 형용사의 마지막 모음을 탈락하고 -issimamente를 붙이면 된다. 부사 앞에 molto를 사용할 수도 있다.

형용사 부사 + 형용사	형용사의 절대적 최상급	부사의 절대적 최상급 (아주 ~하게)	
chiaro molto chiaro	chiarissimo	chiarissimamente molto chiaramente	아주 명확하게
veloce molto veloce	velocissimo	velocissimamente molto velocemente	아주 빠르게

Ho cercato di spiegarti chiarissimamente / molto chiariamente.
나는 네게 아주 명확하게 설명하려고 노력했다.

Stiamo andando velocissimamente / molto velocemente.
우리는 아주 빨리 가고 있는 중이다.

ⓒ 시간 부사와 장소 부사의 비교급과 최상급

원급 부사	부사의 비교급	부사의 상대적 최상급	부사의 절대적 최상급
presto 빨리	più presto 더 빨리	il più presto possibile 최대한 빨리	prestissimo molto presto 아주 빨리
tardi 늦게	più tardi 더 늦게	il più tardi possibile 최대한 늦게	tardissimo molto tardi 아주 늦게
lontano 멀리	più lontano 더 멀리	il più lontano possibile 최대한 멀리	lontanissimo molto lontano 아주 멀리

Tornerò il più presto possibile.   나는 최대한 빨리 돌아올 것이다.
Ci vediamo prestissimo!   우리 아주 조만간에 보자!
Mi sono alzato molto presto.   나는 아주 일찍 일어났다.
Partiremo il più tardi possibile.   우리는 최대한 늦게 출발할 것이다.
Siamo arrivati tardissimo.   우리는 아주 늦게 도착했다.
Scappo il più lontano possibile.   나는 최대한 멀리 도망간다.
Abito lontanissimo da scuola.   나는 학교에서 아주 멀리 산다.

ⓓ 부사의 불규칙 비교급과 최상급 형태들

형용사의 절대적 최상급은 어미가 -issimo/a/i/e로 변화하는 반면에 부사의 절대적 최상급은 부사이기 때문에 형태가 -issimo로 변화하지 않는다. [☞ 156쪽 형용사 불규칙 참조]

원급 부사	부사의 비교급	부사의 상대적 최상급	부사의 절대적 최상급
bene 잘	meglio 더 낫게	nel modo migliore 최선의 방법으로	benissimo (ottimamente)
male 나쁘게	peggio 더 나쁘게	nel modo peggiore 최악의 방법으로	malissimo (pessimamente)
molto 많이	più 더 많이	il più possibile 최대한 가장 많이	moltissimo
poco 적게	meno 더 적게	il meno possibile 가능한 한 가장 적게	pochissimo

Come stai?

어떻게 지내니?

-Sto benissimo.

아주 잘 지내.

Va bene?

좋습니까?

-Va benissimo!

아주 좋아요!

Come sta Luigi?

루이지가 어떻게 지내?

-Sta malissimo.

몸이 아주 안 좋아.

Come è andato l'esame?

시험 어떻게 됐어?

-Mi è andato malissimo.

내겐 아주 형편없이 됐어.

Ti piace la musica?

음악 좋아하니?

-Sì, mi piace moltissimo.

응, 아주 좋아해.

Come possiamo risolvere il problema nel modo migliore?

우리가 어떻게 최선의 방법으로 문제를 해결할 수 있을까?

Abbiamo imparato l'inglese nel modo peggiore.

우리는 최악의 방식으로 영어를 배웠다.

✎ 참고

1. -mente 부사는 단어의 길이가 길어서 사용하기가 부담스럽기 때문에 다른 경쾌한 형태의 표현
으로 바꾸어 사용하는 것이 더 낫다.

Come è andata?

(상황이) 어떻게 되었어?

-Tutto è andato ottimamente.

모든 것이 아주 잘 되었어. [→ benissimo]

Funziona bene?

작동이 잘됩니까?

-No, funziona pessimamente.

아뇨, 너무 나쁘게 작동됩니다. [→ malissimo]

2. 시간의 신속과 긴박을 나타내는 최상급 의미 나타내는 표현들: '최대한/가능한 한 빨리'

il più presto possibile

al più presto (possibile)

quanto più presto possibile

il prima possibile

quanto prima (possibile)

appena possibile

3. in modo migliore와 nel modo migliore의 차이점

in modo migliore [=in modo più buono]

더 좋은 방법으로

nel modo migliore [=nel modo più buono]

최선의 방법으로

(3) 비교 부사 종속절 [☞ 149쪽 형용사 비교절 참조]

ⓐ 우등/열등 비교 부사절

~이 ~보다 더/덜 낫다고 비교하는 것이다. 비격식적인 구어체에서 비교절에 직설법을 사용하고, 격식적인 구어체나 문어체에서 접속법을 사용한다. quello che가 quanto보다 비격식적인 표현이다. [☞ 2권 256쪽 (4) 접속법 동사 참조]

più / meno meglio / peggio	di	quello che quanto come	주어 + 동사(접속법/직설법)

So (molto) più di quello che pensi. [비격식적인 구어체]
난 네가 생각하는 것보다 (훨씬) 더 많이 알고 있다. [직설법 동사]

Spendo (molto) meno di quello che pensi. [비격식적인 구어체]
난 네가 생각하는 것보다 (훨씬) 더 적게 지출한다. [직설법 동사]

Matteo ha studiato più di quanto (io) pensassi. [격식적]
마테오는 내가 생각하던 것보다 공부를 더 많이 했다. [접속법 동사]

Lui ha lavorato meno di quanto (io) immaginassi. [격식적]
그는 내가 상상하던 것보다 일을 더 적게 했다. [접속법 동사]

La situazione è andata meglio di come mi aspettavo. [=aspettassi]
상황이 내가 기대하던 것보다 더 잘되었다. [비격식적-직설법 동사]

Le cose sono andate molto peggio di quanto pensassi. [=pensavo]
상황이 내가 생각하던 것보다 훨씬 더 나쁘게 되었다. [격식적-접속법 동사]

ⓑ 동등 비교 부사절: ~만큼 ~하게

Ho mangiato tanto quanto hai mangiato tu.
네가 먹은 만큼 나도 많이 먹었다. [=Ho mangiato tanto quanto te.]

ⓒ 유사 비교 부사절: ~처럼 그대로

così come	주어 + 동사

Le cose sono andate così come avevi previsto.
상황이 네가 예상했던 그대로 진행되었다.

La situazione non è così come quello che tu pensi.
상황이 네가 생각하는 것처럼 그렇지는 않아.

ⓓ 비례 비교 부사절: 점차 감소하거나 증가하는 것을 가리킨다.

più		(e) più	~하면 할수록 더욱더 ~하다
meno	~	(e) meno	~하지 않으면 않을수록 덜 ~하다
più		(e) meno	~하면 할수록 덜 ~하다
meno		(e) più	~하지 않으면 않을수록 더 ~하다

Più lo vedo e più mi piace.	그를 볼수록 더욱더 내 마음에 든다.
Più ti penso e più mi manchi.	너를 생각할수록 더욱더 네가 그립다.
Meno studi, meno impari.	네가 공부를 덜 할수록 덜 배우게 된다.
Più lo conosco e meno mi piace.	그를 알면 알수록 그가 덜 좋다.
Meno studi, più dimentichi.	네가 공부를 덜 할수록 더 많이 잊어버린다.

quanto più		tanto più	~하면 할수록 더욱더 ~하다
quanto più		tanto meno	~하면 할수록 더욱더 ~ 덜하다
quanto meno	~	tanto più	~덜 할수록 더욱더 ~하다
più		(e) peggio	~하면 할수록 더욱더 나빠지다
meno		(e) meglio	~덜 할수록 더욱더 좋아지다

Quano più lo desideri, tanto meno lo hai.
네가 그것을 더 많이 원할수록 더 적게 갖게 된다.

Quanto meno lo vedo, tanto più sono contenta.
그를 덜 보면 덜 볼수록, 난 더 기쁘다.

man mano che	~ 하면 할수록 점점 더 ~해지다
via via che	

Quessto vino, man mano che invecchia diventa più buono.
이 포도주는 해가 묵을수록 더욱 맛있어진다.

Ti darò informazioni via via che mi arrivano.
내게 오는 대로 네게 정보를 줄게.

(4) 부사의 변형

명사나 형용사와 마찬가지로 부사도 접미사를 통해서 변형이 될 수 있다. 부사의 절대적 최상급과 마찬가지로 부사의 변형 접미사도 부사이기 때문에 형태가 변화하지 않는다.

부사	축소사(-ino) / 애정사(-etto, uccio)	확대사(-one)
bene	benino	benone(확대사)
male	malino / maluccio	
poco	pochino / pochetto / pochettino	
presto	prestino	
tardi	tardino	

Ciao, Lucio, come va?
안녕, 루치오, 요즘 어때? [근황]

-Benino, grazie.
그런대로 괜찮아.

Come va?
요즘 어때?

-Benone!
너무 좋아!

Ciao, Paola, come stai?
안녕, 파올라, 어떻게 지내니? [건강]

-Oggi sto maluccio.
오늘 몸이 좀 안 좋아.

Vuoi assaggiare questo vino?
이 포도주 맛보고 싶어?

-Sì, ma un pochino!
응, 그렇지만 조금만!

Stamattina mi sono alzato prestino.
오늘 아침 나는 조금 일찍 일어났다.

Su, torniamo a casa, è già tardino.
자 어서, 집에 돌아가자, 벌써 시간이 좀 늦었어.

🖉 참고

1. malino보다 maluccio가 더 일반적인 표현이다.
   L'esame è andato maluccio.   시험을 약간 못 봤다.

2. un pochetto보다 un pochino가 일반적인 표현이다.
   Vorrei riposarmi un pochino.   조금 쉬고 싶어요.

3. meglio와 peggio를 넣어서 사용하는 표현들

Meglio per te! 네게 더 잘 되었네.	Meglio di no! 아닌 게 더 나아.
Peggio per te! 네게 더 못 되었네.	Meglio di sì! 하는 게 더 나아.
Tanto meglio! 그게 훨씬 더 나아.	Meglio così. 그러는 것이 더 나아.
Tanto peggio! 그게 훨씬 더 나빠.	

7장

전치사
La preposizione

전치사(preposizione)란 글자 그대로 풀어보면 '앞에 위치하는 단어(pre + posizione)'라는
뜻이다. 명사나 대명사 앞에 놓여 그 단어들을 서로 연결하여 다른 문장 성분의 의미를 보충해
준다. 전치사 다음에 오는 단어를 문법 용어로 전치사의 목적어라 하는데, 이탈리아어에서
전치사의 목적어는 동사 원형을 사용하고, 인칭 대명사가 올 경우에는 반드시 직접 목적격
대명사 강조형[me, te, lui, lei, Lei, noi, voi, loro]을 사용한다. 일반적으로 가장 많이
사용되는 전치사는 di, a, da, in, su, per, con, tra(fra) 등의 본질적 전치사로, 정관사가
없는 단순 형태와 정관사가 붙은 전치사 관사(del, al, dal, nel...) 형태로 구분된다. 전치사의
종류에는 다른 품사가 전치사 기능도 하는 비본질적 전치사(dopo, secondo, fuori...)와 두
개 이상의 단어들이 모여 전치사 기능을 하는 전치사구(davanti a, in mezzo a...)도 있다.

Passo il mio tempo libero a stuidare. [전치사 + 동사 원형]
나는 나의 여가 시간을 공부하는 데 보낸다.

Vieni al cinema con me? [전치사 + 직접 목적격 대명사 강조형]
나와 영화 보러 갈래?

Nella fantasia io vedo un mondo giusto. [전치사 관사 in + la]
환상 속에 나는 정의로운 세상을 봅니다.

1 본질적 전치사 Le preposizioni proprie

1 a

실제적이든 비유적이든 움직임의 방향, 움직임의 도착 지점을 나타낸다. 전치사 a는 모음으로 시작하는 단어 앞에서 소리가 부드럽게 나오도록 도와주는 호음 철자 d를 사용한다.

Domani andiamo ad Assisi. 내일 우리는 아씨시에 간다.
Scrivo un'e-mail ad Anna. 나는 안나에게 이메일을 한 통 쓴다.

ⓐ 여격(termine): ~에게

A chi telefoni?   -Telefono ai miei genitori.
누구에게 전화하니?   나의 부모님께 전화해.

A chi regali questo libro?   -Lo regalo a Monica.
누구에게 이 책을 선물하니?   그것을 모니카에게 선물한다.

ⓑ 장소 상태(stato in luogo): ~에서

Dove abiti?   -Abito a Milano.   어디에 사니? 밀라노에 살아.
Dove sei?   -Sono a casa.   어디에 있니? 집에 있어.
Anna è nata a Roma nel 1990.   안나는 1990년 로마에서 태어났다.
A che piano abiti?   -Al pianoterra.   너는 몇 층에 사니? 일 층에.
I bambini sono a letto.   아이들이 침대에 있다.
Stasera restiamo a casa.   오늘 저녁 우리는 집에 남아 있다.
Chi conosci a questa festa?   너는 이 파티에서 누구를 아니?

ⓒ 장소의 방향(moto a luogo): ~로, ~에

Quando vai a Roma?   언제 로마에 가니?
Vado a casa di Marta.   나는 마르타의 집에 간다.
Porto i bambini allo zoo.   아이들을 동물원에 데려간다.
A che pagina siamo arrivati?   우리 진도 몇 페이지 나갔죠?
Siamo arrivati a pagina 40.   우리는 40페이지 나갔습니다.
Il treno sta arrivando al binario 3.   기차가 삼 번 플랫폼에 도착한다.
A quale fermata devo scendere?   어느 정류장에서 내려야 하나요?
Torniamo al punto di partenza!   원점으로 돌아갑시다!

ⓓ 정해진 시간(tempo determinato): ~(시)에, ~시간에

Cosa mangi a colazione? 아침 식사 때 무엇을 먹니?

Che cosa farai a Natale? 성탄절 때 무엇을 할 거야?

Dove vai a Capodanno? 설날에 어디에 가니?

Vado a letto a mezzanotte. 난 자정에 잠자리에 든다.

A che ora ci vediamo? 우리 몇 시에 볼까?

Per te va bene alle 7? 네게 7시 괜찮겠지?

È stato un amore a prima vista. 첫눈에 반한 사랑이었다.

Come mai sei qui a quest'ora? 너 이 시간에 여기 웬일이야?

ⓔ 방법 및 방식(modo o maniera): ~으로, ~식으로

Imparate questa poesia a memoria. (여러분) 이 시를 암기하세요.

Lei si veste all'ultima moda. 그녀는 최신 유행에 맞춰 옷을 입는다.

Leggete ad alta voce! (여러분) 큰 소리로 읽으세요!

Tagliate la cipolla a fette sottili. (여러분) 양파를 얇게 자르세요.

Scegliete un libro a caso. (여러분) 책을 아무거나 고르시오.

ⓕ 수단(mezzo): ~로, ~로써

Vado a scuola a piedi. 나는 걸어서 학교에 간다.

Giochiamo a carte? 우리 카드놀이 할까?

Funziona a batteria? 배터리로 작동합니까?

Questo maglione è fatto a mano. 이 스웨터는 손으로 뜬 것이다.

Ho chiuso la porta a chiave. 나는 열쇠로 문을 잠갔다.

Ho parlato con lui al telefono. 나는 그와 전화 통화했다.

ⓖ 음식의 유형(tipo)이나 맛(sapore): ~식으로

Per me un gelato al cioccolato, per lei un gelato alla fragola.
저한테는 초코 아이스크림, 그녀한테는 딸기 아이스크림으로 주세요.

Io prendo un tramezzino al tonno o al prosciutto.
나는 참치나 햄 샌드위치 먹을게.

Per pranzo vorrei mangiare gli spaghetti ai frutti di mare.
점심 식사로 해산물 스파게티를 먹고 싶어요.

Vorrei mangiare gli spaghetti alla bolognese.
나는 볼로냐식 스파게티를 먹고 싶어요. [=alla (maniera) bolognese]

ⓗ 정확한 나이(età precisa): ~세에, ~살에

A quanti anni ti sei sposato?
몇 살에 결혼했니?

-Mi sono sposato a 30 anni.
나는 30살에 결혼했어.

A che età è morto tuo padre?
너의 아버지는 몇 세에 돌아가셨어?

-È morto all'età di 80 anni.
80세에 돌아가셨어.

Io, alla tua età, ero già sposato.
난 네 나이 때 이미 결혼을 했다.

Alla mia età non è facile.
내 나이에는 쉽지 않다.

ⓘ 원인(causa): ~ 때문에

A quelle parole lei è arrossita.
그 말에 그녀는 얼굴이 붉어졌다.

A quella notizia mi sono rallegrato.
그 소식에 나는 기뻤다.

Abbiamo perso il treno a causa tua.
너 때문에 우리가 기차를 놓쳤다.

Al suono della campana si è svegliato.
그는 종소리에 잠을 깼다.

ⓙ 거리(distanza): ~ 지점에, 거리에

Il mare è a 2 chilometri da qui.
바다는 여기서 2킬로미터 떨어진 지점에 있다.

Perugia è a due ore da Roma.
페루자는 로마에서 2시간 거리에 있다.

L'hotel è a due passi dal mare.
호텔은 바다에서 두 발자국 거리에 있다.

È situato a poca distanza dal mare.
바다에서 멀지 않은 곳에 위치해 있다.

Lui si trova a pochi metri da te.
그는 네게 몇 미터 안 되는 곳에 있다.

ⓚ 배분(distributivo): ~당, ~에

Quanti caffè bevi al giorno?
하루에 커피를 몇 잔 마셔?

Quante volte alla settimana?
일주일에 몇 번?

Quanto costa al chilo?
1킬로그램에 얼마입니까?

Quanto costa a persona?
인당 얼마입니까?

Quanto costa a testa?
두당 얼마입니까?

Ci vado due volte al mese.
나는 그곳에 한 달에 두 번 간다.

Costa 1 euro all'ora.
시간당 1유로입니다.

ⓛ 속도(velocità)

Vado a 100 chilometri all'ora.
나는 시속 100킬로미터로 간다.

Andiamo a velocità massima.
우리는 최대 속력으로 간다.

Lei guida a bassa velocità.
그녀는 낮은 속력으로 운전한다.

ⓜ 가격(prezzo): ~값에

A che prezzo si vende il libro usato?	중고책은 얼마에 판매되나요?
A quanto si vendono i libri usati?	중고책들은 얼마에 판매됩니까?
Ho comprato questo solo a due euro.	나는 이것을 단지 2유로에 샀다.
Ho acquistato tutto a metà prezzo.	나는 모두 반값에 구입했다.
Puoi comprare online a poco prezzo.	너는 온라인으로 저렴하게 살 수 있어.
Il negozio vende a prezzo di costo.	가게에서 원가로 판매한다.
L'ho comprato a buon prezzo.	나는 그것을 좋은 가격에 샀다.
A questo prezzo è un vero affare.	이 가격이면 진짜 득템 한 거다.
È un menù a prezzo fisso a pranzo.	런치타임 정가 메뉴(세트 메뉴)이다.
Conosco un ristorante a buon mercato.	나는 값이 저렴한 식당을 하나 안다.

ⓝ 목적(fine)과 이익(vantaggio): ~하러, ~를 위해, ~에

La domenica vado a pesca.	일요일에 나는 낚시하러 간다.
Io vado a pranzo.	나는 점심 식사 하러 간다.
Resta a cena da noi!	우리 집에 남아서 저녁 식사해!
Bere troppo fa male alla salute.	과음은 건강에 해롭다.
Ho parlato a favore tuo.	너를 위해서 말했다.

ⓞ 형벌(pena): ~형에, ~에

L'assassino è stato condannato a morte.	살인자는 사형 선고를 받았다.
Luca è stato condannato all'ergastolo.	루카는 종신형을 선고받았다.
L'hanno condannato a 3 anni di prigione.	그에게 징역 3년을 선고했다.
Condanna alla pena della multa di 100 euro.	100유로 벌금 선고.
Condanna a 40 ore di servizi sociali.	40시간 사회봉사 선고.

ⓟ 성질, 특성(qualità): ~으로 된

È un automobile a sei posti.	6인승 자동차이다.
Abito in una casa a due piani.	나는 2층 집에 산다.
Questo cane è una razza a pelo lungo.	이 개는 털이 긴 종이다.
Compro una camicia a maniche corte.	나는 반팔 셔츠를 산다.
Mi piace la camicia a quadri.	나는 체크무늬 셔츠가 좋다.
Anna indossa una gonna a fiori.	안나는 꽃무늬 치마를 입는다.
Vorrei vedere una sciarpa a righe.	줄무늬 스카프를 하나 보고 싶어요.

ⓠ 제한, 한정(limitazione): ~에 있어서

È un uomo coraggioso solo a parole, ma non a fatti.
그는 행동이 아니라 말로만 용감한 사람이다.

Fai come vuoi ma, a mio parere, ti sbagli di grosso.
네가 원하는 대로 해. 그러나, 내 생각엔 너는 크게 실수하는 거야.

A mio avviso, Francesco deve studiare di più.
내 생각에 프란체스코는 더 공부를 해야 해.

All'apparenza sembrava un ragazzo intelligente.
겉으로 보면 그는 똑똑한 소년처럼 보였다.

Vado dall'oculista perché ho un problema agli occhi.
나는 눈에 문제가 있어서 안과에 간다.

A giudizio di molti hai fatto un ottimo lavoro.
많은 사람들의 평가에 의할 것 같으면 너는 아주 일을 잘했다.

ⓡ 비교(paragone)

Io preferisco l'autunno alla primavera.
나는 봄보다 가을을 더 좋아한다.

Non mi sento inferiore a nessuno.
난 그 누구보다 열등하다고 느끼지 않는다.

I risultati sono stati superiori ad ogni aspettativa.
결과들이 모든 기대 이상이었다.

In inglese non è secondo a nessuno dei suoi compagni.
그는 영어라면 그의 반 동료 중 그 누구에게도 뒤지지 않는다.

ⓢ 상황(situazione)

Marco, come va, tutto a posto?
마르코, 요즘 어때, 모든 것이 제대로 되고 있는 거지?

Con quella persona non mi sento a mio agio.
그 사람이랑 같이 있으면 내 마음이 편안하지 않다.

Questa notizia è un fulmine a cielo sereno.
이 소식은 마른하늘에 날벼락(청천벽력)이다.

Spiacente, non c'è più posto. Siamo al completo.
유감입니다만, 더 이상 자리가 없습니다. 우린 만석입니다.

(t) **a + 부정사**(동사 원형): 함축 형태(la forma implicita) 종속절(구 형태)를 이끈다.

i) 목적절(finale): ~하러

Sono venuto a trovarti.	나는 너를 만나러 왔다.
Mi preparo ad uscire.	나는 나갈 준비를 한다.
Esco a fare una passeggiata.	나는 산책하러 나간다.
Vado a fare la spesa.	나는 장 보러 간다.

ii) 원인절(causativa): ~이기 때문에

Hai fatto bene a venire qui.	여기 오기를 너는 참 잘했다.
Hai fatto male a partire così.	그렇게 떠나다니 너는 잘못했어.
Ho sbagliato a cambiare lavoro.	내가 직업을 바꾼 게 실수이다.
Sei stato fortunato a trovare casa!	집을 구하다니 너는 운이 좋았다!
Sei stato molto gentile ad aiutarmi!	나를 도와주다니 너는 참 친절해!

iii) 시간절(temporale): ~했을 때[문어체] [☞ 2권 293쪽 ii) 부정사 참조]

Al vederlo tornare, hanno saltato di gioia. [=Quando l'hanno visto]
그가 돌아오는 것을 보고서, 그들은 기뻐서 펄쩍 뛰었다.

A sentire le loro parole, Maria è arrossita. [=Quando ha sentito]
마리아가 그들의 말을 들었을 때, 얼굴을 붉혔다.

iv) 조건절(condizionale): 만일 ~한다면 [☞ 2권 293쪽 i) 부정사 참조]

A ben guardare, le cose non stanno così.
잘 보면, 상황이 그렇지가 않다.   [=Se si guarda bene]

A dire la verità, non capisco bene.
사실대로 말해서, 이해가 잘 안 된다.   [=Se io dico la verità]

Ad essere sincero, non è stato facile.
솔직히 말해서, 쉽지가 않았다.   [=Se io devo essere sincero]

v) 관계사절(relativa): l'unico, il solo, il primo, l'ultimo + 동사 원형

È l'unico a studiare in famiglia.   [=l'unico che studia]
그는 가족 중에 유일하게 공부하는 사람이다.

Sei stato il primo a rispondere.   [=il primo che ha risposto]
네가 첫 번째로 대답한 사람이었다.

vi) 한정절(limitazione): ~에 있어서

A correre, lui è il numero uno. [=in quanto a correre]
달리기에 있어서, 그는 넘버원(1위)이다.

A parlare, sono bravo, ma nella scrittura sono un disastro.
나는 말하기에 있어선 잘하지만, 쓰기에 있어서는 엉망이다.

A disegnare, lei è imbattibile. [=in quanto a disegnare]
그리기에서 있어서, 그녀는 타의 추종을 불허한다.

vii) 주어 강조 구문(la frase scissa): essere + 강조 요소(주어) + a +동사 원형

Sono io a doverti ringraziare.   [=Sono io che ti devo ringraziare.]
네게 고마워해야 할 사람은 바로 나야.

Sei tu a organizzare la festa?   [=Sei tu che organizzi la festa?]
파티를 계획하는 자가 너니?

È stato Carlo a rompere il vetro. [=È stato Carlo che ha rotto il vetro.]
유리를 깬 자는 바로 카를로였다.

ⓤ 구(전치사구, 부사구)를 만든다.

a due a due 둘씩	a poco a poco 조금씩	a mano a mano 점차로
a goccia a goccia 한 방울씩, 똑똑	a favore di ~에게 유리하게	a proposito di ~에 관해서
a cura di ~의 편집으로	a proposito 그건 그렇고	a causa di ~ 때문에
allo scopo di ~을 목적으로	a braccia aperte 두 팔 벌려	a mani giunte 두 손 모아
davanti a ~ 앞에	vicino a ~ 가까이에	intorno a ~ 주위에
attorno a ~ 주위에	in mezzo a ~ 중앙에	in faccia a ~ 정면에
oltre a ~ 이외에도	fino a ~까지	a caso 되는 대로
a fatica 힘들게	a stento 간신히	a naso 직감으로

2 di

전치사 di는 모음으로 시작하는 단어 앞에선 모음이 생략되어 d'가 된다.

d'inverno	겨울에	d'estate	여름에
anello d'oro	금반지	collana d'argento	은목걸이
essere d'accordo	동의하다	d'un fiato	단숨에

ⓐ 소속(appartenenza), 특정화(specificazione): ~의

Hai letto il giornale di oggi?	오늘 신문을 읽었니?
Lui è il padre di Andrea.	그는 안드레아의 아버지이다.
Dove è la chiave della macchina?	자동차 열쇠가 어디에 있어?
La regina d'Inghilterra è molto famosa.	영국 여왕은 무척 유명하다.
Lavoro in un negozio d'abbigliamento.	나는 옷가게에서 일한다.
Oggi non vado a lezione d'italiano.	오늘 난 이탈리아어 수업에 안 간다.
Anna è insegnante di storia al liceo.	안나는 고등학교 역사 교사이다.

ⓑ 소유(possesso): ~ 소유의, ~에 속하는

Di chi è questa penna? -È di Anna.	이 펜은 누구의 것이지? 안나 거야.
Questa macchina è di mio padre.	이 자동차는 나의 아버지 것이다.
Questo libro è del professore.	이 책은 교수님의 것이다.

ⓒ 출신, 유래, 기원(origine o provenienza): ~로 부터, ~ 출신의

Di dove sei? -Sono di Milano.	어디 출신이니? 밀라노 출신이야.
Di che nazionalità è? -Sono coreano.	국적이 어디세요? 한국인이에요.
Lei è di qui? -No, non sono di qui.	이곳 분이세요? 아뇨, 여기 출신 아니에요.
Lui è di buona famiglia.	그는 좋은 가정 출신이다.
Mio marito è di origine italiana.	내 남편은 이탈리아계 사람이다.

ⓓ 부분 관사(partizione): ~ 중에서

Chi di voi conosce il francese?	너희들 중에 누가 프랑스어를 알지?
Alcuni dei miei amici sono inglesi.	내 친구들 중 몇 명은 영국인이다.
Qualcuno di voi deve aiutare Sara.	너희들 중 누군가가 사라를 도와줘야 한다.
Quale di questi due è migliore?	이 두 개 중에서 어느 것이 더 좋아?
Potrebbe essere stato uno di voi.	너희 중에 한 명이었을 가능성이 있다.

ⓔ 명칭(denominazione): ~의 [영어의 동격 관계에 해당]

La città di Roma è ricca di monumenti.

로마 도시는 기념물이 풍부하다.

Nel mese di luglio partiremo per le vacanze.

우리는 7월 달에 휴가를 떠날 것이다.

ⓕ 정해진 시간(tempo determinato)

Vai spesso a sciare d'inverno?	겨울에 자주 스키 타러 가니?
A Firenze fa molto caldo d'estate.	피렌체는 여름에 덥다.
Che cosa fai di sera?	저녁에 뭐 하니?
Mi piace studiare di notte.	나는 밤에 공부하는 것을 좋아한다.
Di domenica non si lavora.	일요일에는 사람들이 일하지 않는다.

> ✎ 참고
>
> **명사 + di + 시간/기간**
>
> | | |
> |---|---|
> | un viaggio di tre giorni | 3일간의 여행 |
> | uno spettacolo di due ore | 두 시간짜리 공연 |
> | un corso di sei mesi | 6개월 과정 |

ⓖ 화제, 논제, 주제(argomento): ~에 관해서

Di che cosa parliamo oggi?	오늘 우리 무엇에 대해 말할까요?
Di che cosa parla questo libro?	이 책은 무엇에 관한 건가요?
Lei mi ha parlato del suo problema.	그녀는 내게 자기 문제에 대해 말했다.
Ho sentito molto parlare di Lei.	당신에 대해 말씀 많이 들었어요.
Noi discutiamo spesso di politica.	우리는 자주 정치에 관해 토론한다.
Lui mi chiede sempre di te.	그는 항상 나에게 너에 대해서 묻는다.
Sai qualcosa di lui?	그에 대해서 뭐 좀 아는 것 있어?
Che cosa pensi di me?	나에 대해서 어떻게 생각하니?

ⓗ 단위 명사를 이끈다. [전치사 다음에 무관사 명사] [☞ 80쪽 정관사 참조]

Mi dia un chilo di patate!	감자 1킬로그램 주세요!
Devo comprare una bottiglia di vino.	나는 와인 한 병을 사야 한다.
Mando a Gina un mazzo di rose.	지나에게 장미 한 다발을 보낸다.
Puoi portarmi un bicchiere d'acqua?	물 한 잔 갖다줄 수 있니?

ⓘ di + 형용사를 이끈다. [의문 대명사, 부정 대명사 + di + 형용사]

Che cosa farai di bello durante le vacanze?
방학 때 무슨 멋진 일을 할 거니?

Che cosa hai preparato di buono per cena?
저녁 식사로 무슨 맛있는 것을 준비했어?

Ho preparato qualcosa di speciale per te.
너를 위해 특별한 무엇인가를 준비했다.

Non ho trovato niente di strano.
나는 이상한 것이라곤 아무것도 발견하지 못했다.

Vuoi bere qualcosa di fresco?
뭔가 시원한 것 좀 마실래?

ⓙ 비교(paragone)를 할 때: ~보다 [☞ 146쪽 형용사의 비교급 참조]

Giovanna è più studiosa di te.　　　　조반나가 너보다 더 공부에 열심이다.
Paolo è meno alto di Marco.　　　　　파올로가 마르코보다 키가 덜 크다.
Il tuo vestito è più bello del mio.　　 네 옷이 내 것보다 더 예쁘다.
Ho dormito più del solito.　　　　　　나는 평소보다 많이 잤다.

ⓚ 상대적 최상급: ~가운데서 [☞ 150쪽 형용사의 최상급 참조]

Valeria è la più bella delle sorelle.
발레리아가 자매들 가운데서 가장 예쁘다.

Giuliano è lo studente meno preparato della classe.
줄리아노가 학급에서 가장 준비를 안 해오는 학생이다.

ⓛ 재료(materia): ~의, ~로 만들어진

Lui mi ha regalato un anello d'oro.　그는 나에게 금반지를 선물했다.
Di che stoffa è? -È di cottone.　　　무슨 소재로 되어 있죠? 면입니다.
Ho comprato una sciarpa di seta.　　나는 실크 스카프 한 장을 샀다.
Questa giacca è di pura lana.　　　　이 재킷은 순모입니다.
Regalo a Fabio una borsa di pelle.　나는 파비오에게 가죽 가방을 선물한다.

ⓜ 색깔(colore): ~색으로

Di che colore è la tua macchina?　　너의 자동차는 무슨 색상이니?
Le spose si vestono di bianco.　　　신부들은 흰색으로 입는다.

ⓝ 양태, 양식(modo o manieria)

Di che umore sei? -Sono di buon umore. 기분이 어떠니? 기분 좋아.

Mi sveglio spesso di cattivo umore. 나는 종종 기분 나쁘게 일어난다.

Sono arrivato qui di corsa. 나는 뛰어서 여기에 도착했다.

Ho bevuto tutto di un fiato. 나는 한숨에 다 마셨다.

ⓞ 수단(mezzo): ~을 매개로

Gli uomini non possono vivere di solo pane.
인간은 빵만으로 살 수 없다.

Quella povera donna vive di elemosina.
저 가엾은 여자는 구걸하여 살아간다.

ⓟ 장소의 이동(moto da luogo): ~로부터[분리, 기점]

A che ora esci di casa? 집에서 몇 시에 나오니?

Mi è caduto di mano. 그것이 내 손에서 떨어졌다.

Vai via di qui! 여기에서 나가!

Lui è fuori di testa. 그는 제 정신이 아니다.

ⓠ 나이(età), 가치(valore), 측량(misura): ~의

Lei ha un bambino di tre anni. 그녀에게 3살 난 아이가 있다.

Questo è un vino di sette anni. 이것은 7년 된 포도주이다.

Lui ha un edificio di 10 piani. 그는 10층짜리 건물을 갖고 있다.

ⓡ 원인(causa): ~로 인하여

Io piango di gioia. 나는 기뻐서 운다.

Lei trema di paura. 그녀는 무서워서 떤다.

Sto morendo di sonno. 지금 졸려 죽겠다.

Molti bambini muoiono di fame. 많은 아이들이 기아로 죽는다.

ⓢ 성질(qualità), 특성(caratteristica): ~ 질의

Carlo è una persona di buon carattere. 카를로는 성격이 좋은 사람이다.

Questo formaggio è di buona qualità. 이 치즈는 품질이 좋다.

Questa stoffa è di ottima qualità. 이 옷감은 최고급이다.

Ahmed è di pelle scura / chiara. 아메드는 어두운/밝은 피부이다.

ⓣ 풍부(abbondanza) 및 결여(privazione): ~이 풍부한, ~이 부족한

La stanza è piena di gente.	방은 사람들로 가득 차 있다.
Firenze è ricca d'opere d'arte.	피렌체는 예술 작품들이 풍부하다.
È una città dotata di tesori artistici.	예술적 보물을 물려받은 도시이다.
È un libro abbondante d'illustrazioni.	삽화가 풍부한 책이다.
È un uomo privo di coscienza.	양심이 결여된 사람이다.
L'Italia del Sud è povera d'acqua.	이탈리아 남부는 물이 부족하다.

ⓤ 죄악(colpa) 및 형벌(pena)

Hanno trovato il colpevole del furto.	그들은 절도범을 찾았다.
L'uomo è stato accusato di omicidio.	남자는 살인으로 기소되었다.
Lui è stato multato di 100 euro.	그는 100유로 벌금을 물었다.
Mi hanno fatto una multa di 300 euro.	나에게 300유로의 벌금을 부과했다
Dante fu condannato all'esilio da Firenze.	단테는 피렌체에서 추방 선고를 받았다.

ⓥ 한정(limitazione), 조건(condizione): ~에 있어서, ~의 점에서

Lui è molto alto di statura.	그는 키가 아주 크다.
Sono molto debole di stomaco.	나는 위가 아주 약하다.
Lei è forte di carattere.	그녀는 성격이 강하다.
Ho mal di testa / gola.	나는 머리가/목이 아프다.
Quanti anni avete di differenza?	너희들은 몇 살 차이니?
Carlo è molto esperto di vini.	카를로는 굉장한 와인 전문가이다.
Io non sono pratico di questa città.	나는 이 도시를 잘 모른다.
Io lo conosco solo di vista / nome.	나는 그를 얼굴만/이름만 안다.
I pantaloni sono un po' larghi di vita.	바지허리 부분이 좀 큽니다.

ⓦ 목적(scopo), 용도(desitinazione)

stanza di soggiorno	거실	sala di lettura	독서실
sala d'aspetto	대기실	cintura di sicurezza	안전벨트

ⓧ 다른 전치사와 함께 사용될 때

Non ho niente contro di lui.	나는 그한테 아무런 악감정이 없다.
Su di te so molto poco.	나는 너에 대해 아는 것이 매우 적다.
Prego, dopo di Lei!	당신이 먼저 가세요! (After you!)

ⓨ **di + 부정사(동사 원형): 함축 형태(la forma implicita)의 종속절(구 형태)을 이끈다.**

i) 주격절(soggettiva)

Mi sembra di sognare. 나는 꿈을 꾸는 것 같다.
È ora di andare a letto. 자러 갈 시간이다.

ii) 서술격절/주격 보어(predicativa)

Il mio sogno è (di) diventare un medico. 나의 꿈은 의사가 되는 것이다.
Il mio desiderio è (di) stare con te. 내 바람은 너와 함께 있는 것이다.

iii) 목적격절(oggettiva)

Lui ha detto di sapere tutto. 그는 모든 것을 안다고 말했다.
Ho deciso di non partire. 나는 떠나지 않을 것을 결정했다.
Spero di tornare in Italia. 나는 이탈리아에 돌아가기를 희망한다.
Ti consiglio di visitare Roma. 난 네게 로마를 방문할 것을 권한다.

iv) 설명절(dichiarativa): 앞의 명사나 대명사를 정확히 설명하는 역할을 한다.

Ti do il permesso di uscire. 네게 외출을 허락한다.
Non vedo l'ora di andare a Roma. 로마에 갈 날을 학수고대한다.
Ho paura di viaggiare in aereo. 나는 비행기 여행이 무섭다.

v) 원인절(causale): 주로 감정을 나타내는 동사 다음에 di + 부정사는 원인절 의미를 지닌다.

Sono contento di avervi rivisto. 내가 너희들을 다시 봐서 기쁘다.
Mi lamento di essere qui. 내가 여기 있는 것이 불만이다.

ⓩ 구를 만든다.

prima di	~ 전에	invece di	~ 대신에	per mezzo di	~을 통하여
dopo di	~ 다음에	fuori di	~를 떠나서	a causa di	~ 때문에
a favore di	~를 위해	al posto di	~자리에	a fianco di	~ 옆에
di qui	이리로	di lì	저리로	di fronte a	~ 맞은편에
di certo	틀림없이	di frequente	빈번히	di rado	드물게
di nuovo	다시	di sicuro	확실히	di solito	주로
di ricente	최근에	al di là di	~ 너머에	di preciso	정확히

3 da

실제적이든 비유적이든 출발점(출신, 기원, 유래, 거리, 분리)을 나타낸다. 전치사 di와는 달리 전치사 da는 다음과 같은 부사 관용구 몇 개를 제외하고 모음자 생략을 하지 않는다.

d'altra parte 다른 한편으로는   **d'altronde** 게다가, 더구나, 한편으로는
d'ora in poi 지금 이후로 [=da ora in poi]

ⓐ 출신, 기원, 유래(origine o provenienza): ~에서 오는/유래된, ~로부터

Da dove vieni?	너는 어디서 왔니?
Vengo dalla Corea del Sud.	저는 한국에서 왔어요.
Da che città viene Marco?	마르코는 어느 도시에서 왔어요?
Lui viene da Torino.	그는 토리노에서 왔다.
Da che lingua viene questa parola?	이 단어는 어떤 언어에서 유래된 거죠?
L'italiano deriva dal latino.	이탈리아어는 라틴어에서 유래한다.
Questo proviene da un sondaggio.	이것은 한 여론 조사에서 나온 것이다.
È nato da madre francese.	그는 프랑스 어머니한테서 태어났다.
Molti fiumi nascono dalle Alpi.	많은 강은 알프스산맥에서 발원된다.
Da dove è arrivata la patata?	감자는 어디에서 들어온 것입니까?

ⓑ 장소의 기점, 출발점(moto da luogo): ~로부터, ~에서

Da dove partite?	너희들 어디에서 출발하니?
Partiamo da Roma.	우리는 로마에서 출발한다.
Quando torni da scuola?	언제 학교에서 돌아오니?
Quando sei tornato dal viaggio?	언제 여행에서 돌아왔니?
A che ora esci dall'ufficio?	사무실에서 몇 시에 나오니?
Il treno arriva da Milano.	기차가 밀라노에서 도착한다.
Allora, da dove iniziamo?	자, 어디서부터 시작할까요?
Cominciamo dall'inizio!	처음부터 시작합시다!
Non so da dove cominciare.	난 어디서부터 시작해야 할지 모르겠다.
Scendo dal treno.	나는 기차에서 내린다.
Vengo da molto lontano.	나는 아주 멀리에서 온다.
Da che binario parte il treno?	기차가 몇 번 플랫폼에서 출발합니까?
Il treno parte dal binario 8.	기차가 8번 플랫폼에서 떠납니다.

ⓒ 어떤 정보나 사실의 출처(fonte di informazione)를 나타낸다: ~로부터

Ho saputo questo dal giornale.	나는 이것을 신문을 통해 알게 되었다.
Ho saputo questa notizia dalla tv.	나는 텔레비전에서 이 소식을 알았다.
Ho avuto quest'informazione da Luca.	나는 이 정보를 루카한테서 얻었다.
Ho imparato questa cosa da Matteo.	나는 이것을 마테오한테서 배웠다.
Ho ricevuto questo regalo da un amico.	한 친구한테 이 선물을 받았다.
Lui ha ereditato una fortuna dallo zio.	그는 삼촌한테서 재산을 상속받았다.

ⓓ 분리(separazione): ~에게서부터

Lei si è separata da suo marito.	그녀는 남편이랑 헤어졌다.
Lui ha divorziato dalla moglie.	그는 아내랑 이혼했다.
Mi sono liberato da un carico gravoso.	나는 무거운 짐에서 벗어났다.
Vivo separato dalla famiglia.	나는 가족이랑 떨어져서 산다.
Sono molto diverso da te.	나는 너랑 무척 다르다.
Sono libero da ogni preoccupazione.	나는 모든 걱정에서 자유롭다.
Non sai distinguere il bene dal male.	너는 선과 악을 구별할 줄 모른다.

ⓔ 거리감(allontanamento): ~에서부터 멀리, ~에서 떨어진

Quanto dista la scuola da casa tua?	학교가 너의 집에서 얼마나 머니?
Abito molto lontano da qui.	나는 여기에서 아주 멀리 산다.
Lui abita a 20 km da Roma.	그는 로마에서 20킬로미터 지점에 산다.
Quanto ci vuole da Roma a Pisa?	로마에서 피사까지 얼마나 걸려요?
Oggi lui è assente da scuola.	오늘 그는 학교 결석이다.
Mio figlio si è allontanato da me.	나의 아들이 내게서 멀어졌다.

ⓕ 주로 수동태의 행위자(agente)나 요인(causa efficiente): ~한테서, ~에 의해서

Sono stato lodato dal mio professore.	나는 나의 선생님한테 칭찬받았다.
È stato rimproverato da suo padre.	그는 아버지한테 꾸지람받았다.
Il ladro è stato arrestato dalla polizia.	도둑은 경찰에 체포되었다.
Sono stato invitato a cena da Guido.	나는 귀도한테 저녁 식사 초대받았다.
Da chi è stato tradotto questo libro?	이 책은 누구에 의해 번역되었죠?
Lui è stato contagiato dal Covid.	그는 코비드에 감염되었다.
Il computer è colpito da un virus.	컴퓨터가 어떤 바이러스에 걸렸다.
La casa è stata distrutta dal terremoto.	집이 지진으로 붕괴되었다.

ⓖ 원인, 동기(causa): ~ 때문에, ~한 나머지

Muoio dal caldo.	내가 더워 죽겠다.
Il bambino trema dalla paura.	아이가 무서워서 떤다.
Lei grida dalla gioia.	그녀는 기뻐서 소리를 지른다.
Impazzisco dal dolore.	나는 아파서 미치겠다.
È tutta rossa dalla vergogna	그녀는 부끄러워서 얼굴이 온통 빨갛다.
È impallidita dallo spavento.	그녀는 놀라서 얼굴이 창백해졌다.

ⓗ 움직임의 방향(moto a luogo): ~에, ~로[da + 사람은 장소를 나타낸다]

Da chi vai?	누구한테 가니?
Vado da Marco.	마르코한테 간다.
Vado dal dentista.	나는 치과에 간다.
Vado dai miei genitori.	나의 부모님 집에 간다.
Vieni da me a cena?	나의 집 저녁 식사에 올래?

ⓘ 장소 상태(stato in luogo): ~에서

Abito da mia nonna.	나는 할머니 집에서 산다.
Ci vediamo da Marco!	우리 마르코 집에서 보자!
Sono dal dottore.	나는 병원에 와 있다.
Ho dormito da un amico.	나는 한 친구 집에서 잤다.
Mi fermo da voi.	너희들 집에 머물게.
Da che parte abiti a Roma?	너는 로마 어느 쪽에 사니?
Tutto bene da quelle parti?	그쪽은 다 괜찮니?

ⓙ 경유, 통과(moto per luogo): ~을 지나

Più tardi passo da te.	내가 나중에 너한테 들를게.
Al ritorno passerò da Milano.	돌아올 때, 나는 밀라노를 지날 것이다.
L'autobus 52 passa da Via Crispi?	52번 버스가 크리스피가로 지나가요?
Sono entrato dalla finestra.	나는 창문으로 들어왔다.

ⓚ 가격(prezzo) 혹은 가치(valore)

Vorrei un gelato da 3 euro.	3유로짜리 아이스크림 주세요.
Hai una moneta da 1 euro?	1유로짜리 동전 하나 있니?
È una cosa da niente.	그것은 별것 아니다.

ⓛ 계속되는 시간(tempo continuato): ~부터, ~이래

Da quanto tempo **abiti** a Roma?	로마에 산 지 얼마나 되니?
Sto a Roma da pochi giorni.	로마에 있은 지 며칠 안 돼.
Lavoro qui da molto tempo.	나는 여기서 오래전부터 일한다.
Ci **conosciamo** fin dall'infanzia.	우리는 유년 시절부터 서로 안다.
Siamo sposati da dieci anni.	우리는 결혼한 지 10년 되었다.
Il film è **cominciato** da poco.	영화가 시작한 지 얼마 안 되었다.
Da quando **lavori** qui?	언제부터 여기서 일하니?
Lavoro dall'anno scorso.	나는 작년부터 일하고 있다.
Faccio questo lavoro dal 2015.	나는 2015년부터 이 일을 하고 있다.
Siamo a lezione dalle 9.	우리는 9시부터 수업을 받고 있다.
Da domani **comincio** la dieta.	나는 내일부터 다이어트를 시작한다.
Riprenderemo da settembre.	우리는 9월부터 재개할 것이다.

ⓜ 상태(stato)나 조건(condizione): ~일 때, ~일 적에, ~으로(~as)

Da bambino **ero** molto carino.	어렸을 때 난 매우 귀여웠다.
Da studente **ho vissuto** a Roma.	학생 때 나는 로마에서 살았다.
Come ti **trovi** da sposato?	결혼하고 어떻게 지내?
Capirai tutto da grande.	네가 크면 다 이해할 거야.
Che cosa **farai** da vecchio?	너는 늙어서 뭐 할 거야?
Da giovane **facevo** molto sport.	나는 젊었을 때 운동을 많이 했다.
Da sindaco **ha fatto** molte cose.	시장으로서 그는 많은 일을 했다.
Ti **parlo** da amico.	네게 친구로서 말한다.

ⓝ 성질(qualità): ~을 지닌, ~를 갖춘

Vedi quella ragazza dai capelli lunghi e biondi?
저 긴 금발 머리 아가씨가 보이니?

Ho conosciuto una ragazza dagli occhi azzurri a Parigi.
나는 파리에서 푸른 눈의 소녀를 한 명 알았다.

Ho incontrato una donna dal sorriso bellissimo.
나는 미소가 아주 아름다운 어떤 여성을 만났다.

Chi è quel signore dal viso simpatico?
저 인상 좋은 얼굴의 신사분은 누구지?

ⓞ 방법(modo) 혹은 방식(maniera): ~처럼, ~같이[=come], 닮음, 상응

Comportati da uomo.　　　　　　　　남자답게 처신해라.
Lui mi ha trattato da amico.　　　　그는 나를 친구처럼 대해 주었다.
Oggi ho mangiato da re.　　　　　　오늘 난 왕처럼 잘 먹었다.
Lei mi ha fatto da madre.　　　　　그녀는 나에게 어머니처럼 해주었다.
Ti farò da guida.　　　　　　　　　내가 너의 안내자가 되어줄게.
Le faccio da interprete.　　　　　　제가 당신의 통역사가 될게요.
Non è da te dire queste cose.　　　이런 말을 하는 것은 너답지 못해.
Questo non è da Lei.　　　　　　　이런 것은 당신답지 못하다.

ⓟ 한정(limitazione): ~ 범위 내에서, ~까지에 한해서

È cieco da un occhio.　　　　　　그는 한쪽 눈이 멀었다.
È zoppo da un piede.　　　　　　그는 한쪽 다리를 전다.
È sordo da un orecchio.　　　　　그는 한쪽 귀가 멀었다.

ⓠ 직관의 출처(fonte di intuizione)나 수단(mezzo)

Ti ho riconosciuto dal passo.　　　걸음걸이로 너를 알아보았다.
L'ho riconosciuto dalla voce.　　　목소리를 듣고 그를 알아보았다.
Capisco che sei inglese dall'accento.　난 억양으로 네가 영국인임을 안다.
Ho riconosciuto Anna dai vestiti.　옷을 보고 안나임을 알아차렸다.
Non giudicate dalle apparenze.　　외모로 사람들을 판단하지 마시오.

ⓡ 목적(scopo), 용도(fine)

occhiali da sole	선글라스	carta da lettera	편지지
sala da pranzo	주방/식당	camera da letto	침실
abito da sera	이브닝드레스	scarpe da ginnastica	운동화
guanti da sci	스키 장갑	spazzolino da denti	칫솔
scarponi da montagna	등산화	costume da bagno	수영복
ferro da stiro	다리미	biglietto da visita	명함

✎ 참고

전치사 di와 전치사 da의 차이점

una tazza di tè 차 한 잔　　　　un bicchiere di vino 포도주 한 잔
una tazza da tè 찻잔　　　　　　un bicchiere da vino 포도주 잔

ⓢ **da+부정사(동사 원형): 함축 형태(la forma implicita)의 종속절(구 형태)을 이끈다.**

i) 결과절(consecutiva): [어떤 원인의 결과로] ~하게 되다, ~할 정도로 [☞ 2권 295쪽 ① 부정사 참조]

Non sono così sciocco da credere alle tue parole.
내가 너의 말을 믿을 정도로 그렇게 바보는 아니다.

Ero tanto commoso da non poter parlare.
나는 너무 감동받아 말을 할 수가 없었다.

Sei abbastanza grande da capire le condizioni in cui ti trovi.
너는 네가 처한 상황을 이해할 만큼 충분히 나이가 들었다.

Mi piace da morire.   Mi annoio da morire.
난 좋아죽겠다.   나는 지겨워 죽겠다.

Ho una fame da morire.   Ho un sonno da morire.
배고파 죽겠다.   졸려죽겠다.

ii) 목적절(finale): 대명사 + da + 동사 원형(~할, 하기 위한) [☞ 2권 288쪽 iv) 부정사 참조]

Vuoi qualcosa da bere?   마실 것 원하니?
Hai ancora molto da fare?   아직 할 일이 많니?
Che novità hai da raccontare?   얘기할, 무슨 새 소식 있니?
Che cosa c'è da mangiare?   먹을 것이 뭐가 있지?

iii) 한정절(limitazione): 형용사 + da + 동사 원형(~하기에, ~에 있어서)

Non è facile da spiegare.   그것은 설명하기에 쉽지가 않다.
È molto difficile da capire.   그것은 이해하기에 매우 어렵다.
È molto bello da vedere.   그것은 보기에 아주 예쁘다.

iv) 필요성이나 당위성을 나타낸다: 명사 + da + 동사 원형(~해져야 할, ~해야 될의 수동적 의미), avere + da / a + 동사 원형(~해야 한다 dovere), essere / esserci (c'è) + da + 동사 원형(dovere 의미의 필요성이나 의무를 나타낸다.) [☞ 2권 288쪽 iv) 부정사 참조]

È una occasione da non perdere.   놓칠 수 없는 기회이다.
Lui ha un problema da risovere.   그는 해결해야 할 문제가 있다.
Lui ha da risolvere un problema.   그는 문제를 해결해야 한다.
Questo problema è da risolvere.   이 문제는 해결되어야 한다.
C'è da fare un po' di esercizio.   연습/운동을 좀 해야 한다. [비인칭]
Ho da confidarti un segreto.   네게 비밀을 털어놔야겠다.
Ho a dire una cosa. [문어체]   내가 한 가지 말해야겠다.

4 in

전치사 in은 시간과 장소에 있어서 내부적인 위치, 삽입, 입장, 들어가기 등을 나타낸다. 즉, 무엇인가 안에(속에) 있는 것을 가리킨다.

ⓐ 장소 상태(stato in luogo): (어디에서?) ~에서, ~에, ~안에

　국가, 지방(주), 광장(piazza), 거리(via), 가게(-eria) 앞에서 사용된다.

Vivo in Italia da due anni.	나는 2년째 이탈리아에 살고 있다.
Marco si trova in Toscana.	마르코는 토스카나 지방에 있다.
Abiti in centro o in periferia?	너는 시내에 사니, 교외에 사니?
Restiamo in camera.	우리는 방에 남아 있다.
Lavoro in via Mazzini.	나는 마치니가에서 일한다.
Mangio spesso in pizzeria.	나는 피자집에서 자주 먹는다.

ⓑ 장소의 방향(moto a luogo): (어디로?) ~ 안에, ~로

In quale direzione andate?	너희들 어느 방향으로 가니?
In quale classe devo andare?	제가 어느 반으로 가야 되죠?
Vado in questa direzione.	나는 이 방향으로 간다.
La domenica vado in chiesa.	일요일에 나는 교회에 간다.
Puoi venire nel mio ufficio?	나의 사무실에 올 수 있니?

✎ 참고

1. 전치사 a는 순수 목적을 나타내고, in은 다른 목적(~안이라는 장소)을 나타낸다.

Vado a scuola.	Vado nella scuola.
학교에 공부하러 간다.	학교 건물 안으로 들어간다.
Vado al bar.	Vado nel bar.
커피 마시러 바에 간다.	바 안에 들어간다. [=dentro al bar]
Che cosa c'è alla televisione?	Che cosa c'è nella televisione?
텔레비전에 무슨 프로그램이 있지?	텔레비전 속에 뭐가 들어 있지?

2. a casa, in casa의 차이점

　a casa는 다른 장소가 아닌 집이라는 개념이고, in casa는 집 밖이 아니라 집 안이라는 개념이다.

Resto a casa.	다른 장소에 있지 않고 집에 남아 있다.
Resto in casa.	집 밖이 아니라 집 안에 머물러 있다.

ⓒ 장소에서 움직임(moto per luogo): ~ 안에서, ~ 안은

Il bambino correva nel parco.　아이가 공원 안에서 뛰어다니고 있었다.
Ho viaggiato molto in Europa.　나는 유럽을 많이 여행했다.
È diffuso in tutto il mondo.　그것은 전 세계적으로 확산되어 있다.

ⓓ 정해진 시간(tempo determinato): ~때에, ~에

In che anno è nato Paolo?　　　-È nato nel 1990. [연도]
파올로는 몇 년도에 태어났어요?　　그는 1990년도에 태어났다.

In che mese vai in vacanza?　　-Nel mese di agosto.
너는 몇 월에 휴가를 가니?　　　　8월 달에.

In quale stagione sei nato?　　-Sono nato in primavera.
너는 무슨 계절에 태어났어?　　　나는 봄에 태어났어.

Nelle notti d'estate noi dormiamo con le finestre aperte.
여름밤에 우리는 창문을 열어놓고 잠을 잔다.

A Roma, nell'ora di punta, il traffico è particolarmente caotico.
로마에서, 출퇴근 시간에(러시아워에) 교통이 특히 혼잡하다.

ⓔ 수단(mezzo): ~을 타고, ~로(무관사 명사)

Vado in giro in bicicletta.　　　나는 자전거로 돌아다닌다.
Mi piace viaggiare in treno.　　나는 기차 여행 하는 것을 좋아한다.
Andiamo in macchina o in autobus?　자동차로 갈까 아니면 버스로 갈까?
Ho pagato in contanti.　　　　　나는 현금으로 지불했다.

✎ 참고

1. 전치사 in은 행위가 어느 시점 안으로 이루어지는 것을 나타낸다. [~ 내로, ~ 안으로]
   Farò tutto in cinque minuti.　　　나는 5분 만에 모든 것을 다 할 것이다.
   In un mese ho fatto molti progressi.　나는 한 달 만에 많이 발전했다.
   In quanto tempo hai preso la laurea?　얼마 만에 학사학위를 땄어?
   Mi sono laureato in quattro anni.　나는 4년 만에 대학을 졸업했다.
   Sono arrivato a Roma in due ore.　나는 2시간 만에 로마에 도착했다.

2. **전치사 in과 per의 차이점**
   Ho letto il libro in due ore.　2시간 만에 이 책을 다 읽었다.
   Ho letto il libro per due ore.　2시간 동안 책을 읽었다. [아직 남아 있다.]

ⓕ 방법(modo)이나 방식(maniera): ~로

Parliamo in italiano!	이탈리아어로 말합시다.
Lui parla in dialetto.	그는 사투리로 말한다.
Non mangiare così in fretta!	그렇게 급하게 먹지 마!
Lei mi guarda in modo strano.	그녀는 나를 이상하게 쳐다본다.
Bisogna stare in silenzio.	조용히 있어야 된다.
È una commedia in tre atti.	3막으로 된 희곡이다.

ⓖ 한정, 제한(limitazione): ~ 안에서, ~에 있어서, ~ 이내에

Lui è bravissimo in computer.	그는 컴퓨터에 아주 능하다.
In inglese siamo fortissimi.	영어에 우리는 아주 강하다.
Io sono debole in matematica.	나는 수학에 약하다.
Mi sono specializzato in psicologia.	나는 심리학을 전공했다.
Mi sono laureato in Musica.	나는 음대를 졸업했다.
Ho preso un brutto voto in storia.	나는 역사 과목에서 나쁜 점수를 받았다.
Lui è imbattibile nella corsa.	그는 달리기에 있어 강적이다.
Nel nuoto, lui ha più talento di me.	그가 나보다 수영 재능이 더 있다.
È molto abile nel suo lavoro.	그는 그의 일에 매우 능숙하다

ⓗ 목적(fine): ~하기 위하여, ~하러

Il vincitore riceverà in premio un milione di Won.
승리자는 100만 원을 상금으로 받을 것이다.

Per il mio compleanno ho ricevuto in regalo un mazzo di rose.
내 생일에 장미꽃 한 다발을 선물로 받았다.

Ho chiesto a mio padre l'auto in prestito per un giorno.
나는 아버지에게 자동차를 하루 동안 빌려달라고 청했다.

Prendo in affitto un miniappartamento a Firenze.
나는 피렌체에 소형 아파트를 세 얻는다.

ⓘ 조건(condizione), 상황(circostanza), 상태(stato): ~상태에

Io sono in guerra con Silvia.	나는 실비아와 냉전 중이다.
Finalmente sono in pace!	드디어 내가 평화롭다!
Mio padre è in coma.	나의 아버지가 혼수상태에 있다.
Mi trovo in difficoltà economica.	나는 경제적인 어려움에 처해 있다.

ⓙ 변화(cambiamento), 변형(trasformazione): ~으로

Devo cambiare i dollari in euro.　　　나는 달러를 유로로 환전해야 한다.
Traduco questo libro in coreano.　　　나는 이 책을 한국어로 번역한다.
La crisalide si trasforma in farfalla.　　번데기가 나비로 변한다.

ⓚ 재료, 원료(materia): ~을 사용한, ~으로

전치사 in이 재료로 사용될 경우에는 전치사 di로 바꾸어 쓰는 편이 낫다.

una statua in bronzo　→　una statua di bronzo　청동상
una statua in marmo　→　una statua di marmo　대리석상

ⓛ 수량(quantità): ~ 모아서, ~로[서술적 보어로 사용된다.]

Quanto costa in tutto?　　　　　Siamo rimasti in quattro.
전부 얼마입니까?　　　　　　　　우리는 네 사람이 남게 되었다.

Verremo in dieci.　　　　　　　In quanti siete?　-Siamo in molti.
우리는 열 명이 갈 것이다.　　　　몇 분이십니까?　　우린 인원이 많습니다.

Quanti siete in famiglia?　　　-Siamo in quattro.
가족이 몇 명입니까?　　　　　　우리는 네 명입니다.

ⓜ in + 부정사

nel, nell', nello 형태로 변하며 함축 형태(la forma implicita) 종속절을 이끈다.

i) 시간절: ~하면서, ~할 때 [☞ 2권 292쪽 부정사 참조]

Nel tornare a casa, ho incontrato un vecchio amico.
나는 집으로 돌아올 때 옛 친구 한 명을 만났다.

Ho strappato la gonna nello scendere dalla macchina.
자동차에서 내릴 때 내 치마가 찢어졌다.

Che cosa provi nel vedere i tuoi figli felici?
너의 자녀들이 행복해하는 모습을 볼 때 어떤 기분을 느껴?

ii) 한정절(limitativa): ~하는 점에 있어서

È svelto nell'apprendere e nel capire.　　그는 습득과 이해가 빠르다.
È sempre lento nello scrivere.　　　　　그는 글 쓰는 것이 항상 느리다.
Ho qualche difficoltà nel camminare.　　나는 걷는 데 어려움이 좀 있다.

ⓝ 전치사 **in**을 사용한 관용구

i) 전치사구

in mezzo a	**in cima a**	**in fondo a**
~ 한가운데에	~ 꼭대기에	~ 구석에
in base a	**in seguito a**	**in relazione a**
~을 기초로	~ 이후에	~와 관련해서
in quanto a	**in rapporto di**	**in riferimento a**
~에 관해서	~에 관해서	~에 관계해서
in cambio di	**in nome di**	**in onore di**
~ 대신에	~의 이름으로	~를 기념하여
in occasione di	**in coseguenza di**	**in compagnia di**
~할 때에	~의 결과로	~와 어울려서
in difesa di	**in cerca di**	**in collaborazione con**
~를 방어하여	~를 찾아서	~와 협력하여
in caso di	**in faccia a**	**in mancanza di**
~일 경우에	~ 면전에서	~가 없을 경우에

ii) 부사구

in alto	**in basso**	**in fondo**	**in media**
상단에	하단에	구석에	평균적으로
in apparenza	**in concreto**	**in genere**	**in parte**
외관상	구체적으로	일반적으로	부분적으로
in realtà	**in sostanza**	**in particolare**	**in pubblico**
실제로	본질적으로	특히	공개적으로
in privato	**in effetti**	**in conclusione**	**in definitiva**
사적으로	사실상	결론적으로	최종적으로
in breve	**in fretta**	**in totale**	**in coscienza**
간단하게	급히	총체적으로	양심적으로

iii) 접속사구

in modo che	**nel caso che**	**in quanto**
~하도록	~ 경우에	~ 때문에

5 con

ⓐ 동반(compagnia), 연합(unione): ~와 함께, ~를 가지고

Con te partirò. [Time to say good by]	너와 함께 떠나리.
Abiti da solo o con la famiglia?	혼자 사니, 아니면 가족이랑 사니?
Vado al mare con i miei amici.	나의 친구들과 함께 바다에 간다.
Ho parlato con lui al telefono.	나는 그와 전화 통화했다.
È partito con molte valigie.	그는 많은 가방을 들고 떠났다.
Sono uscito con l'ombrello.	나는 우산을 들고 나갔다.
Mangio il pane con la marmellata.	나는 빵에 잼을 발라 먹는다.
Prendo un hamburger con patatine.	나는 감자튀김과 햄버거를 먹을래.

ⓑ 관계적 의미(relazione): ~와, ~에 대해서

Sto bene con Marco.	나는 마르코와 잘 지낸다.
Come ti trovi con Paolo?	파올로와 어떻게 지내니?
Mi trovo bene con Paolo.	나는 파올로와 잘 지낸다.
Ho litigato con mia madre.	나는 엄마와 말다툼했다.
Ho ancora problemi con lui.	나는 아직 그와 문제가 있다.
Ho un problema con il mio iphone.	내 아이폰에 문제가 있다.
Non vado d'accordo con mio marito.	나의 남편과 마음이 안 맞다.
Sono in buoni rapporti con tutti.	나는 모든 사람들하고 좋은 관계이다.
Non ho un buon rapporto con Marco.	나는 마르코와 좋은 관계가 아니다.
Ho avuto un contatto con un positivo.	나는 질병 양성자와 접촉했다.
Dobbiamo metterci in contatto con lui.	우리는 그와 연락을 취해야 한다.
Mi tengo in contatto con loro.	나는 그들과 계속 연락하고 있다.

주로 사람의 감정에 관계될 때 **con**을 사용한다.

Lui è molto gentile con me.	그는 나한테 무척 친절하다.
Tu sei troppo buono con me.	너는 나에게 너무 잘해준다.
Francesca è glaciale con lui.	프란체스카는 그에게 냉랭하다.
Marta è generosa con noi.	마르타는 우리에게 관대하다.
Sei arrabbiato con me?	나한테 화났어?
Sei ancora offeso con me?	아직 나한테 마음이 상했어?
Con te sono stato sincero.	난 네게는 솔직했다.
Mi sono sfogato con te.	나는 네게 속마음을 털어놓았다.

ⓒ 비교(paragone): ~와

Non posso paragonare il mio lavoro con il tuo.
나의 일을 네 일과 비교할 수가 없다.

Gli anziani amano confrontare il presente con il passato.
나는 나이 든 사람들은 현재를 과거와 비교하는 것을 좋아한다.

ⓓ 수단(mezzo): ~으로, ~으로써

i) 불특정한 교통수단을 나타낸다. 전치사 in으로 바꿀 수 있다. [con + 유관사 명사]

Siamo arrivati con il treno. [=in treno]	우리는 기차로 도착했다.
Partiamo con la macchina! [=in macchina]	자동차로 출발하자!

ii) 특정한 교통수단을 나타낸다. 특정한 교통수단은 정관사를 필요로 하기 때문에 정관사를 사용하지 않는 전치사 in으로 바꿀 수 없다.

Andiamo con la macchina di Paolo!	파올로의 자동차로 가자!
Vengo a scuola con l'autobus 48.	나는 48번 버스로 학교에 온다.
Partiamo con il treno delle 8.	우리는 8시의 기차로 떠난다.

iii) ~을 가지고, ~을 이용하여

Posso pagare con la carta di credito?	신용카드로 결제해도 됩니까?
Devo leggere con gli occhiali.	나는 안경을 끼고 읽어야만 한다.
Lavoro molto con il computer.	나는 컴퓨터로 일을 많이 한다.
Ho bevuto con la cannuccia.	나는 빨대로 마셨다.

ⓔ 상황(circostanza) 혹은 시간적 의미(valore temporale): ~할 때

Dove vai con questa pioggia?	이런 비에 어디에 가니?
Non uscire con questo freddo!	이런 추위에는 외출하지 마.
Non riesco a guidare con il buio.	나는 어둠에는 운전할 수가 없다.
Con il caldo si beve di più.	더울 때 사람들이 더 마신다.

Con il sole alto mi sono finalmente svegliato.
나는 해가 중천에 떠서야 마침내 잠에서 깼다.

Con i tempi che corrono, la vita è difficile per tutti.
지금 시대엔 생활하는 것이 모두에게 어렵다.

ⓕ 원인(causa): ~으로 인해

Con il caldo la carne si è guastata.
더위로 인해 고기가 상했다.

Con questo freddo non ho voglia di uscire.
나는 이런 추위에는 외출하고 싶지 않다.

Con tutto questo rumore, non è facile concentrarsi.
이런 심한 소음에 집중하는 것은 쉽지 않다.

Con il suo carattere aperto, è simpatico a tutti.
개방적인 성격으로 인해 그는 모든 이에게 호감을 산다.

Non riesco a studiare con questo mal di testa.
이런 두통 때문에 난 공부를 할 수가 없다.

ⓖ 방법(modo)이나 방식(maniera): ~로, 하게

Ragazzi, ascoltate con attenzione!
여러분, 주의해서 들으세요!

Lui mi ha parlato con gli occhi chiusi.
그는 내게 눈을 감고 말했다.

Lei parla con un forte accento siciliano.
그녀는 강한 시칠리아 억양으로 말한다.

Con lo sconto del 50%, paga solo 30 euro.
50% 할인해서 당신은 30유로만 지불하시면 됩니다.

ⓗ 특징(caratteristica), 성질(qualità): ~을 한, ~이 달린, ~이 들은/넣은

Alle donne italiane piace l'uomo con la barba?
이탈리아 여자들은 턱수염 있는 남자를 좋아합니까?

Marco è quello con gli occhiali e i capelli corti e ricci.
마르코는 안경을 쓰고, 짧은 곱슬머리의 저 사람이다.

Conosci quella ragazza con la coda e le lentiggine?
머리를 묶고 주근깨가 있는 저 소녀를 아니?

Ho comprato un paio di scarpe con il tacco alto.
나는 굽 높은 구두를 한 켤레 샀다.

Loro vivono in una bella casa con piscina.
그들은 수영장이 딸린 멋진 집에서 산다.

ⓘ 한정(limitazione): ~에 한하여

Come stai con la tua gamba sinistra?

너의 왼쪽 다리는 좀 어때?

Come sto con questi occhiali? Sto bene?

나 이 안경 쓰니까 어때? 좋아 보여?

Marco, come va con lo studio di coreano?

마르코, 한국어 공부는 어떻게 되어가고 있어?

A proposito, come va con il tuo nuovo lavoro?

그건 그렇고, 너의 새 일은 어떻게 되어가?

Col lavoro sono rimasto un po' indietro.

일에 있어서는 난 약간 뒤쳐져 있다.

Sono in ritardo con i pagamenti delle bollette.

나는 요금 청구서 납부가 연체되었다.

ⓙ 양보, 반의적 의미(concessivo, avversativo): ~에도 불구하고

Con tutti i diffetti che ha, non mi è antipatico.

그가 결점이 많음에도 불구하고, 내게는 비호감으로 보이지 않는다.

Con tanti soldi che ha, lei vuole sempre risparmiare.

그녀는 많은 돈을 가지고 있음에도, 항상 절약하기를 원한다.

Con tutta la sua preparazione, è stato bocciato.

그는 열심히 준비를 했음에도 불구하고, 떨어졌다.

Con tutti i suoi soldi, non è felice.

그는 돈이 많음에도 불구하고, 행복하지 않다.

ⓚ 결과(valore consecutivo)적 의미: ~하게도

Con mio grande dispiacere, ho capito che lui non mi ama più.

매우 유감스럽게도 나는 그가 더 이상 나를 사랑하지 않는다는 것을 깨달았다.

Con mio grande stupore, lui ha rifiutato l'invito.

아주 놀랍게도, 그는 초대를 거절했다.

Con mia grande delusione, ho trovato che il treno era già partito.

대단히 실망스럽게도 나는 기차가 이미 떠난 것을 알았다.

Con mia grande gioia, alla fine se n'è andato via.

아주 기쁘게도, 결국(마침내) 그가 가버렸다.

ⓛ **con + 부정사**: 함축 형태(la forama implicita)의 종속절(구 형태)을 이끈다. [☞ 2권 294쪽 참조]

수단절 Con lo sbagliare si impara. [=Sbagliando]
실수를 함으로써 배운다.

Con il leggere, si imparano molte cose. [=Leggendo]
독서를 함으로써 많은 것들을 배우게 된다.

Con lamentarsi, non si ottiene nulla. [=Lamentandosi]
불평해서는 아무것도 얻지 못한다.

양태절 Ha terminato il suo discorso con il ringraziare i presenti.
그는 출석자들에게 감사를 전하면서 그의 연설을 마쳤다.

Lei inizia sempre la lezione con il salutare gli studenti.
그녀는 항상 학생들에게 인사를 하면서 수업을 시작한다.

Segnava il ritmo col battere sul tavolo.
그는 탁자를 두들기면서 리듬을 맞추고 있었다.

Se continui a lavorare così tanto, finirai col ammalarti.
네가 계속 그렇게 일을 많이 하면, 병이 나고 말 거야.

Francesco ha finito con l'accettare quella proposta.
마르코는 결국 그 제안을 받아들이고 말았다.

시간절 Le cose miglioreranno col passare del tempo.
시간이 지남에 따라 상황이 나아질 것이다.

Questo vino migliora coll'invecchiarsi.
이 포도주는 해가 묵을수록 좋아진다.

Con il passare degli anni, la società cambia.
세월이 흐름에 따라 사회가 변한다.

ⓜ 구를 만든다.

con attenzione	con cura	con pazienza
주의해서	조심스레	참을성 있게
con piacere	con passione	con difficoltà
기쁘게	열정적으로	어렵게
con appetito	con calma	con prudenza
맛있게	침착하게	신중하게

위(영어의 on)를 나타낸다. 인칭 대명사와 함께 사용될 경우 전치사 di가 따라온다.

su di me   su di te   su di noi

ⓐ 장소의 상태(stato in luogo): ~ 위에서, ~ 위에 [상하가 밀착된 상태]

Che cosa c'è sul banco?
책상 위에 무엇이 있습니까?

Cerchi su YouTube.
유튜브에서 찾아봐.

Mi rilasso sul divano.
나는 소파에서 편안하게 쉰다.

Lei è seduta sulla panchina.
그녀는 벤치 위에 앉아 있다.

Giocano sulla spiaggia.
그들은 해변에서 논다.

Stava sdriato sull'erba.
그는 풀 위에 드러누워 있었다.

Scrivo sulla lavagna.
나는 칠판에 쓴다.

Scrivo sul quaderno.
나는 공책에 적는다.

Lascio un euro sul letto.
나는 침대 위에 1유로를 놔둔다.

Io dormo sul pavimento.
나는 바닥에서 잠잔다.

Ho una casa sul lago.
나는 호숫가에 집 한 채가 있다.

È un albergo sul mare.
바닷가에 있는 호텔이다.

ⓑ 장소의 방향(moto a luogo): ~의 위로, ~로 향하여[상하가 떨어진 경우]

Siamo ora su Londra.
지금 우리는 런던 상공에 있다.

Bentornati sul mio canale!
여러분, 나의 채널로 잘 돌아왔어요!

Stiamo volando su Milano.
우리는 밀라노 위로 날아가고 있다.

Vorrei andare sulla Luna.
난 달에 가보고 싶다.

Saliamo sulla Torre di Pisa.
우리는 피사탑에 올라간다.

Salgo sul Duomo di Milano.
나는 밀라노 두오모 성당에 올라간다.

Sto salendo sull'autobus.
나는 버스에 오르고 있다.

Sono salito sul palco.
나는 무대에 올랐다.

Andiamo sul balcone?
발코니로 갈까?

Andiamo sulle Alpi!
우리 알프스산으로 가자.

Sono salito sull'albero.
나는 나무 위로 올라갔다.

Mi arrampico sul tetto.
나는 지붕 위로 기어 올라간다.

La pioggia batte sui vetri.
비가 유리창을 친다.

Hai una grande influenza su di lei.
너는 그녀에게 큰 영향을 미친다.

ⓒ 화제(argomento): ~에 대해서, ~에 관해서

Su questo sono d'accordo con te.
이것에 대해 나는 너에게 동의한다.

Ho letto un libro su Dante Alighieri.
나는 단테 알리기에리에 관한 책을 한 권 읽었다.

Abbiamo visto la mostra su Picasso.
우리는 피카소 전시회를 관람했다.

Ho scritto una tesi su Cesare Pavese.
나는 체사레 파베제에 관한 논문을 한 편 썼다.

Voglio fare un video su questo argomento.
나는 이 주제에 관한 영상을 하나 만들기를 원한다.

Qual è la vostra opinione su questo progetto?
이 프로젝트에 대한 여러분의 의견은 무엇입니까?

Hanno tenuto una conferenza sull'arte moderna.
그들은 현대 예술에 관한 강연회를 개최했다.

Lui sa tutto sulla storia italiana.
그는 이탈리아 역사에 관해서 모든 것을 안다.

Abbiamo fatto una ricerca su questa tradizione.
우리는 이 전통에 관해서 연구를 했다.

Vorrei delle informazioni sui corsi d'italiano.
이탈리아어 코스에 관한 정보를 원합니다.

Ho riflettuto a lungo su quello che mi hai consigliato.
나에게 충고한 것에 대해서 오랫동안 깊이 생각했다.

ⓓ 방법(modo): ~을 좇아, ~을 기준으로, ~의 뒤에서, ~에 연이어

Noi lavoriamo solo su ordinazione.
우리는 주문 제작만 합니다.

Su Vostra richiesta, noi mandiamo i campioni.
귀사의 요청에 따라 우리는 샘플을 보냅니다.

Ho smesso di fumare su consiglio del medico.
나는 의사의 충고에 따라 담배를 끊었다.

Quel famoso medico riceve solo su appuntamento.
그 유명한 의사는 예약 환자만 받는다.

ⓔ 시간, 나이, 수량, 값어치 등의 근사치: ~쯤에, 대략, 대강

Siamo partiti sul far del giorno.

우리는 날 밝을 무렵에 출발했다.

Sul finir dell'estate, di solito comincia a piovere.

여름이 끝날 무렵에 주로 비가 오기 시작한다.

Torneremo sul mezzogiorno. [=verso mezzogiorno]

우리는 정오쯤 돌아올 것이다.

È un uomo sulla sessantina.　　　**Romeo avrà sui 30 anni.**

60대가량의 남자이다.　　　　　　　　로미오는 나이가 30살쯤 될 것이다.

Sarà alto sui due metri.　　　　　**Carlo pesa sugli 80 chili.**

그것은 약 2미터의 높이가 될 것이다.　　카를로는 몸무게가 80킬로그램 정도 나갈 것이다.

ⓕ 비율(proporzione)을 나타낸다.

Arriva in ritardo due giorni su tre.

그는 3일에 이틀꼴로 지각한다.

Il negozio apre 24 ore su 24.

상점은 24시간 영업한다. [24시간 대 24시간]

Quando parla, nove volte su dieci, lui ha ragione.

그가 말할 때, 십중팔구[10번 중에 9번은] 옳다.

Uno studente su tre non ha passato l'esame.

학생 세 명 중 한 명은 시험을 통과하지 못했다.

ⓖ '~를 따라서(lungo), ~를 향한' 의미를 나타낸다.

C'è una camera sull'interno?　　　안쪽으로 향한 방 하나 있습니까?
La finestra guarda sul cortile.　　　창문은 안뜰로 향해 있다.
La camera dà sulla strada.　　　　방이 도로(길가) 쪽으로 나 있다.
L'albergo ha una vista sul mare.　　호텔 전망이 바닷가로 나 있다.

ⓗ 부사구(locuzioni avverbiali)를 만든다.

Dici per scherzo o sul serio?

농담으로 말하는 거니, 진담으로 말하는 거니?

Devi darmi un po' di tempo: non posso decidere su due piedi.

너는 나에게 시간을 좀 줘야 해. 그 자리(즉석)에서 결정할 수 없어.

ⓐ 장소를 통해서(moto per luogo): ~을 통해서, ~을 지나서

Abbiamo viaggiato per l'Europa.	우리는 유럽 지역을 여행했다.
Ho viaggiato per tutto il mondo.	나는 전 세계를 여행했다.
Ho girato per tutta l'Italia.	나는 이탈리아 전역을 돌아다녔다.
Facciamo un giro per la città!	우리 도시를 둘러보자!
Passeggiamo per il centro.	우리는 시내로 산책한다.
Cammino per la strada.	나는 길을 걸어간다.
Vado in giro per la città.	나는 도시를 돌아다닌다.
L'Arno passa per Firenze.	아르노강은 피렌체로 지나간다.
Sono passato per il Colosseo.	나는 콜로세움을 지나갔다.
Siamo passati per Bologna.	우리는 볼로냐를 지나갔다.

ⓑ 장소의 방향(moto a luogo), 목적지(destinazione): ~로 향해

Quando parti per l'Italia?	언제 이탈리아로 떠나니?
Parto per Roma domani.	나는 내일 로마로 떠난다.
Per dove partite?	너희들 어디로 떠나니?
Partiamo per la campagna.	우리는 시골로 떠난다.
Partono per le vancane.	그들은 휴가 떠난다.
Io prendo l'autobus per il centro.	나는 시내 방향 버스를 탄다.
Prendiamo l'autostrda per Firenze.	우리는 피렌체 방향 고속도로를 탄다.
Un biglietto di sola andata per Roma.	로마행 편도 한 장.
Il bicchiere è caduto per terra.	컵이 바닥으로 떨어졌다.
A che ora parte il treno per Roma?	로마행 기차가 몇 시에 출발합니까?
Dove devo scendere per la stazione?	역으로 가려면 제가 어디서 내려야 하죠?
È questo l'autobus per la stazione?	이것이 역으로 가는 버스입니까?
Può indicarmi la strada per il centro?	시내 방향 길을 가르쳐주시겠어요?
Che numero devo prendere per il centro?	시내 방향 가려면 제가 몇 번 타야 되죠?

ⓒ 장소의 상태(stato in luogo): ~에

Non stare seduto per terra!	땅바닥에 앉아 있지 마!
Ho incontrato Maria per strada.	나는 길에서 마리아를 만났다.
Che cosa hai per la testa?	머릿속으로 무슨 생각을 하고 있는 거야?

ⓓ 시간의 지속(tempo continuato): ~ 동안, ~ 동안에

　ⅰ) 지속된 시간의 의미일 경우 자주 per를 생략하여 사용한다.

　　(Per) quanto tempo rimani in Italia?　　이탈리아에 얼마 동안 머무르니?
　　Ho abitato a Roma per sette anni.　　난 로마에서 7년 동안 살았다.
　　Ha piovuto (per) tutta la notte.　　밤새도록 비가 왔다.
　　Ti ricorderò per tutta la vita.　　나는 평생토록 너를 기억할 것이다.
　　Ho aspettato Emma per un'ora.　　나는 엠마를 한 시간 동안 기다렸다.
　　Ha lavorato (per) tutto il giorno.　　그는 하루 종일 일했다.
　　Mi fermo a Roma per qualche giorno.　　나는 로마에 며칠 동안 머문다.
　　Siamo chiusi per tutto il mese di agosto.　　우리는 8월 내내 문 닫는다.

　ⅱ) 일어나지 않은 일에 대해 정해진 미래의 시간: ~에, ~로

　　Ho una camera prenotata per questa sera.
　　제가 오늘 저녁으로 예약한 방이 하나 있습니다.

　　Vorrei prenotare una camera singola.　 -Per quando?
　　싱글 룸을 예약하고 싶습니다.　　　　　　　언제로요?

　　Vorrei fare una prenotazione per sabato prossimo.
　　다음 토요일로 예약을 하나 하고 싶습니다.

　　Sto uscendo, ma sarò di ritorno per le dieci.
　　지금 나가는 중인데, 나는 10시에 돌아올 것이다.

　　Per quando è la prossima riunione?
　　다음 모임(회의)은 언제입니까?

　　L'appuntamento è fissato per sabato 17 settembre.
　　약속이 9월 17일 토요일로 정해졌다.

　　Devo fare un compito per domani.
　　나는 내일 숙제를 해야 한다.

ⓔ 방식(maniera), 방법(modo): ~로

　　Lo so per esperienza.　　나는 그것을 경험으로 안다.
　　Lo faccio per abitudine.　　나는 그것을 습관적으로 한다.
　　Chiamami per nome!　　나를 이름으로 불러줘!
　　L'ho detto per scherzo.　　나는 그것을 농담으로 말했다.
　　Mi ha preso per un braccio.　　그/그녀는 한쪽 팔을 붙잡았다.

(f) 원인, 이유(causa): ~ 때문에

Piango per la gioia.	나는 기뻐서 운다.
Sono felice per te.	너 때문에 내가 행복하다.
Non preoccuparti per questo!	이것 때문에 걱정하지 마!
Sono preoccupato per il lavoro.	나의 일 때문에 걱정이다.
Ho gli occhi rossi per il pianto.	울어서 내 눈이 빨갛다.
Non riesco a dormire per la paura.	나는 무서워서 잠을 못 자겠다.
Sono stanco morto per la fatica.	나는 힘들어서 피로해 죽겠다.
Per il maltempo, l'aereo non parte.	악천후로 비행기가 출발하지 않는다.
Lui è assente per malattia.	그는 병으로 결석이다.
Ho sbagliato per colpa tua.	내가 너 때문에 실수했다.
Ho comprato questo per sbaglio.	내가 실수로 이것을 샀다.
Per quale ragione è in Italia?	어떤 이유로 이탈리아에 계십니까?
Per quale motivo studia l'italiano?	어떤 동기로 이탈리아어를 공부하죠?

> ✎ 참고
>
> 원인을 나타내는 경우 다양한 전치사(**per, da, di**)를 사용할 수 있다.
>
> | | | |
> |---|---|---|
> | **Piango** di gioia. | **Piango** dalla gioia. | **Piango** per la gioia. |
> | 나는 기뻐서 운다. | 나는 기뻐서 운다. | 나는 기뻐서 운다. |
> | **Tremo** di freddo. | **Tremo** dal freddo. | **Tremo** per il freddo. |
> | 나는 추워서 떨린다. | 나는 추워서 떨린다. | 나는 추워서 떨린다. |

(g) 수단(mezzo): ~으로

Ho ricevuto quel libro per posta.
나는 우편으로 그 책을 받았다.

Noi abbiamo parlato per telefono.
우리는 전화로 말했다.

Devo rispondere per iscritto alle domande.
나는 서면으로 질문에 대답해야 한다.

Vi faccio sapere per email il risultato dell'esame.
여러분에게 이메일로 시험 결과를 알려줄게요.

Ho conosciuto quella ragazza per mezzo di un amico.
나는 한 친구를 통해서 그 소녀를 알게 됐다.

ⓗ 목적(fine): ~을 위해, ~용의

Non ho ancora preparato il necessario per il viaggio.
나는 아직 여행에 필요한 것을 준비하지 않았다.

Ho fatto quel viaggio non per divertimento, ma per lavoro.
나는 그 여행을 재미로 한 것이 아니라 일을 위해서 한 것이었다.

Io sono qui per affari, invece mia moglie per turismo.
저는 여기에 사업상 와 있는 반면에 제 아내는 관광하러 왔습니다.

Preghiamo per la pace nel mondo!
세계 평화를 위해 기도합시다.

ⓘ 여격(termine), 이익(vantaggio), 경향(inclinazione): ~를 위한, ~에게

C'è un regalo per te.
네게 줄 선물이 하나 있다.

Per chi è questo caffè?
이 커피는 누구한테 줄 거지?

Per chi hai votato?
누구한테 투표했어?

-Non so per chi votare.
누구한테 투표를 해야 할지 모르겠다.

Giulia ha sacrificato tutta la sua vita per la famiglia.
줄리아는 그녀의 평생을 가족을 위해 희생했다.

Ogni giovane deve studiare per il proprio futuro.
모든 젊은이들은 자신의 미래를 위해서 공부해야 한다.

ⓙ 한정(limitazione): ~에 관한 한, ~으로

È molto maturo per la sua età.
그는 나이에 비해 매우 성숙하다.

Lui è tutto per me.
그는 내게 있어서 전부이다.

Per me un cappuccino, grazie.
전 카푸치노 한 잔 주세요, 고마워요.

È troppo per te?
너한테 과한 거니?

Per questa volta ti perdono.
이번엔 너를 용서하겠다.

Per questa lezione è tutto.
이번 강의는 이것이 다입니다.

ⓚ 가격(prezzo): ~로

L'ho comprato per poco.   나는 그것을 얼마 주지 않고 샀다.
Ho acquistato questo per niente.   나는 이것을 아주 헐값에 구입했다.
È in vendita per 300 euro.   그것은 300유로에 판매 중이다.
L'ho avuto per pochi soldi.   나는 적은 돈으로 그것을 얻었다.

ⓛ 분배, 분할(distributivo): ~마다

Distribuisci gli opuscoli uno per persona.
한 명당 하나씩 팸플릿을 나눠줘라.

Per ogni classe ci sono due insegnanti.
각 학급마다 두 명의 교사들이 있다.

Il Suo nome, scusi? Lettera per lettera, per favore?
죄송하지만 당신의 성함은? 한 자 한 자 말해줄래요?

Ho preparato due panini per ciascuno.
나는 각 사람당 두 개의 샌드위치를 준비했다.

ⓜ 보어(predicato): ~로서

Lui ha preso per moglie una straniera.
그는 외국인을 아내로 맞이했다.

Io ho avuto per maestro tuo fratello.
나는 너의 형을 스승으로 모셨다.

Chi è entrato per primo / ultimo?
누가 일등으로/꼴등으로 들어왔지?

ⓝ 교환(scambio), 대체(sostituzione)

Mi prendi per stupido?	나를 바보로 여기는 거야?
Ti ho preso per tuo fratello.	나는 너를 너의 형으로 보았다.
Mi scambi per qualcun altro.	넌 나를 다른 누군가로 잘못 본다.
Ha parlato lui per tutti noi.	우리 모두를 대신해서 그가 말했다.
Occhio per occhio, dente per dente.	눈에는 눈, 이에는 이.

ⓞ 감탄, 호격, 서약, 선서, 주문: ~을 걸고, ~에 대고

Per Giove!	제우스(신)에게 맹세코!
Per amor del cielo, non dire niente!	제발 부탁하는데, 아무것도 말하지 마!
Per l'amor di Dio, aiutami!	신의 사랑으로 제발, 나를 도와줘!
Per carità!	제발, 자비를 내리소서!

ⓟ 곱셈(moltiplicazione)

Quanto fa 4 per 5?	4 곱하기 5는 얼마입니까?
Due per due fa quattro.	2 곱하기 2는 4이다.

ⓠ **per + 부정사(동사 원형)**: 함축 형태(la forma implicita)의 종속절(부사구)을 이끈다.

ⅰ) 목적절(finale): '~하기 위해서'로 목적의 의미를 강조한다. [a + 동사 원형: ~하러]

Vado in Italia per studiare l'italiano. [=Vado a studiare]

나는 이탈리아어를 공부하기 위해서 이탈리아에 간다. [이탈리아어를 공부하러]

Esco per comprare il pane. [=Esco a comprare il pane.]

나는 빵을 사기 위해 나간다. [빵 사러 나간다]

ⅱ) 결과절(consecutiva): ~하기에 너무 ~한, ~하기에 충분히 ~한

Sono troppo stanco per continuare a studiare.

너무 피곤해서 공부를 계속할 수가 없다.

Ormai è troppo tardi per andare a teatro.

이제 극장에 가기에는 너무 늦다.

È troppo bello per essere vero.

진짜이기에는 너무 멋지다. (믿겨지지 않을 만큼 너무 멋지다.)

Lui è abbastanza grande per vivere da solo.

그는 혼자 살기에 충분할 만큼 나이가 들었다.

ⅲ) 원인절(causativa): ~여서, ~해서

Vi ringrazio per essere qui stasera.

오늘 저녁 여러분들이 여기 계셔주셔서 감사합니다.

Grazie mille per aver guardato questo video.

이 영상을 시청해 주셔서 대단히 고맙습니다.

Ho preso una multa per aver parcheggiato in divieto di sosta.

나는 주차 금지 구역에 주차하여 벌금을 물었다.

ⅳ) 양보절(concessiva): 비록 ~일지라도, ~할지라도

per + 동사 원형, per + 동사 원형 + che + fare 접속법 동사

per + 형용사 + che + essere 접속법 동사, per quanto + 접속법 동사

Non mi convincerai, per insistere che tu faccia.

네가 아무리 우겨도, 나를 설득하지 못할 거야.

Per bravi che siate, non potrete indovinare.

너희들이 아무리 똑똑해도, 알아맞히지 못할 것이다.

v) 한정절(limitazione): ~에 있어서, ~한 바로는

Per disegnare, Marco non è secondo a nessuno.
그리는 것이라면, 마르코는 누구에게도 뒤지지 않는다.

Per ideare barzellette, Alberto è imbatttibile.
우스운 이야기들을 고안하는 데 있어, 알베르토는 타의 추종을 불허한다.

Per quello che possiamo, vi aiuteremo.
우리가 할 수 있는 한, 너희들을 도울 것이다.

Per quel che ne so, Francesco è a Roma
내가 아는 한, 프란체스코는 로마에 있다.

Per quel poco che ho visto, la lezione non era noiosa.
내가 잠깐 본 바로는, 수업이 지루하지 않았다.

Per quanto riguarda Francesco, so solo che è a Roma
프란체스코에 관해서는 나는 단지 로마에 있다는 것만 알고 있다.

ⓡ 부사구를 만든다

per sempre	per niente	per tempo	per l'appunto
영원히	전혀	미리, 제때	정확히
per oggi	per adesso	per ora	per il momento
오늘로서는	지금으로서는	지금으로서는	지금으로서는
per lo più	per di più	per caso	per natura
대개	더구나	우연히	천성적으로

✎ 참고

다음의 동사들은 목적의 의미를 강조할 경우 per + 동사 원형을 사용하지만, 일반적으로 목적의 의미를 강조할 필요가 없다면 a + 동사 원형을 쓰는 것이 낫다.

Vado al mare a / per fare il bagno.
나는 수영하러/하기 위해 바다에 간다.

Esco a / per fare una passeggiata.
나는 산책하러/하기 위해 나간다.

Resto in ufficio a / per finire il lavoro.
나는 일을 마치려고/마치기 위해 사무실에 남는다.

Rimango a casa a / per fare le pulizie.
나는 청소하려고/하기 위해 집에 남아 있다.

8 fra / tra

fra와 tra는 의미상 차이는 없다. **fra / tra** 뒤에 비슷한 철자의 발음이 이어지면 듣기 좋지 않으므로, 이를 피하기 위해 **tra**와 **fra**를 구별해서 사용한다. **fra**와 **tra** 뒤에 인칭 대명사가 따라올 경우 중간에 전치사 **di**가 들어가기도 한다. [☞ 75쪽 ⓔ 전치사 관사 참조]

tra tre giorni [tt] → fra tre giorni   3일 후에

fra fratelli   [ff] → tra fratelli   형제들 가운데서

ⓐ 부분(partitivo): 다음 중에서, ~ 가운데서

Sei il migliore tra i miei amici.
내 친구들 가운데서 네가 최고이다.

Tra le città italiane mi piace di più Roma.
이탈리아 도시들 중에서 난 로마가 더 좋다.

Fra di voi c'è qualcuno che parla francese?
여러분 중에 프랑스어를 하는 사람이 있습니까?

Vediamo chi è più bravo fra voi due.
너희 두 사람 중에서 누가 더 잘하는지 어디 보자.

Ho chiamato uno tra loro.
나는 그들 중에서 한 명을 불렀다.

ⓑ 장소 상태(stato in luogo): ~ 사이에, 중간에, ~와 ~사이에(fra A e B)

Lui è passato tra la folla.
그는 군중 사이로 지나갔다.

Il gatto dorme tra le sedie.
고양이가 의자들 사이에서 잔다.

Hai guardato tra le carte?
문서들 사이를 살펴봤어?

È seduto tra di noi.
그는 우리 사이에 앉아 있다.

Pisa è tra Firenze e Livorno.
피사는 피렌체와 리보르노 사이에 있다.

Lui era tra la vita e la morte.
그는 생사의 기로에 놓여 있었다.

L'ho visto fra la gente.
나는 사람들 사이에서 그를 보았다.

Il sole tramonta fra le montagne.
해가 산 사이로 진다.

Il documento è tra i miei libri.
서류가 내 책들 사이에 있다.

Bentornato fra noi! [비유적 장소]
우리들 사이로 돌아온 것을 환영해.

Ci sono 15 km fra Milano e Verona.
밀라노와 베로나 사이에는 15킬로미터가 된다.

La farmacia è fra il bar e la scuola.
약국은 바와 학교 사이에 있다.

ⓒ 관계(relazione): ~ 서로, ~끼리, ~ 사이에

    Tranquillo, siamo fra amici.
    마음 편히 해. 우리는 친구 사이야.

    È una questione tra fratelli.
    형제들 사이의 문제이다.

    Litigano tra di loro.
    그들은 그들끼리 싸운다.

    Noi parliamo tra di noi.
    우리끼리 말한다.

    Che differenza c'è fra questi due?
    이 두 개 사이에 무슨 차이점이 있어요?

    Qual è la differenza fra tra e fra?
    fra와 tra의 차이가 무엇인가요?

    Quanti anni di differenza ci sono tra i tuoi bambini?
    너의 아이들 사이에는 몇 년의 나이 차이가 있어?

    Tra noi ci sono solo tre anni di differenza.
    우리 사이에는 단지 3년의 차이가 있다.

    I rapporti fra i due Stati sono molto migliorati.
    두 국가들 사이의(양국 간의) 관계가 매우 좋아졌다.

ⓓ 시간(tempo)

  i) ~ 후에 (현재로부터)

    A tra poco!   잠시 후에 봅시다!
    Il treno parte fra poco.   기차가 잠시 후에 출발한다.
    Fra mezz'ora arriverà Renato.   잠시 후에 레나토가 도착할 것이다.
    Ci vediamo fra dieci giorni.   10일 후에 보자.
    La cena sarà pronta fra 5 minuti.   5분 후에 저녁 식사가 준비될 것이다.
    Partiamo fra qualche giorno.   우리는 며칠 후에 떠난다.
    Tra quanti giorni inizia la scuola?   며칠 후에 개학입니까?

  ii) 시간, 나이: ~ 사이에 [fra / tra~e]

    Arriverò tra le sei e le sette di sera.
    나는 저녁 6시와 7시 사이에 도착할 거야.

    Di solito vado a sciare fra Natale e Capodanno.
    난 주로 크리스마스와 새해 사이에 스키를 타러 간다.

    Lui avrà tra i 40 e i 45 anni.
    그는 40세에서 45세 사이가 될 것이다.

ⓔ 거리(distanza)를 나타낸다: ~후에

    Fra quanti chilometri è Roma?
    몇 킬로미터를 더 가면 로마인가요?

ⓕ 원인(causa)

Tra la casa e i bambini non ho mai un attimo di sosta.

난 집과 아이들 사이에서 잠시도 쉴 틈이 없다.

Tra tanto lavoro non trovo mai tempo di uscire.

난 많은 일 틈에서 결코 외출할 시간을 못 낸다.

Tra una cosa e l'altra, sono arrivato in ritardo.

나는 이것저것 하는 사이에 늦게 도착했다.

ⓖ 방법(modo)과 방식(maniera)

Lei ha sorriso tra le lacrime.

그녀는 눈물을 머금은 가운데 미소를 지었다.

Passo le giornate fra il lavoro e la famglia.

나는 일과 가정 사이에서 하루를 보낸다.

Fra il mangiare e il dormire ho speso 300 euro.

나는 먹고 자고 하다가 300유로를 썼다.

ⓗ 구를 만든다

tra l'altro   tra breve   tra non molto

무엇보다도   짧은 시간 내에   머지않아

😟 주의

tra, fra, su 다음에 목적격 인칭 대명사가 올 경우에는 전치사 di를 넣는다.

tra di noi   fra di noi   su di me   su di te

✎ 참고

fra와 dopo 차이 [☞ 435쪽 시간의 전치사 도표 참조]

fra는 '지금부터 ~ 이후에'라는 뜻으로 현재 시제에서만 사용하고 과거 시제에서는 쓸 수 없다. dopo는 시간의 기점이 앞에서 분명히 명시되어 '그날로부터 ~ 후에'라는 뜻으로 사용되기 때문에 현재나 과거 시제에서 모두 사용 가능하다. 그러나 dopo는 시간의 기점이 반드시 있어야 한다.

Vado a Roma dopo tre giorni. (×)

나는 그날로부터 3일 후에 로마에 간다. [시간의 기준점 표시가 없다.]

Vado a Roma fra tre giorni.   (o)

나는 3일 후에 로마에 간다. [현재를 기준으로 3일 후에]

2 비본질적 전치사 Le preposizioni improprie

부사, 형용사, 동사에서 나온 과거 분사 등의 품사들이 자체 고유 기능 이외에 명사나 대명사 앞에 위치하여 전치사 기능을 하는 경우를 말한다.

1 비본질적 전치사의 형태

ⓐ 부사에서 나온 전치사

davanti, dietro, dentro, fuori, sopra, sotto, prima, dopo, insieme, intorno, accanto, vicino, lontano, oltre, contro, circa

┌ Ci vediamo dopo!　　　　　[부사-동사 수식]
│ 우리 나중에 보자!
└ Ci vediamo dopo cena!　　[전치사-명사 앞에 위치]
　 우리 저녁 식사 이후에 보자!

┌ Esco fuori. [부사-동사 수식]
│ 나는 밖으로 나간다.
└ Starò fuori (di) città per qualche giorno.　　[전치사-명사 앞에 위치]
　 며칠 동안 도시 밖에 있을 것이다.

┌ Venite dentro!　　[부사-동사 수식]
│ 너희들 안으로 들어와.
└ Metto le chavi dentro il cassetto.　　[전치사-명사 앞에 위치]
　 나는 서랍 속에 열쇠를 넣는다.

ⓑ 형용사에서 나온 전치사

lungo(~ 따라서, ~ 동안에), secondo(~에 의하면, 따라), salvo(~을 제외하고)

┌ Il lungo concerto è finito tardi.　[형용사]
│ 긴 음악회가 늦게 끝났다.
└ Lungo la strada ci sono molti bar.　[전치사]
　 길을 따라 많은 카페(바)들이 있다.

┌ Questo è il mio secondo figlio.　[서수 형용사]
│ 이 자는 나의 둘째 아들이다.
└ Secondo me, hai ragione.　[전치사]
　 내 생각에는 네가 옳다.

ⓒ 동사에서 나온 형태(현재 분사, 과거 분사)

현재 분사: durante(~동안에), nonostante(~불구하고), mediante(~를 통해서)

과거 분사: escluso / eccettuato(~을 제외하고), incluso / compreso(~를 포함해서)

— La colazione è inclusa / compresa nel prezzo?
  아침 식사가 가격에 포함되어 있습니까?

— Ho speso 200 euro compresa / inclusa la mancia
  나는 팁을 포함하여 200유로를 지출했다.

✎ 참고

vicino는 형용사, 부사, 전치사 세 가지 기능을 한다.

— Io abito vicino. [부사]　　　나는 가까이 산다.
— La mia casa è vicina. [형용사]　나의 집은 가깝다.
— Io abito vicino a te. [전치사]　나는 너희 집 가까이에 산다.

2 비본질적 전치사의 사용

ⓐ 비본질적 전치사들은 정확한 규칙이 없어서 사용에 어려움이 많다. 현대 이탈리아어에서 비본질적 전치사들이 인칭 대명사와 함께 사용될 때 전치사 di나 a 사용을 선호한다.

senza
~없이

— zucchero: Preferisco il caffè senza zucchero.
  나는 설탕을 안 넣은 커피를 더 좋아한다.
— una parola: Lei è andata via senza una parola.
  그녀는 한 마디 말도 없이 가버렸다.
— di te: Non posso vivere senza di te.
  나는 너 없이 살 수 없다. [=senza te]

dietro
~ 뒤에

— l'angolo: È proprio dietro l'angolo. [전치사 a 사용은 선택적]
  그것은 모퉁이 뒤에 있어요. [=dietro all'angolo]
— alla piazza: Dietro alla piazza c'è un edificio.
  광장 뒤에 건물이 하나 있다. [=dietro la piazza]
— di te: Sono seduto dietro di te.
  나는 네 뒤에 앉았다. [목적격 대명사가 올 때 전치사 di 사용]

davanti
~ 앞에
- al Duomo: Ci vediamo davanti al Duomo!
  우리 두오모 성당 앞에서 보자!
- a me: Lui è seduto davanti a me.
  그는 내 앞에 앉아 있다.

dentro
~ 속에
- la scatola: Che cosa c'è dentro la scatola?
  상자 속에 무엇이 들었어? [dentro alla 구어체]
- di me: Sentivo una gran gioia dentro di me.
  내 안에서 커다란 기쁨을 느끼고 있었다.

fuori
~ 밖에
- Milano: Abito fuori (di) Milano. -Sono fuori (di) casa.
  나는 밀라노 외곽에 산다.   나는 집 밖이다.
- della classe: Hai l'occassione di parlare italiano fuori della classe?
  수업 시간을 벗어나서 이탈리아어를 말할 기회가 있니?
- di sé: Lui era fuori di sé per la rabbia.
  그는 화가 나서 제 정신이 아니었다.
- dalla portata: Tenete fuori dalla portata dei bambini.
  아이들의 손이 닿지 않는 곳에 보관하시오.

dopo
~ 후에
- pranzo: Prendo sempre un caffè dopo pranzo.
  나는 점심 식사 후에 항상 커피를 한 잔 마신다.
- la lezione: Che cosa farai dopo la lezione?
  수업 후에 너는 뭘 할 거야?
- di Lei: Prego, dopo di Lei!
  당신이 먼저 하세요, 먼저 지나가세요!
- 부정사 과거: Dopo aver mangiato, mi lavo.
  나는 먹고 나서 씻는다.

contro
~에 대항하여
~에 반대하여
~에 맞대어
- il Napoli: Stasera il Torino gioca contro il Napoli.
  오늘 저녁 토리노 팀이 나폴리 팀과 대결한다.
- la malattia: Lui ha combattuto a lungo contro la malattia.
  그는 오랫동안 투병 생활을 했다.
- il semaforo: Una macchina è passata contro il semaforo rosso.
  한 자동차가 빨간 신호등에 지나갔다.
- di me: Erano tutti contro di me.
  모두가 나를 반대했다.

oltre
~ 너머에
~ 이상으로
~ 이외에도
~ 제외하고

- **le montagne:** Oltre le montagne c'è la Francia.
  산 너머에 프랑스가 있다.
- **due mesi:** Non piove da oltre due mesi.
  두 달 넘게 비가 안 온다.
- **ai fiori:** Oltre ai fiori, mi ha regalato anche questo.
  꽃 이외에도 그는 내게 이것도 선물했다.
- **a te:** Oltre a te, non l'ho detto a nessuno.
  나는 너 이외에 아무에게도 그것을 말하지 않았다.

presso
~ 근처에
~ 내부에
~ 사이에

- **Roma:** Lui vive in un paesino presso Roma.
  그는 로마 근교의 조그마한 마을에 산다.
- **la famiglia:** Abito presso la famiglia Rossi.
  나는 로씨 씨 가정에서 산다.
- **i giovani:** Questa moda si è diffusa presso i giovani.
  이 패션이 젊은이들 사이로 퍼졌다.
- **di lui:** Presso di lui vive uno studente tedesco.
  그 남자 집에 한 독일 학생이 살고 있다.

ⓑ 단독으로 사용될 수 없고 전치사 **a, da, con, di**와 함께 사용되는 형태

- **fino a:** ~까지

Ho dormito fino a tardi.	나는 늦게까지 잤다.
Ho lavorato fino alle 5.	나는 5시까지 일했다.
Vada diritto fino al semaforo.	신호등까지 곧장 가세요.
Ho viaggiato con lei fino a Roma.	나는 로마까지 그녀와 같이 여행했다.

- **vicino a:** ~ 근처에, ~ 가까이에, ~ 옆에

Abito vicino a Roma.	나는 로마 근처에 산다.
Mi siedo vicino a lei.	나는 그녀 가까이에 앉는다.
Abito vicino all'Università.	나는 대학 가까이에 산다.

- **accanto a:** ~ 곁에

Starò sempre accanto a te.	나는 항상 네 곁에 있을 거야.
L'albergo si trova accanto al Duomo.	호텔이 두오모 옆에 위치해 있다.
Accanto alla farmacia c'è un bar.	약국 옆에 바가 하나 있다.

• **lontano da**: ~에서 멀리

Abiti lontano da qui?   여기에서 멀리 사니?

Abito non lontano dal centro.   나는 시내에서 멀지 않은 곳에 산다.

Lontano dagli occhi, lontano dal cuore.   멀리 있으면 마음도 멀어진다.

• **distante da**: ~에서 떨어진, ~에서 먼

È molto distante da qui?   그것은 여기에서 많이 떨어져 있나요?

È poco distante dalla scuola.   그것은 학교에서 멀리 떨어져 있지 않다.

• **insieme a / con**: ~와 함께 [오늘날에는 발음상 insieme a로 많이 사용된다]

Stasera andiamo al concerto insieme a (con) Franco e Rita.

오늘 저녁 우리는 프랑코와 리타와 함께 음악회에 간다.

Ho passato le vacanze insieme ai miei amici.

나는 휴가를 나의 친구들과 함께 보냈다.

Il nuoto, insieme con il tennis, è il suo sport preferito.

수영은 테니스와 함께 그가 가장 좋아하는 스포츠이다. [=insieme al tennis]

• **prima di**: ~ 전에

Torno prima di cena.   나는 저녁 식사 전에 돌아온다.

L'edicola è prima del semaforo.   가판대는 신호등 전에 있다.

Lei si addormenta prima delle 11.   그녀는 11시 전에 잠든다.

Sarò di ritorno prima di Natale.   나는 성탄절 전에 돌아올 것이다.

Lei si sveglia prima di me.   그녀는 나보다 먼저 잠을 깬다.

Mi sono alzato prima del solito.   나는 평소보다 일찍 일어났다.

ⓒ 단독으로 사용되는 전치사

• **durante**: ~하는 동안에

Ho viaggiato molto durante le vacanze.   나는 방학 때 여행을 많이 했다.

Durante la settimana non ho tempo.   나는 주중에 시간이 없다.

Cosa hai fatto durante il fine settimana? 너는 주말 동안 뭐 했어?

Gli è successo qualcosa durante la notte. 밤사이에 그에게 뭔가 생겼다.

Lui non c'è mai durante il giorno.   그는 낮 동안에 절대 없다.

Spengo il cellulare durante la lezione.   나는 수업 시간 동안 폰을 끈다.

- **secondo**: ~에 의하면, ~에 따르면

  Secondo alcuni critici, il film è un capolavoro.

  일부 평론가에 의하면, 영화가 걸작이라고 한다.

  Secondo il professore, mio figlio studia poco.

  선생님 말씀에 의하면, 나의 아들은 공부를 별로 하지 않는다.

  Secondo la previsione, farà molto caldo quest'estate.

  일기 예보에 따르면, 이번 여름 매우 더울 것이라고 한다.

  Secondo te, quanti anni ha quella ragazza?

  네 생각에 저 소녀는 몇 살일 것 같아?

- **sopra**

  (표면에 밀착하여) ~ 위에[간혹 구어체에서 sopra 다음에 전치사 a가 사용되기도 한다.]

Sopra il tavolo c'è un vaso di fiori.	탁자 위에 꽃병이 하나 있다.
Il libro è sopra la scrivania.	책이 책상 위에 있다.

  (표면에서 떨어져서) ~위에, ~ 위쪽에

L'aereo vola alto sopra la città.	비행기가 도시 위로 높게 날아간다.
Il quadro è sopra il divano.	액자가 소파 위쪽에 있다.
La temperatura è sopra lo zero.	기온이 영상이다.
Rosella abita sopra di noi.	로셀라는 우리 집 위에 산다.

- **sotto**: ~ 아래에[간혹 구어체에서 sotto 다음에 전치사 a가 사용되기도 한다.]

Il gatto è sotto la sedia.	고양이가 의자 밑에 있다.
Sotto il divano c'è un tappeto.	소파 아래에 카펫이 있다.
Roma è sotto Firenze.	로마는 피렌체 아래에 있다.
Viviamo sotto lo stesso tetto.	우린 같은 지붕 아래에 산다.
La temperatura è scesa sotto lo zero.	온도가 영하로 내려갔다.
Ora lui lavora sotto di me.	그는 지금 내 밑에서 일한다.

- **lungo**: ~을 따라서

  Che bello camminare lungo i canali di Venezia!

  베네치아 운하를 따라 걷는 것은 너무 멋지다!

  Abbiamo fatto una passeggiata lungo il fiume.

  우리는 강을 따라서 산책을 했다.

- **verso**
  - i) (장소 이동과 방향) ~을 향하여

Cammino verso casa.	나는 집을 향해 걷는다.
Viaggio verso il Sud.	나는 남부 쪽으로 여행한다.
Guardo verso il cielo.	나는 하늘을 바라본다.
L'ape viene verso di me.	벌이 나를 향해서 온다.

  - ii) ~경에, 무렵에

Ti telefono verso le 2.	2시경에 네게 전화할게.
Tornerò a casa verso sera.	나는 저녁 무렵 집에 돌아올 것이다.
Sono arrivato verso mezzogiorno.	나는 정오 무렵에 도착했다.
Partirò verso la fine del mese.	나는 월말경에 떠날 것이다.

- **eccetto**: ~을 제외하고

Sono tutti d'accordo eccetto te.	너를 제외하고 모두가 동의한다.
Sono tutti venuti eccetto Carlo.	카를로를 제외하고 모두 다 왔다.
Mangio di tutto, eccetto la carne.	난 고기를 제외하고 다 잘 먹는다.
Tutti i giorni, eccetto il sabato	토요일을 제외하고 매일

- **tranne**: ~을 제외하고, ~을 빼고

  Il museo è aperto tutti i giorni tranne il lunedì.
  박물관은 월요일을 제외하고 매일 열려 있다.

  Tutti hanno accettato tranne me.
  나만 빼고 모두가 승낙했다.

- **salvo**: ~을 제외하고, ~ 이외에

C'erano tutti salvo te.	너를 제외하고 모두가 있었다.
Erano tutti presenti salvo lui.	그를 제외하고 전원 참석했다.

- **attraverso**: ~을 건너서/횡단해서, ~을 통해/매개체로

  Abbiamo nuotato attraverso il fiume.
  우리는 강을 건너 헤엄쳤다.

  Ho ottenuto il lavoro attraverso mio zio.
  나는 삼촌을 통해 일을 얻었다.

3 전치사구 Locuzioni preposizionali

전치사구란 전치사 + 명사가 합쳐서 하나의 구, 하나의 덩어리가 된 형태로 문장에서 형용사, 부사적인 기능을 한다.

• **in mezzo a**: ~ 한가운데, ~ 중앙에

C'è un obelisco in mezzo alla piazza. 광장 한복판에 방첨탑이 있다.

Sei ancora in mezzo ai libri? 아직 책 속에 파묻혀 있니?

L'ho visto in mezzo alla folla. 난 군중 한가운데서 그를 보았다.

• **in fondo a**: ~ 구석에, ~ 끝에, ~ 바닥에

Deve continuare fino in fondo alla strada!

길 끝까지 가서야 합니다.

In fondo al tuo bicchiere c'è ancora un po' di vino.

네 컵 바닥에 포도주가 아직 약간 있다.

La prima classe è in fondo al treno.

일등칸은 기차의 끝에 있습니다.

• **di fronte a**: ~ 맞은편에, ~ 정면에

La banca è di fronte all'ufficio postale.

은행은 우체국 맞은편에 있다.

Di fronte a lui tutti s'intimidiscono.

그 앞에서 모든 사람들이 겁을 먹는다.

• **di fianco a**: ~ 옆에

L'edicola è di fianco alla fermata dell'autobus.

가판대는 버스 정류장 옆에 있습니다.

• **in cima a**: ~ 꼭대기에, ~ 정상에

In cima alla montagna c'è ancora molta neve.

산꼭대기에 아직도 눈이 많이 있다.

• **in seguito a**: ~ 이후에, ~의 결과로

È rimasto paralizzato in seguito all'incidente.

그는 사고 후 마비되었다.

- **in confronto a**: ~와 비교하여

  In confronto a lui sono un genio!

  그와 비교하면 나는 천재이다!

- **in quanto a**: ~에 관해서라면, ~에 관한 한

  In quanto a elleganza, sei imbattibile.

  우아함에 관해서라면 너는 타의 추종을 불허한다.

- **a proposito di**: ~에 관해서

  A proposito di calcio, chi ha vinto ieri sera?

  축구에 관해서 말인데, 어제 저녁에 누가 이겼지?

- **a causa di**: ~ 때문에

  A causa del traffico, arrivo spesso in ufficio in ritardo.

  교통 체증 때문에 나는 자주 사무실에 늦게 도착해 지각한다.

- **grazie a**: ~ 덕분에

  Grazie a Bruno, possiamo entrare gratis allo stadio.

  브루노 덕분에 우리는 경기장에 공짜로 입장할 수 있다.

- **in base a**: ~에 근거해서, ~를 토대/기초로(on the basis of)

  È andato tutto in base al piano.

  모든 것이 계획에 근거해서 진행되었다.

- **a base di**: ~로 구성된, ~을 기반한(based on)

  È un'insalata a base di lattuga, pomodorini e cetrioli.

  양상추, 방울토마토와 오이로 만든 샐러드입니다.

✎ 참고

전치사 + 동사+전치사, 부사 + 전치사 형태로 된 전치사구도 있다.

a partire da	~에서부터, ~에서 시작하여
a prescindere da	~을 무시하고, ~을 배제하고
diversamente da	~와는 달리, ~와는 다르게
differentemente da	~와는 달리, ~와는 다르게
relativamente a	~에 관하여, ~에 비교적으로, ~에 상대적으로
conformemente a	~에 상응하여, ~와 일치하게, ~에 준거하여
contrariamente a	~에 반하여, ~와는 반대로

시간의 전치사 Fa / Prima와 Dopo / Fra의 차이점

				과거(passato)		현재		미래(futuro)			

기점

(6)	(5)	(4)	(3)	(2)	(1)		(1)	(2)	(3)	(4)	(5)	(6)
15	16	17	18	19	20	21	22	23	24	25	26	27
lun.	mar.	mer.	gio.	ven.	sa.	oggi	lun.	mar.	mer.	gio.	ven.	sa.
월	화	수	목	금	토	일/오늘	월	화	수	목	금	토

Sei giorni fa (lunedì scorso) sono andato a Parigi. Dopo due giorni (mercoledì scorso) sono partito per Londra.

나는 6일 전에(지난 월요일) 파리에 갔다. 그날로부터 이틀 후에(지난 수요일) 런던으로 떠났다.

Il giorno prima (martedì scorso) di partire per Londra ho incontrato Aldo.

런던 출발 전날(지난 화요일)에 알도를 만났다.

Fra tre giorni (mercoledì prossimo) andrò a Parigi e dopo tre giorni (sabato prossimo) partirò per Londra.

나는 3일 후에(다음 수요일) 파리에 갈 것이고 그날로부터 3일 후에 (다음 토요일) 런던으로 떠난다.

Il giorno prima (venerdì prossimo) di partire per Londra incontrerò Aldo.

런던 출발 전날(다음 금요일)에 알도를 만난다.

1. fa는 항상 현재부터 시작하여 과거로만 향한다. 그래서 '지금부터 ~ 전에'로 해석되며, 숫자 보어 뒤(~fa)에 위치한다. [과거 시제로 사용]

2. dopo와 prima는 이미 언급된 과거의 시점에서 시작된다. 따라서 '그 이후', '그 전에'로 해석된다. 주어진 시간의 기준점이 있다.

1. fra는 항상 현재부터 시작하여 미래로만 향한다. 그래서 '지금부터 ~ 후에'로 해석되며, 숫자 보어 앞(fra~)에 위치한다.
[현재 이후의 미래 시제로 사용]

2. dopo와 prima는 이미 언급된 미래 시점에서 시작된다. 따라서 '그 이후', '그 전에'로 해석된다. 주어진 시간의 기준점이 있다.

---

sei giorni dopo와 dopo sei giorni의 차이점

dopo가 숫자 보어 뒤에 가면 단순하게 며칠 뒤라는 시간을 나타내지만, dopo가 숫자 보어 앞에 위치할 경우에는 행위가 일어난 시점이 강조되어 며칠이라는 숫자 보어가 강조된다. 예를 들면 sei giorni dopo는 단순히 '6일 후'를 나타내지만 dopo sei giorni는 '6일이라는 숫자가 강조되어 6일 뒤에는'이라는 의미가 된다.

참고

- **전치사 dopo**(~ 후에)**와 prima di**(~ 전에)

전시사 dopo는 전치사 di 없이 dopo 다음에 명사나 부정사(동사 원형) 과거형이 온다. 반면에 prima는 항상 전치사 di와 함께 prima di로 사용되며 명사나, 주로 부정사 현재형이 나온다. dopo 뒤에 인칭 대명사가 따라올 때는 prima di처럼 dopo di로 사용된다.

dopo cena	저녁 식사 후에	prima di cena	저녁 식사 전에
dopo mezzanotte	자정 지나서	prima di mezzanotte	자정 전에
dopo le 2	2시 이후에	prima delle 2	2시 이전에
dopo la lezione	수업 후에	prima della lezione	수업 전에
dopo aver cenato	저녁 식사 후에	prima di cenare	저녁 식사 하기 전에
dopo di te	너 다음에	prima di te	너보다 먼저

- **durante**(~ 동안에), **mentre**(~하는 동안에), **per**(동안)**의 차이점**

durante [during-전치사]: durante + 명사

mentre [while-접속사]: mentre + (주어) + 동사

per [for-전치사]: per + 숫자 혹은 시간 보어 [전치사 per 생략 가능]

durante il lavoro	mentre (io) lavoro
근무 동안에/일하는 동안	내가 근무하는 동안에
durante la paseggiata	mentre (noi) passeggiamo
산책 동안에	우리가 산책하는 동안에
(per) tre giorni	(per) molto tempo
3일 동안	오랫동안

- **da poco와 poco fa의 쓰임**

Sono arrivato da poco.	Sono arrivato poco fa.
난 도착한 지 얼마 안 되었다. [행위의 지속을 강조]	난 조금 전에 도착했다. [도착한 시점 강조]
Ho iniziato da poco (tempo).	Ho iniziato poco (tempo) fa.
내가 시작한 지 얼마 안 되었다. [행위의 지속을 강조]	난 조금 전에 시작했다. [시작한 시점 강조]

- **entro** (~안으로), **in** (~내에, ~만에)

entro oggi	entro il 5 agosto
오늘 안으로	8월 5일 안으로
in un giorno	in due mesi
하루 만에	2개월 만에

지은이

김미애

현재 서강대학교 게임&평생교육원 외국어 교육과정 이탈리아어 강사
한국외국어대학교 이탈리아어학과 및 동 대학원 졸업(이탈리아 문학 석사)
한국외국어대학교 비교문학과(이탈리아어) 박사과정 수료
이탈리아 Università italiana per stranieri di Perugia 언어 및 교사연수 과정 이수
삼성그룹 국제지역연구원 양성과정 이탈리아어 강사, 한국번역연구원 이탈리아 문학 연구원 역임
한국외국어대학교, 가톨릭대학교(성심 교정), 대구가톨릭대학교 이탈리아어 강사 역임
주한 이탈리아문화원, 서강대학교 외국어교육원 이탈리아어 강사 역임

저서   『Nuovo 표준 이탈리아어 문법: 품사론 2』(한울엠플러스)
        『표준 이태리어 문법 II: 구문론』(한울엠플러스)
        『표준 이탈리아어 회화』(편저)(명지출판사)
        『알기 쉬운 이탈리아어 입문』(명지출판사), 『초급 이탈리아어』(명지출판사) 감수
        『영어와 함께하는 이탈리아어』(명지출판사), 『이태리어 연습문제집』(명지출판사) 감수
        『이태리어-한국어 사전』 공동 편찬 작업(한국외국어대학교 출판부)
        『한국어-이탈리아어 사전』 공동 편찬 작업(한국외국어대학교 출판부)

번역   「비밀 이야기」(Cesare Pavese)(≪문학사상≫, 2004.8)
        『발명과 발명가들』(중앙교육출판사)
        『레오나르도 다빈치 동화』(효리원)

통역   이탈리아 I danzatori scalzi di Roma 무용단 통역
        각 기업체 비즈니스 통역(삼성물산, 제일모직, 보루네오가구, 에이스침대, 에스콰이어, 금강제화 등)

한울아카데미 2458

Nuovo
표준 이탈리아어 문법
품사론 1

ⓒ 김미애, 2023

지은이 ㅣ 김미애
펴낸이 ㅣ 김종수
펴낸곳 ㅣ 한울엠플러스(주)
편 집 ㅣ 최진희

초판 1쇄 인쇄 ㅣ 2023년 9월 5일
초판 1쇄 발행 ㅣ 2023년 9월 15일

주소 ㅣ 10881 경기도 파주시 광인사길 153 한울시소빌딩 3층
전화 ㅣ 031-955-0655
팩스 ㅣ 031-955-0656
홈페이지 ㅣ www.hanulmplus.kr
등록번호 ㅣ 제406-2015-000143호

Printed in Korea.
ISBN   978-89-460-7458-3 94780
        978-89-460-8235-9 94780(전 2권)

* 책값은 겉표지에 표시되어 있습니다.